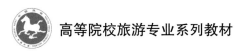

高等院校旅游专业系列教材

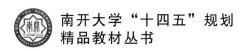

南开大学"十四五"规划
精品教材丛书

旅游经济学

第五版

徐　虹　主编

南开大学出版社

NANKAI UNIVERSITY PRESS

天　津

图书在版编目(CIP)数据

旅游经济学 / 徐虹主编. -- 5 版. -- 天津：南开
大学出版社，2025.3. --（高等院校旅游专业系列教材）
（南开大学"十四五"规划精品教材丛书）. -- ISBN
978-7-310-06633-9

Ⅰ. F590

中国国家版本馆 CIP 数据核字第 2024FE2462 号

旅游经济学　第五版
LÜYOU JINGJIXUE　DI-WU BAN

南开大学出版社出版发行

出版人：王　康

地址：天津市南开区卫津路 94 号　　邮政编码：300071
营销部电话：(022)23508339　营销部传真：(022)23508542
https://nkup.nankai.edu.cn

天津创先河普业印刷有限公司印刷　全国各地新华书店经销
2025 年 3 月第 5 版　　2025 年 3 月第 1 次印刷
240×170 毫米　16 开本　22.75 印张　3 插页　395 千字
定价：79.00 元

如遇图书印装质量问题，请与本社营销部联系调换，电话：(022)23508339

前言

过去三年的新冠疫情确实给文旅业带来颠覆性的变化，这种变化不仅体现在旅游市场需求的巨大变化上，如需求的个性化、体验化和健康化明显增强，需求层次的细分化和消费水平的分化不断加剧，而且体现在旅游供给能力变化及其效果的差异化上，供给侧结构性改革的内在动力和外在压力日益增强。那么如何正确看待这种变化，如何回应社会主要矛盾发生变化下的旅游经济运行转型升级的需要已成为文旅业必须面对的现实选择。对于在校学生来说，其需要与时俱进地实现思维转变和能力提升，把握时代变化之大局，适应课程思政建设的需要，认识旅游经济运行中的矛盾特点、问题现象、应对举措、效果呈现中的思政要点，这对于更加全面理解党的二十大精神，深化对习近平新时代中国特色社会主义思想的理解和认识，全面准确认识中国式现代化进程中的中国现象，把握和探寻解决中国发展中的独特问题进而实现中华民族伟大复兴目标具有十分重要的价值和意义。因此本次教材修订围绕课程思政建设要求，将知识目的与思政目的结合在一起作为每一章学习的要求与目的，且在每章开始的时候都有一个导学案例呈现给读者，便于将旅游现象与知识原理结合起来引导学生加深思政要点的理解。具体到每章都会有明确的思政案例以及一些链接启示，帮助学生在学习中举一反三地运用原理分析现实，融入正确的价值观和方法论，全面准确地理解我国旅游经济发展中的阶段性问题和进步的方向，这些都有助于促进学生研究型学习的训练和能力的提升。我们相信这次的修订不仅符合时代进步的要求，也符合学生学习成长的规律，更是课程思政教材建设的有益尝试。

本书修订思路和思政要点是徐虹设计提出的，具体工作由各位参编老师共同努力完成。参加此书修订的老师有：天津财经大学李秋云（第一章、第二章）、河北农业大学范晓梅（第三章）、天津财经大学王彩彩（第四章）、南开大学郭昕悦（第五章、第八章）、南开大学徐春秋（第六章）、南开大学徐虹和郭昕悦（第七章）。本书修订过程中，得到了南开大学出版社王冰老师的支持与帮助，在此一并对以上参与者表示感谢！

课程思政教材编写对我们是一次新的尝试，难免有不足之处，欢迎读者不吝指正，以便今后修订时改正。

徐　虹

2024 年 11 月于南开园

目 录

01

第一章

旅游活动与旅游经济活动

学习目的与要求

知识目的

通过本章的学习，认识旅游经济活动与社会经济发展水平之间的关系；了解旅游经济活动的特点及其运行条件；认识现代旅游经济发展的地位和作用；了解经济全球化背景下世界旅游经济发展的基本趋势；掌握旅游经济学研究的对象、任务和内容；了解旅游经济学的学科地位和研究方法等。

思政目的

①从对旅游经济活动的发展的了解中体会生产力变化对生产关系带来的影响，理解科技进步的重要性；②从对旅游经济活动性质与特点的学习中树立辩证系统思维观，理解道与术的辩证关系；③从对旅游经济学研究对象与方法的学习中体会三观在人生成长中的重要性，提高对人与物关系的认识能力。

案例导学

新冠疫情中的我国旅游业

根据国内旅游抽样调查统计结果，2022 年，国内旅游总人次 25.30 亿，比上年同期减少 7.16 亿，同比下降 22.1%。其中，城镇居民国内旅游人次 19.28 亿，同比下降 17.7%；农村居民国内旅游人次 6.01 亿，同比下降 33.5%。分季度看，其中一季度国内旅游人次 8.30 亿，同比下降 19.0%；二季度国内旅游人次 6.25 亿，同比下降 26.2%；三季度国内旅游人次 6.39 亿，同比下降 21.9%；四季度国内旅游人次 4.36 亿，同比下降 21.7%。

国内旅游收入（旅游总消费）2.04 万亿元，比上年减少 0.87 万亿元，同比下降 30.0%。其中，城镇居民出游消费 1.69 万亿元，同比下降 28.6%；农村居民出游消费 0.36 万亿元，同比下降 35.8%。如图 1-1 所示。

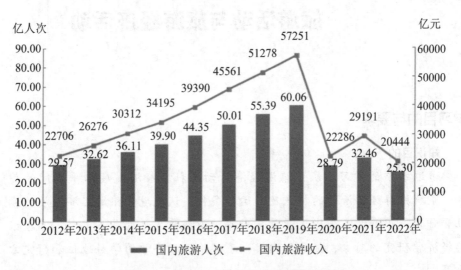

图 1-1　2012－2022 年国内旅游发展情况

1. A 级景区

2022 年末，全国共有 A 级景区 14917 个，直接从业人员 147 万人，全年接待总人数 26.3 亿人次，实现旅游收入 1818.5 亿元。

2. 旅行社

2022 年末，全国共有旅行社 32603 家。旅行社填报数据显示，全年全国旅行社营业收入 1601.56 亿元，营业利润亏损 68.87 亿元。

3. 星级饭店

2022 年末，全国共有星级饭店 8365 家，其中 7337 家的经营数据通过省级文化和旅游部门审核。根据填报数据显示，全年全国星级饭店营业收入 1177.68 亿元，平均房价 318.48 元，平均出租率 38.35%。

旅游经济具有一定程度的脆弱性和敏感性。2020 — 2022 年期间，新冠疫情是影响中国旅游经济发展最大的不确定因素，宏观经济的需求收缩、供给冲击、预期转弱在旅游领域有着更明显的体现。2023 年，伴随新冠疫情的退潮，中国旅游业正处于复苏上升期。中国旅游研究院发布《2023 年上半年旅游经济运行分析与下半年趋势预测》报告显示，2023 年上半年，旅游经济稳步进入"供需两旺，加速回暖"的复苏向上通道。预计 2023 年全国旅游总人次将达到 55 亿，国内旅游收入将达到 5 万亿元，分别恢复至 2019 年同期的 90% 和 80%。

资料来源：中国旅游研究院 . 2023 年上半年旅游经济运行分析与下半年趋势预测，2023-07-08.

思考：如何理解新冠疫情对旅游业发展带来的影响？嵌入社会大系统中的旅游业未来发展前景如何？

第一节　旅游经济活动的产生与发展

一、旅游活动的产生

旅游是旅行与游览的结合，其中旅行是手段，游览是目的。旅游活动就是以游览为目的的旅行，是人们出于各种个人的或社会的动机，离开惯常环境到另一地区或国家旅行游览一段时间再返回原居住地的整个过程。

旅游活动就其性质来说，是一种以游客为主体，以旅游资源和旅游设施为客体，通过游客的流动来实现的一种社会经济文化活动。这种流动不是简单的空间位移，而是以固定居住地为轴心向外延伸，并为满足个人消费需要而进行的一种活动，也就是说，它是"非定居者的旅行和暂时居留而引起的现象和关系的总和"（亨泽克尔和克雷夫）。作为一种社会活动，它体现了人与自然、人与社会以及人与人之间复杂的关系。

旅游活动转变为旅游经济活动是市场经济发展到一定阶段的产物。在早期人类社会发展中，由于受到生产力发展水平的限制，旅游只是一小部分人的活动,尚未作为一种广泛的社会现象存在。一方面,早期还没有形成社会化大生产,财富的增长尚不充分,在支付能力和闲暇时间方面还不具备充分条件;另一方面,在自给自足的自然经济条件下,人们的消费意识和价值观念还没有根本变化,还处于追求物质资料享受阶段,从主观动机上还不成熟,如中世纪的学生旅游、欧亚朝圣等。只有到了18世纪英国产业革命后发展起来的市场经济社会中,旅游活动才成为一种广泛的社会现象,旅游经济活动就是在旅游活动社会化过程中发生的。在市场经济条件下,游客消费需求的满足必须通过向旅游经营者购买活动来得以实现,旅游经营者也只有通过将旅游服务产品卖给游客才有可能盈利。游客与旅游经营者之间这种供需关系既是旅游活动向旅游经济活动转化的反映,也是推动旅游经济发展的动力。由此可见,旅游经济活动就是在旅游活动商品化的基础上形成的各种经济现象和经济关系的总和。

【链接启示】

马克思关于商品经济规律的论述

商品经济是社会经济发展到一定阶段的产物。商品经济出现于原始社会末期,在奴隶社会和封建社会有所发展,但不占主导地位。这一阶段的商品经济以生产资料私有制和个体劳动为基础,以换取自己所需要的使用价值为目的,是一种简单商品经济。在资本主义社会,商品经济才成为普遍的经济形式。

资料来源:编写组.马克思主义基本原理 [M].北京:高等教育出版社,2023.

思考:商品经济的出现与发展对旅游经济活动产生了什么影响?生产力发展与旅游经济活动关系如何?

二、旅游经济活动的产生

资本主义社会前的各种社会形态下的经济结构中,商品经济始终处于从属地位。反映在旅行活动中,除经商旅行外,不少旅行活动并未发生商品交换关系,如帝王将相的巡游、僧侣和教徒的宗教朝拜、远涉重洋的探险等,有的是下属州县承担旅行费用,有的是行万里、吃八方,有的是自带干粮。因此,这类旅行活动对社会经济发展的推动作用是有限的。

历史证明,旅游经济活动是建立在旅游活动产生和发展的基础上的,而旅游活动则又是以商品经济的发展为前提的。

18 世纪 60 年代，英国首先开始了产业革命，使以前的工场手工业生产转变为工厂式的大机器生产，大大促进了劳动生产率的提高。而生产的发展，一方面需要消耗和运输更多的原料和燃料，另一方面大量的产品也需要运送到各地销售，从而推动了交通运输的革命性变革。1804 年火车出现了，1807 年第一艘蒸汽发动的轮船也诞生了。可以说自 18 世纪 60 年代至 19 世纪初，英国的产业革命遍及纺织、采掘、冶金、化学、机器制造等行业。伴随着产业革命范围的不断扩大，社会经济结构发生了极大的变化，一方面产业革命的成功为资本主义的大发展奠定了物质基础，促使经济的发展速度更快；另一方面又大大推动了商品经济的发展，使商品经济在社会经济中居于支配地位。麦迪逊教授的研究显示，西方发达资本主义国家在公元 1000 年时，其国内生产总值不到世界国内生产总值的 12%，到 1820 年该比重已提高了一倍，上升到 25%，而到了 1950 年时，则进一步上升到 57%。生产的迅速发展，促进了城市化程度的提高，大批农村人口流入城市成为雇佣大军，彻底摧毁了封建经济的根基，使资本主义的商品经济获得了空前发展。

产业革命给社会经济带来的巨大变化也为旅游的产生和发展以及旅游经济活动的产生和发展创造了必要的条件，具体表现为：

1. 改变了人们的消费观念。产业革命以后，随着一批新兴资本家的出现以及大量产业工人的不断增加，在生产率不断提高、机器对人类的异化加剧、财富日益增加等因素的作用下，人们的消费观念在潜移默化中发生着剧烈的变化，人们渴望外出去放松身心、扩展业务、逃避现实等，从而在某种程度上奠定了旅游活动的主观基础。

2. 为人们外出观光、度假旅游奠定了经济基础。据麦迪逊教授计算，自 1820 年至 1915 年，世界人均国内生产总值平均每年增长 1.17%，而人口平均只增长 0.96%。其中在 19 世纪，欧洲的人均收入提高了两倍，美国的人均收入甚至提高了三倍。这是产业革命前的人类历史上所不曾有过的。居民收入水平的快速提高使人们出外旅游具有了支付能力，如 1845 年托马斯·库克旅行社刚刚成立，便一次组织了 350 人乘火车从莱斯特经曼彻斯特、爱丁堡到格拉斯哥的长途旅游。到 1875 年，英国全年客运周转量已超过 6 亿人英里（1 英里≈1.6093 公里）。

3. 快速的交通运输为旅游活动的开展提供了便利。自 1825 年英国人斯蒂芬森建造了世界上第一条铁路至 1865 年，英国铁路总长已达 21382 公里。在水路运输方面，1820 年横跨英吉利海峡的蒸汽轮船正式开办了班期航运，1838

年起，英国开辟了横越大西洋、太平洋的定期航线，不仅为人们在英国国内旅游创造了良好条件，而且为欧美两大陆之间的旅游活动的开展提供了便利。

4. 促进了旅游服务机构和设施的完善，以及服务质量和舒适程度的提高。首先，在旅游服务机构方面，自 1845 年托马斯成立了世界上第一家旅行社起，欧洲和北美的不少国家以及东方的日本先后组建了旅行社或类似的旅游机构。旅游业务从一日游发展为包价旅游，从国内游扩展为全球游。为方便旅游活动的开展，还相继编印了旅游报纸、发行了火车环游票、旅馆住宿代用券和旅行支票，不仅扩大了旅游的规模和经营范围，而且为旅游业成为一个世界性行业奠定了基础。其次，在住宿和餐饮业方面，设施齐全舒适的旅馆取代了简陋的小旅店，从 1774 年美国波士顿建成了带有室内卫生间、私人餐厅、宴会厅、舞厅、弹子房等设施拥有 300 间客房的纽约城旅馆起，至 1902 年美国已建起 50 间客房以上的旅馆 15135 座。在英国，沿铁路车站附近也建有许多大旅馆。这些旅馆不仅为客人提供了比以前更为舒适的住宿条件，而且在餐饮上也更为考究。与此同时，餐饮业也迅速发展起来，不仅咖啡屋、酒吧和餐馆比以前更多，而且餐饮设施和服务也大为改善。这些都为旅游活动的开展创造了舒适和便利的条件。最后，在娱乐业方面，不仅一些旅馆附设有相应的娱乐设施项目，而且一些海滨度假地的建设也陆续出现，如 1846 年，位于英格兰西海岸的布莱克浦建起了海滨休养地。这些设施的建设不仅为人们提供了观光度假的场所，而且进一步推动了旅游活动的开展。

上述情况表明：一方面，产业革命除大大推动了社会生产力的发展和社会经济的变革之外，也促进了旅游活动的产生和发展，使更多的人参与到消遣性旅游中来；另一方面，产业革命促进了旅游需求和旅游供给对应局势的形成，即社会上不仅出现了具有一定支付能力的旅游需求，也出现了满足需求的旅游供给行业体系。另外，在旅游需求和旅游供给中起桥梁作用的旅行社也产生了，它们以盈利为目的，将旅游这一社会现象作为经营对象，从而导致旅游业这一新兴行业崭露头角，并在旅行社的推动下，形成了旅游活动中更为广泛的旅游经济行为和经济关系。

三、旅游经济活动的发展

19 世纪末，尤其是 20 世纪 50 年代以来，由于科学技术的进步和世界经济的快速发展，西方发达国家的人均收入迅速增长，闲暇时间不断增多，促使旅游活动逐渐演变为一种范围广泛的大众性消费活动，从而呈现出新的发展特征。

具体来说，可以概括为以下几个阶段：

1. 初步发展时期。这个时期，虽然资本主义世界经历了 1929 年至 1933 年的经济大危机和两次世界大战，旅游活动受到很大冲击，然而从整个时期来看，由于新的科学技术在生产中的应用，西方资本主义国家仍然取得了较快的发展。新的科学技术的应用主要表现在被人们称之为第二次产业革命的电力的应用，不仅导致了相关电气机械产业的诞生和发展，而且也带动了其他产业的发展，促进了劳动生产率的大大提高；与旅游密切相关的交通运输也发生了革命性的变革，自 1885 年发明了用内燃机为动力的汽车后，1879 年的德国西门子公司研制了世界上第一台电力机车，美国通用电器公司 1905 年制造了世界上第一台内燃机车，使铁路运输效率大为提高，水陆运输方面，英国人帕森斯于 1896 年发明了汽轮机船，20 世纪初效率更高、油耗更低的柴油机船问世了。更为重要的是，1903 年美国人莱特兄弟成功地试制了世界上第一架飞机，随后美国和欧洲一些国家先后成立了航空公司，开始了定期航班客运，从而揭开了航空运输的历史篇章。

鉴于需求的增长和供给条件的改善，这一时期不仅旅游人数大量增长，而且旅行方式也日趋多样化。由此形成了旅游经济活动的新发展，即旅游需求和旅游供给的矛盾运动向纵深发展，体现在：首先，矛盾涉及的领域比以前更广泛，不仅涉及住宿业、餐饮业和铁路运输业，而且还涉及汽车运输、航空运输和水路运输以及政府部门；其次，旅游活动对社会经济的作用力度比以前更强，从而引发了政府职能的变化以及行业组织和专家学者的高度重视。

2. 蓬勃发展时期。第二次世界大战后，尤其是进入 20 世纪 70 年代后，世界旅游经济活动进入了大发展时期。这个时期由于许多高新技术如电子技术、信息技术、生物工程技术等运用到生产中，使社会经济获得了快速发展，为旅游活动的蓬勃发展奠定了经济基础。与此同时，世界经济更加开放，关贸总协定的签订促进了双边、多边贸易的大发展，为旅游经济活动在世界范围内的蓬勃发展提供了良好的社会环境。

随着大众旅游活动的不断增多，以团队旅游为主的大众化旅游日益占据主导地位，旅游经济在世界经济中不可替代的地位和作用得以确立。进入 20 世纪 90 年代以后，旅游经济活动在蓬勃发展的基础上又呈现新的特征，具体表现在：在旅游需求方面日益呈现个性化、多样化、高标准化和生态化的态势，在旅游供给方面则日益呈现以人为本的理念，技术化运用不断加强。伴随着旅游经济活动的蓬勃发展，现代旅游经济的发展日益呈现以下几个特征：旅游经济的地位日益重要；旅游市场竞争日益激烈；旅游需求队伍不断壮大；旅游消费行为日益复杂。

案例思考

现代科技革命对旅游消费的影响

科技革命是科学和技术的革命，包含科学革命和技术革命两重含义。自18世纪起，大约每隔一百年就会依次发生科学革命、技术革命和工业革命（又称产业革命），继而引发社会革命。到20世纪初，以相对论和量子力学为代表的科学革命发生，随后系统论、信息论、控制论问世，技术革命和产业革命几乎同时发生，科学、技术与生产的结合明显加快。针对这一现象，20世纪六七十年代，苏联哲学界提出了"现代科学技术革命"（简称现代科技革命）的术语，被我国学术界广泛使用。现代科技革命是一个复杂的结构体系，实质上包含了科学革命、技术革命、产业革命和社会革命。当前，信息技术、新材料、新能源、生物、空间和海洋等高技术群落崛起，正在引发新一轮技术和产业变革，也称之为第四次科技革命。其中，以新一代信息技术为龙头，以现代交通技术为支撑，从技术上引发并支撑了大众旅游时代的到来。

1. 消费者和技术是旅游社会化生产的核心

科技并不直接作用于消费，而是作为生产要素或生产资料在生产过程中发挥作用，并通过解决和优化影响旅游消费的可进入性、可支配收入、闲暇时间及出游意愿等约束条件来推动旅游发展变革。因此，探讨科技与消费的关系实质上是讨论生产与消费的关系，需要放到旅游产品及服务生产、分配、交换和消费等生产体系当中去观察。马克思在其《〈政治经济学批判〉序言、导言》中指出，"生产直接也是消费""消费直接也是生产"，生产过程本身是一个双重的消费过程，它消费着劳动力和生产资料。在这个过程中，生产是起点，居于支配地位，消费需求决定着生产，只有在消费中产品才成为现实的产品，而消费创造出新的生产需要。马克思（1859）还指出，市场将依照消费者需求的变化趋势，不断推进技术进步。萨缪尔森也有相似的观点，他认为市场经济的最终主宰是消费者与技术。因此，本文尝试从4个方面探索两者的关系：一是新技术在生产环节转化为新工具为游客提供新的产品和服务；二是新技术改变原有要素或生产资料的分配方式，或解决影响旅游消费的关键因素，形成新的旅游消费阶层；三是新技术在交换环节改变旅游消费方式、提高消费效率；四是技术通过社会建制改变游客消费者行为。例如技术通过产权机制对产成品进行功能性与质量性改造，实现对市场消费需求的进一步满足；科技创新丰富既有文化资源的内涵，将生产消费形式进一步多元化。反之，消费也将对技术产生重大影响。

2. 科技革命催生新消费者，重塑旅游发展的底层逻辑和产业价值

如果说第一次工业革命蒸汽火车的出现，使旅游逐步脱离贵族阶层，催生近代旅游发展，那么，19世纪下半叶至20世纪初第二次工业革命，电报、电话等通信技术变革了旅游信息交互方式，汽车的普及则进一步扩大了出游空间，并围绕出游服务和跨地区活动拓展了旅游供给体系，游客从特定阶层向商务客群、新兴中产阶层扩展，现代旅游业随之而来。20世纪中后期，计算机及互联网等技术引领人类社会进入信息时代，全球生产力高度发达，带薪休假普遍实现，加之民用航空技术的快速发展，旅游消费所需解决的可进入性、可支配收入、闲暇时间等基本条件已有普遍保障，旅游从原来有限富人的活动转变为一种与社会经济生活广泛联系的活动，大众旅游时代来临。现代科技革命改变了人们对资本、信息、休闲权利和公共基础设施等资源的占有或使用，破解和优化了旅游消费约束条件，不断调整旅游消费主体结构，使旅游成为大众的基本权利和生活方式，从根本上重塑了旅游发展"为民"的底层逻辑和产业发展价值。

3. 科技革命创新生产工具，给消费者带来新产品和新体验

现代科技革命以来，以信息技术为引领，高速交通、高端装备、新能源、生物等新技术引发旅游产业供给变革，技术依托型旅游企业的快速兴起正在打破传统的产业格局。以互联网及通信技术为支撑，诞生了可供游客与服务供应商直接交易的系统平台，在线旅行商兴起，游客出游方式由团队走向自助。以人工智能、大数据和物联网等新一代信息技术为支撑，通过数据系统、算法模型、应用系统和业务平台的连接，旅游消费能实现即时规划和预订，定制旅游的碎片化服务应运而生。移动互联网技术大幅推进了基于共享理念的商业模式发展，共享住宿、共享交通等业态兴起，游客也可化身为旅游服务生产者，生产和消费的同一性更加凸显。虚拟现实、增强现实及3D扫描等虚拟现实技术为游客带来虚拟旅游产品，光影、生物、新能源等技术加速主题公园内容创造和产品创新迭代。高技术本身也成为生产资料，被开发成相应的旅游产品，创造新的旅游消费需求。例如太空旅游、深海漫步、低空旅游、邮轮旅游、房车营地和智能酒店等，都是现代科技的发展结晶。从需求侧看，新技术支撑的即时预订、

共享住宿、定制旅游、高技术旅游、目的地智慧管理和"快旅慢游"等为游客创造了全新的消费体验，使服务随叫随到、安全周到，大幅提升了旅游消费的体验感、安全性和便利度。同时，消费创造的生产动力将激发游客的潜在需求和创新活力，使旅游发展在需求侧有了更多的生产者和创造者。有研究表明，旅游能有效提升国民幸福感，愉悦身心，丰富生活阅历，增进亲情、友情和爱情，改善和提高社会交往，获得新知。

4. 科技革命衍生新型交换生态，极大提高了旅游消费效率

消费需求决定着生产，新技术已全面渗入游客出行的游前、游中和游后各个环节，尤其以信息技术为核心，形成了新型旅游产业链条，充分释放了现代旅游服务的规模效应和结构效应。从规模效应看，移动互联网及通信技术支撑的全球化移动支付有效提高了旅游消费频次，从游客游前信息搜索、目的地旅游营销及信息推送、服务预订，到游中通过互联网、物联网平台实现即时预订和支付，再到游后评论及依托数据的服务优化和内容创造，新技术极大提高了旅游消费效率，扩大了旅游消费规模，实质上解放了旅游消费需求。从结构效应看，人工智能、大数据技术推动旅游业进入定制化时代，旅游消费需求加速从标准化走向个性化、多元化和碎片化的非标消费，新技术加速了消费升级进程，极大释放了潜藏在游客内心的多层次消费意愿。

5. 科技革命触发社会建制优化，确保旅游消费正当性和权益均等化

现代科技革命在生产、分配、交换和消费各个环节对旅游消费产生了变革性影响，各种社会规范、法制及精神文明建设也面临困境。数字鸿沟、信息茧房、信息安全及隐私保护、算法标准与伦理、数据采集规范与数据正义，以及生物技术伦理、绿色节能发展等问题，给旅游消费权利带来挑战，"大数据杀熟"是其中的典型例子。一些掌握数据和科技新要素的游客更具有旅游消费的主动权，掌握新要素的旅游企业、从业人员、目的地更有旅游发展的机会，这就造成旅游发展权的不平衡，这也是现代旅游业建设中必须解决的现实问题。

资料来源：唐晓云. 现代科技革命对旅游消费的影响［J］. 旅游学刊，2022，37（10）：3-5.

思考：科技革命在旅游经济活动的产生与发展过程中发挥了怎样的作用？这对我们理解生产力变化对生产关系的影响有何启示？你如何看待我国的科技进步对旅游业带来的影响？

第二节　旅游经济活动的特点及其运行条件

一、旅游经济活动的性质与特点

（一）旅游经济的性质

由前面的分析可以看出，旅游经济活动是在旅游活动发展到一定阶段的基础上，围绕着旅游者的活动展开的，因此，可以从两个方面来思考旅游经济活动问题：一是旅游者的需求及其消费活动中存在的大量经济现象和问题，二是旅游业为满足游客各种消费需求而提供的经营活动中存在的大量经济现象和问题。这两方面综合在一起，构成了包括食、住、行、游、购、娱在内的综合性社会经济活动。虽然旅游者消费活动的目的是追求一种社会文化享受，但在旅游需求决策的做出和消费选择等方面仍然面临许多经济上的问题。从这个意义上说，旅游消费活动是一个包含着经济问题的文化现象。虽然旅游业的活动作为旅游服务提供者的活动，离不开深刻文化内涵的挖掘，但其经营目的从根本上来说是要获取利润。因此，旅游业经营活动是一个包含着文化问题的经济现象。

如果综合起来进行分析的话，可以从四个方面认识旅游经济的性质：

1. 旅游经济是一种受客源地需求推动的敏感性经济

旅游经济是在旅游活动的基础上产生的，而旅游活动是旅游客源地居民出于某种追求或逃避需要而到异地进行的消费活动，作为一种对服务产品的消费活动，客源地需求形成的推动力对旅游经济的发展起着决定性作用。因为没有旅游需求，任何旅游供给都失去了服务对象和存在的价值，由旅游供求形成的经济体就难以存在。而客源地的旅游需求是受多因素影响的易变量，任何影响旅游需求的因素（正向或负向）发生作用都会导致旅游经济出现敏感性的反应。换句话说，旅游经济的需求依赖性决定了旅游需求的敏感性必然会影响到对旅游经济性质的判断，从而使旅游经济具有敏感性。

2. 旅游经济是一种受目的地供给约束的波动性经济

为满足游客多方面需要，旅游供给必须依赖于国民经济各部门的配合和支持。社会经济发展水平不仅决定了旅游目的地各部门能为旅游供给提供多大的配套能力，而且也制约着各种配套资源的整合水平。相对于物质产品的可储存、可移动特性来说，旅游产品与服务的不可储存和移动的特点就会在旅游供给约束的条件下表现出旅游经济的波动性。

3. 旅游经济是一种受主客文化差异影响的跨文化经济

旅游活动是一种以人的移动为基本特征的消费活动，而人是具有不同文化背景的消费主体和服务主体，在旅游供求矛盾的运动中，这种文化差异不可避免地反映在供给方的产品设计和供给以及需求方的产品消费和体验上。从旅游者的角度来看，旅游是一种社会文化活动，而实现这种文化消费活动必然离不开服务的提供者，在旅游企业为游客提供服务的同时，必然要求经济上获利。最大化经济利益的前提是能够提供满足游客文化消费特征的旅游服务，所以旅游经济具有跨文化性质。

4. 旅游经济是一种受三方利益主体影响的综合平衡经济

旅游经济活动涉及的利益主体主要包括旅游需求方旅游者、旅游供给方旅游经营者和政府，各利益主体都遵循理性原则追求利益最大化。旅游者利益最大化是指旅游者在支付一定货币和时间等成本的条件下，在旅游消费过程中追求物质与精神上的满足。旅游经营者利益最大化是指在一定的生产技术和市场约束下，企业用最少的投入得到最大的收益，这种收益可能是企业市场份额的扩大、社会形象的改善或利润的提高。政府利益最大化是指目的地政府对其管辖范围内的旅游业实施最为有效的管理，并通过旅游产业实现经济、环境、社会效益的最大化以及目的地的可持续发展。虽然三方各自都在追求自身利益的最大化，但任意一方如果不顾及另外两方的利益，其自身利益也不可能完全得以实现。因此，只有在统一的框架内综合平衡三方的利益才能实现各自利益的最大化。因此，三方的利益既是对立的，又是统一的。三方利益或者更扩大一些说，多方的利益主体正是在既对立又统一的矛盾运动中，在多种调节手段的运用中，实现彼此间的和谐共生，从而推动旅游经济活动健康有序发展。

【链接启示】

对立统一规律是事物发展的根本规律

事物的变化发展是有规律的，唯物辩证法揭示了事物变化发展的一般规律，即对立统一规律、量变质变规律和否定之否定规律，其中对立统一规律是根本规律。对立统一规律是唯物辩证法的实质和核心。对立统一规律揭示了事物普遍联系的根本内容和变化发展的内在动力，从根本上回答了事物为什么会发展的问题；对立统一规律是贯穿量变质变规律、否定之否定规律以及唯物辩证法基本范畴的中心线索，也是理解这些规律的"钥匙"；对立统一规律提供了人们认识世界和改造世界的根本方法——矛盾分析方法。因此，在认识世界和改造世界的过程中，自觉坚持和正确运用对立统一规律是十分重要的。

资料来源：编写组.马克思主义基本原理［M］.北京：高等教育出版社，2023.

思考：旅游经济活动产生发展中的对立统一规律体现在哪里？你建立了对立统一分析问题的思维方式了吗？

（二）旅游经济活动的特点

1. 综合性。随着旅游消费的日益个性化和多样化，满足多种消费需求的旅游供给也更加具有多面性和综合性。在产业融合不断加强的今天，这种涉及多部门、多行业、多地区及其交叉融合的综合性旅游经济活动的特征更加明显。

2. 大众性。随着社会经济的发展和人们生活水平的不断提高，无论是从支付能力和闲暇时间的供应上，还是从人们对精神消费需求的追求上，都为旅游经济活动的大众化发展奠定了坚实的基础。在新经济时期，旅游活动已成为现代社会人们的一种生活方式。

3. 国际性。旅游经济活动的空间范围受旅游者移动范围大小的影响，在各种内外因素的有利作用下，旅游经济活动已超越一个国家的界限而成为一种全球性活动，无论是旅游消费活动还是旅游企业经营活动，都已成为国际化活动。

二、旅游经济活动运行的条件

旅游经济活动的运行条件从两个方面进行分析：一方面是旅游需求，另一方面是旅游供给，因为旅游供需矛盾是旅游经济运行的基本矛盾，供求矛盾能否在一个合理的空间健康运行，将决定旅游经济自身的发展前景。因此，深入研究旅游经济的运行问题，对于旅游经济和国民经济的健康有序发展具有重要的意义。

1. 旅游需求方面的运行条件

旅游经济活动的运行离不开旅游需求者，影响人们成为旅游需求者的条件也就是旅游经济活动从需求方面来分析的运行条件，主要包括主观条件和客观条件。主观条件就是人们的旅游动机，它不仅受人自身内在因素影响，也受外在消费风气、媒体舆论以及目的地营销活动的影响；客观条件主要包括闲暇时间和可自由支配收入，这两个因素都与社会经济发展水平呈正相关关系，也就是说，社会经济发展水平越高，这两个因素就越活跃。不同国家和地区的社会经济发展水平差异较大，在形成旅游经济运行的需求条件方面也水平不一，所以旅游经济活动在不同国家和地区呈现出不同的发展规模。

2. 旅游供给方面的条件

具备了一定规模的旅游需求后，必须有相应的旅游供给才能实现旅游经济活动。如果从旅游业的角度来分析的话，可以包括内在条件与外在条件。内在条件就是旅游吸引物状况和旅游管理与服务水平。一般来说，旅游吸引物的赋存丰度（数量的和质量的）往往决定着某一国家或地区旅游业的发展规模和发展水平，但需要注意的是两者之间并不必然存在因果关系。一方面，旅游吸引物是相对于特定顾客群体而言的，且它只是具备一个资源性优势，只有将旅游吸引物有效开发成受市场欢迎的产品，才能说资源优势已转化为经济优势；另一方面，有些旅游吸引物并不具优势的国家或地区，经过开发也能够形成市场竞争优势，所以旅游吸引物状况好坏只是一个前提条件而已。旅游管理和服务水平的高低在一定程度上会影响旅游吸引物水平的发挥程度，良好的旅游服务与管理水平可以提升旅游吸引物的吸引力，形成正强化效应，进而促进旅游经济运行有序发展，反之亦然；供给方面的外在条件就是该国家或地区的社会经济发展水平，这是旅游业发展的基础，因为社会经济发展水平从多角度（基础设施和旅游设施的完善程度和发展水平、社会商品和服务的供应能力、投资规模和能力、管理水平、居民购买力和消费水平、民众素质等）促进或制约旅游业的发展规模、发展水平和管理水平，进而促进或制约旅游经济活动的正常运行。

案例思考

乡村旅游大发展 乡村振兴大跨步——江西省宜春市靖安县

依托优越的生态环境和区位优势，靖安县坚持"以旅为先"的县域经济发展战略，多年来致力于把生态优势转化为旅游产业发展优势，全力发展全域旅游，大力唱响"有一种生活叫靖安"品牌，实现了生态美、旅游旺、乡村兴三位一体的良好局面，旅游业已成为靖安县经济发展的支柱产业和引领三产发展的龙头产业。近几年，靖安县在全县旅游产业蓬勃发展的态势下，提出了"以大型旅游项目为支撑，以乡村旅游为背景，以乡村振兴为使命"的全域旅游发展格局，把大力发展乡村旅游作为旅游产业转型升级和乡村振兴的一项重要工作内容，举全县之力推进乡村旅游建设，大力促进乡村振兴，取得了良好的经济效益和社会效益，为乡村振兴闯出了一条康庄大道。

一、基本情况

全县 11 个乡镇共有 96 个乡村旅游示范点，1 个中国乡村旅游模范村，1 个省 5A 级乡村旅游点，5 个省 4A 级乡村旅游点，4 个省 3A 级乡村旅游点，参与农户共 1100 多户，接待床位 14000 多个，其中精品民宿 52 家，接待床位 1300 个。2018 年全县旅游接待人数 990 万人次，其中乡村旅游接待人数 317 万人次，实现乡村旅游综合收入 8.2 亿元。靖安县乡村旅游的发展也得到了上级部门的充分肯定，被认定为首批江西省全域旅游示范区，被评为全国休闲农业与乡村旅游示范县、全省乡村旅游工作先进单位、全省旅游扶贫工作先进单位，中源乡三坪村被评为"中国乡村旅游模范村"，蓝孔雀生态庄园被评为"中国乡村旅游模范户"，古楠村乡村旅游点、蓝孔雀生态庄园、西头村示范点、白沙坪山庄、食德居、三哥农家饭庄被评为"中国乡村旅游金牌农家乐"，古楠村舒敏璋荣获"中国乡村旅游致富带头人"称号。

二、主要做法

1. 政策扶持大，乡村旅游发展快。县委、县政府先后出台《靖安县农宿文化旅游发展实施意见》《靖安县民宿管理和产业扶持暂行办法》《乡村旅游扶贫工作实施方案》等一系列乡村旅游发展扶持政策，每年整合各乡镇、各部门资金近亿元用于乡村旅游规划编制、项目建设、环境美化、设施完善、宣传促销、评优评先等方面的补助和奖励，并每年为乡村旅游经营户发放贷款 1000 万元。中源乡是靖安乡村旅游发展的大本营，得益于得天独厚的气候优势和政府的大力扶持，该乡大力发展乡村避暑休闲旅游，每年 5—10 月，每天有近万来自南昌、上海、长沙、武汉、丰城、樟树、高安、九江的城市"候鸟人"到中源避暑休闲，全乡直接从事乡村旅游的家庭有 278 户，接待床位 10284 个，2018 年该乡乡村旅游接待人数 210 万，乡村旅游已经成为中源乡最主要的经济产业和农民收入来源，在家做半年乡村旅游顶得上在外打工两年的收入，央视二套据此专门拍摄了时长近一小时的专题片《城市"候鸟人"》进行放映和展播，中源乡已成为南昌等周边城市乡村避暑游的天堂，全乡被评为江西省 4A 级乡村旅游示范点，三坪村被评为江西省 5A 级乡村旅游示范点。

2. 旅游规划专，乡村旅游建设美。在编制全县旅游总体规划和 5A 提升规划时，对乡村旅游进行了专项策划、设计，按照"一乡一品、一村一特"的发展思路，避免盲目跟风、重复建设，坚持按照差异化发展原则，实现各乡各村乡村旅游差异互补，共赢发展。同时，在乡村游建设中坚持按照乡村面貌景点化、乡风民俗产品化、乡村活动常态化、农业生产旅游化、乡村人员专业化的"五化"要求，促使各乡村旅游点提升品位和档次，建设了一批产业实、特色显的精品乡村旅游示范村庄和示范点。

3. 文化内涵厚，乡村旅游体验特。发展乡村旅游，靖安县特别注重文化与旅游的融合发展。一方面，注重文化展示，组织专门力量，把真正具有地方特色、具有强烈差异性的民俗文化、饮食文化、诗词文化等地方特色文化元素进行挖掘、整理和特色化展示；另一方面，注重乡村休闲文化的参与性和体验性。结合靖安的白茶园、椪柑园、板栗园、翠冠梨园、蓝莓园、鱼塘等生态农业园，推出了采摘、垂钓等乡村体验游活动，让游客可以亲身体验农趣活动，吸引游客参与和购买。

4. 宣传促销多，乡村旅游名气响。一是结合传统景区联动推介，以大旅游的繁荣促进乡村旅游发展，合理引导游客在传统的旅游景区游玩后吃在农家、住在农家、乐在农家，有效拉动乡村旅游客源市场。二是加大对乡村游的专题推介，充分利用网站、报纸、电视、电台等媒体加大乡村游的宣传力度，扩大了乡村旅游的知名度。三是策划举办了一系列的乡村旅游节庆活动，通过举办高吕阳洞千人溯溪和帐篷露营节、走进靖安人家万人自驾乡村游、白崖山杜鹃观赏节、山地自行车赛、白茶节等活动，刺激市场，吸引人气，做响名气。

5. 能人乡绅带，乡村旅游基础实。"中国乡村旅游致富带头人"、全国劳动模范舒敏璋自垫资金 200 万元建设江西省 4A 级乡村旅游示范点古楠村，高湖商会会长漆海平自筹资金 2.2 亿元建设海益园生态农业有限公司，发展农、旅、康养为一体的田园综合体项目，以及中源乡蔡小平、胡志勇，香田乡余青凌，水口乡邓斌、刘冬梅，仁首乡张和波，璪都镇潘叶香等，涌现出了本土本乡的一大批乡村旅游带头人，建设了一批乡村旅游精品项目，带动各地乡村旅游的发展。

三、取得成效

1. 促进了多产融合。"旅游＋农业""旅游＋林果""旅游＋康养""旅游＋运动""旅游＋养殖""旅游＋特色文化体验"……旅游产业对其他产业的融合、辐射作用日渐深化，乡村旅游新业态层出不穷，多产融合的良好态势，使乡村旅游成为拉动乡村经济和县域经济发展的新引擎。

2. 促进了乡村振兴。全域性乡村旅游的大发展，夯实了乡村产业，美化了乡村环境，净化了乡村风气，增强了乡村治理，培养了乡村人才，涌现出了中源三坪村、合港村、坳上村，罗湾哨前村、双溪洞村、璪都黄浦村、塘埠村，三爪仑塘里村，宝峰毗炉村、宝田村，高湖西头村、古楠村，水口周口村、青山村，双溪马尾山村、泥窝村，雷公尖塔里村，香田山下余家等一大批通过发展乡村旅游实现乡村振兴的典型实例，通过发展乡村旅游兴旺乡村产业，为乡村振兴提供了内生动力和动力引擎，保障乡村振兴的健康可持续发展，同时也促进了各乡镇各村集体对进一步发展乡村旅游的热情和更大的发展保障，形成了乡村旅游与乡村振兴相辅相成、相互促进的良性局面。

3. 促进了业态完善。靖安县乡村旅游已成为江西乡村旅游的一张名片，在传统旅游项目遇到瓶颈和发展趋缓的时候，乡村旅游的大发展，为靖安全域旅游的发展注入了新鲜血液，成为一种体验更深、特色更显的旅游新业态，与传统旅游产业形成了良性互补的业态空间，更广阔的区域空间、更独特的亲身体验、更深厚的文化沉淀，乡村旅游即将成为今后靖安旅游发展的主力军。

资料来源：中华人民共和国国家发展和改革委员会，全国乡村旅游典型案例（https://www.ndrc.gov.cn/xwdt/ztzl/qgxclydxal/stzyytx/202004/t20200423_1226486.html？state=123）。

思考：结合案例资料，分析靖安县乡村旅游供给是如何推动乡村旅游成为靖安县全域旅游发展主要支撑和发展县域经济的重要引擎的？发展乡村旅游对于靖安县全面实施乡村振兴战略具有哪些重要价值与意义？你如何为乡村振兴做贡献？

第三节　旅游经济学研究对象与研究结构

一、国内外对旅游经济的研究

（一）国外对旅游经济的研究

国外对旅游经济的研究起步较早，可分为两个时期，第一个时期是 19 世纪后期至第二次世界大战，第二个时期是第二次世界大战后至今，基本上与旅游经济活动发展的两个时期一致。

在第一个时期，由于旅游活动的发展主要限于欧洲、北美一些国家范围内和它们之间，旅游活动的规模不是很大，旅游对社会经济的作用还未完全显现出来。但是一些专家和学者还是敏锐地觉察到了国际旅游者的流动及其在异国的消费带给两国政治经济生活的重要影响，并展开了一些基于统计方法下的研究。学术界普遍认为，意大利政府统计局官员鲍迪奥于1899年发表的《在意大利的外国人的移动及其消费的金钱》一文，是最早涉足旅游经济研究的文献，其后两位意大利人尼塞福罗发表了《外国人在意大利的移动》（1923），贝尼尼发表了《关于游客移动计算方法的改良》（1926）。他们从统计角度对游客人数、逗留时间和消费能力等方面的研究，是早期科学研究的一个突出特点，但限于当时旅游活动规模尚不充分，还不具备将旅游经济作为一个完整体系来认识的条件。

1927年，意大利罗马大学讲师马里奥蒂出版了《旅游经济讲义》，他从对旅游活动的形态、结构和活动要素的研究中，第一次提出了旅游活动是属于经济性质的一种社会现象。在其理论体系中，他创造性地提出了旅游中心地的理论，该理论认为旅游者喜爱的是将艺术、考古、风土等自然条件，以及设施、娱乐、旅店等人为条件整合在一起的地方，前者是自然发生的吸引力，后者是派生的吸引力，这说明他已注意到了一个地区的旅游吸引力是旅游地形成的主要因素。与鲍迪奥不同，他的分析并没有局限于旅游产生的国际的收入和花费问题，而是研究了旅游代理商、旅游产业组织、旅游资源和旅游中心地等相关问题，扩大了旅游经济研究领域。更为重要的是他还首次提出了旅游经济的研究对象、结构和内容，为后来旅游经济学理论框架的形成奠定了一定的基础。1935年德国柏林商业大学葛留克斯曼教授出版了《旅游总论》，论及了旅游的经济社会作用，论述了促进旅游业发展的政策和手段。1942年瑞士的汉泽克尔和克拉普夫出版了《旅游总论概要》，他们秉承多学科研究旅游现象的思想，从经济学和社会学两方面对旅游进行了研究。总之，这个时期人们对旅游经济的研究多属探索性的，还未深入涉及旅游经济活动的本质和规律。

在第二个时期，除了专家学者的研究以外，不少旅游企业集团、旅游行业组织和政府有关部门也分别从业务的发展和对工作的指导角度开展研究，因为这时旅游活动的范围已迅速扩展到全世界，大众旅游已成为时代的潮流，旅游经济活动已深入到国家和全球的经济体系之中，不能不引起各种国际和地区旅游组织及各国政府的高度重视。因此，这一时期的研究不仅领域拓宽，而且对旅游经济活动的本质和规律的认识也取得不少成果，主要有：

1. 旅游业的性质与旅游经济活动运行的特点。许多专家和学者论述了旅游业是一个新兴产业，该产业主要由旅馆业、旅行社业、交通客运业组成。它的发展以旅游活动的发展为前提，反过来旅游活动的发展又推动了旅游业的繁荣。旅游业的发展不仅刺激了相关行业的发展，而且对整个社会经济产生了增值作用。

2. 旅游供需关系与市场营销。这方面代表性著作有罗伯特·门克因托希与夏希肯特·古普塔的《旅游的原理、实践与哲学》、布赖恩·阿切尔的《旅游需求预测》、彼德·格雷的《国际旅游贸易》，以及瓦汉·克拉蓬与罗斯菲尔德的《旅游市场营销》。他们分别论述了旅游需求与旅游供给的原理，叙述了主要的旅游需求预测方法，探索了旅游市场的战略、策略及旅游产品的定价原则，以及宣传推销的手段和方法等。

3. 旅游业的经济效益。这方面的研究主要集中在旅游投资与效益的比较，旅游宏观经济效益与微观经济效益以及游客开支对旅游目的地国家或地区经济和社会产生的作用。主要著作有意大利特罗伊西的《旅游及旅游收入的经济理论》、南斯拉夫马斯克维奇的《旅游经济学》、英国布莱恩·阿切尔的《发展中国家的旅游业：某些经济考虑》、亚太经社理事会政府间旅游发展会议文件《亚太经社理事会地区旅游业的经济作用研究回顾》与《旅游经济作用分析：方法论》。

4. 旅游规划与资源开发。从事这方面研究的主要是政府有关部门。如美国商务部经济发展局1981年的《他国发展旅游业创造经济增长与就业》的报告，全面论述了区域旅游业发展规划的内容、制定规划所需要的信息、对旅游资源的测量与评价以及规划的实施。亚太经社理事会1983年政府间旅游发展会议文件中的《旅游工程建设中优先次序的确定》与《通过标准分析促进旅游工程建设与实施》，着重探讨了亚太地区国家旅游规划的内容和旅游工程建设项目优先次序的选择与方法。当然，这一领域的学者、专家的研究也不少，代表作有凯泽·赫尔伯的《旅游规划与发展》、朱卓任的《度假地开发与管理》、加拿大滑铁卢大学斯蒂芬·史密斯的《旅游决策与分析方法》等。

（二）国内对旅游经济的研究

国内对旅游经济的研究起步较晚，这不仅与我国旅游经济活动的发展阶段是相吻合的，而且与我国旅游教育发展阶段也是相吻合的，也就是说，无论是旅游业发展的实践需要，还是旅游教育研究发展的理论需要，都表明国内对旅游经济问题研究的时间不长。因此，在 20 世纪 80 年代初期，伴随南开大学、杭州大学、西北大学、北京第二外国语大学、上海旅游高等专科学校、北京旅游学院等率先开设了旅游经济专业，不仅迫切需要旅游经济方面的研究成果问世，而且客观上也为我国旅游经济理论研究向纵深发展创造了一定的外部条件。

为适应高等旅游教育的需要，在初期引进国外部分研究成果及对世界旅游情况介绍的基础上，一些院校率先出版了《旅游经济学》教材，南开大学出版社出版的《旅游经济学》就是最早一批教材之一。但由于我国旅游经济活动本身发展的不足，这一时期的教材不可避免地存在一些不够深入的问题。进入 20 世纪 90 年代，随着我国旅游产业体系的逐渐形成和国内外旅游需求的日益增长，国内旅游经济学科研究领域开始拓宽，从最初以经济管理为主逐渐扩大到多个学科，如社会学、市场学、地理环境学、人类学等，形成了比较完整的研究体系。进入 21 世纪后，全球旅游经济活动日益扩大，旅游产业的融合和扩展也日益深入，我国旅游产业规模不断扩大，对旅游经济的研究也更加趋向多学科交叉演进，无论是研究内容，还是研究方法，都有了突飞猛进的发展，百花齐放、百家争鸣的研究氛围日益浓厚，我国旅游经济研究创新的时期已经到来。

二、旅游经济学研究对象和研究结构

（一）旅游经济学研究对象

毛泽东在《矛盾论》中指出："科学研究的区分，就是根据科学对象所具有的特殊的矛盾性。因此，对某一现象的领域所特有的某一种矛盾的研究，就构成某一门科学的对象。"不同的科学各有自己的研究对象，这是由各门科学不同的矛盾规定性决定的。所以，要认识旅游经济学的研究对象，就必须明确旅游经济活动中的主要矛盾是什么。认识这个问题可以从三个方面来理解：

1. 旅游经济学研究范围是旅游活动中的经济现象

关于旅游经济学的研究范围，理论界有不同的认识，基本上可以分为两种观点：一种观点认为旅游经济学研究范围应该是旅游经济活动，也就是说，旅游经济学是研究旅游活动中经济现象的学科；另一种观点认为旅游经济学研究范围应该是旅游产业经济活动，也就是说，旅游经济学是研究旅游产业运行与发展中的各种经济现象的学科。

仔细分析，后一种观点是有局限性的。一方面，旅游经济活动不仅依赖于旅游产业能够向游客提供什么数量、什么结构的产品，还依赖于游客需求量及需求结构等，离开需求只研究旅游产业显然无法展开旅游经济活动，以旅游产业为研究范围显然过于狭窄；另一方面，将研究范围局限于旅游产业运行，必然会导致照搬一般产业经济学框架的结果出现，无法创建旅游产业经济学，不利于学科发展和进步。

从上文对旅游经济产生与发展的论述中可以看出，旅游经济是在旅游活动基础上产生的，而旅游经济学理应是从经济角度对旅游活动进行的研究和分析，只有从旅游活动入手，分析其中的经济现象、经济关系与经济规律，才能从根本上理解和认识旅游经济问题，创建具有旅游特色的旅游经济学学科体系。

2. 旅游经济现象中的主要矛盾是旅游客源地需求与旅游目的地供给的矛盾

厘清旅游经济现象中的主要矛盾是正确认识旅游经济学研究对象的关键。旅游经济活动中的主要矛盾必须从旅游现象中去分析，旅游是一种客源地居民为寻求愉悦通过空间移动而展开的一系列活动，而旅游经济正是伴随着人们的空间移动消费而产生的经济现象。与在常住地的消费不同，旅游活动受时空约束的影响，表现为客源地的旅游需求与目的地的旅游供给之间的矛盾，这种矛盾贯穿于旅游活动之中。这种旅游供求矛盾构成了旅游经济运行中的主要矛盾。

3. 旅游经济学研究对象是旅游经济运行中的经济现象、经济关系以及经济规律

前面我们已经分析过了，旅游经济活动是在旅游活动基础上产生的，而旅游活动是旅游者的空间位移而形成的一系列活动的总和。旅游者为什么要进行空间位移、影响空间位移的因素是什么、向哪里位移等都是与旅游者作为旅游主体有关的决策问题，它主要发生在旅游客源地。而与旅游客源地有一定距离的旅游目的地能为旅游者的需求提供何种产品与服务组合，这种组合的规模、档次结构是否与需要相符，在没有发生之前都是未知的。将两者结合在一起的旅游媒介体能否胜任有效的连接任务、是否能随供需变化做相应的调整和改变也是存在不确定性的。在旅游活动中，围绕旅游客源地的旅游需求、旅游目的地的旅游供给及其两者间的旅游连接体之间存在着错综复杂的经济联系、经济现象和经济矛盾，由此构成了旅游经济学的研究对象。

【链接启示】

供需矛盾仍然是今后一段时间我国旅游业面临的主要矛盾

供需矛盾仍然是今后一段时间我国旅游业面临的主要矛盾：在特定时间和局部区域必须面对量的供给不足；在服务能力、服务水平上总体存在质的不足。比如一些地方旅游市场秩序混乱，当地旅游业与"人民群众更加满意的现代服务业"目标不相适应，旅游公共服务及交通等基础设施供给与旅游市场需求不相适应，企业对门票经济的过度依赖与普通游客的承受能力和期待不相适应，高质量的旅游产品与人们的实际需求不相适应等问题，这些都将持续影响我国旅游业的声誉和效益。

资料来源：作者系原国家旅游局港澳台司副司长，原题为《文化旅游供给侧正在发生深刻变革》（https：//www.thepaper.cn/newsDetail_forward_1839763）。

思考：旅游供需矛盾还体现在哪些方面？你可否举例谈谈你的认识和体会？

（二）旅游经济学研究结构

旅游经济学作为一门对旅游活动中经济现象、经济关系以及经济规律进行研究的学科，其研究思路与框架设计必然需要从旅游现象入手展开分析。旅游是一种以游客的空间移动为前提，以旅游联结体为纽带，在旅游客源地和旅游目的地之间展开联系的经济现象，是一种由旅游需求引发的游客空间移动消费现象。本书在第一章对旅游经济活动的产生与发展、特点及其运行条件、研究对象与研究结构、研究方法等进行系统阐述的基础上，按照从需求到供给、再到供求关系调节的研究逻辑展开深入分析。第二章聚焦于旅游客源地需求与预测，主要探讨旅游客源地的含义及其在旅游经济活动中的作用，分析旅游需求的特征与规律、旅游需求弹性与弹性系数，研究影响旅游需求的因素及其测量指标，并对旅游需求预测的方法和模型进行系统梳理，为后续分析旅游供求关系奠定了基础。在分析了旅游客源地需求之后，第三章转向旅游目的地与业态创新，探讨旅游目的地的形成与基本特征、供给内容及其影响因素，分析旅游供给规律与弹性，研究旅游新业态创新以及旅游目的地承载力的相关问题，为后续分析旅游供求矛盾及其调节提供重要支撑。

在分别介绍了客源地需求与目的地供给之后，需要将两者结合起来分析，于是第四章探讨全域旅游下的旅游供求矛盾与调节，主要探讨旅游供求关系概述、旅游供求关系的表现、旅游供求矛盾的市场调节、旅游供求矛盾的宏观调控等内容。在旅游供求矛盾发展演变过程中，需要通过调节手段的运用，实现各利益主体利益关系的协调平衡问题，于是接下来分别从旅游消费者、旅游经营者和政府的角度探讨旅游经济运行的效益问题，其中第五章论述旅游消费结构与优化，主要探讨旅游消费概述、旅游消费决策、旅游消费结构及其发展变化、旅游消费结构的优化与路径、旅游消费效果评价等内容；第六章论述旅游经济运行综合效益，主要探讨旅游经济运行与旅游收入、旅游收入分配与乘数效应、旅游经济运行的宏观效益、旅游经济运行的微观效益等内容；第七章论述旅游发展观与发展模式，主要探讨旅游发展观的基本内容、旅游经济发展战略及其变化、旅游经济发展模式等内容。在调节和处理旅游经济活动的各种矛盾与资源过程中，由于不同的旅游发展观指导下，会形成不同的旅游发展模式和道路，并进而影响不同主体的利益分配，因此有必要从战略高度明确发展观问题。当今的旅游经济运行已超越了国家的界限而纳入全球经济运行中，虽然旅游经济的性质未变，但是旅游经济运行的矛盾运动更加复杂，需要在全球视野下展开对旅游经济发展的分析，因此第八章论述了国际旅游经济与可持续旅游发展，主要探讨旅游经济的全球化发展、全球旅游经济发展格局与竞合态势、全球旅游经济发展风险效益分析、全球旅游经济发展的可持续性问题等内容。

第四节　旅游经济学研究方法

一、辩证唯物主义与历史唯物主义相结合的方法

辩证唯物主义和历史唯物主义是马克思主义哲学的基石，可以说是一切社会科学研究的指南。根据辩证唯物主义学说，事物发展的根本动因是其内在的矛盾性，外因通过内因起作用，在一定条件下，也可能对事物的发展变化起决定性的作用。旅游经济学是研究旅游经济活动发生、发展与变化规律性的学科，旅游经济活动发生、发展与变化的内在矛盾是什么，它是如何推动旅游经济活动运行的，在运行过程中还要受到哪些外部因素的影响，这些因素对旅游经济活动内部矛盾的作用如何，是否有规律性可循，这些问题都需要用辩证唯物主义思想作指导，结合旅游经济活动运行的实际进行深入的探讨。

按照历史唯物主义学说，社会存在决定社会意识，人类社会的发展是一个

自然的历史发展过程。在很长一段时期内，旅游活动并未成为经营的对象，只是随着生产力的发展，特别是商品生产和交换发展到一定历史阶段后，为游客提供各种旅游服务的行业才逐渐独立出来，形成旅游供求之间的经济关系。随着旅游经济活动范围的不断扩大，旅游经济活动已成为世界经济的重要组成部分。旅游活动的这一发展过程充分证明，在研究旅游经济学时，必须用历史唯物主义学说作指导，将逻辑的发展与历史的发展结合起来，观察和分析各种旅游经济现象、经济关系及其变化规律。

二、实证分析与规范分析相结合的方法

在经济学中，实证分析就是分析经济现象"是什么"的方法，也就是对客观事物的状况及客观事物之间的关系是什么的事实性陈述的分析；而规范分析就是分析经济现象"应该是什么"的方法，也就是对价值主体与价值客体之间的价值关系的分析。两者之间的主要区别是对价值判断的取舍不同。

任何旅游经济现象的产生都有其复杂的背景与原因，对旅游经济现象应该是什么的判断必须建立在对是什么的认识基础上，否则提出的规范性建议就缺乏事实基础，甚至提出的对策会导致事与愿违的结果。因此在对旅游经济学诸多问题进行分析时，必须将两者有机结合起来，才有助于正确认识旅游经济问题。

三、定性分析与定量分析相结合的方法

任何事物都是由质与量组合而成的，质是指一事物成为其自身并使之区别于其他事物的内部规定性，而量是指事物的规模、发展程度、速度及其构成成分在空间上的排列组合等可以用数量表示的规定性。只有正确地认识了事物的本质，才能把不同的事物区别开，才能把握事物变化发展的趋势。然而，由于定性分析的结论一般都是用语言描述的，对事物的认识还是初步的和模糊的，在此基础上，进一步考察事物的量，才能对事物的质达到清晰准确的认识，因此对事物做定量的分析，是对认识的深化和精确化。从前面的介绍可以看出，国外对旅游经济问题研究的起点是建立在统计学分析基础上的定量研究，它对证明一些研究假设是十分重要的，但局限于此也是不够的，必须将两种分析方法综合起来才更加科学可行。

四、静态分析与动态分析相结合的方法

静态分析是指从相对静止的角度来认识处于相对静止状态之中的事物，专

注于事物在某一时点上的现存状态。这样就可以考察某一时点经济系统之间及其与非经济系统之间的发展水平、发展状况及其发展特点。而动态分析则是把事物置于其自身的历史过程中，从运动的角度来认识事物。这样就可以考察经济系统之间及其与非经济系统之间发展变化的速度、方向和趋势。旅游经济学不仅要注重旅游业当下所能够带来的经济效益，同时还应兼顾长远收益，牢固树立科学发展观，坚持用发展的眼光、发展的思路、发展的办法解决旅游业发展进程中的问题。

五、微观分析与宏观分析相结合的方法

旅游经济是一个开放的、综合的、复杂的系统。旅游经济学应着眼于系统分析的角度，既要从微观视角研究旅游经济系统内各个子系统及其相互之间的关系，也要从宏观视角研究这些子系统是如何联结成为一个有机整体并实现其功能的。系统论作为重要的研究方法，首先，强调整体性的观点，旅游经济研究要注重以旅游市场和旅游业整体优化为导向；其次，强调动态平衡的观点，旅游经济研究要注重旅游市场和旅游业的动态过程，协调旅游活动和旅游业各个部门间的平衡发展，实现旅游经济发展过程的整体优化；最后，强调结构性观点，旅游经济研究应充分认识旅游发展过程中各领域、各环节间的关联性和协同性，善于抓住旅游经济发展的主要矛盾和矛盾的主要方面，使旅游系统获得最佳效能、实现最佳目标。

课后思考与练习

案例分析

托马斯·库克与旅游业的诞生

英国人托马斯·库克生于 1808 年，出身贫寒，4 岁丧父。迫于家庭生计，托马斯·库克 10 岁时不得不辍学，到一园艺种植者那里做学徒，每周的工钱仅为 6 便士。该雇主死于嗜酒之后，14 岁的托马斯·库克被介绍到他的一个经营木器作坊的姨父那里继续做学徒。不幸的是，他的这位姨父后来也是因为嗜酒而亡。所以，托马斯·库克从少年时代起，心中便深深埋下了对酒害的痛恨。

1841 年 6 月 9 日，32 岁的托马斯·库克来到莱斯特，他发现当时（维多利亚时期）很多的社会问题都和酗酒有关，他认为如果人们不再酗酒并且接受

更好的教育，生活质量将大为改观。为了帮助人们戒酒，他成立了一个戒酒会。为了帮助他们摆脱精神上的苦恼，库克决定让人们看看外面广阔的世界，接近大自然。他把聚会安排在铁路沿线的几个重镇上，让会员们有旅行的机会，还要求铁路部门票价打折。在库克的提议下，1841 年 7 月 5 日，运载着 500 名乘客的观光列车从莱斯特出发。游客游玩了 19 公里后返回莱斯特，只花了 1 先令，包括交通费用、乐队演奏赞歌、一次野外午餐和午后茶点。库克为旅行者讲述旅途中的景物和历史渊源，由于他自小就在外面流浪奔波，对出门远行者的心情十分了解，生活起居上照顾得很周到。那次旅行组织得非常成功，由此很多人戒酒成功。托马斯·库克对这次活动的组织被当时的人们称为"伟大的创举"，并普遍被后来的人们看作是近代旅游业的开端。

1841 年这次团体旅游活动的成功组织使托马斯·库克名声大噪。1845 年托马斯·库克在英国的莱斯特正式成立了托马斯·库克旅行社，开始专门从事旅行代理业务，他成为世界上第一位专职的旅行代理商。托马斯·库克旅行社的出现标志着近代旅游业的诞生。

1851 年，伦敦水晶宫举行世界博览会，库克抓住这个机会想大做一笔生意，库克父子总共带去 15.6 万多名参观者。他儿子负责在伦敦的接待工作，替客人安排交通工具和住宿，做得有条不紊，使客人感到没有一点不方便的地方。每批客人在去博览会之前，小库克都扼要地把值得看的东西说一遍，而且把参观路线编成小册子，游客人手一本，好让他们参观时按图索骥。另外，为每名游客准备一份廉价的午餐，因为博览会里面的饮食贵得吓人，虽然游客不一定在乎，但能省钱总是让人高兴的。这些措施对现代的旅行社来说已算不上什么特别措施，但在那个保守年代的确是一种创举。

库克父子公司所组织的几个特殊性质的旅行团，最为人们津津乐道。例如创办百慕大蜜月旅行、巴厘岛观光等。到 1864 年，经托马斯·库克组织的参加旅游的人数已累计达 100 多万，他的名字也成了旅游的代名词在欧美地区家喻户晓。"经营旅行观光事业，不仅带别人去游山玩水，更是探求新知识、新事物的先锋队"，这是老库克的理想。

资料来源：根据李天元.旅游学概论［M］.天津：南开大学出版社，2003：25-26 及其他资料改编。

旅行社鼻祖托马斯·库克集团的破产与重生

托马斯·库克是诸多"全球第一"的缔造者，他编写了世界上第一本旅游指南《利物浦之行手册》，他是世界上第一个环球旅游团的组织者，他发明了世界上最早的"旅行支票"，持有这种"流通券"，就可以在旅游目的地兑换等价的当地货币，大大便利了跨国和洲际旅游。

前期探索足以青史留名，后期发展也为托马斯·库克集团（Thomas Cook Group，以下简称 TCG）带来广泛好评，公开信息显示，从 1841 年开展业务至 2019 年 9 月，TCG 的业务涵盖旅行社、航空公司、度假村和游轮，遍布 16 个国家和地区。据美联社报道，TCG 拥有 2.1 万名员工和 105 架飞机，以及 200 家酒店、接近 4000 间客房，在英国主要街道的门店有 550 家左右，而全球门店接近 3000 家，2018 年营业收入为 96 亿英镑（约合人民币 850.45 亿元）。

但 2019 年 9 月 23 日，一则重磅消息震惊了旅游圈，这家有着 178 年历史的英国老字号旅行社——TCG，走到了尽头。究其原因是数字化时代导致 TCG 传统旅游公司的收入锐减，随着网络普及，消费者对旅游个性化服务的选择多了，比价也更方便了。而 TCG 门店的经营模式，员工与店面成本高昂，经营带来高昂的运营成本和风险，使得大集团走向了破产。

在英国老牌旅游集团 TCG 宣布破产一个多月后，复星旅游文化集团以 1100 万英镑（约人民币 1 亿元）买下了 TCG。如今，TCG 生活方式平台（托迈酷客 app）正式上线，托迈酷客生活方式平台直接触达消费者，让复星旅文完成了从线下场景资源到产品内容再到客户的垂直生态系统的打造，除了复星旅文旗下自己打造的旅游度假产品，比如法国度假村 Club Med（地中海俱乐部）、三亚亚特兰蒂斯酒店，以及迷你营、泛秀、复游雪等 IP，还引入其他满足家庭度假生活和城市生活多场景以及个性化需求的外部产品。复星旅文集团还和 TCG 联合注册成立了三亚 TCG 托迈酷客旅行社，是海南建设自由贸易试验区和中国特色自由贸易港之后，海南成立的首家中外合资旅行社。最终，TCG 在中国三亚涅槃重生！

资料来源： 1. 中国经营报 . 存世 178 年，负债 141 亿元，全球第一家旅行社的破产启示录 . https：//baijiahao.baidu.com/s？id=1645723315410228484&wfr=spider&for=pc.

2. 三亚学院旅业管理学院教学工作案例 . 世界近代第一次旅游活动的举办公司 Thomas Cook 的涅槃重生 . http：//lvyou.sanyau.edu.cn/？article/10405.html.

思考题： 1. 托马斯·库克 1841 年组织的活动的深刻意义表现在哪里？

2. 从托马斯·库克的一系列实践中可以归纳出哪些有助于认识旅游经济活

动发生、发展与变化的有价值的观点？它对现代旅游经济发展是否具有启示意义？

3. 从托马斯·库克集团的破产与重生中，你认为旅游经济活动过程表现出何种规律？

复习思考题

1. 如何认识旅游经济活动的产生与发展？

2. 如何理解旅游经济的性质？

3. 旅游经济活动的特点是什么？

4. 有关旅游经济学研究对象有不同的理解和认识，对此你是如何思考的？

5. 举例说明你对旅游经济学某一研究方法的理解。

第二章

旅游客源地旅游需求与预测

学习目的与要求

知识目的

通过了解旅游客源地的概念和特征，认识旅游客源地对旅游目的地旅游业发展的重要性；熟悉旅游需求的类型，掌握有效旅游需求产生的条件和主要特征；掌握旅游需求规律、旅游需求弹性、弹性系数以及旅游需求价格弹性系数与旅游总收入的关系；熟悉旅游需求的测量指标，掌握影响旅游需求的因素和定性与定量的预测方法。

思政目的

①从对旅游需求形成与变化分析中树立道路自信和人民至上的理念；②从对旅游需求规律学习中建立求真务实和诚信自律的信念；③从对旅游需求衡量指标分析中理解国家战略和创新发展的重要性。

案例导学

中国出境游的变化

2023 年初，中国相继发布的两批共计 60 个恢复出境跟团游的国家名单中，东南亚国家最为醒目，热门目的地几乎全部上榜。被新冠疫情困住手脚多时后，主做境外市场的多家旅行社都想大干一场，纷纷押宝东南亚国家，一边在境外重建供应链，一边在国内营销揽客。"东南亚距离近、性价比高，占得恢复跟团游先机，同时对跟团游影响最大的航班运力也将率先恢复"，北京阳光假期国际旅行社负责人付峥告诉《中国新闻周刊》。

"飞常准"数据显示，2023 年 3 月第二周，中国游客出境目的地前 8 名中，东南亚国家占了 6 席，另外两个热门目的地是日本和韩国。第二批出境游名单发布后，同程旅行方面收到的赴相关国家旅游签证咨询量瞬时涨幅超过 4 倍。

"咨询量多，成交量少。"付峥很快嗅到了危险。果然，到 3 月底，东南亚市场都没能等来"报复性出游"。最初几个月，受签证办理时间长、航班供给少、目的地酒店和交通费用高、中文导游缺位等诸多因素影响，东南亚产品一度价格翻倍，从新冠疫情前的三千多元涨到六七千元。

然而，随着航司运力和目的地供应链恢复，东南亚旅游价格逐渐降回到新冠疫情前水平，但依旧没能挽回消费者。"大家想出去玩的意愿很强烈，但花钱变得更谨慎，这才是行业遇冷的关键。"付峥回忆说，到第二季度，东南亚旅行市场"依旧趴在地上"，连"五一"假期都无法扭转东南亚出境游持续低迷的态势。"暑期是东南亚旅游市场最重要的旺季。"境外自由行服务品牌懒猫旅行创始人赵俊告诉《中国新闻周刊》，一般来看，时间是制约中国人出境旅行的首要因素，暑期长达 45 天左右，远超春节和"十一"小长假这两个出行高峰期。换句话说，"如果东南亚市场在暑假都没有任何起色，今年的生意基本就难言乐观"。等到 6 月，东南亚旅行批发商再也坐不住了，纷纷降价促销，甚至赔本赚吆喝，才让市场恢复一丝暖意。但业内都清楚，大幅让利换来的繁荣持续不了多久。

比市场更快复苏的是各路"负面消息"。从 2023 年初开始，"在东南亚旅行被绑架'噶腰子'"的惊恐传闻甚嚣尘上。5 月初，印尼巴厘岛发生了中国情侣遇害案，尽管印尼警方给出"男方谋杀女方后自杀"的调查结论，仍无法改变当地旅游市场的惨淡。随后，国内接连上映了《消失的她》《孤注一掷》等取材于东南亚的犯罪题材电影，成了东南亚旅行的"劝退指南"。宣传"取材于真实案例"的《孤注一掷》在国内上映两天后，赵俊在泰国的旅游服务公司接单量突然断崖式下降，"直接掉下去一半"。"员工每天都会接到数不清的咨询电话，问泰国安全吗？"赵俊无奈地说，公司上半年在泰国接待了几万名中国游客，没出现任何问题，但这些事实显然无法真正打消更多游客的安全顾虑。

作为东南亚旅游的代表性国家，泰国 2023 年 5 月推出的严格电子签证规定也阻挡了中国客回归的脚步。此前，泰国总理赛塔·他威信在与泰国机场和航空公司高层讨论，如何在第四季度吸引更多外国游客时就曾谈及：中国人申请赴泰旅游签证的过程烦琐，收费又高，以至于中国游客今年赴泰人次不及预期。他还指出，截至 2023 年前 7 个月，到普吉岛游玩的外国游客人数约为新冠疫情前的 70%，但中国游客仅恢复到新冠疫情前的 30%。"签证门槛明显高于 2019 年"，赵俊举例说，泰签申请材料增多，难度堪比申根签证。游客过关排队动辄两三个小时，此外，费用也提高到四五百元人民币，是新冠疫情前的三四倍。泰国旅游和体育部 8 月公布的旅游业"成绩单"也显示：2023 年 1—7 月，中国约有 183 万人次到访泰国，位列第二，已经不再是泰国最大客源地。

"东南亚不缺游客，只是少了中国游客"，赵俊感叹。受地区冲突以及物价影响，从去年冬季到今年春节，大批欧洲人到东南亚避寒度假，甚至长住半年之久，酒店、交通价格都被哄抬起来。暑期到来后，理论上应该进入旺季的中国客源市场"没旺起来"。东南亚街头或沙滩上，依旧能看到很多亚洲面孔的游客，只不过他们大多来自韩国和马来西亚。

资料来源：根据《中国新闻周刊》《"消失的中国游客"去哪了？国人出境游有大变化》一文整理。

思考：客源地旅游需求的发展变化受哪些因素影响？如何理解中国出境旅游需求的变化及其效果？如何理解旅游需求变化规律？

第一节　旅游客源地概念与在旅游经济活动中的作用

一、旅游客源地概念

旅游客源地是指具有一定人口规模和社会经济能力，能够向旅游目的地提供一定数量旅游者的地区或国家。

旅游客源地首先是一个地域概念，即由一定规模的人口在特定的社会经济结构下所构筑的地域，其地域范围按行政区划为县、市、省（州）和国家。虽然它们在地域面积、人口规模和经济发展水平上存在差异，然而共同之处是能够产生一定数量的旅游者。其次，它又是一个空间概念，即相对旅游目的地而言存在着一定的空间距离。距离的远近会对客源地旅游者选择旅游目的地产生影响。

二、旅游客源地的共同特征

旅游客源地虽然在地域范围上差别较大，然而都具有如下的共同特征：

1. 旅游渐成一种社会时尚或人们生活中的一部分。人们在基本生活需要满足之后，越来越多的人将出外旅游作为提高生活质量，提高生活品质的一个重要手段，因而出外旅游的人次数在不断增加。

2. 社会经济发展水平较高，人均可支配收入在逐步增加。可支配收入在用于必要的日常生活开支外有较多的剩余，因而人们有能力参与旅游或其他休闲娱乐活动。

3. 一定时期内产生的旅游者人次较多或出游率较高。前者表示的是与地域面积相当的其他地区或国家相比，其出游人次的绝对数量大，它同客源地的人口规模和出游频率相关；后者表示的是与相当规模人口的其他地区或国家相比，出游的人数或人次所占比例高。

三、旅游客源地在旅游经济活动中的地位和作用

1. 旅游客源地在旅游经济活动中的地位

旅游经济活动是由旅游活动采取商品交换形式所形成的旅游者同旅游经营者之间的需求和供给关系以及由这种关系引起的目的地旅游行业同政府和社会经济中其他行业之间的经济联系和经济关系的总和，而旅游客源地是产生旅游者，从而产生旅游需求的地区和国家，因此旅游客源地与旅游目的地是旅游经济运行的两极，前者是旅游需求方，后者是旅游供给方，二者通过市场联系起来，形成供需关系。在这种关系中，旅游客源地是需求产生的源泉，是推动旅游经济运行的原发力量，是旅游目的地存在的前提条件。

2. 旅游客源地在旅游经济活动中的作用

（1）客源地旅游者的需要是目的地旅游产品供给的前提条件。旅游产品

的生产与制造业产品的生产不同，旅游产品的生产与消费是同时进行的，即客源地的旅游者来到旅游目的地后，产品的生产与消费才会发生，各种旅游服务的提供均以旅游者的需要为前提，所以没有客源地旅游者的需要，旅游目的地产品的供给也不复存在。

（2）客源地旅游需求的规模会对目的地旅游经济产生直接影响。客源地旅游需求规模的大小不仅影响目的地旅游供给规模和供给体系，而且直接关系到目的地旅游收入的多少，从而影响目的地旅游业发展的经济效益。例如，客源地居民在休假期间，出游的人次数会比较集中，导致目的地客流量的相应扩大，收益增加；反之，在非休假时间，客源地出游的人次数可能相应减少，从而引发目的地接待人次数的下降，收益减少。这种情况说明客源地需求情况的变化会对目的地旅游收益的波动性产生影响。

（3）客源地旅游需求的特点会对目的地旅游供给结构产生影响。这种影响主要表现在客源地旅游者的偏好、出游目的和旅游消费结构。旅游者的偏好和出游目的会对目的地供给的旅游产品类型提出要求，而旅游者的消费结构则会对目的地旅游供给体系中各部分之间的比例关系产生影响。

（4）客源地旅游企业对目的地旅游经济产生影响。由于旅游客源地旅游企业握有客源优势，因此不仅对目的地旅游企业提供的产品拥有更有利的讨价还价能力，而且还能够以输出客源为基础，推行资本输出，实施跨国（地区）经营，进入目的地的旅游市场，进而渗入目的地的旅游经济之中。

【链接启示】

把握市场大势　发展"微度假"旅游

从知网检索看，"微度假"概念最早出现在2013年。它主要是指城市人充分利用周末闲暇时光，以城市为中心向周边扩展约3至4小时车程找寻优质旅游景点，用于周末消遣，寻得工作生活平衡的一种旅游方式。也有学者认为，"微度假"是顺应当代快节奏、慢生活的一种旅游模式，它不用太多准备，不需要舟车劳顿，"来一场说走就走的旅行"，利用短暂空闲时间体验一番优美安静的乡村自然生活。

起初，"微度假"概念更多地被旅游营销者运用，特别是大城市周边的一些地产销售商，更是将"微度假"概念作为一种新式的生活体验来推广。近年来，在城市化高速发展的背景下，人们生活节奏加快，竞争压力加大，追求精神健康和情绪健康的愿望更加强烈。旅游者对目的地的需求从景区转向社区，从单一功能转向复合体验，旅游更加个性化、休闲化和自助化，短期和近距离的"微度假"成为都市人的旅游首选。

2020 年以来，上海推出包括历史古镇、文化探寻、乡村休闲等内容的多条半日游、一日游"微旅行"线路；北京推出"老城新颜——寻觅王府井大街的文化宝藏"等首批 10 条"漫步北京"城市休闲线路，让北京人和外来游客感受不一样的北京，融旅游和本地生活于一体。"微度假"作为一种新兴的旅游产品，其形式更多元、目的地更综合，度假、休闲、康养、研学等多种需求都能一并实现。

"微度假"以都市上班族为主要服务对象，整合休闲康养、精品购物、主题游乐、旅游度假及科普博览等各类项目，形成与休闲商务相结合的旅游产业，提供工作之余生活放松的休闲度假活动场所，正创造着经济新亮点。

资料来源：赵西君，吴殿廷．把握市场大势 发展"微度假"旅游［N］．中国旅游报，2021-12-03（003）．

思考：从"微度假"旅游的兴起与发展角度思考客源地与目的地之间存在何种互动关系？

四、我国主要的入境旅游客源地

我国的入境客源市场从中华人民共和国成立初期到党的十一届三中全会召开的 30 多年间，由于受到国际政治经济环境及国内因素的影响，发展缓慢。改革开放以后，中国的旅游业才有了长足的发展。随着我国对外关系的调整，中国与世界诸多国家建立了友好往来关系，海外客源市场逐步走向全方位、多元化。

从海外旅游者来源国家分析，2012 — 2023 年我国的前十位客源国如表 2-1所示。从表 2-1 中可以看出，2012 — 2023 年，我国旅游客源地基本没有变化（除去含边民旅华人数统计因素），客源国只在排名上略有调整。东亚、东南亚、俄罗斯、北美、澳大利亚是我国入境游客主要的来源地区，分布主要呈现"亚洲为主、欧美为辅，中等发达国家为主、发达国家为辅"的特点。

表 2-1　2012－2023 年我国前十位客源国

年份	1	2	3	4	5	6	7	8	9	10
2012	韩国	日本	俄罗斯	美国	马来西亚	越南	新加坡	蒙古国	菲律宾	澳大利亚
2013	韩国	日本	俄罗斯	美国	越南	马来西亚	蒙古国	菲律宾	新加坡	澳大利亚
2014	韩国	日本	美国	俄罗斯	越南	马来西亚	蒙古国	新加坡	菲律宾	印度
2015	韩国	日本	越南	美国	俄罗斯	马来西亚	蒙古国	菲律宾	新加坡	印度
2016	韩国	越南	日本	缅甸	美国	俄罗斯	蒙古国	马来西亚	菲律宾	新加坡
2017	缅甸	越南	韩国	日本	俄罗斯	美国	蒙古国	马来西亚	菲律宾	印度
2018	缅甸	越南	韩国	日本	美国	俄罗斯	蒙古国	马来西亚	菲律宾	新加坡
2019	缅甸	越南	韩国	俄罗斯	日本	美国	蒙古国	马来西亚	菲律宾	新加坡
2020	韩国	日本	俄罗斯	泰国	新加坡	法国	马来西亚	印度尼西亚	越南	英国
2021	日本	韩国	美国	英国	德国	澳大利亚	加拿大	澳大利亚	俄罗斯	意大利
2022	美国	日本	菲律宾	德国	英国	印度尼西亚	韩国	新加坡	加拿大	法国
2023	越南	俄罗斯	韩国	泰国	蒙古国	印度尼西亚	美国	马来西亚	菲律宾	新加坡

资料来源：根据国家统计局相关数据整理（其中 2017－2019 年，缅甸、越南、俄罗斯、蒙古国、印度含边民旅华人数）；根据中华人民共和国文化和旅游部 2020－2023 年度全国旅行社外联接待入境旅游情况表数据整理，其中 2023 年未发布年度情况，只整理了已披露的第一、第二季度情况。

案例思考

发展入境旅游　展示真实中国

近日，文化和旅游部设计制作了"你好中国"对外旅游推广品牌标识，并在海外文化和旅游机构推广使用。全新的对外旅游推广品牌标识由卡通熊猫形象、Nihao China 彩色字母以及"你好中国"汉字古风印章构成。该品牌标识的全面启用，有助于向世界展示可信、可爱、可敬的中国形象。

国家形象关系一国的国际声誉和世界影响力，是内在建构和外在呈现的统一。国家形象的建构有"自塑"与"他塑"等不同方式。近年来，中国特别注重通过本国媒体在国际社会讲好中国故事，实现国家形象的"自塑"。

国之交在于民相亲，民相亲在于心相通，心相通在于多交往。入境旅游，被视为"民间外交"，在塑造国家形象方面兼具"他塑""自塑"和"塑他"的共同特点。正所谓，百闻不如一见。境外游客受目的地吸引前往一国旅行，通过所见所闻、亲身感受，对目的地国家所形成的认知更为直接和客观。马克•吐温认为"旅行对偏见、偏执和狭隘是致命的"。通过大力发展入境旅游，不仅能够让境外普通民众亲身体验中国的灿烂文化和大好河山，目睹中国的快速发展和美好生活，而且能够通过他们的口耳相传，更加客观地了解一个真实的中国。

习近平总书记在十八届中央政治局第十二次集体学习时强调："要注重塑造我国的国家形象，重点展示中国历史底蕴深厚、各民族多元一体、文化多样和谐的文明大国形象，政治清明、经济发展、文化繁荣、社会稳定、人民团结、山河秀美的东方大国形象，坚持和平发展、促进共同发展、维护国际公平正义、为人类作出贡献的负责任大国形象，对外更加开放、更加具有亲和力、充满希望、充满活力的社会主义大国形象。"这为中国国家形象塑造和国家旅游传播提出了明确要求。

为此，要将国家形象塑造与目的地旅游传播紧密结合，围绕文明大国、东方大国、负责任大国和社会主义大国的国家形象，形成系统的叙事构建、营销机制和传播体系。例如，在叙事方式上，要将国家形象塑造重点从传统的、单一的中国向立体的、多样的中国转变；要以微知著，通过讲述普通个体的故事和对日常生活的解构，获得境外受众的情感共鸣与理解认同。在营销机制上，要整合资源，设立专业国际旅游营销机构，负责国家旅游营销的整体策划和系统实施；要联合中资驻外机构、大型国企海外办事机构、境外留学生、华侨华人团体以及境外知华爱华机构和人士等，开展立体的入境旅游推广。在传播方式上，要根据不同客源市场群体的文化特征和社会心理实施差异化传播策略，要充分利用社交媒体及新媒体手段传播国家旅游形象。在传播渠道上，要建立"你好中国"入境旅游网，汇集签证、机票、通关、边检、购物、酒店等各类信息，并与在线旅行社、各地旅游部门链接，设置不同语言版本，满足不同客源市场需求。

旅游是传播文明、交流文化、增进友谊的桥梁。大力发展入境旅游，必将有助于向世人展示一个可信、可爱、可敬的中国形象。

资料来源：宋瑞．发展入境旅游　展示真实中国［N］．人民日报（海外版），2023-08-18.

思考：发展入境旅游对于中国国家形象塑造和国家旅游传播具有哪些重要意义？如何更好地满足我国入境旅游客源地市场需求？

第二节　旅游需求的特征与规律

一、旅游需求概念与类型

旅游需求简单地说是人们为了满足外出旅游的欲望所发生的对旅游产品的需要量。它分为有效或现实的旅游需求与受抑制的旅游需求。

有效或现实的旅游需求是指具有一定支付能力和闲暇时间的人们在一定时期内，愿意按照一定的旅游价格购买的旅游产品的数量。它具体表现为一定时期内已经出外旅游的人数和正在境外旅游的旅游者人数之和。旅游目的地国家或地区旅游统计中的数字就是这种有效旅游需求的反映。

受抑制的旅游需求是指那些因各种原因在一定时期内不能或暂缓购买旅游产品的人。它又分为潜在旅游需求和延缓旅游需求。前者是指由于某些条件暂时不具备而有旅游需求的人，一旦条件具备了，如购买力提高了或有权享受更多的带薪假日，这部分潜在旅游需求就可转化为有效旅游需求。后者是指那些已具备了旅游基本条件但由于主客体方面的原因而推迟的旅游需求。在主体上，人们有时会受家中严重疾病成员或幼小子女的拖累而不能出游；在客体上，旅游目的地供给条件不足，或发生流行疾病等也会使人们出游的时间推后。当这类主客体条件改善后，延缓的旅游需求也同潜在的旅游需求一样会转化为有效的旅游需求。

受抑制的旅游需求虽然在短期内不像有效旅游需求那样成为旅游经济活动的一部分，然而它是有效旅游需求的基础，反映了旅游市场的潜力。所以，从长期来看，旅游目的地国家或地区以及旅游经营者应予以足够的重视，特别是在有效旅游需求不足的情况下如何创造条件，实现受抑制的旅游需求的有效转化。

旅游经济学所讲的旅游需求是指有效的或现实的旅游需求，而旅游市场学所讲的旅游需求除有效或现实的旅游需求外，还包括受抑制的旅游需求。

此外，还有无需求、替代需求和转移需求。无需求是指社会中有一些人不愿意参加旅游或不能旅游的情况；替代需求是指一种旅游活动的需求被另一种旅游活动所替代，如乘长途旅游车的旅游被自驾车旅游所代替；转移需求是指至某目的地的旅游由于主体或客体方面某种原因而转赴另一目的地的旅游。

总之，旅游需求是旅游市场形成的基础。没有旅游需求，也就没有旅游市场，目的地旅游产品的价值也无从实现。旅游需求的重要性表明，旅游目的地国家或地区旅游业的发展必须以旅游市场上的旅游需求为依据，在此基础上进行旅游规划，确定旅游的发展规模和发展速度，以实现旅游业发展的最佳效益；旅游经营者也应根据对旅游需求的预测来评估其各项经营活动和实现盈利目标的可行性。

【链接启示】

"五一"假期旅游热 掀起消费回暖潮

文化和旅游部公布的数据显示，2023年"五一"假期全国国内旅游出游合计2.74亿人次，按可比口径恢复至2019年同期的119.09%；实现国内旅游收入1480.56亿元，同比增长128.90%，按可比口径恢复至2019年同期的100.66%，这两大指标超过新冠疫情前的2019年。

国务院发展研究中心市场经济研究所研究员漆云兰在接受《中国经济时报》记者采访时表示，从各个平台的数据来看，今年"五一"假期旅游消费呈现爆发性增长，与去年甚至和新冠疫情之前相比也有较快增长。"'五一'假期旅游消费火爆的原因在于，第一，新冠疫情防控政策调整，消费场景限制的解除使得消费者出行消费大大便利，实现恢复性增长。第二，从中央到地方今年将恢复和扩大消费放在优先的位置，纷纷采取了各种措施来刺激消费。第三，三年新冠疫情防控在很大程度上抑制了部分消费需求特别是接触性消费需求，使得消费需求和消费能力在这几年中皆有所积累，居民储蓄持续攀高。而随着政策的调整，消费需求得以反弹式释放。"漆云兰说。

资料来源：节选自《中国经济时报》2023-05-08。

思考：假期旅游消费回暖反映了旅游需求怎样的变化规律？你看好未来的旅游需求还会增长吗？

二、旅游需求产生的条件

旅游需求是在一定的社会经济条件下产生的。作为个人需求，需具备一定的客观条件和主观条件。

（一）客观条件

客观条件是指人们实现旅游需求须具备的经济能力和时间保证，其中经济能力意味着人们要外出旅游须具备足够的财力，从经济学的意义来说，足够的财力主要体现为可自由支配的收入，它是人们实现旅游需求的经济基础；时间保证意味着人们要外出旅游须具有足够的闲暇时间，即足够可用于旅游的时间。虽然闲暇时间似乎属于个人的事情，然而闲暇时间的多少是同社会经济发展水平密切相关的，是社会劳动生产率不断提高的结果。在研究旅游需求这一经济现象时，它已超出了个人的范围，而成为旅游需求这一经济现象形成的要素。可见，可自由支配收入和闲暇时间是一个人能外出旅游的最基本的要求。当然，一个人要成为现实的旅游者，身体条件也很重要，但它不属于旅游经济学的范畴。

1. 可自由支配收入。可自由支配收入是指个人收入中扣除应缴纳个人所得税和日常衣、食、住、行所必需的生活消费开支以及必要的社会消费开支后的余额。余额越多，用于进行包括旅游在内的其他活动的条件就越充足。在谈及个人旅游需求的经济条件时，有些学者也使用可支配收入这一概念，它是个人收入中扣除个人所得税后的余额。因为在现实中确有一些人在其可自由支配收入不足以支付一次旅游活动经费的情况下，出于旅游的需要，采取了节省日常生活消费开支和某些社会消费开支的办法，用节省下来的钱参加了旅游活动。在这种情况下，可支配收入也可作为个人旅游需求的经济条件。当然，在现实中，还有很多人用于旅游消费的开支并不是来自当年的可自由支配收入，而是利用过去的积蓄或者信用方式来支付，前者使用的是过去的可自由支配收入，后者使用的则是未来的可自由支配收入。

2. 闲暇时间。由于旅游是离开常住地到异地的活动，没有足够的时间，出外旅游是不可能的。在旅游经济学中，出外旅游所需的时间称为闲暇时间。这里的闲暇时间不仅是相对工作时间而言，而且也相对于处理个人事务时间而言，例如一个人虽然有足够出游的可自由支配收入，但由于孩子年龄小或亲人患重病需要照料，便无法出游。所以实现旅游需求的闲暇时间是指人们在进行日常工作、学习、生活和参加必要的社会活动所需时间之外的可以自由支配的时间。这种可自由支配的时间越多，连续的时间越长，参加旅游的可能性越大。

上述两个客观条件主要是针对消遣型旅游者来说必备的基本条件，然而，对于商务旅游者、会议旅游者和公务旅游者来说，他们的出游是工作的需要，不存在出游的经费和时间问题。

【链接启示】

马克思主义关于休闲理论的论述

在《马克思恩格斯全集》中，马克思自始至终都把休闲与个人的全面发展、休闲与社会进步的关系连在一起。在马克思眼中，"休闲"一是指"用于娱乐和休息的余暇时间"，二是指"发展智力，在精神上掌握自由的时间"。他认为，休闲是人的生命活动的组成部分，是社会文明的重要标志，是人类全面发展自我的必要条件，是现代人走向自由之境界的"物质"保障，是人类生存状态的追求目标。人类要想获得自由，首先必须赢得时间。

思考：休闲与旅游的区别在哪里？你会休闲吗？

（二）主观条件

实现旅游需求的主观条件是指人们须具有出游的动机。旅游动机是引发和驱使人们出外旅游的内在力量。心理学家认为，动机是人体内一种内在的、用以缓和某种紧张状态的积极的动力。它是由需要来推动的，一个人有什么样的需要就会产生为满足这种需要的动机。旅游动机的产生与人类其他行为动机一样，都是来自个人的需要。人们为了健康的需要到他地去疗养，为了开阔眼界、增长见识去异地游览风景名胜，为了消除疲劳、暂时避开紧张的工作或生活环境到一个地方去度假等，都是为了满足自身某方面的需要。反之，一个人若没有这种需要，或没有意识到这种需要，其旅游动机也就不会产生。

同样，旅游需求产生的这一基本条件也是针对消遣型旅游者而言的，至于商务、会议和公务等类型的旅游者虽然也有出游的动机，但它不是由个人的需要推动的，而是由单位（政府部门、企事业、社会团体）业务工作需要来推动的。

个人出游动机虽然在很大程度上同人们的心理特征、文化素养以及年龄和性别等个人因素密切相关，然而也同外界的客观因素，如社会历史条件、经济发展状况以及一些微社会环境（家庭、邻里、朋友、同事等）相关。后者对一个人旅游动机的形成也会产生重要影响，比如一个人不准备出游，但在朋友的劝说和激励下也打算一道出游。

案例思考

红色旅游热度持续上升

春节假期临近，全国红色景区迎来预订高峰。在上海，"红色专线车"穿过林立的高楼，连接红色地标，成为"移动党课"课堂。在江西，井冈山革命博物馆、南昌八一起义纪念馆等 24 个爱国主义教育基地都有了数字展馆，通过 VR 新技术全景数字化呈现革命历史，参观者可发弹幕留言互动。

中国旅游研究院近日发布的《中国红色旅游消费大数据报告（2021）》显示，2021 年，41.7% 的游客参加红色旅游的次数达到 3 次以上，其中 7.1% 的游客红色旅游的次数超过 5 次，40% 以上的游客经常自主选择红色景区参观学习。今年 1 月以来，红色旅游搜索热度较上年同期增长 176%。游客从"要我去"到"我要去"，主动参与红色旅游成为新时尚，成为常态化生活方式。

推出"建党百年红色旅游百条精品线路"，组织"百名红色讲解员讲百年党史"宣讲活动，启动"致敬国家丰碑——全国红色故事讲解员大赛"，举办全国大学生红色旅游策划创意大赛等，2021 年，文化和旅游部结合党史学习教育，推动红色旅游产品和服务不断"上新"，吸引着越来越多游客纷纷踏上红色之旅。

浓厚的红色文化氛围、良好的发展势头，使得红色旅游的教育功能进一步彰显。多家在线旅游平台的数据显示，青少年群体已成为红色旅游的"主力军"，年轻父母更是愿意带着孩子，通过探访红色景点实现"寓教于游"。《中国红色旅游消费大数据报告（2021）》显示，在2021年红色旅游客群中，90后、00后人群占比达到51%以上，红色旅游呈现越来越年轻化的趋势。

红色旅游融合创新亮点纷呈。红色旅游与演艺、文创、科技、体育等不断融合，发展活力持续迸发，内生动力不断增强。红色旅游为乡村地区带来丰富的人流、物流，可有效整合利用各方面资源，辐射带动餐饮、住宿等经营服务，延长和拓展产业链，不断优化产业结构，进一步带动革命老区经济社会发展。

文化和旅游部资源开发司相关负责人表示，下一步，红色旅游要聚力推动高质量发展，用心用情用力保护好、管理好、运用好红色资源，策划主题突出、导向明显、内涵丰富的红色旅游活动，扩大红色文化传播，推动红色旅游融合发展。

资料来源：改编自《人民日报》2022-01-26。

思考：红色旅游热度持续攀升的背后体现了人们何种旅游需求？如何进一步激发青少年群体的红色旅游动机？红色旅游在发挥文化的规范作用和旅游的带动作用方面起到怎样的促进作用？

三、旅游需求的主要特征

由于旅游需求不仅受到个人出游条件是否具备的限制，而且还要受到社会、技术、经济和政治等诸多因素的影响，因而使旅游需求表现出不同的特征。

（一）旅游需求的指向性

旅游需求的指向性包括旅游需求的时间指向性和旅游需求的地域指向性。旅游需求的时间指向性是指旅游需求在时间上具有较强的季节性。这种季节性来源于两个方面，一是旅游客源地方面，不同的国家或地区的社会习俗、节假日集中时间不同，使旅游需求在时间分布上存在着较大差异；二是旅游目的地方面，由于在不同季节存在自然气候条件上的差别，因而对旅游者的吸引力也表现出很大的不同。这两方面因素的结合形成了旅游需求的时间指向性，表现为旅游目的地的旅游者流量呈现出旅游淡季、平季和旺季的差别。在旺季时，游客门庭若市，而在淡季时，游客稀少，造成旅游设施的大量闲置。

旅游需求的地域指向性也包含两个方面，一是从旅游客源地来说，旅游需求的地域分布表现为旅游者流向的地域集中性，即多数游客流向风景名胜地区和文化特色显著的地区；二是从旅游目的地来说，旅游需求在地域上表现为旅游热点地区和旅游冷点地区的并存，即多数到访游客往往集中在交通发达、旅游设施健全、旅游吸引物知名度高的地区。但是，这并不意味着冷点地区旅游吸引物吸引力弱，一方面有冷点地区的旅游信息传递不力的原因，另一方面也有游客对冷点地区旅游吸引物的认知问题和从众心理的因素。

（二）旅游需求的整体性

旅游需求的整体性是指人们对旅游活动的需求具有多面性或系列性，即食、住、行、游、购、娱等多个方面的需要。虽然在现实中并非每个游客都有这些需要，然而多数游客，特别是团体游客都需要旅游目的地为其提供这方面的服务。至于自助游的散客，虽然他们采取了零星购买的方式，但其旅游活动的顺利进行，也需要购买这些服务。即使一日游游客也需要目的地为其提供交通服务、景点游览、餐食供应、导游服务，乃至购物服务。这说明旅游需求不是单一的，而具有系列性。

（三）旅游需求的敏感性

旅游需求的敏感性是指人们对出游环境发生变化所作出的敏感反应。人们出游是为了满足其求新、求知、求奇、求异的需要，但是如果出游环境发生了不利于他的情况，如旅游目的地国家的货币大幅升值，超出了他的旅游预算，他可能会取消该国的旅游计划。如果旅游目的地国家或地区发生恐怖活动，或与其所在国关系紧张，或发生流行性传染病等，危及其出游安全，他也会放弃出游计划。

（四）旅游需求的多样性

旅游需求的多样性是指人们在旅游目的地选择、旅游方式、旅游等级、旅游时间和旅游类型等方面存在的差异性。不同的游客，由于在职业、年龄、性别、受教育程度、社会地位、消费习惯和旅游偏好等方面不尽相同，因而其旅游需求也是多种多样的。旅游需求的多样性构成了旅游市场的复杂性，一方面，旅游需求的多样性要求旅游供给具有多层次性；另一方面，由于旅游供给在一定时期内具有相对稳定性，因而旅游需求的多样性和变化性与旅游供给结构之间有时会产生技术上的供求矛盾。

（五）旅游需求的可诱导性

由于客源市场对旅游产品的认识和了解不够深入和全面，往往对旅游目的地产生某种偏见，为缓解这种现象，旅游目的地可以通过广告、宣传等多种促销方法，及时传播旅游信息，给客源介绍旅游产品，引导其需求，促使客源向特定的方向流动。可见，旅游需求是可以通过诱导而产生的。

（六）旅游需求的演变性

旅游需求的演变性是指随着时间的推移，人们的旅游行为、旅游偏好和消费习惯也会不断发生变化。在观光旅游时代，人们的旅游需求更多地停留在对景区景点的"观光游览"阶段，旅游者追求的是"到此一游"的效果。但随着旅游者文化素质的提高和旅游阅历的丰富，旅游者要求旅游的内容和方式更加多样化和个性化。尤其是伴随全域旅游时代的到来，越来越多的旅游者开始追求在目的地的"深度体验"。

【链接启示】

稳定复苏后，旅游市场发生何种变化

文化和旅游部数据显示，2023 年春节假期，全国国内旅游出游 3.08 亿人次，同比增长 23.1%，达到 2019 年同期 88.6% 的人流量。尽管假期结束，但错峰游市场依然强劲，而且随着 2 月 6 日出境团队游按下"重启键"，旅游市场将进入稳定复苏通道。当新冠疫情不再成为影响旅游业发展的显著因素，人们的旅游意愿和旅游业的发展信心都将得到进一步的恢复和释放，但不容忽视的是，新冠疫情之下的旅游市场已经生变，并且这种改变将长期存在。而且，旅游市场复苏得越充分，这种改变显现得越明显。若要说最大的改变，就是旅游需求不复从前，人们对游憩空间的需求更高了，更多从"看美景、享美食、赏民俗"等感官刺激转变为寻找精神层面的愉悦体验。

具体说来，这种需求改变背后的心态主要表现在两个层面：一方面，人们在行程中更希望和陌生人保持一定距离，不愿意和不认识的人成团旅游，并且遇到景区拥堵会主动回避，而不是一拥而上、生怕错过。这将进一步推动旅游景区景点泛化，除了约 1.4 万家 A 级景区外，更多非传统旅游资源，特别是现代生活类旅游资源，比如有文化调性的图书馆、网红餐厅、风光不错还能露营的河谷、景观大桥、影片取景地等，都将成为"旅游吸引物"。随着游客越来越多地去往上述这些地点，分散在更多的游憩空间，传统旅游景区的增量客流压力将不断加大。除了空间上的分散，游客按兴趣和社交需求分散旅游的脚步，也在新冠疫情影响下加速了。人们通过骑行、徒步、垂钓、观星、滑雪、划船、

摄影、露营等活动形式，参与或组建各类弱联系群体，结伴出游。这使得旅游产业的边界越来越模糊，健身俱乐部、网红、群主、车友会、协会、研学组织等都加入旅游市场供给的行列。

另一方面，随着人们旅游经验日趋丰富，特别是年轻人从小随着父母四处旅游，想领略的风景和风土人情，不少都已体验过了，于是人们将关注重点由身外的风景转向内心的感受。而新冠疫情无疑加速了这一转变。人们愈加认同，"上车睡觉、下车拍照"走马观花式旅游，不如在一个地方"走透透"。这使得各地"圈山圈水收门票"的"卖参观权"式发展模式受到了挑战。近年来各地国有和民营景区门票降价，与政策上引导降低重点国有景区门票价格有关，更与当前旅游景区逐渐变为流量入口，景区的比较优势由参观权变为游憩空间的内在逻辑有直接关系。

资料来源：马仪亮．稳定复苏后，旅游市场发生何种变化［N］．光明日报，2023-02-09.

思考：经此一"疫"，旅游市场发生的诸多变化体现了旅游需求的哪些特征？

四、旅游需求规律

如前所述，影响旅游需求的因素很多，其中对旅游需求产生直接影响的是目的地旅游产品价格、旅游者的可自由支配收入和旅游者的闲暇时间。旅游需求规律反映的就是在其他因素不变的情况下，旅游需求量与旅游产品价格、旅游者可自由支配收入和闲暇时间的相关性及变动关系。

（一）旅游需求量与旅游产品价格之间的关系

价格变化对旅游需求量的影响主要来源于两个方面：一是旅游产品价格的变化。当旅游产品价格下降时，人们在收入水平不变的情况下购买力提高了，会增加对旅游产品的需求；反之，当旅游产品价格上升时，则意味着人们在收入水平不变的情况下购买力降低了，从而会减少对旅游产品的需求。这就是价格变化所产生的收入效应。二是与旅游产品呈替代关系的替代品如手提电脑、高档音响、液晶电视等价格的变化。当替代品价格下降时，旅游产品即使价格不变而其相对价格上升了，从而会减少人们对旅游产品的需求；反之，当替代品价格上升时，则意味着旅游产品即使价格不变而其相对价格降低了，从而会增加人们对旅游产品的需求。这就是价格变化所产生的替代效应。

以上叙述表明，旅游产品需求量与旅游产品价格之间呈反向变化关系，这种关系用函数表示为：

$$Q=f（P）$$

式中，Q 表示一定时期的旅游产品需求量；P 表示该时期的旅游产品价格；f 表示它们之间的函数关系。此外，这种关系还可以用坐标图表示，如图 2-1 所示。

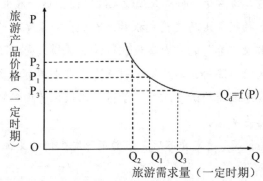

图 2-1　旅游需求与旅游产品价格之间的关系

图 2-1 表明，在其他条件不变的情况下，反映旅游需求量与旅游产品价格之间变动关系的需求曲线 $Q_d=f（P）$ 是一条自左上方向右下方倾斜、斜率为负的曲线。当旅游产品价格为 P_1 时，旅游需求量为 Q_1；若旅游产品价格上升到 P_2 时，旅游需求量就降至 Q_2；若旅游产品价格下降到 P_3 时，旅游需求量就增至 Q_3。可见，旅游产品价格的变化会使旅游需求曲线的形状（陡峭或平缓）发生变化。

如果旅游产品价格不变，而影响旅游需求量的其他因素发生了变化，则会对旅游需求曲线产生什么样的影响呢？从图 2-2 可以看出，当对旅游需求量的增加起促进作用的其他因素发生了变化，如客源地政府放宽了居民出境旅游所携外汇限制，或目的地国家的货币相对客源国家货币贬值了，对目的地国家的旅游需求就会增加，其需求曲线会向右方移动，即由 DD′ 向右移至 $D_2D_2′$；反之，当对旅游需求量起抑制作用的其他因素发生了变化，如目的地国家的通货膨胀率大大高于客源地国家，或客源地国家提高了出境税收，居民出境旅游需求就可能减少，其需求曲线会向左方移动，即由 DD′ 向左移至 $D_1D_1′$。

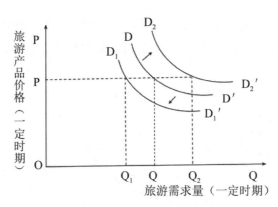

图 2-2　旅游需求曲线移动图

旅游需求量与旅游产品价格之间的关系也存在着例外的情况。由于旅游产品是无形的，人们在购买之前难以揣度其质量，因而普遍认为，质量高其价格也高。在这种"优质优价"思想的指导下，一旦某种质量较高的旅游产品出于市场竞争的需要，将其价格降得较低，可能使一些购买者产生如下的疑问：低价是否意味着低质，还是存在价格陷阱，进而不采取购买行动。在这种情况下，旅游需求量与旅游产品价格之间不是呈反向变化，而是价格降低，需求也减少，如图 2-3 所示。

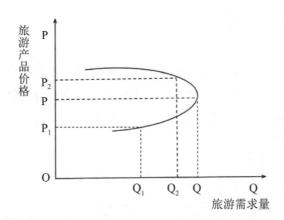

图 2-3　旅游需求量与旅游产品价格变化关系的例外

（二）旅游需求量与可自由支配收入的关系

如前文所述，旅游产品价格的高低意味着人们实际收入的变化，会对旅游需求产生影响，它说明人们的收入水平与旅游需求量之间存在着密切的联系。一般说来，在其他情况不变的情况下，人们的可自由支配收入越多，对旅游的需求也会增多，主要表现为：一是出游的次数增多，二是出外旅游的天数增多；反之则相反。可见，可自由支配收入与旅游需求量之间呈正向变化的关系。如图 2-4 所示。

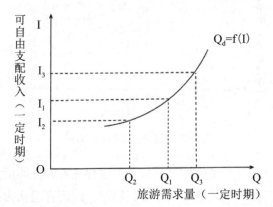

图 2-4　旅游需求量与可自由支配收入关系图

图 2-4 表明，当可自由支配收入为 I_1 时，旅游需求量为 Q_1；当可自由支配收入增至 I_3 时，旅游需求量增至 Q_3；而当可自由支配收入减少至 I_2 时，旅游需求量则降到 Q_2。它们之间的这种关系用函数表示为：

$$Q_d=f（I）$$

式中，Q_d 表示旅游需求量；I 表示可自由支配收入；f 表示它们之间的函数关系。

可自由支配收入与旅游需求量之间的关系有时也存在例外的情况，即当人们缺乏闲暇时间时，尽管可自由支配收入增加了，也不会增加人们对出游的需求。这是因为出游不仅需要有支付能力，而且还要有一定数量的闲暇时间，图 2-5 反映的就是这种情况。

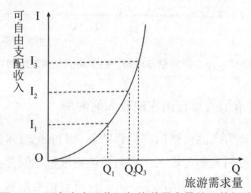

图 2-5　可自由支配收入与旅游需求量关系的例外

（三）旅游需求量与闲暇时间的关系

由于闲暇时间是产生和实现旅游需求的主要客观条件之一，因此闲暇时间的多少和连续时间的长短会直接影响旅游需求量的增减。一般说来，在其他条件不变的情况下，闲暇时间越多，连续性越长，人们对旅游的需求就会增加，反之闲暇时间越少或没有闲暇时间，人们对旅游的需求则会减少。可见，闲暇时间与旅游需求量之间也是呈正向变化的关系。

闲暇时间与旅游需求量之间的这种关系也存在例外的情况，从经济学角度看，时间是有机会成本的。当某些人随着收入水平的提高，闲暇时间比购买旅游产品更加宝贵，因而可能将来之不易的闲暇时间用于其他个人放松活动，而减少或放弃出游的需求。

根据上述分析，旅游需求规律可以概括为：在其他因素不变的情况下，旅游需求量与人们可自由支配收入和闲暇时间的多少呈正向变化，而同旅游产品价格呈反向变化。

【链接启示】

假日制度安排带来旅游热

假日经济是指在法定节假日期间产生的以旅游消费为主，进而带动商品、餐饮、文化、交通、物流等综合消费，以及相关贸易和投资活动的总和。1999年，国家修订发布了《全国年节及纪念日放假办法》，通过对法定假期与周末两天作息时间的调整，形成了春节、劳动节、国庆节三个连休七天的"黄金周"。在国民经济和居民可支配收入稳步增长的情况下，"黄金周"制度增加了相对集中的、可自由支配的休闲时间，旅游消费意愿因此得到了明显提升，国内旅游市场得以快速发展。随着传统文化的复兴和旅游休闲需求的增长，国家在综合考虑各方面因素后，将原来的"黄金周"逐步调整为现在的春节、国庆节、元旦、清明节、劳动节、端午节、中秋节"两长五短"共7个法定假期。在过去20年里，旅游业是假日制度调整的最大受益者。我国国内旅游人数从1999年的7.19亿人次发展到2019年的60.06亿人次，增长了8倍之多。2019年城乡居民年均出游次数达4.4次，旅游已经成为人民群众美好日常生活的一部分。2001年至2020年，国庆节与春节两个长假旅游人数与全国国内旅游人数之比从13.9%上升为31.2%，年均增速达到4.3%；旅游收入占比从12.7%上升到33.7%，年均增速为5.3%。

资料来源：《经济日报》2023-03-07。

思考：休闲时间在旅游需求产生中的作用是什么？你如何看待我国的带薪休假制度？

第三节　旅游需求弹性与弹性系数

一、旅游需求价格弹性与弹性系数

（一）旅游需求弹性

上文提到，决定和影响旅游需求的因素有多种，它们的变化会引起旅游需求量相应的变化，这种变化关系就称之为旅游需求弹性，而测定引起旅游需求变化程度的指标称为旅游需求弹性系数。旅游需求弹性主要有旅游需求价格弹性、旅游需求收入弹性、旅游需求交叉弹性和代用品弹性。

弹性是指自变量 x_1 的变化所引起的因变量 y 的百分比变化。它有点弹性和弧弹性两种。其中，点弹性的通用公式是：

$$e=\frac{\Delta y/y}{\Delta x/x}=\frac{x\Delta y}{y\Delta x}$$

该式的含义是在 x 点上，y=f（x）的函数弹性 e 是由于自变量 x 的百分比变化而引起的因变量 y 的百分比变化。

弧弹性的通用公式是：

$$e=\frac{y_2-y_1}{(y_2+y_1)/2}\div\frac{x_2-x_1}{(x_2+x_1)/2}=\frac{(y_2-y_1)/(y_2+y_1)}{(x_2-x_1)/(x_2+x_1)}=\frac{(y_2-y_1)/(x_2+x_1)}{(y_2+y_1)/(x_2-x_1)}$$

式中，x_2-x_1 和 y_2-y_1 分别表示 x、y 变化前与变化后的结合，即 Δx、Δy；被 2 除是用来反映 x、y 的平均变化，作为衡量百分比变化的基础，它在算式中被消除了。

（二）旅游需求价格弹性与弹性系数的含义

旅游需求价格弹性是指旅游需求量随旅游产品价格变化而发生相应变化的关系。旅游需求价格弹性系数是用来测定旅游需求随旅游产品价格变化而变化的尺度，它是用旅游需求变化的百分比与旅游产品价格变化的百分比的比值表示的。其点弹性的公式是：

$$E_p = \frac{Q_2 - Q_1}{Q_1} \div \frac{P_2 - P_1}{P_1} = \frac{\Delta Q}{Q} \div \frac{\Delta P}{P} = \frac{P\Delta Q}{Q\Delta P}$$

式中，E_p 表示旅游需求价格弹性；Q_1 表示期初旅游需求量；Q_2 表示期终旅游需求量；P_1 表示期初旅游产品价格；P_2 表示期终旅游产品价格；ΔQ 表示期终对期初的旅游需求增（减）量；ΔP 表示期终对期初的旅游产品价格上升（下降）量。

旅游需求价格弧弹性的公式是：

$$E_p = \frac{Q_2 - Q_1}{(Q_2 + Q_1)/2} \div \frac{P_2 - P_1}{(P_2 + P_1)/2} = \frac{(Q_2 - Q_1)(P_2 + P_1)}{(Q_2 + Q_1)(P_2 - P_1)}$$

例如，某旅行社 2023 年某种包价旅游产品为 4000 元，销售量为 1200 人次，2024 年由于燃油价格上调，该包价产品价格提升至 4500 元，销售量降为 1000 人。其需求的价格弹性系数为：

$$E_p = \frac{1000 - 1200}{1200} \div \frac{4500 - 4000}{4000} = 1.33$$

由于在经济讨论中，负号可以略去，取其绝对值，所以上例中的旅游需求价格弹性系数为 1.33。弹性系数的绝对值越大，说明该种产品的需求越具有弹性。

（三）旅游需求价格弹性系数的三种情况

旅游需求价格弹性系数存在大于 1、小于 1 和等于 1 三种情况。

1. $|E_p|>1$，表明旅游需求价格弹性较大，即旅游产品价格较小的变化会引起旅游需求量较大幅度的变化，这时的旅游需求曲线在坐标图上表现得比较平坦，如图 2-6 所示。

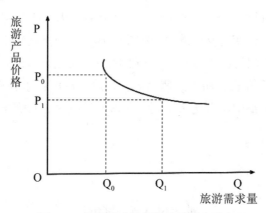

图 2-6　旅游需求价格弹性系数大于 1

2. |E$_p$|<1，表明旅游需求价格弹性较小，即旅游产品价格一定比例的变化只能引起旅游需求量更小比例的变化，这时的旅游需求曲线在坐标图上表现得比较陡峭，如图 2-7 所示。

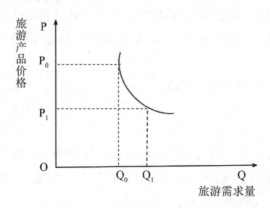

图 2-7 旅游需求价格弹性系数小于 1

3. |Ep|=1，表明旅游需求价格弹性适中，即旅游产品价格一定比例的变化，旅游需求量也以同一比例发生变化。

形成旅游需求价格弹性系数大小不同的主要原因是：（1）不同旅游产品对旅游者的重要程度不同。重要程度越高，需求弹性越小，例如故宫和八达岭长城是去北京旅游必打卡景区，即使参观价格有一定幅度的提高，其需求量在一定时期内也不会减少。反之，重要程度越低，其需求弹性则越大。（2）不同旅游产品的替代程度不同。替代程度越高的旅游产品，其需求弹性越大，例如同是溶洞旅游点，桂林的芦笛岩与七星岩具有互代关系，其中一处门票价格一定程度的降低，就会引起需求更大程度的增加。反之，替代程度越低的旅游产品，其需求弹性就越小。（3）旅游者对价格变化反应的时间长短不同。旅游者对旅游产品价格变化反应的时间越短，其需求弹性就越小，例如航空票价突然调高，乘飞机出行的人数并不会马上减少。反之，调价的时间较长，一些人有可能改变出行方式，如坐高速火车，则航空旅游需求弹性就大。（4）某项产品在总产品价格中所占比重不同。所占比重越大，其需求弹性也越大，反之则越小。

【链接启示】

迪士尼官宣：涨价！

上海迪士尼官网显示，自 2023 年 6 月 23 日起，上海迪士尼度假区将在现行四级票价结构下再次调整门票价格。常规日门票价格由 435 元上调至 475 元，特别常规日门票价格由 545 元上调至 599 元，高峰日门票价格由 659 元上调至 719 元，特别高峰日门票价格由 769 元上调至 799 元，各级门票价格均有不同幅度上涨。这不是上海迪士尼第一次涨价了。自 2016 年开业至今，迪士尼门票价格已经调整 4 次。定价体系也由最初的"平日票"与"高峰日票"二级票价调整为如今的四级票价规则。即使多次涨价，上海迪士尼的游客量依旧只高不低，每天维持在 4 万人次左右。根据迪士尼的定义，2023 年端午假期三日均为高峰日。其中，6 月 22 日执行涨价前高峰日门票 659 元；6 月 23 日、24 日执行涨价后的高峰日门票 719 元。从客流量表现上看，假日期间，涨价前后差别不太大。据上海迪士尼客流预报小程序"神奇时间"显示，假期前两日，入园游客均超过 7 万；假期最后一日，受上海大雨天气影响，客流量相对较少，较前两日减少近一半。

资料来源： 根据互联网资料整理。

思考： 你认为迪士尼门票多次涨价但客流量一直居高不下的原因主要有哪些？迪士尼应该涨价吗？

（四）旅游需求价格弹性系数与总收入的关系

旅游需求价格弹性对旅游企业做出价格决策具有重要意义，即旅游产品价格的百分比变化会引起旅游需求量相反方向百分比的变化。因此，当旅游需求价格弹性系数大于 1 时，降低产品价格可能增加总收入，因为此时需求数量的百分比变化大于旅游产品价格百分比变化；反之，当旅游需求价格弹性系数小于 1 时，适当提价有可能增加总收入，因为此时需求数量的百分比变化小于旅游产品价格的百分比变化。

由于旅游总收入是旅游产品价格与销售量的乘积，不同旅游产品，其需求价格的弹性不同，因而价格变动引起的销售量的变动也不同，从而旅游总收入也不同。例如，有两家酒店，它们某日销售的客房数均为 200 间，每间房价 500 元，其中甲是一家面向度假者的酒店，需求富于弹性，假定为 1.2；乙是一家面向会议旅游者的酒店，需求则缺乏弹性，假定为 0.85。它们当日的客房总收入均为 10 万元（200 间 × 500 元）。

当酒店甲的房价降低 10%，即每间 450 元，由于其需求弹性为 1.2，即房价降低 10%，客房需求量增加了 12%，则客房销售量为 200 间 ×（1+12%）= 224 间。此时，该酒店的客房总收入为 10.08 万元（450 元 × 224 间）。

当酒店乙也将房价降低 10% 时，由于其需求缺乏弹性，则其客房销售量仅增加 17 间［200 间 ×（1+8.5%）］，即 217 间，其客房总收入为 9.765 万元（450 元 ×217 间），比降价前少收入 0.235 万元。

旅游需求价格弹性系数与旅游总收入的关系归纳起来，如表 2-2 所示。

表 2-2　旅游需求价格弹性系数与总收入的关系

旅游需求价格弹性（Ep）	价格变动	需求变动	总收入变动
$\lvert E_p \rvert > 1$	上升 下降	下降更多 上升更多	下降 上升
$\lvert E_p \rvert < 1$	上升 下降	下降较少 上升较少	上升 下降
$\lvert E_p \rvert = 1$	上升 下降	同比例下降 同比例上升	不变 不变

总之，旅游需求富于弹性的产品，其销售收入与价格呈反方向变化，即总收入随价格的提高而减少，随价格的降低而增加；而旅游需求缺乏弹性的产品，其销售收入与价格则是同方向变化，即总收入随价格的提高而增加，随价格的降低而减少。

二、旅游需求收入弹性与弹性系数

旅游需求收入弹性是指旅游需求量随着消费者可自由支配收入的变化而相应变化的关系。旅游需求收入弹性系数是测定旅游需求量受可自由支配收入变化影响的程度。它是旅游需求量的百分比变化与可自由支配收入百分比变化的比值。它也有点弹性与孤弹性两种。其点弹性的公式是：

$$E_i = \frac{Q_2 - Q_1}{Q_1} \div \frac{i_2 - i_1}{i_1} = \frac{\Delta Q}{Q} \div \frac{\Delta i}{i} = \frac{\Delta Q i}{Q \Delta i}$$

旅游需求收入孤弹性的公式是：

$$E_i = \frac{Q_2 - Q_1}{(Q_2 + Q_1)/2} \div \frac{i_2 - i_1}{(i_2 + i_1)/2} = \frac{(Q_2 - Q_1)(i_2 + i_1)}{(Q_2 + Q_1)(i_2 - i_1)}$$

式中，i_1、i_2 分别表示期初、期终的可（自由）支配收入；Δi 表示期终对期初可（自由）支配收入的增量；Q_1、Q_2 和 ΔQ 同上。

由于旅游需求量随消费者可自由支配收入的增减而变化，所以旅游需求收入弹性系数始终为正值。当 $E_i>1$ 时，说明旅游需求量受可自由支配收入影响程度大，即可自由支配收入一定程度的变化会引起旅游需求量更大程度的变化。在坐标图上，旅游需求曲线较为平缓，如图 2-8 所示。反之，当 $E_i<1$ 时，则说明旅游需求量受可自由支配收入影响程度小，即可自由支配收入一定程度的变化只引起旅游需求量较小程度的变化。在坐标图上，旅游需求曲线则比较陡峭，如图 2-9 所示。当 $E_i=1$ 时，则二者的变化按同一比例增减。

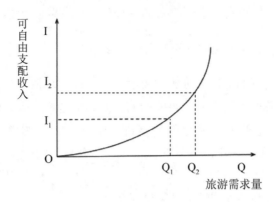

图 2-8　旅游需求收入弹性系数大于 1

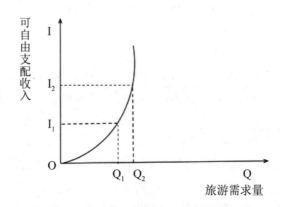

图 2-9　旅游需求收入弹性系数小于 1

形成旅游需求收入弹性系数上述三种情况的主要原因是消费者的旅游偏好不尽相同，不同旅游目的地的旅游产品又存在差异，从而产生了不同的旅游需求。在人们可自由支配收入增加的情况下，对某些旅游产品的需求大幅上升，而对另外一些旅游产品需求的影响则较小。

一般说来，若某一产品的需求收入弹性系数等于或大于 1，则该产品的销售将同整个国家经济的变化相一致。一些高档产品，如汽车的需求收入弹性系数较大，约在 +2.5 至 +3.9 之间，在经济衰退时其销售量会急剧下降，而在经济繁荣时则销售量会大幅增加。消遣性旅游产品属于一种较高层次的消费，其需求的收入弹性也比较大，容易受经济形势和人们可自由支配收入变化的影响。

认识和把握旅游产品需求收入弹性系数大小的意义，主要在于提醒旅游目的地和旅游经营者要密切关注旅游客源地的经济发展状况及其居民可自由支配收入的变化，预测这种变化对其旅游产品需求的影响，从而采取必要的措施，扩大市场需求或降低可自由支配收入减少时对其产品需求产生的负面影响。

三、旅游需求相互制约弹性与弹性系数

旅游需求相互制约弹性又称旅游需求交叉弹性，是指一种旅游产品价格的变化对另一种旅游产品需求所产生的影响。而测定这种影响的程度称为旅游需求交叉弹性系数。它也有点弹性和孤弹性两种。其中，点弹性的计算公式是：

$$Exy = \frac{\Delta Qx}{Qx} \div \frac{\Delta Py}{Py} = \frac{\Delta QxPy}{\Delta PyQx} \quad 或 \quad Eyx = \frac{\Delta Qy}{Qy} \div \frac{\Delta Px}{Px} = \frac{\Delta QyPx}{\Delta PxQy}$$

旅游需求交叉弹性孤弹性的计算公式是：

$$Exy = \frac{Qx_2 - Qx_1}{(Qx_2 + Qx_1)/2} \div \frac{Py_2 - Py_1}{(Py_2 + Py_1)/2} = \frac{(Qx_2 - Qx_1)(Py_2 + Py_1)}{(Qx_2 + Qx_1)(Py_2 - Py_1)}$$

$$或 \ Exy = \frac{\Delta Qx}{Qx} \div \frac{\Delta Py}{Py} = \frac{\Delta Qx}{\Delta Py} \times \frac{Py}{Qx}$$

$$Eyx = \frac{Qy_2 - Qy_1}{(Qy_2 + Qy_1)/2} \div \frac{Px_2 - Px_1}{(Px_2 + Px_1)/2} = \frac{(Qy_2 - Qy_1)(Px_2 + Px_1)}{(Qy_2 + Qy_1)(Px_2 - Px_1)}$$

$$或 \ Eyx = \frac{\Delta Qy}{Qy} \div \frac{\Delta Px}{Px} = \frac{\Delta Qy}{\Delta Px} \times \frac{Px}{Qy}$$

式中，Qy_1、Qy_2（或 Qx_1、Qx_2）分别表示一种旅游产品期初与期终的需求量；ΔQ 表示该种旅游产品期终对期初的旅游需求增（减）量；Px_1、Px_2（或 Py_1、Py_2）分别表示另一种旅游产品期初与期终的价格；ΔP 表示该种旅游产品期终对期初价格上升（下降）量。

旅游需求交叉弹性系数有正负或零与大小之分。若两种旅游产品之间呈替代关系（如航空旅游产品与铁路旅游产品之间），则旅游需求交叉弹性系数为正数，表明当一种旅游产品价格的提高会使另一种旅游产品的需求增加，增加的数值越大，说明替代程度越高或竞争的程度越强，反之则相反。例如，2023年 y 国与 x 国的某包价旅游产品每人每天均为 80 美元，其中 y 国产品的需求

量为 10 万人次，x 国产品的需求量为 8 万人次。2024 年，y 国产品仍维持原价，x 国则将其产品每人每日价格降为 74 美元，使该国产品的需求量增加至 9 万人次，y 国产品的需求则减少至 9.5 万人，那么当 x 国产品降价 10%，对 y 国产品需求的影响程度是：

$$Eyx = \frac{95000 - 100000}{100000} \div \frac{74 - 80}{80} = \frac{0.05}{0.075} = 0.67$$

由于 x 国产品每人每天下降 6 美元，比原价下降了 7.5%（6/80）；y 国产品需求量减少了 5000 人，即减少了 5%（5000/100000）。若 x 国产品价格下降 10%，则对 y 国旅游需求的影响为 6.7%（$\frac{5\%}{75\%} \times 10\%$）。

若两种旅游产品之间呈互补关系（如旅行社产品与酒店产品之间），则旅游需求交叉弹性系数为负数，表明当一种旅游产品价格的提高会使另一种旅游产品的需求减少，减少的数值越大，说明它们之间的相互依赖程度越高或互补关系越密切，反之则相反。例如 2023 年我国某航空公司由 x 国飞往国内的机票为 400 美元，年乘客为 60000 人，我国某旅行社为 x 国旅游者制定的包价旅游产品每人每天 80 美元，年接待 x 国旅游者 65000 人次；2024 年因燃油价格上涨，该航空公司将机票价格提高到 430 美元，年乘客降至 50000 人，由于航空公司机票价格上调，该旅行社也将其包价旅游产品价格提高至每人每天 85 美元，年接待 x 国旅游人次减至 62000 人，那么该航空公司机票若提价 10%，对该旅行社产品需求的影响程度是：

$$Eyx = \frac{62000 - 65000}{65000} \div \frac{430 - 400}{400} = \frac{-0.046}{0.075} = 0.613$$

由于航空公司机票价格提高 30 美元，即提高了 7.5%（30/400），旅行社产品需求减少了 3000 人次，即减少了 4.6%（3000/65000）。若机票价格提高 10%，则该旅行社需求受的影响为 6.13%（$\frac{-0.046}{0.075} \times 10\%$）。

若两种旅游产品均是独立的（如会议旅游产品与探险旅游产品），互不相关，则其弹性系数为零。

正确认识旅游需求交叉弹性的意义在于，在激烈的旅游市场竞争中任何旅游目的地国家或地区都应密切关注旅游市场上其他目的地国家或地区旅游产品价格的变化，这种变化会对自己旅游产品的需求带来什么影响（是正向还是反向）以及影响的程度有多大，从而采取正确的应对策略，以扩大需求，实现旅游产品经营的目标。

四、代用品弹性

由于旅游产品消费是一种相对较高层次的消费，尤其是中远程的出境旅游，一般花费较高，因此人们对旅游的需求常常会受到对旅游产品具有替代功能的其他高档产品（如液晶电视、小汽车等）需求的影响，这种影响称之为旅游需求的代用品弹性，即这些代用品边际替代率（Marginal Rate of Substitution，MRS）的变化会引起旅游需求的相应变化。测定这种影响程度的指标称为代用品弹性系数。它也分为点弹性和孤弹性两种。其中，点弹性的计算公式是：

$$Ess = \frac{\Delta(x/y)}{x/y} \div \frac{\Delta MRS}{MRS} = \frac{\Delta(x/y)/(x/y)}{\Delta(Px/Py)/(Px/Py)} = \frac{Px/Py\Delta(x/y)}{x/y\Delta(Px/Py)}$$

代用品的孤弹性计算公式是：

$$Ess = \frac{[(x/y)_2 - (x/y)_1]/[(x/y)_2 + (x/y)_1]}{[(Px/Py)_2 - (Px/Py)_1]/[(Px/Py)_2 + (Px/Py)_1]}$$

式中，x 表示旅游需求量；y 表示代用品需求量；Px 表示旅游价格；Py 表示代用品价格；MRS 表示边际替代率，$MRS = -\Delta y/\Delta x = Px/Py$（负号表示需求方向相反，在公式中舍去）。

上述公式反映的是在一定的生活水平下，假定代用品与旅游产品对购买者来说，其总效用是一样的（这是不现实的），当代用品价格发生变化时，代用品与旅游产品之间相互代用的程度。

第四节 影响旅游需求的因素与旅游需求测量指标

一、影响旅游需求的因素

除了可自由支配收入、闲暇时间和旅游产品价格这三个影响旅游需求的客观因素之外，旅游需求还受到其他客观因素的影响。这些因素概括起来，可分为三个方面：一是旅游客源地方面的因素；二是旅游目的地方面的因素；三是旅游客源地与旅游目的地之间相互关系方面的因素。这些因素涉及政治、经济、技术、法律、人口、家庭和社会习俗等多个方面，它们分别对旅游需求的产生和发展起促进或抑制作用。

（一）客源国（地区）方面的因素

客源国（地区）方面对旅游需求的推动因素主要有客源国（地区）的经济状况与发展趋势、政府对国民旅游的政策和态度以及人口规模与分布等。它们与旅游需求量的大小呈正方向变化，即客源国（地区）这些因素的推动作用越大，旅游需求量就越大；反之，推力不足，旅游需求量就减少。

1. 客源国（地区）经济状况与发展趋势会对国民收入产生影响。经济发展势头好，一方面，国民收入多，居民可自由支配收入也会增多，不仅会对当期旅游需求的扩大起推动作用，而且经济发展势头良好还会对居民未来的收入预期产生影响，从而推动居民放心地进行旅游消费；另一方面，科学技术的应用使劳动生产率不断提高，从而使社会用于物质产品生产的社会必要劳动时间相对减少，而用于满足文化和精神需求的产品生产时间相应增多。20世纪60年代以来，东西方许多工业化国家以立法形式规定的带薪休假制度就是社会劳动生产率大大提高的结果。由此可见，社会经济的发展在人们收入水平和闲暇时间增多两个方面为旅游需求的扩大奠定了基础。反之，经济状况不好，且有恶化的趋势，人们对未来持悲观态度，即使手头有一些可自由支配收入，人们仍将减少旅游需求。

2. 政府对国民旅游的政策和态度将直接影响旅游需求量的变化。如果客源国（地区）政府对居民旅游持支持的态度，就会在政策上体现出来，就会刺激居民旅游需求的增长。例如，我国自20世纪90年代以来，一直采取"适度发展出境旅游"的政策，居民出境旅游在一定程度上受到限制。在中央关于提升我国软实力精神指导下，我国出境旅游政策由"适度发展"转变为"规范发展"，于2006年制定了《中国公民出境旅游文明行为指南》和《中国公民出境旅游突发事件应急预案》。与此同时，中国旅游业入世承诺已全部兑现，在若干领域还采取了一系列主动开放的措施，截至2014年4月，我国公民出境旅游目的地国家和地区已达150个。在这些政策和措施的推动下，我国公民出境旅游人次由1997年的532.39万增至2019年的1.55亿，年均增长32.34%。反之，政府若对居民出游采取限制政策，如限制出境所携外汇数额、提高居民出境税等，居民出境旅游需求就会减少。

3. 客源国（地区）人口规模、分布和结构也会对旅游需求产生影响。

（1）人口规模。客源国（地区）人口数量大，不仅意味着对基本生活资料的需求多，而且对包括旅游在内的非基本生活资料的需求也多。第二次世界大战以后，现代旅游的规模之所以不断扩大，原因之一就是世界总人口数在不断增加。世界总人口与世界国际旅游人次的增加情况如表 2-3 所示。

表 2-3　世界总人口与世界国际旅游人次变化情况

年份	世界人口总数（亿）	世界国际旅游人次（亿）	旅游人次占世界总人口的比重（%）
1950	25.00	0.25	1.01
1960		0.69	
1970	36.10	1.86	5.15
1980	44.15	2.84	6.44
1990	52.90	4.56	8.62
2000	61.00	6.86	11.25
2005	64.77	8.08	12.47
2010	69.09	9.39	13.59
2020	75.85	4.50	5.93%

备注：2019 年世界人口总数 75.79 亿，世界国际游客累计达 15.0 亿人次，旅游人次占世界总人口的比重为 19.79%。但 2020 年全球旅游业遭受新冠疫情重创，旅游人次占世界总人口的比重急剧下滑。

资料来源：世界旅游组织。

（2）人口分布。客源国（地区）人口的地理分布对旅游需求的影响主要表现在一个国家城市化程度的高低。一般说来，城市居民出游的比率要远远高于乡村居民。首先，城市居民收入一般要高于乡村居民，可自由支配收入也高，具有外出旅游的经济条件；其次，城市交通发达，信息通畅，居民受教育程度较高，更易于产生和实现出游的愿望；最后，城市人口稠密，环境污染比较严重，人们的工作生活节奏较快，很需要到空气清新的地方放松心情，缓解紧张，调节心理平衡。例如，美国三分之二的人口生活在该国的东部地区，这是东部地区出游人数远远多于其他地区的主要原因。

（3）人口结构。人口结构是指人口的年龄、性别和职业构成。它们同旅游需求也密切相关。首先，不同年龄的人，收入水平不同，对旅游需要的程度也不同。一般说来，年轻人精力旺盛，身体健康，有强烈的好奇心与求知欲，十分向往旅游，但他们一般收入不多，出外旅游受经济条件限制较大；中年人往往事业有成，经济状况比较好，身体也不错，外出旅游的条件较好，并且他们由于公务、商务、会议目的出游机会较多，所以这个年龄段的人旅游需求规模大，消费水平较高；老年人有足够的可自由支配收入和充裕的闲暇时间，只要身体条件好，他们也是旅游市场上的重要力量。

【链接启示】

老年旅游需求持续提档升级

2023 年 7 月，中国旅游研究院发布《中国老年旅居康养发展报告》。报告认为，老龄化是未来较长时期的基本国情，2020 年我国康养旅游人数已达 6750 万人次，老年旅游从福利事业向旅游产业转变，从小众市场向主流市场转型。老年旅居康养潜力巨大，但存在供需错位的问题，老年群体需求尚未获得充分满足。

据联合国预测，2020 － 2050 年我国 65 岁以上老年人将增加 112.3%。当前老年旅游需求持续提档升级，具体表现为：人口老龄化背景下，新一代老年人展现出了更好的健康条件、更充裕的休闲时间、更新的消费理念、更频繁的出游意愿和更强大的消费能力；旅游成为退休生活的重要内容；老年人在线活动增加；老年人逐步树立独立的养老理念，更多依靠自身和社会力量来解决养老问题。

目前老年旅居产业供需并不匹配，城镇 65 岁以上老年游客人均每次花费 1209.20 元，仅相当于城镇游客平均花费 1626.50 元的约 74.3%。65 岁以上农村老年游客每次出游花费仅为 847.50 元。旅居环境存在线上线下双重障碍，线下方面，部分旅游景区、交通工具、餐饮住宿等设施和服务未进行适老化改造。线上方面，主要是"数字鸿沟"问题依然存在。值得关注的是，异地旅居康养生活仍存瓶颈，传统的旅游服务体系主要面向出游时间在数周之内的中短期旅游者，而对于异地旅居康养者而言，他们的身份已经介于旅游者和居民之间，相应的需求也从传统的旅游服务体系逐步转向了本地居民服务体系。

资料来源：《中国旅游报》2023-07-04。

思考：我国旅游业应该如何更好地满足老年人的旅游需求？人口结构变化对旅游需求产生什么影响？

（二）目的地国家（地区）方面的因素

目的地国家（地区）对旅游需求的影响因素主要起拉力作用，它们与旅游需求量的大小也呈正方向变化，旅游目的地国家（地区）的拉力或吸引力越大，旅游需求量就会越大；反之，旅游目的地国家（地区）拉力不足或吸引力有限，旅游需求量就会下降。旅游目的地国家（地区）的拉力因素主要包括旅游供给情况、物价水平、政府政策和居民的态度。

1. 旅游供给情况。旅游目的地国家（地区）的旅游供给情况对旅游需求有重要影响，甚至对旅游需求的方向即游客对目的地的选择起着决定作用。旅游供给包含的内容很多，如旅游资源、旅游设施、旅游服务等。其中旅游资源的赋存状况、类型和品位是吸引游客来访的主要动力，对游客选择目的地往往起关键作用。这里，应明确的是这些对旅游者具有吸引力的旅游资源只有经过合理开发，并与各种配套设施组合成产品，然后通过有效的促销才能转化为经济优势。此外，旅游供给还包括各种旅游设施和旅游服务质量。旅游设施完善程度高、旅游服务质量高会增强旅游目的地国家（地区）的整体吸引力。

2. 物价水平。物价水平指的是旅游目的地国家（地区）的消费品物价指数，如果旅游目的地国家（地区）消费品物价指数的上升幅度超过客源国（地区）或其他旅游目的地国家（地区）的物价指数，就会阻碍客源国（地区）的居民选择来访，因为这意味着旅游目的地国家（地区）旅游消费费用的上升，客源国（地区）游客来访的开支要增加。根据旅游需求规律，旅游价格的升高会引起旅游需求量的减少。反之，旅游目的地国家（地区）物价水平上升幅度低于客源国（地区），旅游需求量就会增加，因为游客用同样数量的货币能在旅游目的地国家（地区）买到更多的东西。

3. 政府政策。目的地国家（地区）政府政策对旅游需求的影响也是明显的。目的地国家（地区）政府实行对外开放和支持自由贸易的政策不仅有助于商贸客人的增加，为他们的自由往来提供了良好的环境，而且会伴随着采取一些宽松的措施，如放宽签证要求、简化入境手续等，有利于旅游需求的扩大。

2023 年 9 月 13 日，泰国内阁会议作出决定，对中国游客实施为期 5 个月的免签政策，免签入境停留时间不超过 30 天。按照公布计划，从 2023 年 9 月 25 日起至 2024 年 2 月 29 日，中国游客可以无须办理签证入境泰国旅行。同年 9 月 25 日至 10 月 1 日，即泰国对中国游客实施免签证入境政策后的第一周，根据泰国旅游与体育部 10 月 4 日数据显示入境泰国的中国游客数量突破 10 万人次，环比增长 72.49%。

4. 居民的态度。目的地国家（地区）居民对来访游客热情、友善态度不仅可为其在目的地的旅游活动创造很好的人际环境，而且也会增强旅游吸引力，但并非所有目的地居民对旅游业的发展都抱有支持与乐观的态度，尤其是随着外来游客人数的激增、旅游负面影响的增强，当地越来越多居民发现自己不仅并未从旅游业发展中受益，而且更加强烈地感受到自身生活受到的压力与排挤，于是对不断涌入的外来游客产生了反感，对游客的态度也从欢迎转向疏远、抵触和抗议。

【链接启示】

过度旅游与反旅游运动

根据美国《柯林斯词典》官网记录，2018年2月20日，学者格雷格·迪金森（Greg Dickinson）建议将 overtourism 作为新词列入词典。他将该词表述为"受欢迎的旅游目的地或景点被游客以一种不可持续的方式吞噬的现象""过度旅游给罗马市中心造成了严重的交通问题""过度旅游已经威胁到（秘鲁）马丘比丘和中国长城等景点的完整性""印度政府试图通过限制泰姬陵的每日游客数量来遏制过度旅游的影响"。根据牛津英语语料库，overtourism 一词的使用在2017年间激增，部分原因是欧洲各地出现大规模抗议活动，要求对过度旅游采取行动，即反旅游运动（anti-tourism movements）。

2017年夏天，反旅游运动在欧洲的几个主要旅游城市相继爆发。在巴塞罗那，示威者砸毁了游客经常使用的公共自行车，并在旅游巴士上喷涂"旅游业正在毁掉社区"的口号。罗马也爆发了反旅游活动。去年8月，两名男子仅穿内裤跳进无名战士纪念碑旁的喷泉池拍照。视频传出后，罗马警方下令全城搜捕。意大利副总理马特奥·萨尔维尼更是斥责道："意大利不是你们的澡堂！"而对于2017年上街的两千名威尼斯民众来说，他们的抗争则稍显悲凉，因为在他们眼里，这座城市已经因为旅游业而提前"死去"。他们认为，过度的旅游开发使威尼斯常住居民的生活质量恶化，导致了严重的人口外流。2009年，在威尼斯人口首次下降到低于6万之际，当地人为这座城市举办了一场模拟葬礼。葬礼上，一艘威尼斯特有的小船载着一具粉红色的棺材通过威尼斯大运河上最古老的桥梁——里亚尔托桥，船上的钢琴演奏者弹着哀乐，象征着威尼斯中心城区的衰落和死去。

资料来源：张广瑞. 国际"过度旅游"现象述评［J］. 经济管理，2020，42（05）：195-208.

思考：你认为谁该为过度旅游负责？反旅游运动可能会导致客源地对该目的地的旅游需求发生何种变化？

（三）客源地与目的地之间的互动因素

客源地与目的地之间的互动因素主要包括距离因素、汇率因素、政治因素和技术因素等。

1. 距离因素。客源地与目的地之间的距离对旅游需求量的影响比较大。距离不仅包括空间距离，而且包括经济距离和文化距离。其中，空间距离与经济距离意味着阻力，它与旅游需求量呈反方向变化。距离越远，旅游需求量就越小，反之需求量就越大。

首先，客源地与目的地之间空间距离越大，即旅游路程遥远，途中所需时间也较多，而人们的闲暇时间是一定的，如果闲暇时间有限，人们便弃远而从近，选择就近旅游。反之，空间距离短，途中所需时间少，旅游需求量就会增多。

其次，客源地与目的地之间的经济距离是指从客源地至目的地往返的交通费用。虽然现代交通工具十分发达，两地间的空间距离对旅游需求实现的阻力在降低，然而两地间的经济距离仍对旅游目的地的吸引力产生影响，因为两地间的空间距离越大，游客支付的交通费也越多，在远程国际旅游中，国际交通费约占全部旅游费用的三分之一。在旅游预算约束下，过高的旅游交通费必定会影响游客对目的地的选择。在旅游市场上，随着客源地与目的地之间经济距离的加大，旅游需求量会呈现逐渐递减的变化趋势，这就是旅游需求的距离衰减规律。它表明，经济距离越大，游客面临的阻力也越大，旅游目的地的吸引力就越小。这也是为什么在国际旅游市场上，绝大多数游客以邻国旅游为主的原因之一。

最后，客源地与目的地之间的文化距离是指二者之间以语言为主要特征的文化差异程度。这里的文化差异主要包括语言差异、生活习惯差异、社会文化差异等。对于不同的游客来说，文化差异对其旅游需求的影响也不同。对于好奇心强的游客和某些专门研究文化差异的人来说，文化差异正是他们所追求的，从而构成了旅游需求的推动力；而对另一些游客来说，文化差异的距离可能使他们产生不安和恐惧的心理，成为他们旅游需求的障碍。

【链接启示】

文化距离是影响旅游动机的重要方面

文化要素的空间非均衡性，形成了区域间两种文化的异质性，这种异质性可以用文化距离加以度量。文化距离通常分为国家层面和个体层面。从个体层面看，旅游者感知到的旅游客源地文化与旅游目的地文化的差异程度将显著影响旅游者出行决策和目的地选择。在不考虑个人因素和目的地因素的前提下，旅游动机理论认为，文化距离越大，越能满足旅游者求新求异的需要，对旅游者的吸引力越强。但是，也应当注意到，文化距离增大的同时，旅游者对旅游目的地的陌生程度也在加剧，所感知到的旅游目的地潜在风险增强，出于规避风险的考虑，旅游决策会更加谨慎。这也意味着，文化距离与旅游动机之间并非简单的线性关系。已有研究对文化距离与旅游动机的非线性关系进行了证实，并认为两者之间存在倒 U 形的曲线关系。因此，延后倒 U 的拐点，至少在全国地域范围内，使文化距离增加带来的旅游动机减弱的效应后推，将十分有意义。

资料来源：马勇，童昀 . 从区域到场域：文化和旅游关系的再认识［J］. 旅游学刊，2019，34（04）：7-9.

思考：除了文化距离，你认为还有哪些视角能够将旅游需求的主观影响因素与客观影响因素相结合？

2. 汇率因素。客源国与目的地国之间的货币汇率对旅游需求会产生直接影响。汇率反映两个国家货币之间的比价。如果旅游目的地国家的货币相对客源国货币贬值了，意味着前者的旅游价格相对下降了，从而有利于后者增加对前者的旅游需求。反之，如果前者的货币相对后者的货币升值了，意味着前者的旅游价格相对提高了，从而会减少后者对前者的旅游需求。汇率的变动不仅影响国际旅游需求，而且也会影响到国内旅游需求。如果 A 国的货币相对 B 国或其他国家的货币贬值了，那么意味着 A 国居民到 B 国或其他国家旅游的费用增加了，从而使 A 国计划出国旅游的一些人转向国内旅游，使 A 国的国内旅游需求增加。反之亦然。

3. 政治因素。政治因素对国际旅游需求也会产生影响。一个国家旅游业的发展需要有良好的内外部环境，它包括客源国和目的地国以及客源国与目的地国之间的政治关系。客源国政局稳定，政府对出境旅游限制少，将有助于出境旅游需求的产生与实现；目的地国政局稳定，社会治安良好，有助于吸引境外游客的来访，对发展入境旅游起积极作用；客源国与目的地国之间的国家关系良好，双方各种人员的来往就会增加。反之，无论是客源国还是目的地国的政局不稳或者二者之间的关系恶化，旅游需求均会减少。

4. 技术因素。科学技术的进步及其在旅游客源国和目的地国旅游业中的应用是将被抑制的旅游需求转变为有效旅游需求的主要因素。20 世纪 50 年代后期以来，高速公路的发展，高速列车的运行，大型宽体客机的投入运营，互联网和社交媒体的发展使线上旅游展示和旅游电子商务的应用得到了迅速普及，不仅给全球旅游业带来了深刻的影响和变革，而且对消费者来说降低了出游成本，使获得目的地旅游产品和服务方面透明的、可供比较的信息更加便利，有力地推动了旅游需求的扩大。

二、旅游需求测量指标

旅游需求指标是测量一个国家或地区旅游需求发展状况的尺度。根据世界旅游组织、大多数国家以及我国旅游统计的实际，测量旅游需求的指标主要有：旅游人次、旅游者人次、一日游游客人次、游客人天数、旅游支出。其中，有些指标可分别从旅游客源国与旅游目的地国来考察，不仅名称有所不同，而且在内容上也有区别。

（一）旅游人次

从旅游客源国或地区角度称出境旅游人次，是指在一定时期内一个国家或地区居民外出旅游的人次数。从旅游目的地国家或地区角度称入境旅游人次，是指一个国家或地区在一定时期内接待的其他国家或地区游客人次数。从一个国家或地区来看，出境旅游人次与入境旅游人次是不平衡的，然而从世界范围看，一般说来是平衡的。但是，若 X 国有一位游客赴 A 国访问 3 天（对 A 国来说，他是过夜游客，统计在该国入境旅游人次中），然后又去 B 国 1 天（对 B 国来说他是一日游游客，也统计在该国入境旅游人次中）。这样，X 国出境旅游是 1 人次，而在 A、B 两国合计为入境旅游 2 人次。因而，在实际上，世界范围的入境旅游人次总量要大于出境旅游人次总量。

（二）旅游者人次

从旅游客源国或地区角度称出境旅游者人次，是指在一定时期内一个国家的居民在其他国家或地区过夜的游客人次。从旅游目的地国家或地区角度称入境旅游者人次，是指在一定时期内接待的其他国家或地区过夜游客人次数。从世界范围来说，出境旅游者人次与入境旅游者人次是平衡的。

（三）一日游游客人次

从旅游客源国或地区角度称出境一日游游客人次，是指在一定时期内一个国家或地区居民在其他国家或地区不过夜的游客人次。从旅游目的地国家或地区角度称入境一日游游客人次，是指在一定时期内接待的其他国家或地区不过夜的游客人次数。从世界范围来看，出境一日游游客人次与入境一日游游客人次是不平衡的。

（四）游客人天数

从旅游客源国或地区角度称出境旅游人天数，是指在一定时期内一个国家或地区居民外出旅游的总人天数，该指标是从总量上来考察一国或一地区出境旅游需求的。从旅游目的地国家或地区角度称入境旅游人天数，是指在一定时期内接待的游客总人天数，即入境旅游者人天数和一日游游客人天数之和。同样，该指标也是从总量上来考察一国或一地区入境旅游需求的。从世界范围来看，出境旅游人天数与入境旅游人天数是平衡的。

（五）旅游支出

旅游支出是指旅游客源国或地区的居民在一定时期内外出旅游的消费支出，包括旅游客源国家或地区与旅游目的地国家或地区之间往返的消费支出和在旅游目的地国家或地区旅游期间的消费支出。其中，后一部分构成旅游目的地国家或地区的旅游收入。在联合国和世界旅游组织的旅游统计建议中，旅游支出包括的内容如表 2-4 所示。

表 2-4　旅游支出包括和不包括的项目

支出项目	国内旅游	国际旅游
1. 出游前购买的重要物品，如汽车、大篷车、船只、第二处住房，这些物品有可能为将来旅行之用	不包括	不包括
2. 为此次出游购买或租用的小型耐用品或消费品，如行李、休闲 / 娱乐用具，大多数物品在旅游后仍可用	包括	不包括
3. 此次出游专门使用的服务，如交通、包价产品、旅游保险	包括	出境旅游：只包括在客源国以外接受的服务和国际交通 入境旅游：只包括在接待国内接受的服务和国际交通

支出项目	国内旅游	国际旅游
4. 出游前接受的与旅行直接相关的服务，如汽车服务	包括	不包括
5. 旅游中基于商业目的购买、转售、投资或其他商业用处的支出以及商务游客为其雇主购买活动进行的支出	不包括	不包括
6. 旅游中给予亲友的现金和给公共机构的捐赠	不包括	不包括
7. 游客参与的资本投资或购买活动，如土地、房屋、汽车、大篷车、船只等不动产和大型购买，这些物品可能在将来的旅行中使用	不包括	不包括
8. 旅行中在惯常环境以外购买的日常用品支出	包括	包括
9. 其他主要开支项目，如旅游中汽车大修	包括	包括
10. 小型耐用品或消费品的购买支出，无论是用于旅行中还是家中	包括	包括
11. 旅游中购买的纪念品，不论其花费多少	包括	包括
12. 旅行中享受的服务支出，如交通、住宿	包括	包括

此外，从旅游需求分析和研究的角度，上述旅游需求基本指标还可进一步衍生出出游率、旅游频率、旅游者人均停留天数、游客人均支出。

1. 出游率，反映的是一定时期内一个国家或地区产生外出旅游需求的能力。它有两种表示形式，一种为净出游率，另一种为总出游率。前者表示的是在一定时期内一个国家或地区外出旅游的人数与其总人口的比率；后者表示的是在一定时期内一个国家或地区外出旅游的人次数与其总人口的比率。

2. 出游频率，即人均出游次数，是指在一定时期内一个国家或地区外出旅游的人次与其外出旅游的人数之比，反映一个国家或地区外出旅游需求的强度。

3. 游客人均停留天数，是指一定时期内旅游目的地国家或地区的入境游客人天数与旅游人次数之比。该指标可用于分析不同客源市场旅游需求的变化趋势，为制定不同客源市场的营销计划提供依据。

4. 游客人均支出，是指一定时期内游客支出总额与旅游人次数之比。该指标是从平均数的角度，反映一定时期内的旅游需求状况。游客人均支出一般与游客人均停留天数同向变化，但不完全成正比变化。

【链接启示】

2023年上半年国内旅游数据情况

根据国内旅游抽样调查统计结果，2023年上半年，国内旅游总人次23.84亿，比上年同期增加9.29亿，同比增长63.9%。其中，城镇居民国内旅游人次18.59亿，同比增长70.4%；农村居民国内旅游人次5.25亿，同比增长44.2%。分季度看：2023年第一季度，国内旅游总人次12.16亿，同比增长46.5%；2023年第二季度，国内旅游总人次11.68亿，同比增长86.9%。2023年上半年，国内旅游收入（旅游总花费）2.30万亿元，比上年增加1.12万亿元，增长95.9%。其中，城镇居民出游花费1.98万亿元，同比增长108.9%；农村居民出游花费0.32万亿元，同比增长41.5%。

资料来源：根据文化和旅游部统计数据整理。

思考：你认为我国国内旅游需求统计指标体系是否完善？如何进行改进？

第五节　旅游需求预测

一、旅游需求预测类型与方法

旅游需求预测是旅游市场预测的一个重要组成部分。它是在市场调查的基础上，依据过去和现在的旅游需求资料，运用已有的知识、经验和方法，对未来一定时期内的旅游需求趋势和影响因素的变化，做出科学的判断、估计和推测，为旅游目的地国家或地区编制旅游发展规划，以及为旅游企业制定旅游发展计划、制定旅游价格、进行营销决策提供依据。

旅游需求预测按照预测期的长短分为短期预测、中期预测和远期预测。短期预测通常是指一年之内各季度或月份的预测；中期预测一般是对1—5年变化情况的预测；远期预测则是指5年以上的预测，包括10年、15年、20年的预测等。

旅游需求预测按照预测内容主要分为来访游客数量预测和旅游收入预测。

旅游需求预测按照预测方法分为定性分析和定量分析两大类。定性分析方法一般适用于资料缺乏的情况，旨在通过咨询某位或某几位专家做出判断性预测，这种方法高度依赖专家的个人背景和相关经验。学者将定性分析法定义为一种咨询相关专家、利益相关者和公众的预测技术，主要有经理评判意见法、营销人员意见法、旅游意向调查法和专家意见法等；定量分析方法是依据充足的统计资料，运用数学方法特别是数理统计方法，对旅游需求的未来变化进行定量测算。定量预测方法按照处理资料的不同，又可分为时间序列分析法和因果关系分析法。前者是根据时间顺序所反映的发展过程、方向和趋势，加以外推或延伸，预测下一时间可能达到的水平，如移动平均法、指数平滑法、趋势分析法、季节指数法等；后者是在定性分析的基础上，先确定影响预测对象（因变量）的主要因素（自变量），然后根据这些自变量的观测值建立回归方程或模型，再由自变量的变化来推算因变量的变化，如一元线性回归法、二元线性回归法、多元线性回归法和非线性回归法等。

以上这些预测方法各有利弊，对预测条件的要求也不尽相同，因此在预测旅游需求时应根据预测资料的实际情况，分析问题的性质与要求进行选择。

二、定性分析法

（一）营销人员意见综合法

营销人员意见综合法是在缺乏历史数据、旅游部门或企业又难于直接接触消费者时，选择几名营销人员对其产品在未来一定时期销售量的几种可能情况所表达的意见进行综合的方法。其具体步骤为：

首先，请营销人员对某项旅游产品在未来一定时期的最高销售量、最可能的销售量和最低销售量以及它们出现的概率分别进行预测，然后计算每个人的期望值，例如表2-5所示。

表2-5　营销人员预测期望值

营销人员	预测项目	销售量	出现概率	销售量 × 概率
A	最高销售量	3000	0.3	900
	最可能的销售量	2200	0.5	1100
	最低销售量	1400	0.2	280
	期望值			760

营销人员	预测项目	销售量	出现概率	销售量×概率
B	最高销售量	3500	0.2	700
	最可能的销售量	2400	0.5	1200
	最低销售量	1200	0.3	260
	期望值			720
C	最高销售量	2800	0.2	560
	最可能的销售量	1600	0.6	960
	最低销售量	800	0.2	160
	期望值			560

由于这三位营销人员关于该产品未来销售量的看法对企业决策的影响程度不同，即权重不同，假定 A、B、C 的权重分别为 2、3、2。因此，将表 2-5 中他们的期望值与个人的权重之积相加，再计算其平均值。该平均值即为预测结果，即：

$$\overline{X} = \frac{760 \times 2 + 720 \times 3 + 560 \times 2}{2 + 3 + 2} = 685.71$$

（二）游客意向调查法

旅游意向调查法是在缺乏历史数据情况下通过选择部分消费者了解其购买旅游目的地国家、地区或旅游企业产品的意向而进行需求预测的方法。该方法在市场调查预测中应用较为广泛。其步骤是：

首先，向消费者说明调查目的，并请其填写旅游意向调查表。

其次，对所填调查表的情况进行汇总，如表 2-6 所示。

表 2-6　旅游意向汇总表

旅游意向	肯定出游	可能出游	不一定出游	可能不出游	肯定不出游	合计
人数（X_i）	30	50	100	150	70	400
概率（P_i）	100%	80%	50%	40%	0	
P_iX_i	30	40	50	60	0	180

再次，按下面公式计算出游者所占比例的期望值，即：

$$E = \frac{\sum P_i X_i}{\sum X_i} = \frac{180}{400} = 45\%$$

最后，根据所调查地区（省、市）的人口数（X），计算旅游总需求。若调查某地区人口为 120 万，则该地区未来一定时期的旅游总需求量为 E×X= 120 万 ×45%=54 万。

（三）专家意见法

德尔菲法是专家意见法中应用广泛且有效的方法。它是美国兰德公司针对专家会议法存在的一些缺陷而提出的。该方法是以匿名的方式书面轮番征求专家们的意见，最终得出预测结果的一种集体经验判断的方法。德尔菲法适用于在旅游需求变化不确定下进行辨别并建立共识，特别是在旅游需求变量及其关键影响因素的认识并不完整的情况下，德尔菲法是一种行之有效的可用于长期旅游需求预测的判断方法。其预测程序为：

1. 准备阶段。这个阶段包括四个方面的工作，即明确预测的主题和预测目标、选择专家、准备相关的背景资料以及设计调查咨询表。其中选择专家人数一般以 20－50 人为宜。

2. 轮番征询预测值阶段。第一轮是向邀请的专家寄送调查咨询表和有关背景资料，请他们独自填写后再匿名寄回；第二轮是将第一轮专家填写的意见进行整理汇总后再寄发给专家们提意见。依此类推，直到各位专家预测的结果基本趋于一致为止。

3. 结果处理阶段。这个阶段是采用一定的方法对最后一轮专家们的意见进行统计归纳。

三、定量分析法

（一）时间序列分析法

按时间序列进行预测的优点是：第一，通常所需数据较少，且容易获得；第二，该分析方法比较容易理解，分析计算也比较简单，预测者只需中等程度的分析技巧即可，且适于用计算机进行加工；第三，该分析方法基本上是客观的，对短期所作的预测通常是比较准确的，但也存在某种程度上的偏差；第四，时间序列分析可为因果关系分析提供基础，一旦时间序列分析完后，可随之进行不同组成部分的因果关系分析。该方法的局限性是：第一，它只适于进行短期预测；第二，所需历史数据必须具备，且以趋势、周期与季节的序列为基础的预测需要的数据必须在时间上是一贯的，而这并不总是具备的；第三，该方法不能说明因果因素对时间序列各组成部分的影响。时间序列分析法如下：

1. 一次移动平均法

一次移动平均法的预测模型为：

$$M_{t+1}=(X_t+X_{t-1}+\cdots+X_{t-n+1})/n=\frac{1}{n}\sum_{i=t-n+1}^{t}X_i$$

由于 $M_t=(X_{t-1}+\cdots+X_{t-n})/n$，所以 $M_{t+1}=M_t+(X_t-X_{t-n})/n$。

式中，M_{t+1} 表示预测值，即以 t 时期为基期的下一个时期的预测值；X_t 表示 t 时期内实际实现的数值；X_{t-1} 表示以 t 时期为基期的上一个时期内实际实现的数值，如此类推；n 表示观察值的数目。

例如，某旅行社 2017 年至 2023 年的营业额如表 2-7 所示，若观察值 n 为 3，采用一次移动平均法预测 2024 年的营业额。计算顺序如下：

$$M_{2022}=(X_{2021}+X_{2020}+X_{2019})/3=(520+470+600)/3=530$$

$$M_{2023}=(X_{2022}+X_{2021}+X_{2020})/3=(630+520+470)/3=540$$

$$M_{2024}=(X_{2023}+X_{2022}+X_{2021})/3=(560+630+520)/3=570$$

或 $M_{2024}=M_{2023}+(X_{2023}-X_{2020})/3=540+(560-470)/3=570$

表 2-7 一次移动平均计算表（n=3） 单位：万元

年份	营业额（X）	理论预测值（M）
2017	500	
2018	550	
2019	600	
2020	470	550
2021	520	540
2022	630	530
2023	560	540
2024		570

由于上例所采用的观察值是 3，所以计算出的移动平均值称为 3 的移动平均值。如果历史数据比较全，也可以将移动的时间序列加大，取观察值 5、7 等。

一般说来，所取观察值大，预测的误差会相应减小。从上例来看，移动平均预测值常常小于实际值，有较大的误差，这是因为一次移动平均法未考虑移动平均期内旅行社内外部因素的变化，因此在实际运用此法进行预测时需要加以适当修正。由于旅游需求存在着较大的季节性差异，因此不宜运用此法预测一年中月份和季度的营业额。

2. 指数平滑法

指数平滑法又称指数加权移动平均法，是根据已有的历史数据对未来市场进行预测的方法。其加权的特点是以几何级数形式对历史数据进行加权，距预测期较近的历史数据权数较大，而距预测期较远的历史数据权数较小。与移动平均法一样，指数平滑法一般也只适用于短期预测。它分为一次指数平滑法、二次指数平滑法和更高次指数平滑法。这里仅叙述一次指数平滑法。

一次指数平滑法是在已知上一期预测值和实际值的基础上，用确定二者之间的误差率来修正上一期的预测值，进而对下一期数值进行预测的方法。

该方法的预测模型是：$F_{t+1}=aX_t+(1-a)F_t=F_t+a(X_t-F_t)$

式中，F_{t+1} 表示下一期预测值；X_t 表示上一期实际值；F_t 表示上一期预测值；a 为平滑系数，表示上一期的预测误差率，取值范围为 $0<a<1$。对于一次平滑法来说，a 的取值不宜太大，一般不超过 0.5。

例如，在平滑系数为 0.4 的情况下，用一次指数平滑法预测某饭店 2024 年的销售收入。该饭店前 8 年的销售收入与预测值如表 2-8 所示。

表2-8　一次指数平滑法计算表（a=0.4）　　　　　单位：万元

年份	销售收入（x_t）	aX_t	（1-a）F_t	$F_{t+1}=aX_t+（1-a）F_t$
2016	3500	—	—	—
2017	3800	1520	2100	3620
2018	4200	1680	2172	3852
2019	4800	1920	2311.2	4231.2
2020	5200	2080	2538.72	4618.72
2021	6000	2400	2771.232	5171.232
2022	7200	2880	3102.7392	5982.7392
2023	8500	3400	3589.64325	6989.64302

由于 2016 年的 X_t 为初始值，所以将其定为第一个 F_{t+1}，即 2017 年的 F_t=3500 万元，则 2018 年：F_{2018}=aX_{2017}+（1-a）F_{2017}=0.4×3800+（1-0.4）×3500=3620 万元，同理，2019 年：F_{2019}=aX_{2018}+（1-a）F_{2018}=0.4×4200+（1-0.4）×3620=3600 万元。依此类推，2024 年则为：

F_{2024}=aX_{2023}+（1-a）F_{2023}=0.4×8500+（1-0.4）×5982.7392=6989.64302（万元）

所以，该饭店 2024 年预测的销售收入为 6990 万元。

（二）因果关系分析法

由于旅游需求既要受旅游客源国家或地区方面因素的影响，又要受旅游目的地国家或地区方面因素的影响，还要受旅游客源国家或地区与旅游目的地国家或地区之间一些因素的影响，所以它们都同旅游需求有一定的联系，其中有些因素还同旅游需求存在因果关系，即这些因素的变化会引起旅游需求的变化，因而在国际上人们常常利用这种因果关系建立回归方程对旅游需求进行预测。回归预测方法有一元线性回归法、二元线性回归法、多元回归预测法、非线性回归法等。

一元线性回归法，又称最小平方法，是指在两个变量数值中寻求建立直线趋势方程，再根据自变量的变化来预测因变量的变动趋势和水平的方法。该方法依据的是自变量与因变量之间所有的离差的平方之和是最小的，从而使自变量的数值以无限小的距离靠近趋势直线。

用坐标图表示，一条最适合的直线能将对应的变量数值相交的各点连起来，而它们的正、负离差的平方和最小，如图 2-10 所示。

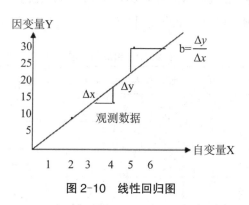

图 2-10　线性回归图

根据图 2-10，计算其离差平方和如表 2-9 所示。

表2-9　离差平方和的计算

在直线左上方		在直线右下方	
离差	离差平方	离差	离差平方
5	25	2	4
2	4	4	16
		3	9
总计	29	总计	29

由表2-9可见，位于直线左上方各点的离差平方和与位于直线右下方各点的离差平方和是一致的，即误差等于零，因此这条直线是切合实际的。

用公式表示，应是使 $\sum Q^2$ 最小（等于零），而 $Q=y-y^0$，所以 $\sum(y-y^0)^2$ 为最小（等于零），式中 y 为自变量，即观察值，y′ 为因变量，即预测值。

由于直线方程为 $y^0=a+bx$，所以 $Q=\sum(y-y^0)^2=\sum(y-a-bx)^2$。然后分别对 a 和 b 进行微分，得：

$$a（回归系数—截距）= \frac{(\sum y)(\sum x^2)-(\sum x)(\sum xy)}{n(\sum x^2)-(\sum x)^2}$$

$$b（回归系数—斜率）= \frac{n(\sum xy)-(\sum x)(\sum y)}{n(\sum x^2)-(\sum x)^2}$$

1. 一元线性回归预测

例如，某旅游目的地2013年至2023年接待的旅游者人次与在该目的地的旅游支出如表2-10，利用一元线性回归法预测2024年该目的地的旅游收入。

表2-10　预测数据表

年份	旅游者人次（万）x	旅游收入总额(亿元)y	差数（一）	差数（二）
2013	3	0.2	—	—
2014	5	0.5	0.3	—
2015	9	0.7	0.2.	−0.1
2016	11	1.0	0.3	0.1

年份	旅游者人次（万）	旅游收入总额(亿元)	差数（一）	差数（二）
	x	y		
2017	13	1.2	0.2.	−0.1
2018	16	1.3	0.1	−0.1
2019	20	1.6	0.3	0.2
2020	23	1.2	−0.4	−0.7
2021	26	1.5	0.3	0.7
2022	28	1.8	0.3	0.0
2023	30	2.2	0.4	0.1

第一步：确定两组数据（自变量 x 与因变量 y）之间的关系是否为线性关系，办法是计算因变量 y 后一年与前一年相比的历年差数（一）和差数（二）。由差数（二）可知，历年的差数是围绕着 0.1 上下增减的，而不是呈增加趋势，说明可采用线性方程进行预测。

第二步：列出线性方程的公式 y=a+bx，按照求 a 和 b 的公式计算 $\sum x$、$\sum y$、$\sum x^2$ 和 $\sum xy$，如表 2-11 所示。

表 2-11　一元线性回归法计算表

年份	x（万人次）	y（亿元）	xy	x^2
2013	3	0.2	0.6	9
2014	5	0.5	2.5	25
2015	9	0.7	6.3	81
2016	11	1.0	11.0	121
2017	13	1.2	15.6	169
2018	16	1.3	20.8	256
2019	20	1.6	32.0	400
2020	23	1.2	27.6	529
2021	26	1.5	39.0	676
2022	28	1.8	50.4	784
2023	30	2.2	66.0	900
总计	$\sum x$=184	$\sum y$=13.2	$\sum xy$=246.8	$\sum x^2$=3950

第三步：将表 2-11 最后一行的总和数值代入 a 和 b 的公式中，得 a=0.7，b=0.03。

第四步：进行预测。若 2024 年该目的地接待旅游者人次预测值（x）为 34 万，则将 x、a、b 数值代入线性回归方程式，得 2024 年该目的地旅游收入为 1.72 万元。

$$y=a+bx=0.7+0.03 \times 34=1.72$$

第五步：在计算 2013 年至 2023 年旅游收入的预测值的基础上，比较预测值与实际值相符的程度或差异度，如表 2-12 所示。

表 2-12　旅游收入预测值与实际值的比较　　　　单位：十万元

年份	旅游收入实际值	旅游收入预测值	残差
2013	0.2	0.3633	−0.1633
2014	0.5	0.5305	−0.0305
2015	0.7	0.6979	0.0021
2016	1.0	0.8652	0.1348
2017	1.2	1.0325	0.1675
2018	1.3	1.1998	0.1002
2019	1.6	1.3671	0.2329
2020	1.2	1.5344	−0.3344
2021	1.5	1.7017	−0.2017
2022	1.8	1.8690	−0.0690
2023	2.2	2.0363	0.1637
总计	$\sum x=13.2$	$\sum y=13.1977$	$\sum(x-y)=0.0023$

由表 2-12 可知，2013－2023 年旅游收入的预测值与实际值的差异总和为 0.0023，它与实际值的比率为 $\frac{0.0023}{13.2}$ =0.000017，即 0.0017%。也就是说，预测

值与实际值的符合程度为 1-（0.0017%）=99.83%。由此可以得出结论，旅游收入的预测值具有相当高的准确性。

2. 一元非线性回归预测

一元非线性回归是指自变量 x 与因变量 y 两个序列数之间的关系不是线性关系，而是在坐标图上表现为一条曲线，如某旅游目的地旅游接待人次和旅游收入如表 2-13 所示。

表 2-13　2015－2023 年某旅游目的地旅游接待人次和旅游收入

年份	旅游接待人次（万） x	旅游收入（亿元） y	差数（一）	差数（二）
2015	9	1.5	－	－
2016	15	1.8	0.3	－
2017	22	2.0	0.2	-0.1
2018	28	2.5	0.5	0.3
2019	30	3.0	0.5	0.0
2020	36	3.5	0.5	0.0
2021	40	4.5	1.0	0.5
2022	45	6.2	1.7	0.7
2023	52	9.0	2.8	1.1

第一步：确定表 2-13 的因变量序列数是否为非线性的。

表 2-13 显示，2015－2023 年该旅游目的地旅游收入的序列数在坐标图上表现的不是一条直线，而是一条曲线，这由差数（二）可以看出，差数不是围绕某一数值上下增减，而是逐步增加的。因此，对该旅游目的地未来旅游收入的预测，不能直接用线性方程计算，而先将因变量（旅游收入）历年数值转换成对数值，再计算出其对数值的序列差，从差数（二）可以看出序列差是围绕某一数值上下波动，然后利用线性回归方程进行预测。如图 2-11 所示。

第二步：计算因变量 y 和 xy 的对数值，如表 2-14 所示。

79

表2-14 某旅游目的地旅游收入对数值计算表

年份	旅游人次（万）x	旅游收入（亿元）y	y 的对数值	x^2	xy
2015	9	1.5	0.1761	81	1.5849
2016	15	1.8	0.2553	225	3.8295
2017	22	2.0	0.3010	484	6.6220
2018	28	2.5	0.3979	784	11.1412
2019	30	3.0	0.4771	900	14.3130
2020	36	3.5	0.5441	1296	19.5876
2021	40	4.5	0.6532	1600	26.1280
2022	45	6.2	0.7924	2025	35.6580
2023	52	9.0	0.9542	2704	49.6184
总计	$\sum x=277$	$\sum y=34$	$\sum lgy=4.5513$	$\sum x^2=10099$	$\sum xy=168.4826$

第三步：求一元线性回归方程的系数 a 和 b。

将表2-14中$\sum x$、$\sum y$、$\sum x^2$和$\sum xy$代入上述一元线性回归方程求系数的公式，得 a=0.0499，b=0.0181。

第四步：预测2024年自变量 x 为56.28万人次。

第五步：将 a、b 值和自变量预测值代入一元线性回归方程，得：

$$y_{2024}=0.0499+0.0181 \times 56.28=0.9688$$

第六步：查对数表，2024年因变量 y 的 0.9688 为 9.307，即2024年该旅游目的地旅游收入将为 9.307 亿元。

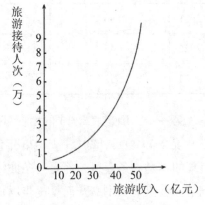

图 2-11 本例曲线关系图

【链接启示】

新一轮科技革命与旅游需求分析和预测创新

在以人工智能、大数据、物联网和云计算等为代表的信息技术引领下，新一轮科技革命正在重构全球创新版图和全球经济结构。旅游行业也不例外，正在经历向数字化、网络化和智能化的转型发展。从旅游业供给角度来看，旅游产品从传统的线下吃、住、行、游、购、娱服务，逐步升级为具备数字化、网络化和智能化特征的旅游产品，如智能酒店和无人酒店的发展、智慧交通和智慧景区的推广、餐厅的数字化转型等。伴随旅游供给业态的重构，游客决策和行为机制也随之变化，这为旅游需求分析和预测提出新的要求与挑战。

1. 多源异构大数据为旅游需求分析和预测提供了新的数据来源和类型

传统的旅游需求分析和预测往往基于游客收入、目的地价格和竞争地价格以及季节因素、灾难等一次性事件来构建计量模型。然而，在新一轮科技革命下，游客的决策行为不仅受价格和收入的影响，而且，基于互联网和信息技术的网络搜索、游客评分、游客评论和游记、游客照片、网络社区的游客互动等也都直接影响了游客的旅游决策和行为。近期的学术研究发现，将在线评论和新闻信息等变量纳入计量模型，能够显著提高旅游需求的预测精度。目前我国常见的基本旅游大数据类型包括：移动通信运营商数据、在线旅游平台（Online Travel Agency，OTA）数据、用户生成的数据（User Generated Content，UGC，包括文本、图片、视频等）、交通数据（包括航空、高速公路等）、消费数据（主要是银联刷卡数据，不包括更为主要的线上支付平台，如支付宝、微信支付等）、搜索引擎数据（游客在各大搜索网站上产生的浏览足迹）、景区和酒店等旅游供应商的内部数据（包括订单信息、客流量等实时信息与累计数据）。

2. 人工智能模型为旅游需求分析和预测提供了新的研究方法与技术

方法创新不仅可以将非结构化大数据转化为结构化数据，而且在传统的计量模型基础上得到拓展，越来越多的人工智能模型应用于旅游需求预测并得到优秀的预测效果。作为一种数据驱动和模型自由的非线性建模技术，人工智能模型如卷积神经网络、长短期记忆网络等在处理大规模数据方面具有显著优势。同时，集成算法通过集成或组合，能够实现更稳健的参数估计和预测结果，该算法与计量经济模型或者人工智能方法组合，可以得到更强的学习器，这是旅游预测的重要发展方向之一。此外，传统的旅游需求影响变量如收入、价格等往往是年度、季度或月度的低频变量，而大数据变量的数据频率往往相对较高，如日数据或小时数据。为减少高频数据信息损失，混频建模方法应运而生，将高频变量和低频变量纳入同一模型系统中进行分析，成为大数据挖掘背景下的有效建模工具之一。当大数据与计量经济模型结合时，时变参数建模技术能够有效解决需求模型中由于新冠疫情引起的结构变化问题，为新冠疫情背景下的大数据旅游预测提供重要的解决方案。

资料来源: 1. 宋海岩,吴晨光.新一轮科技革命与旅游需求分析和预测创新: 理论探讨与实践前沿［J］.旅游学刊，2022，37（10）：1-3.

2. 邓宁，曲玉洁.我国旅游大数据的产业实践：现状、问题及未来［J］. 旅游导刊，2021，5（04）：1-15.

思考: 你认为大数据与人工智能技术将为旅游需求预测工作带来哪些变化?

课后思考与练习

案例分析

欧洲旅游统计指标与统计方法

一、英国：依托大规模抽样调查

英国对旅游产业的量化观测主要分为三大类，国内旅游、国际旅游以及旅游经济贡献。目前国内旅游的受访群体是在英国境内进行一日游或者过夜游的英格兰、苏格兰及威尔士组成的大不列颠公民，每年的大不列颠旅游调查包括旅游人数、过夜数、旅游支出、停留时间、旅游动机、交通方式、住宿类型、旅游目的地类型等重要指标。统计调查由凯度 TNS（Kantar TNS）负责数据搜集及分析。每周对约 2000 名 16 岁以上受访者进行计算机辅助面访（CAPI），询问受访者在过去四周是否有旅游经历。通过持续调查，每年获取 100000 个样本，在获得相关数据的同时也可以获得英国国内旅游的季节性变化数据。

大不列颠一日游调查，使用了一日游人数、旅游支出、目的地类型、旅游动机、交通方式、客源地、游客特征等指标。调查报告范围与大不列颠旅游调查相同，受访人群不包含北爱尔兰公民，访问内容为过去一周内的休闲一日游行程。该项调查通过线上调查完成，从 2016 年起一日游调查的样本收集量从

673 个提升到 1000 个左右，一年有效样本约 35000 个。

英国国家统计局（Office for National Statistics，ONS）主导的国际旅行调查（IPS）主要包含了出入境人数、旅游支出、住宿设施容量、入住率、游客特征、交通方式、客源地、旅游动机等指标。其中关于住宿设施容量（住宿场所、卧室、床位的数量）和入住率（过夜时间、到达人数）的月度及年度数据是从企业（如酒店或露营地）收集的。居民出游数据是通过家庭调查收集。调查样本量约为每季度 7000 个，分别于出入境的港口、离开或返英的船只以及欧洲隧道进行调查。

英国旅游经济贡献率由该国国家统计办公室根据联合国世界旅游组织（UNWTO）的框架，通过建立旅游卫星账户进行测算。

二、法国：更加关心住宿设施接待及过夜统计

法国旅游统计数据的产生源于三个方面，其中最主要的数据风向标——历年旅游统计概要由企业管理总局（DGE）结合多方数据编写并发布，内容包括当年的世界旅游概况、旅游业对法国经济的贡献指数、住宿业概况、住宿业客流量、国民旅游、入境旅游、旅游景区概况。

旅游业对法国经济贡献指数根据法国旅游卫星账户的各项指标产生。指标框架与 UNWTO 推荐的旅游卫星账户一致，主要包括境内旅游消费占国内生产总值（GDP）比重、国内旅游消费、入境旅游消费、旅游产业总增加值、膳宿的生产总值及增加值、就业人数、新创立旅游企业及倒闭旅游企业总数、城市税总量八大指标。其数据来源为 DGE 的消费抽样调查。法国国家统计局（lnsee）的国民账户包括增加值总量、住宿业抽样调查、经济产业抽样调查和就业抽样调查。法国境内旅游消费统计如表 2-15 所示。

表 2-15　法国境内旅游消费统计

旅游卫星账户
国内旅游消费和 GDP 占比

年份	2010	2011	2012	2013	2014	2015	2016	2017
国内旅游消费（十亿欧元）	145.1	155.0	157.8	159.1	160.7	160.9	158.4	168.0
国内游客	92.5	97.5	96.0	96.5	97.4	98.5	99.0	103.7
国外游客	52.6	57.5	61.8	62.6	63.2	62.4	59.3	64.2
GDP 占比（%）	7.18	7.39	7.46	7.44	7.39	7.28	7.05	7.25

续表

年份	2010	2011	2012	2013	2014	2015	2016	2017
国内游客	4.57	4.65	4.54	4.51	4.48	4.45	4.41	4.48
国外游客	2.60	2.74	2.92	2.93	2.91	2.82	2.64	2.77
国内旅游消费变化（%）	–	6.8	1.8	0.9	1.0	0.1	-1.5	6.1
国内游客		5.5	-1.6	0.6	0.9	1.0	0.6	4.8
国外游客		9.2	7.5	1.3	1.0	-1.3	-4.9	8.2
国外游客对国内旅游消费贡献	0.4	3.5	-1.0	0.4	0.6	0.6	0.4	3.0
国外游客贡献	0.5	3.3	2.8	0.5	0.4	-0.5	-1.9	3.1

　　注：报告节选，包含指标为国内游客及国外游客旅游消费总额、所占比例及增数。

　　资料来源：法国企业管理总局.境内旅游消费及GDP贡献表.2018旅游年度手册. https：//www.entreprises.gouv.fr.

　　住宿业概况包括商业住宿、非商业住宿的数量、容量（床数）等，数据从供给角度出发，由行业工会、星级旅游住宿业组织填报，国家统计局和企业管理总局（Insee & DGE）整理完成。住宿业客流量包括酒店、露营地及其他业态的游客到达数、过夜数以及平均停留天数三个非货币性指标，其数据来源以国家统计局（Insee）的住宿业客流抽样调查为主，分成三个部分，酒店业每个月抽取12000个（覆盖法国酒店总量的70%）进行抽样调查；露营客流调查在每年的4－9月抽取6100个露营地（覆盖80%）进行抽样调查；其他住宿业态是每个月进行抽样调查。

　　国民旅游由旅游人数、过夜数、停留时间、旅游动机、人均旅游次数、各类型旅游的比例等非货币性指标构成。通过国民旅游需求抽样调查（SDT），每月随机抽取15岁及以上的22000人为样本进行调查。

　　入境旅游包括入境一日游游客和过夜游客人数、客源地、过夜数、停留时间、旅游动机等非货币性指标。入境旅游数据来自DGE和法兰西银行共同完成的国外游客调查（EVE），该项抽样调查是在游客离开法国时进行，每季度抽取60000份样本。

　　三、意大利：住户调查与随机拦访相结合

　　意大利旅游统计中家庭预算调查关于旅行和旅游的部分是了解意大利有居所公民游客特征、旅游支出以及旅游人数的重要调查。意大利银行负责的边境旅游调查是对意大利边境（公路和铁路道口、国际港口和机场）的居民和非居民旅客进行采访和统计，该调查的主要目的在于了解非意大利公民在意大利境内的旅游产品与服务的消费情况及其交通方式。

国内旅游统计的主要指标为游客特征、旅游人数、旅游支出、旅游动机等。每个季度进行 4875 个家庭访问调查，全年抽取样本 19500 个。根据区域及市政人口规模进行分层抽样。

国际旅游统计的主要指标为入境旅游收入、一日游人数、过夜游数量、客源地、停留时间、旅游动机、住宿方式、交通方式、旅游类型、满意度等；出境旅游支出、停留时间、目的地、旅游动机、住宿方式、旅游类型等指标。

意大利的旅游调查方式为抽样调查与边境统计，每年的抽样样本量为120000 个，在最具代表性的边境点中选择了将近 70 个，覆盖跨越意大利边境的大部分国际旅客，再根据抽样加权测算总体特征。旅游经济贡献的测算则由意大利银行通过旅游卫星账户进行测算。

四、欧盟：需求侧统计为主，供给侧统计为辅

欧盟统计局关于旅游业的统计主要包括以下两个方面：一是供给侧指标统计，包括旅游设施的数量、容量、酒店入住率、床位数等，这部分数据是各国通过企业填报收集；二是需求侧指标统计，包括目的地、旅游停留时间、交通方式、旅游消费、游客特征等，这部分数据各国通过家庭调查收集，每年收集到约 50 万个一日游或过夜游样本。欧盟于 2011 年创建了统一的旅游统计框架，数据由欧盟会员国调查并传送。

资料来源：中国旅游研究院官网《欧洲旅游统计实务及借鉴》（胡宁婷执笔）https：//www.ctaweb.org.cn/cta/xsjl/202103/5bf30ae33b074811ab2cbd05d44f93fd.shtml。

思考：1. 你认为英国、法国、意大利以及欧盟的旅游统计指标与统计方法各有何优缺点？

2. 你认为各国应该如何进行国际游客的消费情况调查？怎样才能使各国提供的数据具有可比性？

3. 你认为国际游客调查资料具有怎样的使用价值？

复习思考题

1. 什么是旅游客源地？它有哪些主要特征？

2. 产生消遣性旅游需求的条件有哪些？其主要特征是什么？影响旅游需求的因素有哪些？

3. 什么是旅游需求价格弹性？旅游需求价格弹性的大小与旅游总收入之间是怎样的关系？

4. 某饭店有客房 200 间，去年客房出租平均价格为 650 元，客房平均出租率为 60%，今年为吸引更多的游客下榻，将客房平均价格降为 580 元，客房平均出租率上升至 65%。试根据旅游需求价格弹性系数，评述该饭店这一降价举措是否成功。

5. 某旅游汽车公司 2019 年运载了 4500 人赴某景区旅游，2020 年降至 3600 人，原因是这一年间小汽车平均价格由 12.8 万元降至 9.6 万元，赴该景区旅游的自驾车人数增多了。若小汽车平均价格降低 10%，则会对该旅游汽车公司载运的游客数量产生多大影响？

6. 某地区 2010 年至 2018 年旅游接待人次与旅游收入如下表，若 2019 年旅游接待人次预计为 56 万，则其旅游收入的预测值将为多少亿元？

年份	旅游接待人次（万）	旅游收入（亿元）
	x	y
2010	10	1.6
2011	16	1.9
2012	24	2.2
2013	30	2.7
2014	32	3.0
2015	38	3.6
2016	42	4.8
2017	50	6.9
2018	58	9.9

03

第三章

旅游目的地与业态创新

学习目的与要求

知识目的

通过本章学习，了解旅游目的地的概念和类型，理解旅游目的地的基本特征与形成的条件。掌握旅游目的地供给内容与影响因素，理解旅游目的地旅游供给价格弹性与弹性系数，掌握影响旅游供给的因素。了解旅游目的地资源开发工作的主要内容，认识旅游新业态创新的类型和内容。了解旅游承载力概念、类型与特征，掌握旅游承载力的测量内容与方法。

思政目的

①从对旅游目的地形成与基本特征的学习中增强爱国情怀和文化传承的动力；②从对旅游目的地供给内容和影响因素分析中建立系统思维和对国家战略的深刻理解；③从对旅游供给规律与弹性的认识中增强求真务实的工作作风和守法意识；④从对旅游新业态创新发展学习中领会道路自信和人民幸福的深刻内涵。

案例导学

我国新增 4 个联合国世界旅游组织"最佳旅游乡村"

当地时间 10 月 19 日，联合国世界旅游组织全体大会第 25 届会议在乌兹别克斯坦撒马尔罕公布 2023 年联合国世界旅游组织"最佳旅游乡村"名单，我国江西篁岭村、浙江下姜村、甘肃扎尕那村和陕西朱家湾村入选。加上 2021 年入选的浙江余村、安徽西递村和 2022 年入选的广西大寨村、重庆荆竹村，中国入选乡村总数达到 8 个，位列世界第一。今年共有 63 个国家递交 258 份申请，最终 32 个国家的 54 个乡村入选。

位于江西省上饶市婺源县的篁岭村，被称为"挂"在山崖上的村庄，因独特的"晒秋"景观享誉海内外。篁岭村距今已有 580 多年历史，现存 100 多栋明清古建，是研究徽派古建遗存的重要样本。在发展乡村旅游过程中，篁岭村注重将传统村落风貌与活态非遗有机结合，为大众创造了体验和享受传统文化的新载体。近年来，篁岭村凭借"晒秋"IP（知识产权产品）吸引了络绎不绝的游客、文化学者和摄影爱好者，成为很多国内外游客心目中"诗和远方"的代名词，实现将"乡村颜值"向文化价值和乡村产值的转化。

有 800 多年历史的下姜村，位于浙江省杭州市淳安县，毗邻千岛湖，素有"雅墅峡涧"之称。下姜村是习近平总书记在浙江工作时的基层联系点。2003 年 4 月 24 日，时任浙江省委书记习近平第一次到下姜村，看到光秃秃的山坡，就告诉村民"要给青山留个帽"。20 多年来，下姜村践行绿水青山就是金山银山的理念，积极恢复生态环境，改善村容村貌，实现从"穷脏差"到"绿富美"的蜕变。曾经"土墙房、烧木炭、半年粮，有女莫嫁下姜郎"的穷山沟，如今已变成"农家乐、民宿忙、瓜果香，游客如织来下姜"的聚宝盆。

平均海拔 2800 米的扎尕那村，藏语意为"石匣子"。这个位于甘肃省甘南藏族自治州迭部县的村子，山势奇峻，云雾缭绕，宛如仙境。扎尕那村拥有高寒草原、温带草原和暖温带落叶林三大植被类型，扎尕那村民在山下耕种、半山放牧、林间采摘，形成独特的农林牧复合系统，被联合国粮食及农业组织认定为全球重要农业文化遗产。近年来，扎尕那村利用独特的自然与人文景观、民俗风情等发展乡村旅游，找到保护与发展的平衡点，探索出以乡村旅游反哺生态保护、促进各民族交往交流交融的新路。

秦岭南麓的朱家湾村，位于陕西省商洛市柞水县，被称为"养在深闺人未识的天然氧吧"。人不负青山，青山定不负人，朱家湾村当好秦岭"生态卫士"，保护绿水青山、涵养出好生态，不断把生态优势转变成发展优势，阐释了"靠山吃山"的新内涵——将过去单纯靠挖药材、伐木、砍毛竹，变成端起"生态碗"、吃上"旅游饭"。同时，朱家湾村近年来深入挖掘融秦纳楚的深厚文化，以文塑旅、以旅彰文，让秦岭老屋、古道遗迹、柞水渔鼓、民间社火、古法酿酒等文化遗产在乡村旅游发展中焕发出新的生机和活力，走出一条文化和旅游深度融合、高水平发展的路子。

乡村是中华优秀传统文化的根基，也是中华文明传承发展、永续文脉的沃土。近年来，各地依托自身优势资源，因地制宜，打造了百花齐放的乡村旅游产业，创建出各具特色的发展模式，涌现了一大批让人向往的乡村旅游目的地，探索出一条文化和旅游深度融合、人与自然和谐共生、物质和精神共同富裕的中国式乡村发展道路。文化和旅游部数据显示，截至目前已推出 1597 个全国乡村旅游重点村镇，超过 6 万个行政村开展了乡村旅游经营活动。乡村旅游成为各地彰显文化特色的亮丽名片，成为丰富旅游消费市场的重要力量，也成为新时代乡村振兴的新动能。

2021 年起，联合国世界旅游组织启动"最佳旅游乡村"评选，越来越多的中国乡村走向国际舞台，成为中国乡村蓬勃发展的缩影和世界看中国的窗口，不断向世人展示着中华文明的魅力和最真实的美丽中国。中国的"最佳旅游乡村"建设，是贯彻落实习近平生态文明思想、习近平文化思想的生动实践，是全面推进乡村振兴、促进共同富裕的成果缩影，将为世界各国提供交流互鉴的中国样本。

资料来源：我国新增 4 个联合国世界旅游组织"最佳旅游乡村"[N]. 中国旅游报，2023-10-20.

思考：被评选为"最佳旅游乡村"的村子，其共同特点是什么？乡村旅游对于我国旅游业发展，具有哪些重要的意义？

第一节　旅游目的地形成与基本特征

一、旅游目的地的概念和类型

（一）旅游目的地概念

旅游目的地是为旅游者所选定去访问并在那里度过一段有意义的时间的特定地区。在现实中，人们往往根据各自的动机和出访目的，无论是出公差、赴异地探亲访友还是外出度假或游览观光，都会选定一个特定的地区，这个特定的地区便是人们外出的旅游目的地。在旅游者看来，大到一个国家，小到一个村庄都可以成为旅游目的地。

在当代，成为人们出游的旅游目的地主要集中于如下三类地区：一是中心城市和重要城镇。虽然世界上许多中心城市如北京、巴黎、罗马等，并非有意识地要发展为吸引游客的旅游目的地，它们是多少个世纪以来经济、社会和文化发展的产物，正因为如此，它们孕育了吸引游客来访的各种条件，成为当代许多旅游者所选择的旅游目的地；重要城镇包括历史文化城镇（如安徽歙县、黟县等）和现代新型城镇（如深圳等），前者因丰富的文化积淀而成为游客所选择的旅游目的地，后者则因其现代风貌而成为人们乐游之地。二是风景名胜区（如四川九寨沟、安徽黄山等）和休闲度假区（如海南三亚亚龙湾、河北北戴河等），前者以独特的景观成为吸引游客的旅游目的地；后者则以舒适的环境而成为人们休闲度假的目的地。三是人造旅游胜地，如美国迪士尼，由于集娱乐活动、表演、饭店、餐馆和购物设施于一身而成为许多人的旅游目的地。

（二）旅游目的地类型

旅游目的地类型划分为观光游览型、休闲度假型和康体娱乐型。

观光游览型旅游目的地是旅游目的地类型中的主要类型，自旅游活动产生以来一直兴盛不衰，这是因为其适应范围很广，不仅吸引面可涉及全球范围的游客，而且适应性几乎涉及各种类型的游客。观光游览型旅游目的地的主要功能是为游客提供观光游览活动的空间，包括自然风光观光游览、城市风貌观光游览和名胜古迹观光游览等。

休闲度假型旅游目的地的历史虽可追溯到欧洲中世纪时期，然而其兴盛则始于 20 世纪 60 年代。因为这时休闲度假已开始成为一种社会潮流，而不像中世纪时期多为贵族阶层享用之地。随着社会经济的发展，劳动生产率的提高，带薪假日和节假日的增多，休假度假旅游也越来越兴旺，因而休闲度假旅游目的地越来越受到旅游者的青睐。休闲度假型旅游目的地的适应范围主要是区域性的，主要功能是向旅游者提供休息、放松、消除疲劳和休养的场所，包括海滨休闲度假、山地休闲度假、温泉休养度假和乡村休闲度假。

康体娱乐型旅游目的地是一种始于近现代时期的旅游目的地，其旅游活动形式不尽相同，如高山滑雪旅游地主要为人们提供滑雪的乐趣，迪斯尼乐园为人们提供梦幻般的游园娱乐体验等。可见，这种类型的旅游目的地的主要功能是向游客提供娱乐和健身的场所。

【链接启示】

旅游目的地发展

1. 旅游目的地发展依托于良好的经济环境——平稳健康。

2. 旅游目的地发展依托于稳定的社会环境——国泰民安。

思考：旅游目的地发展基础与目标还有哪些？

二、旅游目的地的基本特征与形成条件

（一）旅游目的地的基本特征

上述三种类型的旅游目的地，虽然主要开展的旅游活动的内容不同，游客的类型也不同，但是它们都能引起游客的兴趣，成为游客选定的去处，并值得在那里停留一段时间，其根本原因在于它们具有一个共同的特征，即对游客具有吸引力。这种吸引力无论是心理上的还是有形的，都具有招徕游客的魅力。

不同类型的旅游目的地，其主要吸引的游客对象是不同的，因而市场类别也不同。为了满足不同类型游客的需要，旅游目的地在规划和建设上应具有不同的特点。例如，休闲度假型旅游目的地规划和建设的重点是以各种专门服务设施为主，使休闲度假的客人能够休养生息；而观光游览型旅游目的地规划和建设的重点则是以各种旅游资源的开发和交通条件的改善为主，使观光游览的客人能顺畅地饱览风景名胜。

（二）旅游目的地形成的条件

不同类型旅游目的地形成的原因是不同的，但是，作为旅游目的地，必须具有满足游客暂时停留和实现其旅游目的的基本条件，即旅游资源、基础设施和旅游设施。

1. 旅游资源

旅游资源是旅游目的地形成的基础。首先，没有一定数量的旅游资源，就不能对游客产生吸引力，从而也就没有市场需求，所以一定数量的旅游资源是旅游目的地形成的必要条件。其次，旅游资源的性质也同旅游目的地的类型密切相关。一般说来，自然与人文旅游资源的主要吸引对象是观光游览型游客，以这种旅游资源为主的地区多属于观光游览型旅游目的地；而以宜人的气候、优美的环境资源为主的地区则多为休闲度假型旅游目的地。最后，旅游资源种类的多寡也同旅游目的地的可持续发展密切相关。一个旅游目的地的成功经营和可持续发展不仅仅取决于现已开发的旅游资源的吸引力，还取决于有足够多种类的旅游资源的吸引力来支撑，以开拓更广泛的市场。因此，旅游目的地应从长远出发，根据各个时期的经营情况和市场需求的变化，在对现有旅游资源进行再开发的同时，必须考虑开发一些新的旅游资源和建设一些新的旅游项目。

2. 基础设施

基础设施是旅游目的地形成综合接待能力的基础，也是旅游经济活动最基本的载体。它对游客的旅游活动起保障作用。基础设施是指地下和地面的公用设施，包括给排水、能源、交通运输、邮电通信、环境卫生等设施。在旅游目的地，这些设施虽然为当地居民和游客所共用，然而一定时期的游客数量不仅对它们的供给能力会提出更高的要求，而且游客的类型还会对它们的内部结构产生直接影响。随着游客数量的增加，用水量、用电量、交通运输量、通信量等都会增加，旅游目的地基础设施的供应能力也应相应提高。同样，不同类型的游客对不同的基础设施需要的程度也不同，观光游览型游客对交通运输设施的需求量较大，商务型游客对通信的需求量较大，而休闲度假型游客则对水电、环境卫生需求量较大。可见，旅游目的地要提高综合接待能力，基础设施建设在保证本地居民需要的前提下，应以接待的游客规模和类型为依据。

3. 旅游设施

旅游设施是旅游目的地形成综合接待能力的标志，关系到旅游目的地可以接待的游客规模。旅游目的地的旅游设施主要包括交通运输工具、旅游食宿设施和各种娱乐设施等。这些设施除了部分被当地居民使用外，其主要使用对象是外来游客。如果没有外来游客，这些设施的经营者就难以经营，从而就会发生性质和用途的转变，旅游目的地也就不复存在。可见，在旅游目的地的形成和发展中，旅游设施的营造和规模的扩大是其主要标志。其中，住宿业中的饭店最具代表性，其发展状况往往是衡量旅游目的地旅游业发展水平和接待能力的一个重要指标。并且，饭店的类型也常常与旅游目的地的类型相一致，因为旅游目的地的类型决定了主要招徕的客源类型，而主要客源类型又决定了多数饭店的类型。比如，观光游览型旅游目的地以接待观光游览为目的的游客为主，建设的饭店多为暂住型的城市饭店；而休闲度假型旅游目的地主要接待的是度假旅游者，建设的饭店则多为度假型饭店，且多位于海滨、温泉等地区。

【链接启示】

体育与旅游融合发展，"体育 + 文旅"焕发生机

大型体育赛事具有聚集性、体验性和综合性等特征，对举办城市的旅游业发展具有重要的促进作用。不仅传播体育文化、传承体育精神，而且有利于提升举办地知名度和影响力，对于激发东道国居民文化自信、增强民族凝聚力具有重要的意义。杭州第 19 届亚运会的成功举办体现了中华优秀传统文化和现代技术的有机结合，从不同的视角呈现出中国精神、中国文化、中国道路和中国故事。

思考：文旅融合的类型还有哪些？如何促进文旅融合的大发展？

案例思考

跟着亚运去旅行——观赛热带来旅游潮

为一场体育盛会奔赴一座城。"跟着亚运去旅行"成为杭州及亚运协办城市 2023 年国庆长假的关键词。在杭州市文化广电旅游局发布的"看亚运•游杭州"经典线路中，不仅包括场馆打卡游，还有富春山居游、良渚遗址游、运河文化游、乡村古镇游。

亚运会首日，就在富春江上诞生了第一枚亚运金牌。许多游客趁假期跟着赛事来打卡，专门报名了"富春山居号"游船的夜游项目，想亲身体验一下黄

公望大师笔下的《富春山居图》。相较平时，亚运期间黄公望隐居地、龙门古镇、鹳山景区的游客明显增多。自9月23日以来，该集团下属景区和游船已接待游客达万余人次。

随着亚运沙滩排球赛事进入尾声，10月1—6日，沙滩排球馆免费向公众开放。与场馆一路之隔的新鹳村，"甬风雅韵·市集"正在火热举办，游客不仅能吃到正宗宁波汤圆，还观赏到了竹根雕、剪纸等当地非遗文化。这座原来的小渔村因亚运会而改变，不仅基础设施提档升级，村里人气也更旺，当地民宿已从最初的5家发展到55家，共780余张床位。

某在线旅游平台的数据显示：亚运会期间，飞往杭州的国际机票预订量同比去年增长超20倍，杭州目的地火车票预订量同比增长超4.7倍，杭州赛事场馆周边的酒店预订量同比去年增长超3倍；而相关大数据同时显示，亚运会期间，宁波、温州、湖州、绍兴、金华5座杭州亚运会协办城市的酒店预订量同比2019年增长5倍以上，其中绍兴增长最快，达7.2倍。亚运会期间，5座城市的旅游门票销量比2019年增长了3倍以上。

办好亚运会是提升旅游国际化水平和城市消费能级的重大窗口机遇，也是全面展示文旅行业发展成果的重大舞台。杭州市文化广电旅游局发布的最新数据显示，国庆假期前四日，杭州全市各景区景点、乡村旅游点共接待游客超过675万人次。今年以来，体育赛事对文化和旅游的带动作用非常明显，参赛选手和观众游览当地风景、品尝当地美食，感受"烟火气"和"文化味"，有力促进了文化、体育、旅游等产业在更大范围、更深程度融合发展。

资料来源：新华社新闻，2023-10-07，http：//www.news.cn/sports/2023-10/07/c_1212284740.htm。

思考：体育赛事对旅游业的带动作用体现在哪些方面？杭州在亚运会期间成为热门旅游目的地的原因和条件有哪些？独特的自然和人文魅力、城市的知名度和形象如何体现？

第二节　旅游目的地供给内容与影响因素

一、旅游目的地供给的内容

（一）旅游产品概念与特性

1. 旅游产品概念

旅游目的地的供给主要是旅游产品的供给，如同工厂向消费者提供产品一样，旅游目的地就是生产旅游产品的"工厂"。与工厂不同，旅游目的地生产的旅游产品具有特殊性。从旅游目的地角度出发，旅游产品是旅游经营者凭借旅游吸引物、交通运输设施和旅游设施向游客提供的用以满足其旅游活动需要的全部服务。这些服务包括行、游、住、食、购、娱六部分，它们分别由旅游目的地的不同部门和企业提供，旅行社则根据游客的需要，将它们组合起来成为产品，向游客销售。可见，旅游产品是由多种单项服务组合成的复合产品，其典型表现是一条条的旅游线路，如北京－西安－重庆－桂林－广州、上海－杭州－长沙－昆明－广州等。对这种旅游线路产品，旅行社多采取包价形式，即将游客在线路上各地所需要的服务的价格总和起来，再加上旅行社的经营管理费用和利润，按人或人天统一对外报价。这种产品称为整体旅游产品，主要为旅游团所购买，当然也有部分家庭旅游或亲朋好友结伴旅游购买这类产品。

与整体旅游产品由多种旅游服务组成不同，单项旅游产品则是旅游目的地的旅游企业或相关企事业单位直接向游客销售的单项服务。由于旅游形式多种多样，许多游客选择独自出游或几个人结伴出游的方式，他们对旅游中所需要的服务采取了零星购买的办法，如需要住宿便自己通过在线旅游应用软件（以下简称APP）或者旅行社订房，需要去某景点游览就自己购买门票，需要用餐便自行到餐馆购买餐食等，总之，对需要的服务均现买现付。对于以这种方式旅游的游客，饭店、餐馆、交通运输公司、旅游景点向他们提供的服务称为单项服务或单项旅游产品。这是因为提供这些服务的部门或企业在经营上是各自独立的，它们向游客提供的服务实际上是它们的员工凭借各自的设施设备生产的产品。它们除将其部分产品通过与旅行社签订合同构成旅行社线路产品的组成部分外，其余部分则自行销售。

从游客的角度出发，旅游产品是游客花费一定的费用、时间和精力所换取的一次旅游活动的经历或体验。它包括游客自离开常住地开始，直到旅游活动结束的全过程所见、所闻和享受的各种服务的综合感受。所以，从游客角度说，无论他（她）采取何种出游方式，是参加旅游团还是独自前往旅游目的地，抑或几人结伴同游，他（她）购买的是一次旅游经历，是对旅游目的地整体旅游产品的体验和感受。

2. 旅游产品的特性

从上面关于旅游产品的定义中可以看出，旅游产品是一种特殊的产品，既不同于第一、第二产业部门生产的实物产品，也不完全等同于第三产业中其他部门向社会提供的服务产品。诚然，旅游产品也是一种服务产品，具有与其他服务产品共同的属性，如服务价值的不可贮存性（如客房服务，若一间客房当日无人租用，这一天该客房服务应分摊的价值就得不到实现和补偿。虽然第二天可以继续被租用，然而所补偿的价值则是第二天应实现的价值，不能像工农业产品那样暂时卖不掉可贮存起来，其应实现的价值不会受损）、服务生产和消费的不可分离性（旅游服务若没有服务对象——游客来消费，服务便不会发生）、服务所有权的不可转移性（在服务的生产和消费过程中，没有任何东西的所有权发生转移）和服务的差异性（同样的餐饮服务，由于每次服务的对象不同，其服务质量无论是实际上还是客人心理感受上都会存在差异）。

旅游产品除了与其他服务产品有上述相同属性外，还有其独有的特性，即综合性和易波动性。

（1）综合性

综合性是整体旅游产品的典型特性。整体旅游产品的综合性，首先表现为它是由多种旅游吸引物、旅游设施和服务组成的复合型产品，它具有满足人们在旅游过程中对住宿、饮食、交通、游览、娱乐和购物等多种需要的功能；其次，还表现在它的组合涉及旅游目的地众多的部门和行业，其中，既有直接向游客提供产品和服务的部门和行业，又有间接向游客提供产品和服务的部门和行业，还有非经济性的政府有关部门和行业组织。例如，澳大利亚20世纪70年代初期对其旅游业进行的投入产出分析表明，该国提供的旅游产品涉及29个经济部门中的109个行业，其中还不包括文教、卫生、公安、海关等非经济部门。2018年我国旅游及相关产业统计分类关于旅游业范围的规定也覆盖了国民经济中65个行业。

旅游活动是一种涉及经济、社会、文化等多方面的综合性活动，旅游活动涉及游客行、游、住、食、购、娱等多方面的物质和精神需求。旅游产品的综合性要求目的地的旅游经营者全面规划、综合安排产品的组合。

（2）易波动性

旅游产品的易波动性又称易受影响性，亦称为脆弱性。这是因为影响和制约旅游产品的生产和销售的因素很多，其中任何一个因素的变化都可能对其生产和销售产生较大的影响。引起旅游产品生产和销售易波动性的原因主要有以下几个方面：

①构成旅游产品各个部分之间的比例关系。整体旅游产品是一种组合产品，各部分之间存在着一定的比例关系，在目的地旅游产品供给中有一个合理的数量结构，而各组成部分分别是由许多相关行业提供的，其中某一组成部分或某一行业供给超前或滞后，都会对旅游产品的整体效能产生影响。

②季节性因素。旅游活动，尤其是消遣性旅游活动具有较强的季节性，它是旅游目的地和旅游产品经营者无法控制的，从而使旅游产品的生产和供给难以适应季节性变化的要求，常常造成旺季供不应求，而在淡季大量设施闲置。形成旅游产品季节性波动的因素：一是目的地的自然气候条件，气候温和，来访游客多，气候寒冷，来访游客少；二是客源地居民的假日时间，假日期间，居民出游多，非假日时间，居民出游就少。

③政治、社会、经济因素。旅游目的地国家或地区与国际的政治、社会和经济因素的较大变动也会对旅游产品的生产和销售产生较大影响，这些影响同样是旅游经营者无法控制的。例如，政治因素中国家间关系的紧张、政府政策的变化等，经济因素中的经济危机、目的地的通货膨胀等，社会因素中的社会动荡、恐怖活动等，以及自然因素中的地震、疾病流行等。

（二）旅游目的地供给的主要内容

按照旅游产品的构成，目的地的旅游供给分为基本旅游供给和保障性旅游供给两个方面。

基本旅游供给是指直接针对来访游客的需要而提供的旅游供给内容，主要包括吸引游客来访的旅游资源，以及为游客旅游活动期间的需要而专门开发和建设的旅游设施与面向游客提供的各种服务。

保障性旅游供给是指为基本旅游供给提供支持和配套服务的基础设施与相关设施，主要包括供水系统、供电系统、供气系统、排污系统、电信系统、道路系统和相关配套设施以及医院、银行等设施。这些设施的服务对象主要是当地居民，如果没有游客的来访，这些设施依然有必要建设。但是，来访游客在旅游目的地停留期间也无可避免地直接和间接地使用这些设施，否则游客的旅游活动就难以顺利进行，甚至连游客的基本生活都无法保障。所以，保障性旅游供给是开展旅游活动的必要保证，是旅游产品经营的必要条件，是构成旅游供给的重要内容。

概括起来，旅游供给的内容如表 3-1 所示。

表 3-1　旅游供给内容表

主类	亚类	基本类型
基本旅游供给	旅游资源	自然旅游资源
		人文旅游资源
		社会旅游资源
	旅游设施	交通运输设施
		食宿接待设施
		游览娱乐设施
		旅游购物设施
	旅游服务	商业性旅游服务
		非商业性旅游服务
保障性旅游供给	基础设施	公用事业设施
		现代社会生活基本设施

1. 旅游资源

旅游资源是旅游产品生产的基础，是旅游目的地供给的重要组成部分。从游客需求角度来看，旅游资源是指对游客具有吸引力的自然事物、文化事物、社会事物和其他任何客观事物；从旅游供给角度来看，旅游资源是指对游客产生吸引力并可为旅游业开发和利用的各种事物与因素。按照这种阐述，旅游资源可分为自然旅游资源、人文旅游资源和社会旅游资源三大类。其中，自然旅游资源是在千百年自然地理环境的演变过程中形成的具有旅游吸引力的自然物质和自然现象，如各种地貌景观、水域风光和生物景观等；人文旅游资源是人类各时代各民族演进过程中遗存和形成的具有旅游吸引力的社会文化事物和因素，如各种遗址遗迹、历史建筑物和文化艺术品等；社会旅游资源是指能反映和体现旅游目的地经济和社会发展面貌而具有旅游吸引力的事物和因素，如大型工程建设项目、科学实验场所、特色社区、特色市场和现代节庆活动等。

由于旅游资源的上述成因，一般说来，多数旅游资源是固定在一定的地域和社会环境中，因而具有不可转移的特点；除部分社会旅游资源外，大多数旅游资源的数量在相当长的时期内是稳定不变的，不会因游客需求的增加和市场的扩大而任意扩大。因此，对旅游目的地来说，做好保护工作尤为重要。

2. 旅游设施

旅游设施是为满足游客行、游、住、食、购、娱方面需要而建设的专门设施，是旅游目的地旅游供给的重要内容，其中，交通运输设施不仅关系到旅游目的地的可进入程度，而且也关系到游客在旅游目的地范围内实现空间位移的顺畅性，因此推进交通运输设施的现代化和不断提高其经营管理水平是提升目的地旅游供给质量的必要举措。食宿接待设施是为游客在旅游目的地期间的基本生活提供保障的有关设施，对维持游客体力、恢复旅游中的疲劳和休闲享受起重要作用，并且以现代饭店为代表的食宿设施还是各种会议、商务和社交活动的重要场所，在一定程度上代表了旅游目的地的形象，因此对饭店进行精心设计、提高其经营管理和服务水平是提升旅游目的地形象和旅游供给质量的重要一环。游览娱乐设施是指供游客参观、游览或开展娱乐活动的场所，包括各种博物馆、艺术馆、展览馆、纪念馆、名人故居以及歌舞厅、游乐园、体育俱乐部、运动场馆等，对于扩充游客知识、寻求乐趣和增强体魄有重要作用，并且一些规模大、知名度高的娱乐设施如迪士尼乐园、纽约百老汇等还起到旅游吸引物的作用。旅游购物设施是指可供游客购买物品的设施，包括免税品商店、纪念品商店、工艺品商店、百货商店、超市等，购物是旅游活动一项不可或缺的内容，游客在购物上的花费由于弹性很大，在增加旅游目的地旅游收入方面占有重要地位。因此，旅游目的地应加强游客购买产品的生产和购物设施的建设与布局，使产品富有地方性和民族性，方便游客购买。

3. 旅游服务

旅游服务是按照游客的需要，旅游从业人员直接向游客提供的服务。旅游服务质量的高低与旅游设施的完善程度是旅游目的地旅游业发展水平的直接反映，因此旅游服务质量对旅游目的地旅游业的成功经营具有重要意义。旅游服务包括商业性旅游服务和非商业性旅游服务。其中，商业性旅游服务主要由旅游组织安排服务、导游服务、交通运输服务、旅游食宿服务、娱乐服务和购物服务等；非商业性旅游服务主要有旅游导览、旅游问询服务、游客投诉处理服务和入出境服务等。无论是哪种旅游服务，从业人员的服务态度始终是旅游服务质量的基础和核心，因为热情、礼貌的服务态度是从业人员做好对客服务工作的前提，也是旅游目的地旅游工作人员好客精神的直接体现。

4. 基础设施

基础设施是指主要使用者为当地居民，同时也向游客提供或游客的旅游活动也必须依赖的有关设施。它包括一般公用事业设施和现代社会生活需要的基本设施。前者主要是指供水系统、排污系统、供电系统、通信系统、道路系统等以及相关的地面配套设施；后者主要是指银行、医院、治安管理机构等。基础设施是旅游目的地旅游业发展的重要物质基础，也是旅游业向深度发展的后盾。

【链接启示】

推动文化和旅游融合 丰富优质旅游供给

1. "旅游 +"旅游供给向外延伸——跨界融合发展。
2. 旅游供给向内突破——品质提档升级。
3. 提升旅游产品文化内涵——中华优秀传统文化。
4. 打造供给品牌的美誉度——品牌与口碑。

思考： 优质旅游供给提高的驱动力在哪里？谁来判断旅游供给是否优质？

（三）旅游目的地供给的特点

上述旅游供给的内容表明，目的地的旅游供给是一个多层次的网络结构。这种结构具有如下特点：

1. 多样性

旅游供给包含的内容很多，不仅涉及满足游客旅游过程中的行、游、住、食、购、娱的多种需要，而且涉及许多相关的社会供应系统；不仅有有形产品的供给，而且还提供各种无形服务；不仅包含各种文化要素，而且还包括纯粹的自然物。旅游供给的多样性是由旅游需求的多样性决定的。

2. 关联性

旅游供给涉及众多的部门和行业，既有直接相关的部门和行业，又有间接相关的部门和行业，既涉及经济部门，又涉及非经济部门，其关联度位于国民经济中各产业部门之冠。

3. 相对稳定性

旅游供给的相对稳定性主要表现在两个方面，一是许多旅游设施，尤其是基础设施如机场、车站、码头、公路、铁路等，其用途带有固定性，难以转换成其他用途；二是旅游设施的建设需要一定的周期，在旅游需求旺季时，难以新建满足游客的需要。

二、旅游目的地供给的影响因素

（一）社会经济发展水平

如前所述，旅游供给的多样性要求旅游目的地的众多经济部门和非经济部门的支持和配合，因此，对旅游目的地来说，要根据旅游市场的变化适时地扩大旅游供给能力，但关键是这些部门是否具有足够的经济实力，即与旅游直接和间接相关的部门和行业能否满足旅游供给规模扩大的要求，而这些部门和行业的支持力度有多大是与整个经济社会发展水平相联系的。一般说来，若旅游目的地经济基础比较薄弱，不仅旅游部门本身在旅游资源开发、旅游设施的扩建、旅游基础设施的完善方面缺乏资金，而且其他相关部门和行业的发展因整个社会经济发展水平也相对落后，何况经济基础薄弱的旅游目的地的经济门类又不全，难以对旅游供给的扩大进行支持。这是这种旅游目的地旅游供给扩大中面临的比较普遍的问题。相反在经济比较发达的旅游目的地，由于其社会经济发展水平高，各项基础设施和社会服务设施比较完善，经济实力较雄厚，适时地根据旅游市场需求扩大旅游供给能力是有物质保证的。可见，社会经济发展水平是旅游目的地旅游供给扩大的基础。

（二）科学技术发展水平

科学技术是第一生产力。旅游目的地的科学技术发展水平高，不仅对经济的发展会起巨大的推动作用，而且也对旅游供给能力的扩大产生直接和间接的影响。从直接角度说，许多新的科学技术成果正越来越广泛地应用于旅游业中，如计算机预订系统、电脑管理系统、电子问询系统、现代化交通工具等，不仅大大方便了游客，而且极大地提高了旅游业的劳动生产率，有利于旅游业内涵式扩大再生产。从间接的角度说，先进的科学技术应用于旅游业的相关部门的产品生产中，不仅提高了劳动生产率，增强了它们对旅游业的支持和配合能力，而且也缩短了它们为旅游业发展需要的各种设施、设备和工具的生产周期，从而可使旅游供给能够在较短的时期内迅速扩大。

（三）旅游目的地国家和地区政府对发展旅游业的态度与政策

自 20 世纪 60 年代以来，越来越多的国家和地区的政府都将旅游业纳入其经济社会发展计划之中，对旅游业采取了支持和鼓励的政策，但是，不同旅游目的地国家和地区政府的政策在支持力度和方式上是不同的，有的是政府直接干预，有的则是采用间接的方式。因此，政府支持的力度大，必然会有效地促进旅游供给的扩大，而那些支持力度小，甚至出于整个经济发展的考虑在不同的时期对旅游业采取一定程度的限制政策，必将会对旅游供给的扩大产生影响。具体地说，影响旅游供给的政府政策主要有以下几个方面：

1. 税收政策。对于一个企业来说，政府的税收政策，即税率的高低不仅直接影响其产品价格，而且也会影响企业的利润和再生产的能力。政府的税收政策同样对旅游企业产生影响，如果政府采取大力扶持旅游业的政策，在税率上低于其他企业或在一定时期内免征企业所得税，无疑会促进旅游供给的扩大；反之，如果政府对旅游企业在税收政策上与其他企业一视同仁，甚至采取调高税率的措施，旅游供给的扩大就会受到影响。我国在旅游业发展初期，政府采取了以旅游养旅游的政策，规定了在三年内旅游收入全部留在旅游部门和企业中，即免征旅游企业所得税，用于旅游设施的更新和改造，对我国旅游发展初期旅游供给的迅速扩大产生了巨大的推动作用。

2. 财政补贴和贷款利率。在旅游业的发展中，如果政府采取财政补贴的措施，就会刺激旅游业的发展，有利于旅游供给的扩大。例如，在 20 世纪 60 年代末，英国在发展旅游业中面临着旅游住宿设施不足的问题，为此英国政府规定对新建饭店按客房数量给予财政补贴，民间对投资兴建饭店的积极性大增，使客房短缺问题在短短的几年内得到了解决。我国自 1986 年旅游业纳入国家经济和社会发展计划起，至 90 年代中期，国家一直采取财政拨款的方式，支持旅游资源的开发、旅游设施的建设和旅游人才的培养。1981 － 1996 年，我国对旅游业的基建基金拨款合计达 6 亿多元。同样，利用对旅游业进行低息贷款也是政府刺激旅游供给扩大的常用措施。例如，20 世纪 60 年代南斯拉夫政府为推进旅游业的发展，规定了对旅游设施建设项目提供 20 年的低息贷款，对解决南斯拉夫旅游建设项目资金不足问题起了相当大的促进作用。我国在旅游业发展初期，政府除采取基建基金拨款的措施外，对一些旅游建设项目还运用了低息的基建基金贷款的方式，1981 − 1996 年合计达 10 多亿元，推动了我国旅游供给的扩大。2020 − 2022 年新冠疫情期间，我国政府从贷款风险补偿、担保补助等方面对文旅企业进行扶持。

【链接启示】

旅游产业的发展与国家相关政策紧密相关

1. 促进旅游企业不断创新——不断进取和社会责任感。
2. 旅游业良好的发展环境——法治和谐的市场环境。
3. 加强旅游服务质量——诚信服务的宗旨。

思考： 国家哪些政策可以促进旅游产业发展？

案例思考

上海：税收优惠激发文旅行业发展活力

2023 年，上海旅游节全面回归线下，10 大主题、200 场重点活动、超千项文旅产品。近日，历时 21 天的上海旅游节落下帷幕，在此期间共接待市民游客 3846.80 万人次。国家税务总局上海市税务局围绕"吃住行游购娱"，不断加大对旅游产业的税收扶持力度，以税收优惠赋能消费场景，助力上海文旅产业打响"特色牌"。

City Walk（城市漫步）是此次上海旅游节打造的亮点之一。上海新世界（集团）有限公司作为参与指导本次活动的相关单位，是一家集商、旅、文为一体的综合企业。近年来，随着税收优惠政策的陆续出台，各项减退免缓"红包"直达企业，有效助力企业拥抱新业态，活力四射。此外，该集团还涉及房屋租赁业务，其中不少承租人为小微企业和个体工商户，企业主动为小商户减免租金，税务部门了解情况后，精准辅导企业申请享受房土两税减免近 30 万元。"减税降费加之各类消费场景释放出的巨大潜力，使得集团顶住经济形势变化的压力，在打造新业态、新模式、新消费方面取得更多突破，增添了南京路步行街商圈活力和价值，让旅游节主题活动更具吸引力。"

穿汉服，赏圆月，逛灯会……位于虹口区四川北路的今潮 8 弄推出"月漾诗华中秋灯会系列活动"，百年弄堂再度"焕新"赋能区域文旅发展，这期间税收政策是"看得见"的支持。从开业筹备起，税务部门便及时送来税费政策礼包，定期上门开展"一企一策"精准辅导。企业申请到增值税增量留抵退税 2944 万元为资金流"解渴"，也能更顺利投入到新活动新项目的筹备和建设中，实现更大价值。

资料来源：国家税务总局上海市税务局，2023-10-13.

思考：税收政策对刺激大众消费起到哪些作用？国家在满足人民群众美好生活需要方面还有哪些举措是有效的？

3. 利用外资政策。不少旅游目的地国家在其旅游业发展过程中，都面临着资金短缺的问题，在国内资金不足的情况下，政府开辟利用外资渠道是促进旅游供给扩大的一条有效途径。20 世纪 80 年代，面对刚开放不久大量境外游客涌入而住宿设施严重不足及其他配套设施不完善的情况，为加快旅游设施建设，在 1984 年，我国制定了国家、地方、部门、集体、个人一起上，自力更生和利用外资一起上的方针。对开办旅游合资企业实行优惠政策，使我国旅游业在 1981 − 1996 年间利用外资的规模达到折合人民币约 20 亿元，不仅促进了旅游设施的建设，而且也提高了设施的现代化水平。

4. 土地利用政策。针对土地的利用，许多旅游目的地国家和地区政府都有相关法律，往往规定扩大或改变土地的用途需要得到政府的批准。旅游业是一个新兴产业，其发展常常存在着同其他产业争地的问题。在这方面，若政府进行干预，采用征购的办法来推动旅游开发，就会对旅游供给产生重大影响。

（四）自然历史条件

旅游目的地的自然历史条件是既定的，非人力所能改变。旅游业的发展同自然历史条件的关系十分密切，它关系到旅游业发展的基础——旅游资源是否丰富多彩。有些旅游目的地国家和地区自然条件优越，如地中海地区、加勒比地区，有些旅游目的地国家历史悠久，文化艺术资源非常丰富，如埃及、希腊和我国。旅游资源的差异一方面会形成不同旅游目的地国家和地区游客吸引对象的不同，另一方面也对旅游供给量产生影响。

（五）旅游承载力

旅游承载力是旅游目的地旅游业可持续发展必须认真考虑的问题，它规定了旅游供给规模的最大极限。旅游承载力包括自然环境承载力和社会环境承载力两大方面。自然环境承载力是指在不至于导致旅游目的地生态环境和生态体系发生不可接受的变化的前提下所能接待来访游客的最大数量，社会环境承载力是指在不至于导致旅游目的地社会公众的生活和活动发生不可接受的影响的前提下所能接待来访游客的最大数量。如果超负荷接待外来游客，则会引起自然生态环境的破坏和旅游目的地社会秩序的混乱以及居民的不满。这样，不仅可能造成主客关系的紧张，而且损害了旅游目的地在旅游市场上的形象和利益。因此，旅游承载力是旅游目的地在扩大旅游供给规模时必须认真考虑的问题。

【链接启示】

国家战略指引下旅游产业结构调整和升级

1. 国家战略目标之一：实现经济的持续发展和高质量发展——全局观念。
2. 旅游产业经济地位：构建新发展格局——战略性支柱产业。

思考： 国家战略还有哪些对旅游产业结构升级产生影响？

案例思考

以多样化高品质供给满足旅游消费新需求

推动旅游业高质量发展，必须抓好旅游产品和服务，切实以质的有效提升和量的合理增长，更好地满足旅游终端需求，实现有效供给。

2023 年 7 月 24 日，中央政治局召开会议，分析研究当前经济形势，部署下半年经济工作。会议强调，通过终端需求带动有效供给，把实施扩大内需战略同深化供给侧结构性改革有机结合起来。为贯彻落实中央政治局会议部署要求，国务院领导同志主持召开推动旅游业高质量发展座谈会，听取专家和企业负责人对进一步释放旅游消费潜力、推动旅游业高质量发展的意见建议。会议提出，坚持稳中求进工作总基调，要适应人民群众日益品质化、多样化、个性化的旅游需求，着力推动文化和旅游深度融合，提升旅游产品和服务质量。

2023 年以来，随着一系列利好政策和举措落地生效，旅游消费需求加速释

第三章

放，进一步带动相关消费扩大。我国旅游经济稳步进入"供需两旺，加速回暖"的复苏向上通道。

旅游消费本质上是游客对旅游产品和服务的购买意愿和行为。旅游产品和服务在旅游消费中发挥着基础性和引领性作用，产品多不多、服务好不好，直接决定着旅游消费的实现及规模。要将实施扩大内需战略同深化供给侧结构性改革有机结合，进一步释放旅游消费潜力。推动旅游业高质量发展，必须抓好旅游产品和服务这个根本，切实以质的有效提升和量的合理增长，更好地满足旅游终端需求，实现有效供给。

首先，要在需求分析上下功夫。近年来，旅游需求的多元化、个性化、复合化、品质化特征更加突出，旅游需求的迭代和演进速度日益加快。抓好旅游产品和服务，要注重对游客选择行为、出行方式、消费习惯进行广泛收集与综合分析，认真思量需求的变化特点、演变趋势等，并在产品和服务上及时做出相应调整、优化。

其次，要在创新求变上下功夫。综合运用理念创新、技术创新、场景创新、管理创新等，及时在前端研发与中端运营中做出相应调整优化。特别是要注重运用数字化、网络化、智能化技术，升级传统旅游业态和服务模式，通过数字技术赋能，拓宽旅游产品和服务的数字化应用范围，以数字旅游服务云平台、全域旅游智能管理平台等为牵引和龙头，推动文化和旅游深度融合、科技和旅游深入结合，积极拓展旅游产品和服务的多样性、便捷性、安全性，不断做大做优旅游产品和服务供给。

最后，要在提升质量上下功夫。质量是旅游产品和服务的生命线，也是有效满足游客需求的根本保障。在人民群众对旅游的需求已经从"有没有"转变为"好不好"的背景下，旅游产品和服务必须做到质的有效提升和量的合理增长相协调，以高品质助推高质量发展。

旅游产品和服务的供给丰富与质量提升是一项长期工作，也是激发旅游消费活力的基础性、支撑性工作，需要政府、企业、行业、游客等多方共同努力，以高品质旅游产品和服务，推动旅游业高质量发展，不断满足人民日益增长的美好生活需要。

资料来源：光明网．以多样化高品质供给满足旅游消费新需求，2023-08-03.

思考：旅游消费对于进行旅游供给改革有什么影响？现阶段旅游供给改革应朝着哪些方面进行？

第三节　旅游供给规律与弹性

一、旅游供给规律

旅游供给规律表示的是旅游供给量同旅游产品价格变动之间的关系。其中，旅游供给量是指旅游目的地在一定时期内向旅游市场提供的旅游产品数量，而旅游产品价格会随市场需求的变化发生波动，这种波动会对旅游目的地的供给量产生影响。

旅游供给量的测量是一个非常复杂的问题，因为在旅游供给中包含了旅游资源和与居民共用的基础设施这些难以量化的内容，所以，人们通常用旅游目的地的旅游接待能力来表示。旅游接待能力是旅游目的地在一定时期内所能接待的游客数量。通常情况下，旅游目的地在计划游客接待数量时不仅要考虑各种旅游服务设施的接待能力，还要考虑目的地的环境容量和社会心理承受能力。

在通常情况下，旅游供给量同旅游产品价格之间的变化关系是，当旅游市场上旅游产品价格出现下降趋势时，旅游供给量会因之减少，而当旅游市场上旅游产品价格呈上升趋势时，旅游供给量会随之增加。旅游供给规律表示的就是这种变化趋势，即在其他情况不变的条件下，旅游目的地在一定时期内愿意并且有能力向旅游市场提供的旅游产品的数量随着旅游产品的价格涨落而增减。可见，旅游供给量与旅游价格之间是呈正向的变化关系。这种关系也是一种函数关系，用公式表示为：

$$Q_s = f(P)$$

式中，Q_s 表示旅游供给量，P 表示旅游产品价格，f 表示两者之间的函数关系。这一函数关系如果用坐标图表示，则反映两者之间变化关系的轨迹即为旅游供给曲线，如图 3-1 所示。

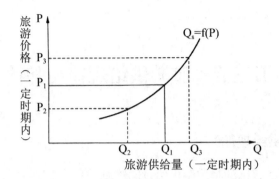

图 3-1　旅游供给与旅游产品价格的关系

旅游供给曲线是一条自左下方向右上方倾斜的曲线。从图 3-1 中可以看出，当旅游产品价格为 P_1 时，旅游供给量为 Q_1；当市场上旅游产品价格上涨至 P_3 时，旅游产品供给量增加到 Q_3；而当旅游市场上旅游产品价格下跌至 P_2 时，旅游供给量就减少到 Q_2。

以上是假定在其他情况不变的条件下，旅游供给量随旅游产品价格的变化呈正向变化，实际上，即使旅游产品价格不变的情况下，很多其他因素的变化也会对旅游供给量产生影响，如政府对发展旅游业的政策、社会经济发展状况以及旅游产品生产要素的价格发生变化等都会导致旅游供给量的增减。这些因素有的对旅游供给量起抑制作用，从而使旅游供给量减少；有的则起促进作用，从而促使旅游供给量增加。在这种情况下，旅游供给量的变化不是沿旅游供给曲线上下运动，而是整个旅游供给曲线发生左右位移，如图 3-2 所示。

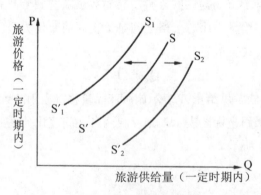

图 3-2　旅游供给曲线图

图 3-2 中曲线 S'S 是原始旅游供给曲线。如果旅游产品价格以外的影响因素，如政府的税收政策发生了有利于旅游业经营的变化，整个旅游供给曲线就会

向右平移至 S'_2S_2，从而使旅游产品供给量扩大；反之，如果影响旅游产品供给量的价格以外的其他因素发生了不利于旅游业经营的变化，如银根紧缩，整个旅游供给曲线就会向左平移至 S'_1S_1，从而使旅游产品供给量减少。如果旅游产品价格也同时发生了变化，则旅游产品供给量会沿位移后的旅游供给曲线运动。

【链接启示】

"有效市场"和"有为政府"

1. 市场经济规律的客观性——历史唯物主义。
2. 社会主义市场经济体制的优越性——满足人民需要为根本目的。

思考：有效市场与有为政府之间关系如何？

案例思考

资金支持促供给提升

2023 年以来，国务院、文化和旅游部、国家发展和改革委员会等政府部门已连续发布多个文件，支持文旅产业加速发展，释放消费潜力。全国性的政策统领全局、提纲挈领，重点在于方向和路径的指引，各地方政府、省级文化和旅游主管部门也陆续出台了地方性文旅消费促进政策。

2023 年各地促进文旅消费和产业发展的资金支持（不完全统计）

序号	省区市	资金量	重点支持方向	政策发布时间
1	山东	2.11 亿元	发放消费券，门票减免，国内外营销推广，促进文化消费，景区提升等	2023 年 1 月
2	内蒙古	2.4 亿元	品牌项目创建，重点项目建设，重点活动支持，文创商品开发等	2023 年 1 月
3	江苏	1.16 亿元	消费提振、产业融合、数字赋能，旅行社组团和旅游民宿提质等	2023 年 2 月
4	重庆	1300 万元	消费促进，旅游招徕等	2023 年 2 月
5	湖南	3 亿元	消费提振，文旅融合，旅发大会筹办招商引资，品牌创建等	2023 年 3 月

序号	省区市	资金量	重点支持方向	政策发布时间
6	福建	按具体项目奖补	业态培育，品牌创建，宣传推广，市场主体培育，人才培养等	2023 年 4 月
7	河南	按具体项目补贴	企业贷款，旅行社组团，消费促进等	2023 年 5 月
8	海南	8000 万元	发放旅游消费券、免税购物消费券等	2023 年 6 月
9	吉林	按具体项目奖补	发放冰雪旅游消费券，游客招徕，演艺项目促进等	2023 年 9 月
10	辽宁	按具体项目奖补	举办旅发大会，项目提质升级，促进新消费，开发新 IP、新业态等	2023 年 9 月

资料来源：2023 年 1－9 月全国省级人民政府、文旅主管部门以及其他相关部门发布文件整理。

从 10 个省（区、市）披露的资金支持金额来看，省级层面各地每年能够调动和支出的文旅消费促进与产业发展扶持资金量在数千万元至数亿元之间。在促进供给提升方面主要集中在：

1. 推进文旅项目提质升级，有效提升存量项目品质提质升级，有效扩大产品服务供给

当前，文旅项目建设已从"增量开发为主"发展到"存量提升为主"阶段。为了推动文旅项目的持续提质升级，文化和旅游部组织了 A 级景区、国家级／省级旅游度假区等一系列文旅项目品牌创建工作。通过品牌创建提升文旅项目品质、带动文旅消费增长，已成为各地的重点工作之一。

辽宁省对创建成为国家 5A 级旅游景区、国家级旅游度假区的，一次性奖励 1000 万元；对创建成为国家文化和旅游产业融合发展示范区的，一次性奖励 500 万元；对创建成为国家级滑雪旅游度假地的，一次性奖励 300 万元；对创建成为国家体育旅游示范基地、国家工业旅游示范基地、五星级旅游饭店的，一次性奖励 100 万元。

2. 支持跨界融合新业态开发，有效创造市场增量

以"存量提升为主"并不意味着没有增量。近些年来，在数字经济发展的大潮下，文旅行业迎潮而上，推出了众多具有沉浸式体验的数字文旅产品。随

着文旅融合、交旅融合、体旅融合等多元业态融合发展的推进，各类创新的产品和服务也层出不穷。

支持数字文旅业态发展，支持演出、演艺、节会等文旅融合业态发展，支持文化资源和文创商品的开发，支持多元业态跨界融合发展成为各地从供给侧促进文旅消费提升的重要推动力。

辽宁省支持新引进（新设立）的文旅企业充分运用影视、动漫游戏、电竞比赛、数字技术等产业形态，开发原创数字文化内容，对获得国家级优秀作品的项目，给予不超过100万元的一次性奖补。山东省安排省级财政资金2000万元，对100个民俗文化浓郁、拉动消费明显的乡村旅游节会活动给予支持。山东省财政安排1000万元，鼓励具备条件的文化场馆对基本陈列以外的特展项目开展适价有偿观展，利用馆藏资源开发文创产品。福建省支持多个业态与文旅的融合发展：支持"工业＋文旅"发展，鼓励各地依托工厂、工业遗产项目等发展工业旅游，对获评国家工业旅游示范基地的，每个给予30万元奖励，鼓励各地加强红色资源挖掘和提升，创新红色旅游融合发展模式。对入选全国红色旅游融合发展试点单位的，每个给予100万元奖励。

资料来源： 资金支持促供给提升，2023-08-03. https://zhuanlan.zhihu.com/p/660094862.

思考： 高品质供给是满足人民美好生活的必备条件，公共服务与商业服务的高品质供给离不开资金的有效供给，如何创新激发资金多途径来源，你的建议和认识是什么呢?

二、旅游供给价格弹性与弹性系数

旅游供给量随旅游产品价格变化而变化的关系，称为旅游供给弹性。测量旅游供给量随旅游产品价格变化而变化的程度则为旅游供给价格弹性系数，它是旅游供给量变化的百分率与旅游产品价格变化百分率之比。其测定公式为：

$$E_s = \frac{Q_2 - Q_1}{Q_1} \div \frac{P_2 - P_1}{P_1} = \frac{\Delta Q}{Q} \div \frac{\Delta P}{P} = \frac{\Delta Q}{\Delta P} \times \frac{P}{Q}$$

式中，E_s 表示一定时期内旅游供给弹性系数，Q_1 表示期初旅游产品供给量，Q_2 表示期终旅游产品供给量，P_1 表示期初旅游产品的价格，P_2 表示期终旅游产品的价格。

由于旅游供给量同旅游产品价格呈正向变化，所以旅游供给价格弹性系数始终为正数。从理论上说，其数值范围可以从零至无限大。旅游供给弹性系数测算的结果主要有如下几种情况：

1. 旅游供给弹性系数大于 1，即 $E_s > 1$ 表明旅游供给是富有弹性的。弹性系数越大，表示旅游供给弹性越大。这时，旅游产品价格一定幅度的变化会引起旅游供给量更大幅度的变化。这种情况通常发生在旅游目的地旅游业发展的初级阶段。例如，20 世纪 80 年代，我国旅游价格是由国家旅游主管部门确定的，每年价格调高幅度很小，但由于我国旅游业处在改革开放的初级阶段，在政府的支持下，我国旅游业规模扩展十分迅速，仅以饭店为例，1980 年全国共有 203 座，客房 31788 间，到 1988 年，发展到 1496 座，客房 220165 间，八年间分别增加了 7.37 倍和 6.93 倍。由于旅游供给量的迅速扩大，接待海外游客的人次也增加了 5.56 倍。

2. 旅游供给弹性系数小于 1 大于 0，即 $0 < E_s < 1$，表明旅游供给缺乏弹性或弹性小，即旅游产品价格发生一定幅度的变化只能引起旅游供给量较小幅度的变化。例如，当旅游目的地有关生产要素价格较高而不利于旅游接待能力扩大的情况下，即使旅游产品价格出现一定的上涨，旅游供给量也不会有较大的增加，因为综合接待能力的扩大需要时间。例如，每年的冬季是三亚旅游的旺季，特别是春节期间，旅游价格会快速上涨，但是旅游供给也不会临时发生很大的变化。

3. 旅游供给弹性系数等于 1，即 $E_s = 1$，说明旅游产品价格一定幅度的变化会引起旅游供给量以同一幅度变化。这种情况极为少见。

4. 旅游供给弹性系数等于 0，即 $E_s = 0$，说明该旅游目的地的旅游供给完全无弹性，即无论旅游价格发生怎样的变化，旅游供给量始终维持不变。例如，旅游目的地政府从保护自然生态环境出发，为限制过多游客的涌入而提高旅游价格，这时，旅游供给量可能不会出现什么变化。

一般来说，当旅游市场价格上升时，旅游目的地要使旅游供给量迅速扩大是比较困难的。一方面，旅游设施和相关的基础设施的建设需要一定的时间，各类旅游从业人员也需要补充和培训；另一方面，旅游供给量的扩大也会受到环境容量和众多部门能否及时配合的制约。因此，人们通常认为旅游供给弹性很小，其原因就在于此。

实际上，旅游供给弹性的大小与时间有着密切的关系。如果旅游市场上旅游价格的上升只能维持一个较短的时期，那么旅游供给量只能是内涵式的扩大，即通过挖掘潜力如提高劳动生产率或改进经营管理等办法来扩大接待能力，而不会通过增建旅游设施和相关基础设施的办法，因为这需要较长的时间。这样，旅游价格虽然提高了，而旅游供给量不可能有大量增加，表现为旅游供给价格弹性小。但是，如果旅游市场上旅游价格会在一个较长时期内持续上升，那么旅游供给量的扩大可走外延式扩大之路，如新建旅游服务设施、增加交通运输工具、营造娱乐和体育设施等。在这种情况下，旅游供给价格弹性较大。

为了发展旅游业，旅游目的地要根据旅游市场的需求和自身的条件不断提高接待游客的水平和能力。为此，需要开发旅游资源，如设计旅游产品、建设旅游设施和提升旅游服务。

【链接启示】

旅游供给提升改进

1. 以事实为依据客观分析旅游市场需求——求真务实。
2. 丰富旅游产品内容提升旅游供给质量——诚信服务。

思考：实践中以怎样的行动促进旅游供给质量提升？

案例思考

从"十一黄金周"市场看供给缺失

文化和旅游部数据显示：2023年中秋国庆8天长假，国内旅游出游人数8.26亿人次，实现国内旅游收入7534.3亿元，大幅超去年同期，按可比口径也比2019年分别增长4.1%和1.5%。这是今年假期出游人数和旅游收入首次双双超过2019年同期。不过上述两个数据又都低于文化和旅游部9月30日的预测，当时预计今年8天长假会有8.96亿人次出游，实现国内旅游收入7825亿元，这样对比来看，两个数据都未达预期。从人均消费来看，客单价约912元/人次，较今年"五一"假期的540元有较大幅度增长。

中国社科院财经战略研究院旅游与休闲研究室副研究员金准在全面、深度分析了数据后表示：2023年"十一"假期存在供给和消费双放大的情况，从宏观上看供销两旺，热点纷呈；深入比较供给和需求，会发现供给的放大大于需求，由于业界有较高的市场预期，供给明显放大，并且拉高了住宿、交通的价格。而需求相对于供给存在结构性不足的问题，也导致长假8天的过程中后劲不足，消费力的支撑不足，价格波动和回落较大，区域上也存在明显的冷热不均的情况。

从去哪儿网数据来看，经过三个季度的恢复，国内旅游市场服务能力已恢复，"十一"期间国内热门城市机票、酒店、门票等预订量全面超过新冠疫情前。在快速恢复过程中，供给侧与旅客需求的碰撞、交流，促使旅游市场正在发生新变化：三四线城市旅客走得更远了，小城市基础设施更完善了，旅客消费更理性了。理性体现在哪里呢？如今年，用户预订酒店前平均搜索量为 15 次，较 2019 年平均增加 7 次。涨幅平缓且性价比优势更为突出的高星酒店，成为用户反复比价之后的新选择。

去哪儿大数据研究院研究员肖鹏说："供给侧重启需要时间，但旅客需求已经爆发，行业只能一边加紧恢复，一边支撑服务。游客更理性了，他们要便宜，又要品质，还要服务好；会玩能花，但是要货比三家，绝对不交智商税。这些视旅行为'刚需'的人，将是未来旅游的主力军。旅游行业商家提供更低价格、更好服务，才能让行业可持续发展。"

说到冷热不均，其实不仅仅是资源的冷热不均，更多的还是管理水平与意识的冷热不均、基础设施的冷热不均。虽然一些三四线城市也在慢慢崛起，但对于西部城市及非重点旅游城市来说，旅游业刚刚起步，基础设施和服务接待水平还有待提高。10 月 7 日，中国旅游研究院院长戴斌在线上会议中表示，一些西部地区景区预约难、入园难、停车难、如厕难，智慧旅游水平也有待提升。

体验不好，怎么能招徕更多的游客，更遑论刺激消费了。金准强调："国务院办公厅发布《关于释放旅游消费潜力推动旅游业高质量发展的若干措施》的通知是对 4 月、7 月中央政治局会议的回应，具有明确的施政链路和目的，由此将有更切实的后续展开。对于行业而言，重点在于充分认识政策动向，挖掘潜能，放大有效供给，推动服务和产品的升级。"

资料来源：知乎品橙旅游，2023-10-10.

思考：2023 年黄金周人均旅游消费有较大提升，此时旅游供给呈现出哪些特点？面对游客旅游消费需求的变化，在黄金周供给端通过抬价来应对集中的需求暴增，消费者对此表现如何？在整体市场回暖的趋势下，旅游供给随销量增加应如何应对？如何保持诚信经营，树立良好市场形象？

第四节 旅游新业态创新

一、旅游业态创新

（一）旅游业态的含义

"业态"一词最早来源于日本，我国在 20 世纪 80 年代开始将"业态"引入商业中，之后"业态"被引入旅游业。邹再进指出，旅游业态实际上是对旅游行（企）业的组织形式、经营方式、经营特色和运行效率等的综合描述，并将之视为包含业种、业状和业势三大内容的一个多维复合概念。杨玲玲、魏小安认为旅游业态是指旅游企业及相关部门根据旅游市场的发展趋势以及旅游者的多元化消费需求，提供有特色的旅游产品和服务的各种经营形态的总和，并进一步指出旅游业态有别于旅游行业和旅游产业。

传统旅游业态是以旅游观光为主，围绕旅游食、住、行、游、娱、购六要素服务的一种经营形态，形式上以跟团游为主。随着互联网等各类新科技的发展，在全域旅游和智慧旅游的引领下，由于消费市场、消费结构、产业结构发生变化和消费需求提升，人们的旅游出行方式发生了改变，具有个性化的自由行体验成为趋势。为了提升市场影响力和竞争力，融入新的思路或出新的内容，创造出一些不同于传统业态的新兴旅游业态，如投资主体的多元化，旅游产品的多样化，旅游线路的组合化，旅游服务的精细化，旅游目的地的差异化，旅游经营的标准化，景区营销的数字化，旅游经济的产业化等。

（二）旅游业态创新的基本模式

从微观层面来说，旅游业态是旅游产业的具体形式，而业态创新的主体则是旅游企业。因此，从旅游企业本身来分析业态创新机制的基本模式。通过归纳，张文建总结出包括资源整合式、专业分化式、组织创新式、服务外包式、技术推动式、区域集中式、业务融合式以及俱乐部式等八种旅游业态创新的基本模式。旅游业态创新的基本模式如表 3-2 所示。

表 3-2　旅游业态创新的基本模式

业态创新模式	基本含义	出发点与侧重点	适应对象	举例
资源整合式	通过建立特定的组织把同种类型的旅游资源加以分类整合,成立一种类似于旅游超市和专卖店的形态,以利于集中推广	资源共享营销推广	政府和行业协会	旅游集散中心、工业/农业旅游促进中心等
专业分化式	随着市场的不断扩大和分工专业化的加深,在原有比较成熟的旅游企业内部,将某些部门功能强化后独立出来所形成的业态	市场细分专业提升	中小型企业	导游服务公司、租车服务公司、专业会议组织公司(PCO)、目的地管理公司(DMC)、旅游管理公司(TMC)、旅游专业服务公司
组织创新式	大型旅游企业集团为占领市场和扩大规模,在经营和管理上的组织形式	市场份额规模经济	企业集团	经济型酒店、连锁酒店、连锁旅行社、景区联盟、饭店联盟
服务外包式	企业集团或政府部门为节约成本、减少开支和便于管理,把内部的某些业务和事务外包出去以提高核心竞争力	成本节约优化管理	大型企业	旅游呼叫中心运营商、差旅管理公司、会奖旅游服务公司、旅游演艺公司、网络服务商
技术推动式	在电子信息和网络技术高度发达的基础上直接催生的新型业态	资本技术网络经济	IT企业信息部门高科技产业	旅游OTA、旅游大数据及信息提供商、数字旅游服务商等
区域集中式	企业为获取集聚优势而在某一特定区域功能上的联合	综合效益集聚经济	开发区、商务区、现代服务集聚区	超级购物中心、精品综合度假中心、经济集聚区、旅游综合体等
业务融合式	企业为获取规模经济和范围经济在某一产业范围内业务上的联合	化解风险范围经济	归属第三产业的大型企业或综合型企业集团	旅行社+航空(旅游航空公司)、会展+酒店(会议型酒店)、演艺+主题景区(旅游演艺公司)、旅游+地产(旅游房地产公司)等
俱乐部式	为吸引特定的人群而成立并为其服务的具有一定内部开放性的组织	特定团体群体价值	行业协会自发性组织	"汽车营地"服务商、自驾车俱乐部、"俱乐部式"餐饮/酒店、老人俱乐部式公寓、换房旅游俱乐部、海上游艇俱乐部等

二、旅游新业态

进入 21 世纪，随着体验经济时代的到来，旅游消费日益个性化、多元化。人们更加注重旅游过程中的体验性和参与性，更加渴望回归自然、体验本色，更加注重修身养性，注重创意创新。在产业融合的大环境下，旅游新业态的产生主要体现在以下四个方面：一是在原有传统旅游产品基础上深化体验效果而产生的新业态，如新型博物馆旅游等；二是旅游产业内各要素不断衍生分化的新业态，如自驾车旅游等；三是与现代服务业等第三产业交叉融合形成的新业态，如会展旅游、医疗旅游、文化创意旅游、体育旅游等；四是与其他第一、第二产业进行融合渗透而产生的新业态，如文化演艺旅游、乡村旅游、工业旅游等。

（一）新型博物馆旅游：数字文博，非遗文化

博物馆是承载整个人类或局部文明历史记忆和文物凭证的殿堂。博物馆更加趋向智慧化，衍生出了网站、微信、微博、短视频等众多博物馆交互媒体平台。例如，在上海市 140 家博物馆中，71 家博物馆开设网站，132 家博物馆开设微博、微信公众号，20 家推出数字全景展厅（上海市文旅局，2020）。随着"文化热"的兴起，博物馆旅游已成为文化旅游的新热点。根据国家统计局数据，2009 — 2019 年我国博物馆的参观人数从 32715.6 万人次（国家统计局，2010）增加到 114669 万人次（国家统计局，2020）。

为了满足民众的需求，增强观众体验，博物馆实现了经营模式与新技术的紧密结合。首先，新科技使博物馆摆脱了传统的展示产品模式，极大丰富了馆藏资源的体验方式。例如，2018 年中国国家博物馆、湖南省博物馆、南京博物院、陕西历史博物馆、浙江省博物馆、山西博物院以及广东省博物馆就集体入驻抖音，并且合作推出"博物馆抖音创意视频大赛"，通过一系列新媒体技术，将当下最受欢迎的流行元素与国宝进行有机地融合，让博物馆文化走近年轻受众。多家博物馆推出了线上 VR（虚拟现实）展厅、"博物馆云春游"和"在家云游博物馆"活动，模拟实景参观，让市民足不出户就可以在线游览。其次，博物馆通过数字采集、云端服务和智慧技术等前沿科技，进行文物数字化建设，实现文物的合理利用和永续保存。2019 年故宫博物院就和腾讯共同签署深化战略合作协议，希望通过利用"数字化 + 云化 +AI 化"完成文物的采集、存储、展示等流程，助力"数字故宫"建设。最后，现代技术的发展能够使博物馆在

海量的数据资源中，更为客观地把握观众的需求，开发出具有市场竞争力的文化创意产品。同时，博物馆利用互联网平台拓展文创产品销售渠道，有利于扩大自身影响力。文化与科技的融合，对于博物馆而言是一次重大的突破，科技不仅改变了博物馆藏品的展陈方式、消费者的体验方式，而且让博物馆文创产品更具有针对性，更受民众欢迎。

当然，随着国家对非遗保护和文博事业的日益重视，"博物馆＋非遗"模式逐渐成为博物馆的新亮点。"博物馆＋非遗"模式不仅使消费者能够了解文物的历史，而且能够通过非遗传承人的展示、现场教授与自身体验，学习到非物质文化遗产丰富的文化内涵。另外，《我在故宫修文物》《国家宝藏》《假如国宝会说话》《上新了·故宫》等一大批文博类节目的热播，点燃了年轻观众对文化的热情。博物馆旅游作为人们旅游的新方式，正在不断升级并已成为文化旅游的重要内容。

【链接启示】

博物馆游方式创新

1. 博物馆展示融合教育——提升人文素养。
2. 丰富博物馆展示形式——不断与时俱进。

思考：博物馆旅游与研学旅游是什么关系？创意博物馆旅游有哪些？

案例思考

创新博物馆打开方式 让文物"活起来"

博物馆闭馆之后，仅50名参观者入内，在博物馆场景中进行一场与历史、文物相关的主题活动，并且在博物馆内搭帐篷住宿一夜，你愿意吗？还有，住在古墓博物馆，挨着古墓睡觉，这又是什么样的感觉？据报道，古都洛阳的四座博物馆将联合推出"古都研学——全国首个历史人文类博物馆夜宿项目"。

近年来，"博物馆热"受到不少学生和家长的关注。"博物馆热"的背后，是传统文化从社会到个体层面的回归，是公众对精神生活的渴望与追求。博物馆融合有形的文化遗产和无形的非物质文化遗产，让传统文化浸润当代生活，让更多人与优质文化资源相遇，已经成为一种时代潮流。

博物馆能够丰富全社会的历史文化滋养，能够为人们提供精神食粮。"博物馆奇妙夜"用剧本杀等方式，迎合青少年对沉浸式、互动式角色体验的偏好，能够让参与者身临其境地感受古都洛阳各个时期的历史场景、衣食住行，让传统文化的魅力以一种更容易被人接受的方式呈现出来。

"如果把藏品当作博物馆的心脏，那么教育就是博物馆的灵魂。"充分发挥教育和为公众服务的功能，是博物馆的应有之义。然而，由于参观时间长、展览手段单一、解说内容枯燥乏味，部分博物馆对青少年缺乏足够的吸引力和感染力，自然也就难以达到良好的教育效果。博物馆与其自弹自唱、孤芳自赏，不如主动对接需求，从供给侧角度注入更多的"源头活水"。博物馆不能成为单纯的展览馆，而是要千方百计让文物"活"起来。一方面，博物馆要主动拥抱时代；另一方面，博物馆要遵循青少年求知欲强、动手能力强等教育规律，激发青少年的学习兴趣与热情。"博物馆奇妙夜"等创新设计不仅形式新颖、路径独特，也依然保持着充分挖掘藏品内涵、帮助参观者提升人文素养和科学素养的核心功能。

资料来源：中国教育报，2023-04-04.

思考：博物馆旅游在活化利用文化遗产资源方面发挥了怎样的作用？中国传统文化的传承与传播在文化与旅游融合发展中是如何体现的？博物馆带给游客的启示、启迪与启发是怎样实现的？

（二）自驾车旅游：高端时尚，专业个性

自驾车已经由单一的交通方式转变为一种综合旅游业态的形式，包括自驾车营地、汽车租赁公司、汽车旅馆、自驾俱乐部等一系列为自驾游服务的经营实体。主要包括以下几种形式：

1. 自驾车专业旅行社。自驾车旅游与旅行社单项产品预订相结合的方式。专业旅行社凭借其已形成的网络体系优势（与众多景点、酒店等联系紧密），突出在票务、餐饮、旅馆住宿等方面的预订能力，突出价格优势，帮助自驾车游客解决线路、买票、联络住宿等一系列问题。

2. 汽车租赁。汽车租赁业的发展不但可以为国内众多"有本无车"的人提供自驾车旅游的便利条件，而且还可以通过异地租车、异地还车促进长途自驾车旅游的进一步发展。从 2018 年到 2020 年，汽车租赁相关企业的年度注册增速均在 25% 以上。2023 年，我国已有超过 135 万家汽车租赁公司，呈现出了良好的发展态势。神州租车、一嗨租车、首汽租车、悟空租车等几大国内租车平台，在市场占据多数份额。

3. 汽车营地。汽车营地是指在交通发达、风景优美之地开设的、专门为自驾车爱好者提供自助或半自助服务的休闲度假区。主要服务包括住宿、露营、餐饮、娱乐、拓展、汽车保养与维护等，是满足现代人休闲时尚需求的旅游新产品。汽车营地选址方便，规模适中，投入不大，便于迅速推广。

4. 汽车休闲站。汽车休闲站是指和高速公路直接连接的，为自驾车一族提供途中补给和短期休闲服务的服务设施。休闲站附近风景宜人，值得停车欣赏。站内设有简便的车辆维护、用餐休息、闲聊观景的地方，使旅途变得轻松、惬意。它既可以依托现有的高速公路服务站，也可以另行建设。它将有效延伸和扩展现有高速公路服务站的服务内容，成为高速公路时代不可或缺的服务设施。

5. 新型加油站。加油站是自驾车旅游的补给点，自驾车旅游的火爆，导致旅游目的地沿途加油站的新一轮兴起和"变身"。早在20世纪70年代，美国"加油站"的名称被"汽车服务区"取代，名称的改变，实质上意味着新服务的出现。在汽车服务区，汽车可以加各种油品，如汽油、柴油、润滑油等，也可以做保养维修，如打气、换轮胎、汽车美容等。驾车者还可以买到所需的商品，如香烟、剃须刀、睡衣睡袋等，也可以喝咖啡、吃快餐、发邮件等。这些非油品业务的利润，占到加油站利润总额的90%以上。

6. 旅游房车。如今，外形豪华，内设齐全，配有卧室、电视、音响、冰箱、化妆台，甚至带卫生间的旅游房车已经越来越多地进入国人的视野。而房车旅游这项集旅行、住宿、烹饪、淋浴、工作于一体的出行方式，已成为国内高端人群休闲旅游的一部分，他们或举家开着房车到郊外露营，或驾驶着它穿梭于大漠、森林进行浪漫之旅。从房车车型来看，有最常见的皮卡房车，有拖挂式旅居房车，也有背托式房车、帐篷式房车等。目前，买房车的消费者主要是房车俱乐部、房地产公司、影视明星、企业主等。普通大众距离拥有自己的房车还是很遥远的，但是就房车旅游而言，房车俱乐部的租赁业务为游客提供了很多的便利。

（三）乡村旅游：城乡统筹，提升品质

中国乡村旅游的发展为第一、第三产业的结合找到了一个重要的切入点，成为平衡城乡发展和缩小城乡差距的重要渠道，受到了政府的高度重视。2016年中央一号文件《关于落实发展新理念 加快农业现代化全面实现小康目标的若干意见》指出"大力发展休闲农业和乡村旅游"；2018年中共中央、国务院

又发布了《中共中央　国务院关于实施乡村振兴战略的意见》，指出要"创建一批特色生态旅游示范村镇和精品线路，打造绿色生态环保的乡村生态旅游产业链"；2019 年中央一号文件《中共中央　国务院关于坚持农业农村优先发展做好"三农"工作的若干意见》再次提及乡村旅游，并强调实施数字乡村振兴战略；2020 年文化和旅游部办公厅、中国农业银行办公室联合印发了《关于进一步加强金融支持全国乡村旅游重点村建设的通知》。

在构建和谐社会的过程中，国家推进产业结构调整、转变经济增长方式、安置农村剩余劳动力、扩大就业以及"旅游扶贫"的一系列政策、措施，为乡村旅游的全面发展提供了强有力的政策支持和广阔的历史舞台。

目前，乡村旅游在发达国家已经成为重要的旅游方式，并且已形成新的创汇产业。意大利、美国、澳大利亚、法国、德国、荷兰、日本等国的观光休闲农业、牧场和都市农业园，都由过去单一的观光型农业园，发展为集观光、休闲、度假、教育和体验于一体的观光农业园、农业区、农业带，形成了多元化、多功能和多层次的经营格局，规模与效益同步增长。国外在发展乡村旅游时，注重政府对乡村旅游的支持，注重品牌化、特色化，强调随意休闲，注重乡村旅游与生态旅游的结合，注重乡村旅游的文化挖掘。

数字技术的应用开启了乡村旅游新发展，国内出现了文化旅游特色小镇以及乡村民宿等一系列乡村旅游新业态。文旅特色小镇主要是利用当地良好的生态、独具特色的传统建筑、悠久的历史文化以及宁静的氛围和相对低廉的价格对旅游者产生巨大的吸引力。数字技术作为推动我国乡村旅游产业转型升级的一种重要手段，不仅能够快速有效地传播乡村田园生活，唤起大众对乡村生活消费的热情，而且能够实现乡村文化的创造性转化和创新性发展。浙江省德清县的莫干山镇正是特色小镇与乡村民宿完美结合的例子，在全国创造了"洋家乐"概念，并成为一种新的旅游业态。莫干山景区十分重视高科技对其发展的推动作用，不仅大力加强信息化基础建设，而且将科技贯穿于全景区产业流程中，为游客带来与众不同的体验。

随着乡村旅游的不断发展，国内旅游也出现了依靠互联网技术的民宿 App（应用软件），如小猪短租、途家等。在文化与科技融合背景下，为了满足不同旅游人群的需要，乡村旅游的发展将会更加多元化，开发者会充分考虑地域特点，因地制宜地打造民俗村、田园农庄、农业科技园、乡村度假村等高质量产品，让游客的选择更加广泛。

如今，我国传统的乡村旅游已形成八种模式：（1）都市依托型（如北京门头沟、成都三圣花乡）；（2）景区依托型（如成都青城山镇）；（3）村镇依托型（如贵州天龙屯堡、郫县友爱村）；（4）基地依托型（如四川新津"花舞人间"、新疆吐鲁番）；（5）老少边贫地区型（如六盘山旅游扶贫试验区）；（6）农业产业观光型（如天福茗茶、都江堰红阳猕猴桃基地）；（7）近郊商务度假村型（如京郊乡村）；（8）休闲农庄型（如杭州特色休闲农庄）。

（四）体育旅游：康体娱乐，高端时尚

所谓体育旅游，是指旅游者在旅游中所从事的各种体育娱乐、健身、竞技、探险和观看体育比赛等活动与旅游地、旅游企业及社会之间关系的总和。体育旅游因其具有康体娱乐、高端时尚的特点已经成为各国用以推动本国旅游产业的重要战略手段之一。体育旅游业态大致可分为以下五大类：

1. 体育旅游节日赛事。像奥运会和世界杯这样的大型体育盛会不仅能够给举办国带来巨大的经济利益，而且有利于吸引更多的外国游客以及提升国家形象和知名度。

2. 体育旅游活动。如滑雪、滑冰、帆船、垂钓、网球、高尔夫、漂流、跳伞、滑翔、自行车、马拉松等体育运动。美国的世界著名旅游地迪士尼乐园建设约14公顷的综合体育公园，转变为体育旅游胜地。

3. 体育旅游魅力物。所谓体育旅游魅力物，是指以参观体育博物馆等体育历史文物和遗迹的旅游活动。

4. 体育旅游度假村。体育旅游度假村是指具备各种体育设施，能够进行各种体育体验的综合度假场所。比如，拥有滑雪场、高尔夫球场、食宿设施、娱乐设施等适合四季设施的综合度假村。

5. 体育旅游巡游。体育旅游巡游是指在一定的期间变换不同的场所进行观赏或进行像高尔夫、网球、垂钓等体育活动的旅游。

（五）会展旅游：政府搭台，多元经营

会展业包括会议业、展览业和奖励旅游业。随着城市经济的发展，会展旅游作为一种在空间上与大型城市经济体高度相关的旅游产业分支，其发展日益受到城市运营者的重视。"十一五"期间，借北京奥运会、上海世博会和广州亚运会之机，我国会展旅游跃上一个新台阶，产业规模持续扩大，发展势头迅猛。会展旅游已经成为我国重要的旅游产业板块，仅在北京、上海、广州三地的三星级以上酒店举办的会议数量就达38万场以上。北京会议市场的规模最大，

政务会议、协会会议处于领先地位；上海则在企业会议方面处于领先地位。此外，依托良好的旅游资源，杭州、大连、成都、三亚等城市也成为国内发展较快的会展旅游目的地。

会展旅游是现代旅游服务业的重要业务内容，也是促进旅游业转型的关键产业板块，目前世界会议旅游收入规模已达 2200 亿美元。现代的会展旅游已经超越了机票、酒店预订等基本的单项旅行服务，包括提供会议方案、会务接待、安排会议活动等事宜，服务的专业化和复杂程度不断提升。而从消费特征和档次分析，会议是旅游的高端产品，与观光旅游者相比，会展旅游者具有消费能力强、重访率高、对配套设施要求较高、不受季节影响、停留时间较长等特征。为鼓励和引导会展旅游发展，政府要以大型国际展会、重要文化活动和体育赛事为平台，培育新的旅游消费热点，扶持旅行社等专业组织开展会展旅游市场化经营。旅游行政主管部门、行业协会要积极帮助企业搭建与国际会议及奖励旅游组织、机构的合作渠道，规范和加强在华国际会议管理等。

（六）文化演艺旅游：跨界融合，科技体验

随着新技术的发展，旅游演艺类别也由原来的镜框式舞台演艺发展到实景演出，再到现在的沉浸式演艺旅游。新技术改变了以设备和宏大场面为核心的传统文化演艺，形成了以内容创新与新技术为核心的文化演艺，如"又见"系列、"山水盛典"系列、"印象"系列、"千古情"系列等。在新技术的应用下，"云演艺""微演艺"等新模式成为民众的日常所见。

新型的文化演艺旅游是新技术与文化演艺的高度融合，在演出空间、内容表达方式、观众角色等方面发生了变化。演出空间由现实向虚拟拓展，具有空间延展性，表演者跨越了现实空间的束缚，能够在新技术创造的虚拟空间或者在与虚拟物体表演中，为观众营造更加真实的演出环境。内容表达方式除了有表演者的表演以外，还会利用新技术来表现现场所需的声音、景色、场面，利用情境、气氛等方面的设计让观众融入故事本身当中。而在欣赏表演的过程中，观众不再只是观赏者，技术的运用使观众的身份发生了转变，成了体验参与者。这种高科技元素与文化演艺旅游高度融合形成的互动沉浸式体验极大地刺激了观众的感官，已成为我国文化演艺旅游的主要发展趋势。作为"2018《魅力中国城》·年度魅力旅游演艺项目"的《又见敦煌》，它采用了"走入式"情景剧场演出技术，通过剧场的舞美设计、技术操控和多维空间的立体表演，叙述敦煌的历史，将观众一下子带入千年历史轮回中。另外，杭州宋城旅游景区打

造的大型高科技时空秀《古树魅影》，采用先进的声、光、雾、电等科技手段营造出 360 度全景剧场，为观众带来震撼的视觉、听觉、触觉等感官冲击力，增强了现场的体验感。

【链接启示】

旅游新业态

1. 丰富多彩的文化生活——道路自信。
2. 沉浸式文化展示形式——传承创新。
3. 旅游是人民美好生活的需要——人民幸福。

思考： 旅游新业态的功能定位体现在哪里？

案例思考

打造京津冀文化新地标！廊坊建起"只有红楼梦·戏剧幻城"

著名红学专家周汝昌先生曾说："《红楼梦》是我们中华民族的一部古往今来、绝无仅有的'文化小说'。它记载了中华民族文化万紫千红的大观与奇境。读懂了《红楼梦》，就能了解认识中国文化。"历时 8 年创作，以中国审美讲述中国故事，讲述人人心中的"红楼梦"……位于河北廊坊的戏剧聚落群"只有红楼梦·戏剧幻城"已于 2023 年 7 月面向公众开放。

"只有红楼梦·戏剧幻城"是导演王潮歌继"印象""又见"系列之后的全新文化作品，是"只有"系列的第四部作品。作品以"四大名著"之一的《红楼梦》为创作根基，以沉浸式戏剧艺术为手法，以独特的"幻城"建筑为载体，讲述关于《红楼梦》作者、续写者以及读者的故事。首期共有 4 大主剧场、20 个小型剧场以及 108 个情景空间面向游客开放，剧目总时长超过 800 分钟，近千名演员参与演出，专业演员还可与随机挑选的游客互动。

"只有红楼梦·戏剧幻城"中，108 个情景园林呈现如梦如幻的场景，诠释了"以文塑旅、以旅彰文"的文旅融合新理念。此外，"只有红楼梦·戏剧幻城"设有 5 座主题餐厅，包括主打学校怀旧风的"毕业季食堂"、饱含地域特色与红楼故事的"金陵面馆"与"刘姥姥包子铺"、主打现代简约风的"海棠餐厅"、凸显中式烟火气的"宁荣街大排档"。各种独具红楼风情的特色菜品、地域小吃、中西快餐等不一而足，与幻城一墙之隔的水云间文化商街，各类特色美食应有尽有。住宿方面有中式庭院民宿——水云宿集，于镜花水岸享受空中院落的静谧，于青砖绿瓦间遇见文化之美。

作为"体验经济"的新载体，"只有红楼梦·戏剧幻城"打破了室内表演、静态观看的传统戏剧演出模式，采用移步易景、迷宫幻境的设计理念，融合新情景装置艺术与舞台沉浸技术，借助新创意再现，呈现出如梦如幻的沉浸戏剧与幻境空间，让游客仿佛"走进"书中，感受中华优秀传统文化在新时代的传承与创新。作为一部寻梦中华优秀传统文化的作品，"只有红楼梦·戏剧幻城"将中式审美与哲学融入现代景观建筑以及戏剧中，激发游客的文化共鸣。

资料来源：北京日报客户端，2023-09-20.

思考：创新在旅游新业态发展中起到什么作用？新业态的发展如何增强大众文化自信、审美情趣与精神获得感？新业态发展中需要具备哪些职业素养？

第五节　旅游目的地承载力

旅游活动对目的地的社会、文化、环境和经济等各个方面都会产生影响。假设大量旅游者的到来会产生积极的影响，那么在实际中就会出现旅游者容量的某个极限，超过这个极限的旅游者将不被容纳或接受。当旅游者的数量超过这个极限后，就会对旅游的各个方面产生消极影响。这种旅游者容量的极限，就是目的地的旅游承载力，它是旅游者、旅游资源和目的地之间的一种相互关系。在旅游开发中，正确地分析和研究旅游承载力，确定旅游目的地合理的游客容量，不仅是旅游目的地开发与管理的重要内容，也是实现旅游业可持续发展的必然途径。

一、旅游承载力概念、类型与特征

（一）旅游承载力的概念

按照西方学者阿利斯特·马西森和杰弗里·沃尔1982年对旅游承载能力所下的定义，其是指在对自然环境未造成不可承受的变化和对旅游者的体验质量未造成不可接受的下降的前提下，允许使用一个地点的最多人数；克里斯·库珀等学者在《旅游学：原理与实践》中认为旅游承载力是指一个景点、一个度假地，甚至一个地区所能承受而又不会造成破坏性后果的旅游资源的利用能力；

世界旅游组织的定义是指一个地区在提供使旅游者满意的接待并对资源产生很小影响的前提下，所能进行旅游活动的规模。

上述三种对旅游承载力的解释虽然在文字上略有不同，在含义上则是一致的，即旅游承载力是旅游资源所在地在接待游客时既不会造成破坏性后果又不会导致游客旅游体验质量下降所能承受的游客数量。

（二）旅游承载力的类型

旅游承载力是一个复合性概念，包含的内容较多。克里斯·库珀等学者从旅游者角度出发，在其著作《旅游学：原理与实践》中认为旅游承载力包含自然承载力、心理承载力、生态承载力和社会承载力四种。

1. 自然承载力

自然承载力是指可供利用的适当的土地数量，还包括设备设施的容量限度（如停车场车位、餐厅面积和住宿设施的床位），自然承载力在各种容量中最容易直接测量，并能用于规划和管理控制（比如可以用在特殊地区以限制停车位的方式来控制容量）。

2. 心理承载力

心理承载力是指游客对旅游资源所在地吸纳的过量游客造成的拥挤和喧闹在心理或知觉上承受的能力。当一个旅游者的体验受到极大破坏时，就超过了目的地的心理或知觉承载能力。当然，有的人能够忍受拥挤并喜欢热闹的地方，但另一些人不喜欢。虽然壮观的景色可以减少拥挤的压力，但心理承载力是一种非常独特的概念，难以用管理和规划对它施加影响。

3. 生态承载力

生态承载力是指包括动植物在内的旅游资源所在地的生态系统对游客数量承受的极限。当一个地方的环境被破坏或遭到不可接受的扰乱时，就超越了生态承载力。生态承载力包括动物和植物两方面（如野营地、沙滩、沿路的生态系统）。现有的研究工作侧重考察植物的承载极限，却很少关注动物或鸟类（如鲸鱼观赏地）对旅游活动的承受能力，关注整个生态系统而不是某个独立的因素也是十分重要的。

4. 社会承载力

社会承载力是指旅游资源所在地的居民和企业对其旅游发展带来的变化所

能接受的限度。社会承载力的概念来自社区旅游规划和可持续性，主要用来描述旅游目的地居民和企业所能接受的旅游发展的程度，以及运用技术手段测量当地居民接受变化的限度。

我国国家市场监督管理总局颁布的《旅游规划通则》中使用的是旅游容量一词，并在附录A中列出了日空间容量、日设施容量、生态环境容量和社会心理容量四种旅游容量。我国学者杨锐对旅游容量表述得更为详细，他将景区环境容量分为自然环境容量、人工环境容量和社会环境容量三种类型。其中，自然环境容量包含生态环境容量和自然资源容量；人工环境容量包含空间环境容量和设施容量；社会环境容量包含经济环境承载力、人文环境承载力、心理环境承载力和管理水平承载力。当然，关于旅游承载力或旅游容量还有其他学者从不同角度的分类。总之，尽管人们对旅游承载力或旅游容量的分类存在着差异，然而所涉及的内容则基本相同。

从这些解释可以看出，自然承载力在内容上包含了空间容量和设施容量，其中设施容量包括基础设施（供水、供电、通信和道路交通等）容量和服务设施（住宿设施、餐饮设施和其他设施）容量；而社会承载力在内容上则包含了经济环境承载力、人文环境承载力和管理水平承载力。可见，旅游承载力指标主要由经济、社会、环境和旅游者满意程度四大类组成。

（三）旅游承载力的特征

1. 客观性

客观性即某一旅游目的地在一定时期和状态下，旅游承载力总体上体现了该目的地的生态环境结构和功能特征，因而其不仅是客观存在的，而且是可以用各种方法进行衡量和评价的。但使用不同的评价标准和方法，可能得到不同的旅游承载力评价结果。

2. 动态性

动态性是指旅游承载力往往随着时间和空间的变化，尤其是人类旅游活动方式的变化而呈现出一定的动态变化。也就是说，适合于现今状况的旅游承载力在未来的发展阶段将不再有效。旅游承载力的动态特征难以找到统一的衡量标准，一般采用美国国家公园管理局（United States National Park Service）的术语"接受变化的限度"（LAC）作为其规划的指标。

3. 可调控性

可调控性是指可以通过调节人们的旅游活动来调控旅游承载力，尤其是可以通过改变旅游活动方式来保持或提高旅游承载力。

二、旅游承载力的测量

旅游承载力包含的内容较多，有些（如水体、大气）可通过调查统计、科学实验或长期监测可以量化，有些则难以量化，如游客心理、居民态度、社会习俗等。因此，要全面准确地测量各种承载力不仅非常复杂，而且难以做到。但是，任何一个国家和地区在发展旅游业、进行旅游地开发时都必须认真考虑和分析旅游承载力问题，仔细分析和计算旅游地容量，以确定合适的游客接待规模，保证旅游地的可持续发展。

（一）旅游承载力测量的内容

旅游承载力测量的重点是旅游目的地的生态环境容量、旅游资源容量、游客心理容量、经济环境容量和社会环境容量等。

生态环境容量是指接待旅游者或容纳旅游活动的数量极限。

旅游资源容量是指在保持旅游活动质量前提下，旅游资源所能容纳的最大旅游活动量。

游客心理容量是指保证旅游者旅行游览舒适满意的极限游客接待量。

经济环境容量是指对当地正常经济活动没有挤压的前提下吸引和接待游客的容量。

社会环境容量是指一定时期内，旅游目的地社会发展程度所决定的能够接纳游客的能力，超过这个极限会引发当地居民不满，并带来一系列社会问题，甚至导致当地居民和游客的对立和冲突。

（二）旅游承载力测量的方法

对旅游承载力进行测量，就是要科学地测算旅游地的容量，对此国内外学者做了许多积极有效的探索和研究，并提出了行之有效的测算方法。下面重点介绍罗明义提出的有关旅游承载力测量的方法。

1. 生态环境容量的测量

通过测算旅游者所产生的污染物、环境自净能力与人工治理污染的能力，就可以测算出游客数量保持何种规模能使生态环境不受损害。具体计算公式如下：

$$C_e = \frac{\sum\limits_{i=1}^{n} N_i S + \sum\limits_{i=1}^{n} Q_i}{\sum\limits_{i=1}^{n} P_i}$$

其中，C_e 为旅游目的地生态环境容量（日容量）；N_i 为旅游目的地每天对第 i 种污染物的自然净化能力；S 为旅游目的地区域面积；Q_i 为旅游目的地每天人工处理第 i 种污染物的能力；P_i 为每位游客一天产生污染物的数量。

2. 旅游资源容量的测量

旅游目的地的旅游资源容量测量，主要是指目的地已开发的旅游景区的容量测量。具体方法通常是按照面积法和线路法进行测算。

（1）面积法

面积法主要是根据旅游景区的空间规模、游客周转率和标准容量进行测算。具体计算公式如下：

$$C_{r1} = \frac{S_a}{S_b} \times R$$

其中，C_{r1} 为景区旅游资源容量（日容量）；S_a 为旅游景区游览规模（平方米）；S_b 为旅游景区游览空间标准（平方米）；R 为游客周转率（每日开放时间 / 游客平均滞留时间）。

（2）线路法

线路法主要是根据旅游景区的游路长度、游客周转率和标准游览距离来计算。具体计算公式如下：

$$C_{r2} = \frac{2L}{I} \times R$$

其中，C_{r2} 为景区旅游资源容量（日容量）；L 为旅游景区游览线路总长度（米）；I 为旅游景区游览线路间距标准（米）；R 为游客周转率（每日开放时间 / 游客平均滞留时间）。

3. 游客心理容量测量

游客心理容量测量是根据旅游资源容量计算公式来计算的，因为在计算旅游资源容量时所采用的游览空间标准，通常是按最低限来测算。为了保证旅游者在旅游活动中的舒适度和满意度，一般按照合理的旅游空间标准来测量（见表3-3），也可以根据问卷测试或经验估计而获得。

表 3-3　旅游活动基本空间标准

旅游活动及场所	世界旅游组织（UNWTO）		日本	
	基本空间标准（m²/人）	单位空间合理容量	基本空间标准	平均滞留时间（h）
森林公园	667	15 人/公顷	300 m²/人	2.5
郊区公园	143—667	15—70 人/公顷	40—50 m²/人	40.0
乡村休闲公园	50—125	80—200 人/公顷	15—30 m²/人	2.0
高密度野营地	16.7—33	300—600 人/公顷	250—500 人/公顷	—
低密度野营地	50—167	60—200 人/公顷	50—100 人/公顷	—
高尔夫球场	677—1000	10—15 人/公顷	0.2—0.3 公顷/人	5.0
滑雪场	100	100 人/公顷	200 m²/人	6.0
滑水	677—2000	5—15 人/公顷水面	—	—
垂钓	333—2000	5—30 人/公顷水面	80 m²/人	5.3
徒步旅行	—	40 人/公顷	400 m²/团	3.5
赛场（参观）	25	40 人/公顷	25 m²/人	2.0
野外露营	33	300 人/公顷	25 m²/人	3.5

资料来源：UNWTO 标准引自李贻鸿.观光事业：发展·容量·饱和[M].台湾：淑馨出版社，1986；日本标准引自洛克计划研究所.观光·游憩计划论[M].台湾：大立出版社，1980.

注：m² 为平方米，h 为小时。

4. 经济环境容量测量

通常测算经济环境容量是用床位数或者食品供应能力来代替，但近年来有学者提出用更为复杂的模型测算经济环境容量。

（1）以食宿为基础的经济环境容量测量。具体公式如下：

$$C_h = \frac{\sum\limits_{i=1}^{n} F_i}{\sum\limits_{i=1}^{n} D_i}$$

其中，C_h 为目的地经济环境容量（日容量）；F_i 为第 i 类食物（或住宿设施）的日供应能力；D_i 为每名游客每天对第 i 类食物（或住宿设施）的消费量。

（2）以旅游规模地区经济容量数学模型测量的经济环境容量。这个指标主要强调旅游地经济环境容量是各种影响旅游地接待规模直接和间接因素的函数，因此通过计算各因素变化的可能性，可以计算和分析旅游地的经济环境容量。具体公式如下：

$$C_f = f\,(\,K_f,\ CPI,\ PI,\ L_f,\ M_f,\ O_f\,)$$

其中，C_f 为旅游目的地经济环境容量；K_f 为旅游收入乘数；CPI 为消费物价指数；PI 为商品价格指数；L_f 为旅游从业人数；M_f 为旅游开发建设投资；O_f 为其他因素（包括交通、能源、通信等）。

5. 社会环境容量测量

旅游目的地社会环境容量测量，是分析旅游地开发对旅游基础设施建设、社会就业的促进作用和影响，外来文化和旅游地文化的差异与变化，旅游地居民对发展旅游的期望和观念变化等。由于对这些因素的分析和研究无法使用定量分析，因此，一般是通过问卷调查进行分析和评价的。

上述各种类型的承载力综合起来，构成了旅游地的旅游承载力。但是，旅游地的承载力不是各种类型承载力的简单相加，按照《风景名胜区规划规范》的规定，风景名胜区的旅游承载力应为上述各类承载力中的最小值。就像前文提到的，旅游承载力是一个动态概念，是以不断变化的承受程度为基础的。在旅游行业健康发展的情况下，承载能力的极限水平会随着条件的改善、管理水平的提高而提升，反之无计划地盲目发展和放弃管理则会降低承受水平。除了旅游资源所在地的因素之外，旅游承载力还受游客方面因素的影响，即不同类型的游客对旅游体验的要求不同，从而对偏离其期望的旅游体验的承受程度也不同。所以，旅游服务设施的改善、旅游管理水平的高低和对游客造成影响的程度是决定旅游承载力大小的重要因素。

【链接启示】

从乡村旅游看乡村振兴战略

1. 战略地位——全面建成小康社会、全面建设社会主义现代化国家的重大历史任务。

2. 文旅农产业融合促发展——满足人民日益增长的美好生活需要。

思考：如何理解乡村振兴战略的重要价值？乡村振兴战略与乡村旅游的关系是什么？

案例思考

大理喜洲——漫步金花故里　每一步都是与历史的对话

一部电视剧《去有风的地方》，让大理喜洲在 2023 年春节旅游火出了圈。在喜洲村刚落脚，一阵雨便袭来，从小巷错落的檐角落下淌过青石板街，雨中青瓦白墙的白族民居更显古朴。刚出炉的喜洲粑粑冒着热气，转角楼前打卡的游人络绎不绝，匠志集里非遗传承人讲解的声音隐约传出……在大理市喜洲古镇的核心区喜洲村漫步，每一步都是与历史的对话。

喜洲村是大理白族文化的主要发祥地之一，历史源远流长、文脉永续不竭、商贾丰盈不息，有独特的白族文化、众多的文物古迹和秀美的苍洱风光。作为"五朵金花"的故乡，在全面推进乡村振兴的进程中，喜洲古镇通过党建引领，弘扬悠久历史文化、特色商帮文化、精巧建筑文化、诗意田园文化、绝美民俗文化，打造了一批"五朵金花"党建特色展，推动了当地农文旅融合发展。

守住根脉　保留原味乡愁

被称作"白族民居建筑的博物馆"的喜洲，保存着最多、最好的白族民居建筑群，2001 年被列为国家级重点文物保护单位。近年来，喜洲村依托保存完好的古民居建筑群，以保护利用为原则，在保护和延续地方传统风貌与人文环境的同时，挖掘历史文化内涵，在满足本地居民生活的同时，展现历史文化，打造特色客栈、历史文化体验区等，让更多人深入了解白族民居建筑。

留住古韵　焕发新生活力

麦田、咖啡馆、转角楼、"有风的地方"……许多人为了网红打卡地奔喜洲而来，甚至仅仅因为在麦田收割季节到达而大呼"踩雷"。近年来，喜洲村依托传统村落旅游资源优势，从旅游、文化、建筑、特色商品开发等方面发力，充分调动广大群众的积极性、创造性和主动性，将传统历史文化保护好、传承好、利用好。"以前很多人不知道甲马是什么，甚至念成'马甲'"，讲起非遗文化的保护传承之路，甲马非遗传承人张仁华十分痛心，从海舌公园、城北村、市坪街再到匠志集，他与搭档田飞一直在为非遗传承发力，终于在去年打造出匠志集，非遗文化展示、非遗技艺体验吸引着许多游客前来，也有多所院校到这里研学。

喜洲村以传承喜洲传统历史文化为主线，通过"非遗＋文创＋旅游"的发展模式，搭建更多让游客了解当地文化的桥梁，举办栽秧会、"绕三灵"等本地民俗文化活动，搭建稼穑集等更多非遗展示空间，组织创意市集、非遗美食市集，探索更多与旅游产业的互动模式，让游客从中获得深度体验，让群众增加更多收入。

资料来源：根据《大理日报（汉）》2023-07-06 改编。

思考：1. 保护传统文化的当代价值体现在哪里？非遗的创意开发利用对于大众增强文化自信和加深对优秀传统文化理解发挥了哪些作用？你可以为非遗传承和传播做些什么？

2. 喜洲旅游发展实践的核心是什么？在创建旅游供给体系方面的成功经验是什么？

3. 你认为旅游供给体系应该包括哪些内容？你认为对于一个旅游目的地来说，在实现旅游可持续发展的道路上，最主要的因素是什么？

复习思考题

1. 什么是旅游目的地？其主要特征是什么？

2. 影响目的地旅游供给的因素有哪些？研究旅游供给的意义何在？

3. 什么是旅游资源开发？如何评价旅游资源所在地的环境质量？

4. 什么是旅游业态？现阶段旅游业态创新有哪些类型？

5. 什么是旅游承载力？如何对一景区的旅游承载力进行测算？

第四章

全域旅游下的旅游供求矛盾与调节

学习目的与要求

知识目的

通过本章的学习，认识旅游供给与旅游需求各自的特点以及两者之间的相互关系，了解旅游供求关系的主要内容，明确全域旅游背景下旅游供求矛盾及其主要表现，掌握旅游市场调节的机理，对旅游价格和旅游市场竞争的主要内容、目标、策略和手段有清楚的认识，理解宏观调控对旅游经济运行的作用及宏观调控的内容和手段。

思政目的

①在对全域旅游下旅游供求关系变化的学习中加深对中国式现代化的理解与认识，掌握创新发展的方向和能力；②从对旅游供求矛盾的表现分析中理解国家战略和创新发展的必要性；③从对旅游供求矛盾的市场调节分析中把握求真务实和守法意识的重要性；④从对旅游供求矛盾的政府调控的学习中理解道路自信，明晰"国家战略"和"追求人民幸福"。

案例导学

免税业发展刺激需求增长

《中国出境游行业发展报告（2023－2024）》显示，出入境政策及签证政策愈趋友好，旅游产品及服务供应链快速修复，出境游已到爆发式复苏关键节点。据联合国世界旅游组织统计，中国游客的旅游支出超过其他国家。在伦敦的希斯罗机场，中国游客约占全部游客的1%，却创造了25%的免税收益；在迪拜国际机场，每位中国旅客的葡萄酒消费额约为1370－2500美元，并通常会购买3条以上爱马仕围巾。

目前中国免税业的经营模式主要有三种：一是口岸和市内免税店，此类免税店遍布全球；二是离岛免税店，2011年3月，财政部公布海南离岛免税政策，同意在三亚市内免税店和海口机场率先试点；三是免税外汇商场，这是一种特殊的免税购物形式，只在中国、菲律宾等个别国家存在。

按照国际经营规则，奢侈品零售终端直接面对消费者时，通常采用的是"一对一"的服务模式。但在三亚免税店，季节性旅客特别多，经常出现人手不够或者消费者排队现象，使整个购物体验大打折扣。受到大环境影响，中国市内免税店的经营模式反而退化为"奢侈品超市"的购物模式，相应的许多配套服务，包括品牌讲解、产品介绍、休闲服务被忽略。目前，中国免税业务主要实行国家专营管理，不允许外资经营。这从根本上拒绝了外资在免税业务方面的竞争，虽然保护了国内的免税市场，但这一做法不利于市场竞争，成了国内免税集团提升自身运营水平的"包袱"。

有业内人士指出，中国免税业政策目前仍基本沿用旧规，特别是进境免税店、购物退税、市内免税店国人购物等免税政策已在国际上普遍实施，但中国却迟迟没有实行和采用。中国的市内免税店只能服务于出境的港澳台和国外旅客，销售对象不包括出境的国内旅客，这就限制了市内免税店的作用。允许出境国内旅客在市内免税店购物的政策已在美国、韩国、日本、泰国等大多数国家实行，尤其是韩国，市内免税店是其免税业态的最大组成部分。

有国际成功的实践经验，同时具备国内巨大的需求缺口，在刺激消费、促进内需政策方向的引导下，相信在不久的将来，中国游客不出国门也能买到质优价"美"的大牌产品。

第
四
章

资料来源：根据互联网资料整理。

思考： 旅游的全域化发展面临哪些挑战？免税业的发展可以带动哪些产业联动发展并带动消费增长与供给发展？

第一节　旅游供求关系概述

一、旅游供求关系的内容

旅游规模的迅速扩大是由旅游供给和旅游需求两方面因素的发展共同促成的。正像人们早在 20 世纪 40 年代就认识到的那样，一方面，如果不存在有吸引力并具有一定接待条件的旅游目的地，人们的旅游需求便难以产生和实现；另一方面，如果没有旅游需求的存在和发展，旅游目的地则无法取得相应的经济效益，也无须发展和改善其供给条件。旅游供给与旅游需求是旅游经济活动的两个方面，同时也代表了旅游市场中的买方和卖方，两者存在着密切的关系。

【链接启示】

在旅游供需中追求美好生活

党的二十大报告强调"明确新时代我国社会主要矛盾是人民日益增长的美好生活需要和不平衡不充分的发展之间的矛盾"，而作为"五大幸福产业"之首的旅游业，在旅游供需服务中，能够不断地满足人们追求美好生活及幸福感的愿望。

案例思考

"受感动"的服务

自 1983 年开业以来，东京迪士尼乐园已累计接待游客 3 亿多人次，年平均接待游客近 1550 万人次，2017 年入园人数更是高达 3000 万多人次。自它开业以来，有五成的游客是再次光临，甚至还有光临 200 次以上的游客。调查显示，游客一再重复光临的原因在于"受感动"，而感动的原因是"认真而热心的服务"。"让园内所有的人都能感到幸福"是东京迪士尼乐园的基本经营目标，这一目标不仅仅针对游客，也针对游乐园内的工作人员。东京迪士尼乐园能够持之以恒地为众多游客提供令人感动、难忘、津津乐道的高质量服务，依靠的是对全体员工存在价值的认同。在这一基础上，经营者注重企业内的情感经营，努力营造"享受工作、快乐工作"的企业文化氛围。

众所周知，日本的消费者对服务质量的要求非常高，一次不尽如人意的服务就可能意味着永远失去了该游客和他周围的潜在游客。而东京迪士尼乐园却获得了固客率 90% 这一近乎幻想的数字，这不仅仅是因为梦幻般的园内设计、家喻户晓的卡通人物、惊险纷呈的游乐内容和推陈出新的游乐设施，而是因为它充满亲情的、细致入微的人性化服务赢得了游客的钟爱。

资料来源： 根据相关资料整理。

思考： 东京迪士尼乐园在旅游供给中的哪些做法值得旅游企业学习？游客的旅游需求是如何被满足的？你认为旅游企业应如何把握创新的方向？如何理解旅游供需活动中要实现物质文明和精神文明相协调的中国式现代化？

旅游需求与旅游供给是相互统一的，两者的统一关系表现为一方利益的实现以对方的存在为前提。一方面，旅游需求决定了旅游供给的内容、结构和数量。一般而言，有什么样的旅游需求就要有什么样的旅游供给与之相适应。另一方面，旅游供给又决定了旅游需求的实现程度，并在一定程度上引导旅游需求的产生和发展。由于旅游供给具有相对稳定的特征，在一定时期内旅游供给的数量和结构影响旅游需求的实现。旅游供给的内容会激发消费者的旅游动机，引导旅游者的消费趋势。从旅游发展的历史可以看出两者之间的关系。例如，英国人托马斯·库克 19 世纪中期的一系列旅游组织活动，是同当时旅游需求已发展到相当规模这一实际分不开的；而二战之后团体包价旅游这一产品供给的出现，极大地促进了旅游需求的增长和旅游活动的发展。

旅游需求与旅游供给又是相互对立的。作为旅游需求一方的旅游者和作为旅游供给一方的旅游产品提供者存在着不同的利益目标：旅游者希望以最少的花费得到最大的效用满足；而旅游产品提供者则希望能够以较低的成本、较高的价格进行产品的生产和销售，实现收益最大化。这种利益目标的不一致导致了旅游需求与旅游供给间的矛盾对立关系，供求之间的矛盾主要反映在旅游产品的价格上。

【链接启示】

"大黄金周"旅游消费报告

文化和旅游部数据中心测算，2023年中秋节、国庆节假期8天，国内旅游出游人数8.26亿人次，按可比口径同比增长71.3%，按可比口径较2019年增长4.1%；实现国内旅游收入7534.3亿元，按可比口径同比增长129.5%，按可比口径较2019年增长1.5%。

2023年10月6日，携程发布《中秋国庆旅游总结报告》，报告显示，"十一"假期，国内旅游订单同比增长近2倍，较"五一"增长一成；出境游同比增长8倍多。报告强调，相比发展数量，旅游业发展质量更值得关注。今年"十一"，各地创新旅游消费场景、丰富旅游产品供给，跟团游、私家团、自驾游、乡村游、红色旅游、周边游等多点开花，出境游、文旅融合项目也大幅增长。携程数据显示，"十一"期间，国内游订单同比增长近两倍，机票、酒店、门票、民宿、租车、邮轮等旗下业务大幅增长。其中，门票、民宿订单均同比增长超两倍，邮轮订单同比增长超6倍。

与此同时，同程旅行发布《2023中秋国庆假期旅行消费报告》，报告显示，2023年中秋国庆假期期间，探亲与旅游客流叠加，酒店预订量创下今年以来的单日峰值。游客出游半径进一步扩大，长线游、出境游市场增长迅速。博物馆、音乐节、户外运动等新兴旅游方式受到年轻人群关注。假期期间，同程旅行平台推出周杰伦曼谷演唱会的机票+门票、酒店+门票等多种套餐。其中，机票+门票套餐连续6天在发售3分钟内售罄。音乐节和演唱会已成为国内目的地城市吸引年轻游客的重要方式，不仅整体场次增多，音乐演出的消费市场也进一步下沉到二三线城市乃至旅游发达的县城。

同时期，驴妈妈旅游网联合奇创旅游集团发布《2023中秋国庆长假出游总结报告》，报告显示，双节期间，全国各地出游人气火爆，文化古迹游、主题乐园游、山水名胜游、乡村旅游等人气颇高；错峰出行趋势明显，提前两天出行的长线游人次占比较2019年提升12%，短线周边出游中10月2日、3日出发的人数较2019年提升23%。古城灯火秀、沉浸式空间、音乐节等新业态成为年轻消费者挚爱，出游人次较2019年增长达113%。

资料来源：根据携程、同程旅行、驴妈妈等平台发布的报告整理。

思考：在旅游多元化需求的驱动下，旅游企业如何创新旅游产品？如何培育企业创新能力？

二、旅游供求关系的本质

旅游需求与旅游供给是一对矛盾统一体。旅游供求关系实质上表现为旅游供求之间的矛盾运动过程。旅游供求之间的矛盾集中体现为旅游需求规律（详见第二章）与旅游供给规律（详见第三章）。旅游需求与旅游产品的价格呈反向变化，而旅游产品的供给却与旅游价格呈正向变化，如图 4-1 所示。

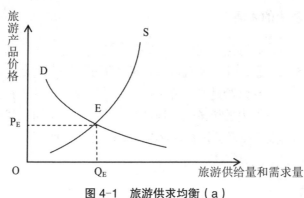

图 4-1 旅游供求均衡（a）

图 4-1 中，D 为旅游需求曲线，S 为旅游供给曲线。只有在价格 P_E 水平上，旅游产品的供给量和需求量均为 Q_E，供求之间才出现均衡状态。由于市场供求的不断变化，旅游产品的价格是波动的，旅游产品的供给与需求经常处于一种不均衡的状态。但在市场力量与价值规律的共同作用下，旅游产品的价格总趋向于价值，旅游供求之间由不均衡趋向于均衡。旅游经济活动就是在这种由均衡到不均衡再到均衡的矛盾运动中不断发展的。

第二节 旅游供求关系的表现

一、旅游供求矛盾的主要表现

一方面，由资源、设施和劳动力组成的旅游目的地供给能力一旦形成，短时间很难有较大程度的改变，具有相对稳定的特点；另一方面，旅游需求则是随着各种影响因素的变化而表现出明显的波动性。其结果是，旅游供给与需求之间经常处于不平衡的状态中。

供求不平衡是旅游供求关系的主要表现，但是这种不平衡又总是趋向于平衡状态。之所以如此，一是因为旅游经济运行活动本身要求旅游供求之间要趋于平衡；二是因为市场运行的规律会发挥作用，使得两者之间趋于平衡。从需求规律与供给规律来看，一定时期购买量大，则生产就会增加，反之就会减少。价值规律和供求规律发挥作用的结果必然使旅游供求间趋向于平衡。但平衡总是暂时的，它很快就会被供求的变动所打破。全域旅游背景下旅游供求矛盾主要体现在以下几方面：

（一）总量上的矛盾

在一定时期内，旅游接待能力与游客需求之间都是有一定的量的比例。只有两者相适应或相一致，才能实现旅游供求的平衡。然而实际上，这种平衡往往难以实现，要么出现供给过剩，要么出现供给不足。出现这种供求矛盾的主要原因在于，一定时期内的旅游供给通常为一常量，不太可能迅速调整；而旅游需求量则会随时发生变动。只要旅游需求量存在时间变化且又无法准确估计，这个矛盾就无法得以彻底解决。

【链接启示】

九寨沟景区容量调控

九寨沟景区的最佳承载量为 2.35 万人次 / 天，最大承载量为 4.1 万人次 / 天。为应对旅游旺季人流高峰，九寨沟景区按照《旅游法》第四十五条规定："景区接待旅游者不得超过景区主管部门核定的最大承载量"严格实行限流。2017年 8 月 8 日，九寨沟县发生 7.0 级地震，震中位于九寨沟世界自然遗产地，多处景观因震受损。震后恢复重建过程中，九寨沟管理局积极抢救受损景点景观，致力于让景区恢复到震前状态。2021 年 9 月 28 日，九寨沟景区全域恢复开放，严格按照"限量、预约、错峰"要求，执行"分时、分段、分区"游览措施。当景区达到 4.1 万人次时，九寨沟景区立即启动一级应急预案，采取切实有效的限客、分流、实时播报客流量、实时车辆调度等措施。如今，九寨沟景区广泛运用大数据、人脸识别、融合运算等先进技术，全面启用智慧景区管理，大幅提升游客体验度和景区管理水平。

资料来源：根据九寨沟景区的新闻报道整理。

思考：在扩大景区接待量过程中为什么要控制景区容量？接待数量与服务质量的关系是怎样的？

（二）空间上的矛盾

旅游供求在空间上的矛盾是指旅游供求在空间地域上的不相适应。就某一旅游接待国而言，尽管旅游供求在总量上可能基本平衡，但其中各地吸引游客数量的不同也可能会造成旅游供求在空间地域上的结构性失衡。主要表现在旅游热点地区可能出现供给不足，而旅游冷点地区又可能发生供给过剩。

这种矛盾主要是旅游产品供给所依托的资源在空间分布上不均衡导致的。同时，由于旅游产品的不可移动性，旅游活动的开展需要旅游者向目的地移动，因此旅游者多流向旅游资源比较丰富的热点地区，而资源较为贫乏的非热点地区则会出现需求不足的状况。

【链接启示】

海南旅游供求空间矛盾

海南旅游市场的东部地区表现为供不应求，中西部地区表现为供过于求，即海南旅游供求在空间上的矛盾比较突出。这主要源于以下几方面：一是由于海南旅游交通发展不平衡，东部地区主要依靠航空、铁路、公路、海陆运输，中西部地区主要依靠公路、铁路运输，因旅游交通限制，海南中西部地区旅游需求阻力大于东部地区。二是海南旅游资源分布不均衡，海南旅游资源主要集中在东部地区，中西部地区旅游景区少，接待能力弱，中西部地区旅游需求弱于东部地区的旅游需求。三是中西部地区旅游配套设施难以留住客人，大部分景区主要利用自然风光吸引游客，旅游资源有待开发，景区相配套的高星级酒店、休闲娱乐设施、大型购物广场不够完善，景区内部道路网络、供水供电、住宿餐饮等都比较薄弱，无法适应对外开展热带森林旅游和滨海休闲度假旅游的需求，以至于难以留住客人。

资料来源：郭婷婷.海南旅游供求在空间上的矛盾分析及对策研究［J］.商，2016（14）：277.

思考：海南存在的供求空间矛盾是否具有普适性？如何化解旅游供求空间矛盾？

（三）时间上的矛盾

旅游供求在时间上的矛盾是指因旅游需求季节性的波动而导致旅游供求之间出现的矛盾，也就是说，尽管旅游目的地在全年的旅游供求总量可能基本平衡,但游客来访的季节性可能会造成旅游供求的季节性失衡。主要表现为,在旅游旺季中有可能发生供给短缺,而到了旅游淡季则难免会出现供给过剩。

旅游产品的不可储存性也使得旅游产品经营者无法通过储存产品来应对需求的季节性变化,从而使这一矛盾更显突出。旅游供求在时间上的矛盾是旅游供求矛盾关系的集中体现,也是长期以来旅游业界和学术界重点关注的问题。

【链接启示】

丽江旅游的淡旺季矛盾

由于丽江的气候特点以及中国的国庆、春节黄金周长假特点,丽江旅游有着明显的淡旺季之分。

旺季:通常国庆、春节期间是丽江一年中最大的旅游旺季,这一时期,大量游客涌入丽江,导致丽江住宿供不应求,这期间丽江客栈的房价普遍比平时上涨 2 至 4 倍(例如平时卖 50 元的旅馆式客栈,这时可以卖到二三百元),必须提前预订客栈才能保证有住处。

淡季:丽江旅游的淡季是国庆和春节假期之间的这段时间,以及春节过后到 3 月期间,这时,去丽江旅游的人大幅减少,有时街上都看不到几个游客,大部分丽江客栈都有空房,并且价格便宜,这期间到丽江的机票打折幅度也大。

次旺季:从每年的 3 月开始客人就越来越多了,从 5 月到 10 月国庆假期前就是一个次旺季,这段时间就是丽江旅游比较平稳的一个期间,一些品质较好的丽江客栈都是需要提前预订房间的。

资料来源:根据丽江的新闻报道整理。

思考:旅游淡旺季矛盾产生的原因是什么?如何调整供求季节性矛盾呢?

(四)结构上的矛盾

旅游供求在结构上的矛盾是指同一时间内旅游产品的供给结构和旅游者的需求结构不相适应或存在差距。旅游目的地在设计旅游供给时,一般依据对旅游市场消费层次的调查和预测,按照一定的档次结构或类型结构来建设相应数量的旅游设施并提供相应层次的旅游服务。但是由于旅游市场是处于不断变化中的,一旦某种影响因素发生变化,不同消费层次旅游者的比例随时都会发生变化,而旅游供给结构却很难在短时间内做出相应调整,因此反映在市场上就会出现旅游供求在质量及结构上的失衡。这就要求旅游产品的提供者能时刻关注市场需求的变化趋势，善于捕捉需求信息，有预见性地对旅游产品结构进行调整和优化，并能通过多种市场营销手段来引导旅游需求。

【链接启示】

出境游 Wi-Fi：一项之前被忽视的大生意

有过出国经历的人都有这样的抱怨，那就是：上网不方便。由于国内运营商对国际漫游流量收取的价格过高，并且还限定流量，很多用户只能在酒店、咖啡店选择登录免费 Wi-Fi 网络。但即使在通信业比较发达的美国、欧洲等地，也不是到处都有免费的 Wi-Fi 网络。基于此种需求，一种便宜并且可随身携带的无线 Wi-Fi 需求应运而生。

在淘宝网上，有很多的商家以便宜的资费提供美国、欧洲等地的手机卡或者租赁 Wi-Fi 设备，用户只需要用 200 多元的价格，就可以不限流量地在境外使用 7 天左右。这对于一些出境旅游者或者短期出差的商务人士而言，非常具有吸引力。因为如果开通手机流量漫游，一天的费用可能就达到 70 元左右，并且可用的流量也仅有 100M 左右。

中国旅游研究院发布的《中国出境旅游发展年度报告：2020》显示，2019年我国出境游市场规模达到 1.55 亿人次，相比 2018 年增长了 3.3%。出境游客境外消费超过 1338 亿美元，同比增速超过 2%。如果按照约 10% 的人会为境外上网支付费用，并按照每人 150 元的费用估算，境外上网服务的年市场规模就达到 23 亿元左右。目前，境外上网已经成为很强烈的需求，并且未来整个市场规模还会随着出境旅游人数的增长而大幅增长。也许是意识到了这个市场的潜力，部分企业开始认真地把境外 Wi-Fi 当作一项大生意来做。

资料来源：根据互联网资料整理。

思考：旅游需求如何引导旅游供给发生改变呢？供求间关系是怎样的？

案例思考

供需矛盾：我国旅游业面临的主要矛盾

我国已经进入大众旅游时代，与世界上绝大多数国家相比，我国大众旅游的特殊性在于：一是旅游人口基数巨大且经常出现突发式增量。由于人口基数大，又处在旅游需求增长迅速的阶段，我国常常出现旅游增量放大、出行时间与流向相对集中、短时和局部发生爆发式增长的局面。二是散客化旅游带来的全域化需求。与家庭用车的普及和高速交通等基础设施的改善同步，我国几乎一夜之间跨入了自驾车和自由行时代，旅游迅速由少部分人的时尚追求变为大多数人的生活方式，交通的改善、信息技术的进步，更使传播、预订、自助、自驾、支付、通信、移动互联等智能化、便捷化，让人们有多远走多远，不但走遍中国，还玩转世界，带动全球进入中国旅游时代。三是文化旅游需求大幅扩张。文化旅游产品是我国旅游产品系列中最有潜力、最有活力、最有魅力的组成部分。旅游者也从先前的走马观花式观光阶段，进入到放松身体、放空心灵、放飞自我的休闲度假时代。信息与科技进步使旅游和文化相互融合，变得更有创意、更有魅力，不断满足人们变化的旅游需求，也不断引导人们的旅游消费倾向。

然而，供需矛盾仍然是今后一段时期我国旅游业面临的主要矛盾，表现为：在特定时间和局部区域必须面对量的供给不足；在服务能力、服务水平上总体存在质的不足。比如一些地方旅游市场秩序混乱，当地旅游业与"人民群众更加满意的现代服务业"目标不相适应，旅游公共服务及交通等基础设施供给与旅游市场需求不相适应，企业对门票经济的过度依赖与普通游客的承受能力和期待不相适应，高质量的旅游产品与人们的实际需求不相适应等问题，都将持续影响我国旅游业的声誉和效益。

未来10—20年我国旅游消费的增量将令人惊叹。从我国发展的维度看，党的十八大提出了"两个一百年"奋斗目标和中国梦，据测算，我国经济未来10—15年将保持平稳增长，城市人口的增加、退休人口的增加、可支配收入的增多是必然趋势，到2030年将有超过75%的国人迈入中产行列（人均GDP6000美元—3万美元）。《中共中央关于深化文化体制改革、推动社会主义文化大发展大繁荣若干重大问题的决定》指出：要积极发展文化旅游，发挥旅游对文化消费的促进作用，要推动文化产业与旅游、体育、信息、物流、建筑等产业融合发展。国务院也出台相关政策支持加大旅游业发展力度。这意味着旅游产业将持续收获改革红利，旅游消费将源源不断地释放。

从旅游业发展的维度看，全球旅游经济活动保持较高增长不变，国际国内旅游业竞争都呈加剧之势。美国、日本、法国、西班牙、希腊等国家都把发展旅游业放在重要战略地位。美国制定了面向21世纪的旅游发展战略；日本提出观光立国，制定了《推进观光立国基本计划》；法国采取旅游战略管理模式，成立"旅游战略委员会"，巩固旅游优势；西班牙提出旅游业全面质量管理战略；希腊旅游业涉及 18% 的就业人口，占希腊经济比重达 17%。

我国各级政府也加大政策推动，吸引资本和资源要素加快向旅游业流动，全国已有超过 2/3 的省（自治区、直辖市）把旅游部门升级为旅游发展委员会，中西部地区和东部地区的后发区域纷纷加大了扶持旅游产业的力度，发展旅游产业进入更多书记、省长、市长的议事日程，这使我国旅游业在政府和市场两方面都注入了强劲推动力。

资料来源：根据《中国青年报》《文化旅游思考：文化旅游供给侧正在发生深刻变革》一文整理。

思考：我国旅游供需矛盾存在的主要原因是什么？可以从哪些方面缓解旅游供需矛盾？你认为旅游业创新发展的必要性是什么？

二、旅游供求均衡

旅游供求均衡是指当旅游供给量与旅游需求量达到一致时的市场状态，它是旅游经济活动中有效配置资源的最佳结果，也是旅游经济健康持续发展的根本保证。全域旅游下旅游供求均衡表现为供求的静态均衡与动态均衡两方面。

（一）旅游供求的静态均衡

在旅游供给规律与旅游需求规律的分析中，我们分别探讨了旅游供给和旅游需求与旅游价格之间的变动关系，这种分析是在假设影响旅游供给与旅游需求的其他因素不变的情况下进行的。不考虑其他的影响因素，只探讨供给量、需求量与价格之间的变动关系，由此形成的供求均衡我们称之为静态均衡。

作为市场上的买方，旅游需求者总是希望低价多买；作为市场上的卖方，旅游供给者总是力图高价多卖。双方都要求对方同自己相适应，以便实现供求协调。当价格较高时，供给一方愿意增加供给量，而需求一方会减少需求量；相反，当价格较低时，供给量会减少，而需求量则会增加，两者始终不能平衡。只有当旅游需求方与旅游供给方能够以双方均接受的价格交换彼此认可数量的旅游产品时，旅游供需均衡才能实现（参见图 4-1）。图 4-1 中的旅游需求曲线和旅游供给曲线相交于 E 点，此时旅游需求量与旅游供给量相等，即旅游供求均衡，相对应的价格 P_E 称为均衡价格，相对应的旅游产品数量 Q_E 称为均衡产量。

如果旅游产品价格由 P_E 上涨到 P_1 时，旅游需求量将减少到 Q_1，而旅游供

给量却会增加至 Q_2，旅游市场上将会出现供大于求的现象；如果旅游产品价格从 P_E 下降到 P_2，旅游需求量则会增加到 Q_3，而旅游供给量相反却会减少至 Q_4，这时旅游市场上将会出现供不应求的情况。如图 4-2 所示。

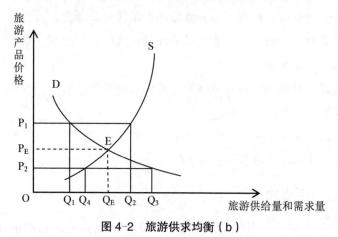

图 4-2　旅游供求均衡（b）

（二）旅游供求的动态均衡

影响旅游供求的因素很多，其中任何一项因素的变化都会导致旅游供给量或需求量发生变化，从而造成旅游供求矛盾。我们把旅游供求由于受到价格以外其他因素的影响而实现新的均衡称为动态均衡。这些因素的影响有以下几种结果：

1. 需求增加。当价格以外其他因素的变化有利于旅游需求增加时（如客源国币值上升、目的地国政府简化出入境手续等），旅游需求曲线就会向右发生位移，旅游需求呈现上升趋势，旅游供给量相对缩小，从而出现供给短缺。此时若要使供求达成新的平衡，则须提高旅游产品的价格。如图 4-3 所示。

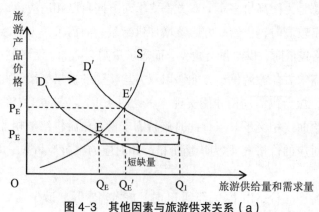

图 4-3　其他因素与旅游供求关系（a）

图 4-3 中 S 为旅游供给曲线，D 为原旅游需求曲线，D′ 为位移后的旅游需求曲线，E 点为原供求均衡点，E′ 点为新的供求平衡点。

2. 需求减少。当价格以外的其他影响因素出现对旅游需求的不利变化时（如经济不景气、人们的收入水平下降等），旅游需求曲线便会向左位移，旅游需求呈下降的趋势，旅游供给量相对扩大，从而出现供给过剩。此时供求双方只能在较低的价格上实现新的平衡，如图 4-4 所示。

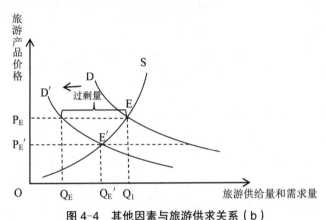

图 4-4　其他因素与旅游供求关系（b）

3. 供给增加。当价格以外的其他因素出现对旅游供给的有利变化时（如对旅游企业减免征税），旅游供给曲线会向右位移，旅游供给增加，旅游需求量相对减少，从而出现供给过剩。此时双方只能在较低的价格上实现新的均衡。如图 4-5 所示，S′ 为位移后的旅游供给曲线。

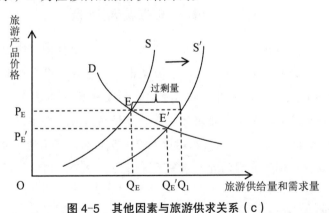

图 4-5　其他因素与旅游供求关系（c）

4. 供给减少。当价格以外的其他因素出现对旅游供给的不利变化时（如对旅游企业加重征税），旅游供给曲线向左位移，旅游供给减少，旅游需求量相对增大，从而出现供给短缺。此时供求双方只能在较高的价格上实现新的平衡。

如图 4-6 所示。

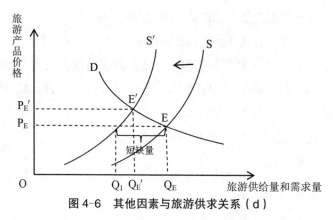

图 4-6　其他因素与旅游供求关系（d）

如前所述，后两种情况不会随着影响因素的变动而在短时间内出现，旅游供给量对影响因素变动的反应往往出现滞后性或者不敏感性。但就一个相对较长的考察期或者旅游业不同的发展阶段而言，这些情况都有可能出现。就旅游目的地而言，在同一个时期（如一年）既可能出现过剩供给，也可能出现过剩需求的现象，两者可能在很短的时间（如一日）出现相互转化。总之，旅游供求平衡总是相对的，而不平衡则是绝对的，二者之间在某个时期实现的平衡常被某些影响因素的变化所打破。

案例思考

文旅深度融合，促供需动态平衡

一票难求的热门景区、每天客满的网红酒店、需要抢购的演出票、排队用餐的小吃店……暑期出游旺季，文旅市场火热。2023 年以来，得益于一系列促进文旅消费的政策举措，我国文旅消费需求加速释放，部分业态恢复至 2019 年同期水平甚至更高。文化和旅游部发布的数据显示，上半年国内旅游总人次 23.84 亿，同比增长 63.9%；国内旅游收入 2.3 万亿元，同比增长 95.9%。文旅消费强势复苏，见证了我国消费市场的巨大潜力，也为扩内需、促消费注入强大动力。

在规模增长的同时，文旅消费在结构上呈现明显的个性化、多样化趋势。随着文旅深度融合，能感受传统文化魅力的出游方式备受追捧，参观文博场馆、历史文化街区，体验各类非遗项目，正成为越来越多游客的选择。亲子游、研学游预订热度升温，一些出游平台的报告数据显示，亲子研学成为暑期国内最热门的出游主题，7月以来某旅游平台上，"亲子""研学"相关旅游搜索热度大幅上涨。这些以前相对小众的出游方式，如今已然成为文旅消费市场新的增长点。这表明，随着消费逐步恢复，消费水平持续提高、消费结构不断优化升级，仍然是我国消费市场的变化趋势。

文旅市场强劲复苏，得益于供给侧的创新。从暑期市场看，文旅市场供给越来越丰富。其中，夜经济市场表现亮眼。参与夜间游的游客比例持续走高，国家级夜间文化和旅游消费集聚区接待游客量明显增长。文旅融合的产品也是精彩纷呈，各地将传统民俗、民间艺术有机融入博物馆、美术馆、图书馆、戏剧场、电影院等文化空间，丰富了文旅融合场景。创意满满的新供给，让更多游客更愿意走出家门拥抱诗和远方。从需求侧的火热消费，到供给侧的优质产品，我国文旅市场在供需两端发力，不断形成需求牵引供给、供给创造需求的高水平动态平衡。

旅游是综合性产业，既是拉动经济发展的重要动力，也是实现美好生活的重要内容。我国旅游市场空间广阔，要围绕更好满足人民日益增长的美好生活需要这个根本目的，紧跟文旅消费升级新趋势、打造文旅产品新供给。一方面，要持续加大优质文旅产品供给力度，打造更加丰富的产品和服务供给，更好满足多样化、个性化、品质化的文旅消费需求。另一方面，要继续优化消费环境，改善出游消费体验，不断提升人们对旅游产品和服务的满意度，激发文旅消费更大活力，为扩大消费和内需注入新动能。

资料来源：根据《人民日报》《用"新供给"激发文旅消费新活力》一文整理。

思考：为满足旅游者个性化、多样化的需求，市场供给侧应如何创新？为寻求供需更高水平的动态均衡，文化与旅游可以从哪些方面进行深度融合？

第三节　旅游供求矛盾的市场调节

旅游供求之间的矛盾运动构成了旅游经济活动的运行过程。旅游经济活动的运行要求供求双方在同意的价格下交换彼此认可的旅游产品，这时旅游供求平衡才能实现。在市场经济条件下，旅游供求的平衡主要是通过市场机制进行调节的。所谓市场机制的调节，主要是指运用价值规律、供求规律、竞争规律等实现对供求矛盾的动态调节。

一、旅游价格调节机制

在市场经济条件下，价格是最直接也是最敏感的调节供求矛盾的重要因素。价格的变化会对供求产生调节作用，反之供求的变化也会对价格产生调节作用。在其他因素的作用下，旅游需求量的增加会引起价格的上升，从而导致供给量的增加，而价格的上升又会导致需求量的减少。当其他因素发生作用导致供给量增加后，又会导致价格的下降，进而引起需求量增加。在这种不断变化之中，供求不断修正偏差而趋于平衡，在动态变化中实现新的平衡，新的均衡价格必然位于变化后的供给曲线与需求曲线的交点上。

受供求规律的影响，在供大于求的市场条件下，经营者通常会通过降价来刺激需求；而供不应求时则会通过提价来平抑需求。值得指出的是，在利用价格来调节旅游需求时必须要考虑不同旅游市场的需求价格弹性。比如商务旅游市场通常表现为价格不敏感，其需求价格弹性往往较小。针对这部分市场，降价策略可能并不会导致需求量的相应上升，有时盲目降价反而有可能会抑制需求。因为较低的价格满足不了这一市场对消费象征性产品的需要。

（一）旅游价格的概念与构成

在市场经济条件下，旅游需求的满足要借助于交换活动来实现，而价格是交换活动顺利进行的条件。价格是产品价值的货币表现。旅游价格是游客为满足其旅游活动的需要所购买的旅游产品的价值表现。市场经济中价值与价格是处于不同层次之中的，价值虽然是价格的本源，却不是决定价格的唯一因素。价格要反映价值、供求、币值三者变化的关系，这三者变化的方向和程度是决定价格变化的数量界限。旅游价格同样也是价值、供求和币值三者综合变化的反映。在国际旅游市场上，旅游价格一般是指旅游产品基本部分的价格，主要是旅游目的地向游客提供的住宿、餐饮、交通、游览和娱乐等活动的价格。

分析旅游价格构成可以从不同角度进行。从价值形式上分析，旅游价格是由成本和盈利两部分构成的。成本是由物化劳动耗费的转移价值和活劳动耗费的补偿价值两部分组成，盈利是新创造价值中扣除必要劳动耗费部分的余额。

从购买方式上分析，旅游价格是由单项价格、统包价格和部分包价构成。如果游客是按零星购买的方式进行旅游活动，就按单项价格支付，也就是旅游活动中各个具体项目所规定的价格，如饭店中的客房价格、航空公司的机票价格、游览点的门票价格等。单项价格是由成本和盈利构成的。如果游客是按一次性购买的方式进行旅游活动，旅游价格就以统包价形式出现。统包价是旅行社为满足游客的需要所提供的旅游产品基本部分的价格，它等于这些基本部分的单价（带有一定折扣的旅行社价格）、旅行社综合服务费用和旅行社的盈利之和。部分包价介于单项价格和统包价格之间，是游客一次性购买旅游活动中所必需的部分产品的价格，也称作小包价。随着旅游活动的不断发展以及游客需求特点的变化，国际旅游价格形式也出现了一些变化。传统的统包价格日渐被小包价和单项购买价所取代，越来越多的游客趋向于购买只包含往返机票和饭店的包价，使国际旅游价格出现多种形式并存的局面。

从旅游活动范围上分析，旅游价格由国际旅游价格和国内旅游价格构成。对国际游客来说，旅游包价由三部分构成：旅游客源国或地区到旅游目的地国或地区的往返交通费、旅游目的地国或地区的旅游产品价格以及旅行社相应费用与盈利。一般来说，在远程包价旅游中，三者分别占包价的约25%、45%和30%。对国内游客来说，旅游价格分为单项价格、统包价格和部分包价三种形式。

（二）旅游价格的决定因素

1. 旅游产品价值量决定了旅游供给价格。旅游产品与其他一般商品一样也具有一定的价值量，但由于旅游产品构成的复杂性，各部分的价值量决定各不相同。旅游服务所凭借的设施设备的价值量由凝结于其中的社会必要劳动时间所决定；旅游服务的价值量由服务中所支出的抽象劳动来决定；旅游吸引物中那些非独一无二的人造景观的价值量则由投入的物化劳动和活劳动量来决定，但对于大量的历史遗产、文物古迹、社会风尚、民族文化等的价值量则应考虑其特有的历史价值、社会价值和垄断价值等。根据以上因素确定的价格是旅游经营者可以接受的价格，被称为供给价格，它一般决定了旅游价格的下限。

2. 旅游市场对旅游产品价值的认知决定了旅游需求价格。需求价格是指在一定时期内消费者对一定量产品所愿意和能够支付的价格，它一般决定了价格的上限。旅游消费者对旅游产品价值的理解和认知决定了他愿意支付价格的多少。如果旅游产品的价格超过了旅游消费者所理解的产品价值，旅游消费者就会认为不值而放弃购买，从而影响旅游产品价值的实现。

3. 旅游市场竞争决定了成交价格。旅游市场竞争是指旅游产品供给者之间、旅游产品需求者之间以及旅游产品供需双方为了获得经济利益，在市场上进行的抗衡或较量。由于市场竞争和旅游供求关系的影响，市场上实际表现出来的旅游价格往往既不是最高价也不是最低价，而是在最高价与最低价之间上下波动。供给者之间竞争的结果使得市场成交价格总是在较低的价位上实现，而需求者之间竞争的结果使得市场成交价格往往在较高的价位上实现。市场上供需双方的竞争中，哪一方的力量更强，最后成交价格就会出现相应的变动。如果市场上需求者的力量更强大，则最后成交价格较低；如果供给者的力量更强大，则最后成交价格较高。

在制定旅游价格的过程中，还要考虑许多影响旅游价格的因素，如汇率变动、通货膨胀、政府政策以及替代品价格等。这些因素虽然不能决定旅游价格的高低，但在旅游价格的制定过程中却是不容忽视的重要因素。

（三）旅游价格制定的目标与策略

1. 旅游价格制定的目标

旅游价格制定的目标是指为了保证旅游经营者所要达到的生产经营目的而制定的价格标准，它是价格决策的依据。追求利益的最大化是旅游企业的目标。在市场经济条件下，影响旅游企业收益大小的因素很多，这些因素的多变性和不确定性，决定了旅游企业生产经营目标在根本一致的基础上呈现出多样性的特点。与此相适应，旅游企业价格制定的目标也是多样的，概括起来主要有以下几种：

（1）以获取最大利润为目标。追求利润的最大化是旅游企业存在与发展的基本动力，但是利润最大化并不意味着高价格，因为利润可以分为长期利润和短期利润，在制定价格时应以获取长期利润的最大化为主要目标，而不是追求眼前的短期利润。为此，必要的时候可能会牺牲局部利润，以换取整体最高利润的实现。

（2）以反映产品质量为目标。旅游价格与产品质量是衡量一个旅游企业经营管理水平的主要指标，也是游客最关心的问题。作为市场要素之一的价格必须反映旅游产品的质量，做到质价相符，才能吸引顾客，实现企业经营的目标。

（3）以维持或提高市场占有率为目标。市场占有率表示在一定的市场范围内，某种产品销售量占该市场同种产品销售总量的百分比。旅游产品既不能储存，又不能运输，因此旅游供给者生存的根本在于销售量的大小，或者说旅游产品在市场上占有率的高低。市场占有率高，可以形成一定的控制市场和价格的能力，增加盈利，从而提高在市场上的竞争力。

（4）以符合市场行情为目标。在市场竞争的情况下，确定旅游价格时还必须考虑同类旅游产品现行的市场行情，也就是说要了解旅游市场上竞争对手的价格水平，不致因价格严重偏离市场行情而受到游客的冷落。以符合市场行情为目标是以产品的一定质量为前提的，脱离质量标准而一味追求符合旅游市场行情的价格，游客同样是不会接受的。

（5）以有助于其他市场营销因素为目标。旅游价格虽然是旅游市场上最活跃的调控因素，但不是唯一的因素。旅游价格的制定及变化要考虑到它与企业市场营销活动中其他要素之间的相互影响，更好地发挥市场营销组合的整体作用。

2. 旅游价格制定的策略

旅游价格制定策略是指企业为实现价格目标，在不同的内外部条件约束下采取的价格对策。价格制定的目标在一定时期内可以是相对稳定的，但在不同的内外部条件下实现此目标的策略必须灵活。一般来说，常见的定价策略有以下几种：

（1）新产品定价策略。新产品定价策略主要有撇脂定价策略，渗透定价策略和满意定价策略。

撇脂定价策略是在新产品刚推向市场时实行的一种高价策略，因类似从牛奶中撇取上层油脂而得名。在新产品推向市场的独占期内，企业可以高价吸引那些支付能力较强的消费者，以满足其对新产品的需求和实现其炫耀社会地位的心理欲望。采用高价策略不仅可以获取较高的边际利润，还可为以后的降价竞争留有充分余地。但是高价策略不利于开拓市场，对缺乏先进技术的旅游产品来说易引来更多的竞争者加入，结果可能导致市场上出现供大于求的状况。

渗透定价策略是一种以低价将新产品推向市场的策略，其目的在于以低价迅速打开市场，以薄利多销获取规模经济效益，并且由于价位低，可以有效地阻止潜在竞争者加入。但是低价策略投资回收较慢。

满意定价策略是介于高价策略与低价策略之间的一种适中价格策略，其目的是能在相对稳定的市场环境中获得按平均利润率计算的收益。但是满意定价策略可能会使企业错过一些发展良机。

（2）心理定价策略。心理定价策略是指利用游客对价格的心理反应，刺激其购买行为发生的定价策略。游客之所以对某种产品产生购买愿望，除产品的客观价值外，更重要的在于其对该产品的主观评价。因此，企业在对产品定价时，不能只分析经济因素，还要研究游客的心理因素，根据游客的不同消费心理采用不同的定价策略。常用的心理定价策略有：

声望定价策略，是根据产品在游客心目中的声望高低来确定价格的一种策略。有声望的企业或产品的价格可以定得较高，以此来获得高额利润。此策略只有在确信自己的产品在游客中已建立起较高声誉时才可采用。

招徕定价策略，是指利用游客对低于一般市场价格的产品感兴趣的心理，将某些产品用低价、减价的办法吸引游客。招徕定价的目的是利用某些产品的低价吸引游客到来并购买其他产品而获利。采用招徕定价策略要分析游客愿意支付的最低价格，若价格低于游客愿意支付的最低点，则会引起游客对产品质量的怀疑，反而会降低销售量。

需求习惯定价策略，是根据游客对某种产品的消费在价格上已形成了一定习惯的心理而采用的一种定价策略。无论成本增加或降低，都不轻易变动已成定式的价格，防止游客的反感和不满。

尾数定价策略，人们常认为价格的尾数是经过仔细核算制定的，给人以实事求是和便宜的感觉。一般来说，旅游日用品、纪念品和餐饮价格多采用尾数定价的办法。

整数定价策略，即价格当中不带尾数的定价策略。饭店的客房价格和游览娱乐部门的门票价格等多采用整数定价策略。

（3）产品线定价策略。产品线是指旅游企业提供的一系列功能相近、技术和结构密切相关的旅游产品。比如，旅行社提供的旅游产品不止一条旅游线路，由于不同旅游产品的成本和市场需求不同，即使在同一旅行社中，各条旅游线路间也存在着互相影响和竞争的情况。旅行社应根据各条线路的成本差异、游客的评价和竞争者的价格等诸多因素，考虑如何制定各条线路的价格，以谋求旅行社整体的最大效益。

任何一条旅游线路都是行、游、住、食、购、娱等各单项产品的组合，它们在结构上、技术上和功能上各不相同，彼此之间在满足整体旅游需求中存在互补关系。同样，任何一个生产单项产品的企业，是由若干部门组成的，如饭店的客房、餐饮、娱乐、商品和车队等部门在满足游客住店需求中也起着互补作用。为生产结构复杂的产品定价，往往对满足基本需求的产品定价较低，而对满足非基本需求的部分定价较高。因为基本部分的价格是否便宜对游客确定是否购买至关重要，在获得满足之后，消费者会进一步追求新的满足，从而带动非基本部分的消费支出，因此旅游企业定价时要采用谋求企业整体最佳效益为目标的策略。

（四）旅游价格的实现

在市场上旅游价格是通过各种形式的差价与优惠价实现的。通过差价与优惠价的实行，贯彻旅游企业的定价目标与定价策略，实现对旅游供需矛盾的调控职能。

1. 旅游差价

旅游差价是指同种旅游产品由于不同的地区、季节、质量而引起的价格一定幅度的变化或价格差额。旅游差价是客观存在的，是旅游产品价值实现所要求的。旅游差价主要包括以下几种形式：

（1）地区差价。旅游地区差价是指同种旅游产品由于地区不同而造成的价格差别。不同地区经济发展水平和劳动生产率不同，提供同种旅游产品所耗费的劳动量不同，而旅游资源吸引力的不同又导致了旅游需求的差异。这种差异反映在价格上便形成了旅游地区差价，表现为热点地区的旅游价格要高于非热点地区的旅游价格。

旅游地区差价对促进不同地区旅游业的发展起到了积极作用，因为可以利用地区差价来调节不同地区间的游客流量，起到平衡各地区旅游业经济效益的目的。高价可以控制游客过多地进入旅游热点地区，减少热点地区的社会压力；低价可以吸引更多的游客前往旅游温冷点地区，促进这些地区旅游业的进一步发展。

（2）季节差价。旅游季节差价是指同种旅游产品由于时间不同而造成的价格差额。这种季节差价并非由于劳动消耗的不同引起的，主要是由于游客的需求和旅游产品本身价值的实现所要求的。形成季节差价的主要原因，一是自然因素，寒来暑往，四季更替，形成自然的旅游淡旺季；二是社会因素，不同社会传统的节假日和出游习惯，形成不同的旅游消费淡旺季。旅游产品不可储存，淡季时如果不下调价格，旅游产品的价值就无法顺利实现；到了旅游旺季，价格如果不提高，旅游产品就会供不应求。

旅游淡旺季是客观存在的。为了调节淡旺季的游客流量，尽量使淡季不淡，旺季又不致过于拥挤，使用旅游季节差价是十分必要的。灵活地运用季节差价可以有效地调节淡旺季的供求关系，促进旅游产品价值的实现，使旅游产品的经营者获得更大的效益。

（3）批零差价。旅游批零差价是指同种旅游产品由于经销环节的不同而造成的价格差额。一般来说，旅游批发商主要负责旅游线路产品的"制造"，即旅游线路的设计与安排。旅游批发商对各单项旅游企业的产品进行批量购买，享受各旅游企业给予的批量折扣，然后在加价的基础上通过旅游零售代理商销售给旅游消费者，这样就形成了零售价高于批发价的批零差价。旅游批零差价的存在是社会分工的必然结果，是促进旅游销售的有力手段。

（4）质量差价。旅游质量差价是指同种旅游产品由于质量不同而产生的价格差额。对旅游产品来说，无论是有形的物质部分，还是无形的服务部分，都有质量高低的区别。由于质量上的差异，满足游客的需求程度就不同，从而在价格上表现出较大的差异。实行按质论价，优质优价、低质低价，保持合理的旅游质量差价，既有利于保护游客的合法权益，又可以促使旅游企业努力改进经营管理水平，不断提高旅游服务质量。

【链接启示】

斯里兰卡出境游团队报价

美丽的海滩、千年的古城、迷人的城堡以及丰富的热带动植物，这个被佛教浸润的国度，虽经战乱，但莲花依旧盛开，这就是拥有"印度洋上的眼泪"美誉的斯里兰卡。在这里，游客可以体验印度洋海岛的风情，也可以骑着大象在山坡漫步。笔者选择携程旅行和去哪儿旅行两家在线旅行社（以下简称OTA）平台为样本，选择2023年11月以斯里兰卡为目的地、行程为9日、等级为五钻的旅游产品，对其酒店、餐饮、行程、交通安排等方面进行梳理，以直观的方式展现不同旅游产品的价格差异。具体情况如下表所示。

携程旅行与去哪儿旅行的旅游产品

OTA平台	路线	行程	餐饮	住宿	交通	特色
携程旅行	轻奢五钻斯里兰卡9日7晚跟团游，18598元/人	北京—上海—科伦坡—丹布勒—努瓦埃利亚—康提—雅拉—加勒—贝鲁沃勒—科伦坡—上海—北京，约25个景点	全程含7早餐，13正餐，南部海滨升级加勒古城海景餐厅海鲜餐	含6晚五钻酒店，1晚五钻酒店/民宿，1晚晚夜宿飞机	北京出发（含北京—上海的交通），上海—科伦坡往返国际机票经济舱含税（免费托运行李1件/人，23公斤/件）	【精选酒店】全程高分品牌奢华酒店入住（众多国际品牌＋当地知名设计师打造度假酒店）【经典行程】世界遗产狮子岩＋佛教圣地佛牙寺＋锡兰茶园＋世界尽头霍顿平原＋雅拉/乌达瓦勒卡野生动物园＋海滨加勒古堡＋双景观火车【贴心4G卡】每位成人一张4G卡：20G流量，沟通无障碍
去哪儿旅行	臻奢豪华斯里兰卡9日游，11188元/人	北京—上海—科伦坡—尼干布—丹布勒—努瓦埃利亚—雅拉—加勒—科伦坡—上海—北京，约23个景点	早餐为酒店自助餐，全程含7早餐，13正餐，科伦坡升级中式海鲜大餐	1.全程斯里兰卡精选网评五钻双人标间7晚 2.丹布勒指定1晚坎德拉玛遗产酒店，南部2晚国际海景房，真正的奢华享受	北京出发（含北京—上海的交通），上海—科伦坡往返国际机票经济舱含税（含23公斤免费托运行李）	【精选酒店】指定入住南部坎德拉玛遗产酒店房＋坎德拉玛遗产酒店【丰富玩乐】体验海边双景观火车＋海龟抚育园＋船游红树林【贴心赠送】2张明信片＋旅游意外险＋流量卡＋舞蹈表演

综合上述项目可以看出，在斯里兰卡两款旅游产品中，旅行的天数相同，所到城市大体相似，携程旅行安排的游玩景点比去哪儿网旅行多两处；交通、餐饮安排一致，住宿方面均安排五钻酒店。携程旅行在价格上明显高于去哪儿旅行。此外，去哪儿旅行安排了遗产、国五酒店（坎德拉玛遗产酒店和海滨国际五钻酒店），特别赠送游客 2 张明信片和舞蹈表演，因此对于该行程，去哪儿网的性价比较高。

资料来源：根据旅行社网站相关资料整理。

思考：为何两个企业的产品相似价格却存在差异？

2. 旅游优惠价

旅游优惠价是指旅游产品供给者在明码公布的价格基础上，给予一定比例的折扣或优惠的价格。旅游优惠价主要包括以下几种：

（1）同业优惠价，是指对消费对象是同行业者所实行的优惠。同业优惠主要是为了保持与同行业相关企业之间密切的合作关系而相互给予一定的优惠，从而实现加强合作、稳定客源、增加利润的目的。

（2）销售量优惠价，是指根据消费者购买产品数量的多少实行的价格优惠。这种优惠可以是一次性购买量达到要求给予的优惠，也可以是在一定时期内累计购买量达到要求而给予的优惠。无论是哪种形式，其目的都在于建立旅游企业与消费者之间长期稳定的业务关系，刺激消费者多次购买，以达到扩大销售、增加利润的目的。

（3）老客户优惠价，是指对经常光顾的老顾客给予的价格优惠。旅游产品无法储存，为保持一定的销售量，必须有一个稳定的客源群。如饭店向一些大公司经常定期出差人员提供的客房价格保持不变，无论安排的是何种等级的客房或当时的房价是否上涨。

3. 旅游差价与旅游优惠价的区别

虽然旅游差价与旅游优惠价都是在价格上表现出一定的差额，但是两者之间的区别还是很重要的。首先，旅游差价是价值规律的运用，差价的基础是价值，以价格之差来调节旅游供求关系；旅游优惠价也是以供求关系为基础，但更着重于业务关系甚至私人关系。其次，旅游差价是旅游供给者规定的公开价格，见诸广告和宣传品中；旅游优惠价或是由所属组织规定，或是由旅游供给者自定，但并不公诸于众。最后，旅游差价仅是价格上的差别，而旅游优惠价除价格上的优惠外，还可以有其他方面的优惠，如联合促销、对中间商的奖励等。

二、旅游市场竞争调节机制

旅游市场上供需矛盾的调节除了运用价格调节机制以外，还可依靠竞争调节机制。虽然竞争调节的重要手段是价格，但是价格不是竞争调节的全部，尤其是竞争对抗的层次决定了价格调节只是竞争中的初级形式。

（一）旅游市场竞争的目标

在不同的时期和不同的市场状况下，旅游经营者的具体竞争目标是不同的。一般来讲，旅游市场的主要竞争目标集中在以下三方面：

1. 争夺游客。游客是旅游产品的购买者、消费者和旅游企业的服务对象，旅游产品只有被游客购买和消费，其价值才能最终实现，旅游企业的再生产才能得以继续进行。因此，以各种有效的手段争取更多的游客是旅游企业开展市场竞争的根本目的。

吸引更多的游客虽然是旅游市场竞争的根本目的，但在竞争中也不可盲目地、不加选择地莽撞行事，而必须首先明确具体的目标对象，进行准确的市场细分，发挥自身的竞争优势；同时要采用正确的竞争策略和正当的竞争手段，力争在特定的目标市场上取得优势。

2. 争夺旅游中间商。旅游中间商是帮助目的地的企业在客源市场上销售旅游产品的中介机构或个人。尤其是在国际旅游中，旅游产品的销售主要通过旅游中间商来实现。旅游中间商数量的多少、规模的大小及网点的分布对市场销售状况有直接影响，因此作为客源的组织者、提供者，旅游中间商自然成为旅游市场竞争的重要目标。

虽然争夺旅游中间商的目标是由争夺游客这一根本目标派生出来的，但是由于旅游中间商是旅游接待企业的直接客户，是游客的批量提供者，失去一个旅游中间商，可能会失去一批游客甚至一大片市场。因此必须高度重视对旅游中间商的管理，要力争形成一个比较稳定的销售网、客户关系网，特别要重视与较大的、较有实力的旅游中间商的合作。

3. 提高旅游市场占有率。旅游市场占有率是反映旅游企业在市场竞争中的地位和实力的基本指标。旅游市场占有率可以从绝对与相对两个角度去衡量。旅游市场绝对占有率是指一定时期内，某一旅游经营主体的某项经营指标（通常是接待人次或旅游收入）的绝对量，与同期更大范围内同项指标的总量的比率。如以游客人次为内容的旅游市场占有率的计算公式为：

$$旅游市场占有率=\frac{一定时期某经营主体接待的游客人次}{同期更大范围内的游客总人次}×100\%$$

若以旅游收入来衡量某一国家或地区国际旅游收入在国际旅游总收入中所占的份额，则该指标就构成了从价值量方面反映的旅游市场占有率。重视从旅游收入方面去考察旅游占有率，对于引导一国旅游业走内涵式发展道路具有十分重要的现实意义。该项指标可用来比较同一目的地国或地区在不同时期的市场经营实力。

旅游市场相对占有率是指一定时期内，某一旅游经营主体在某个特定市场上的占有率，与同期、同市场范围所面对的最大竞争者的市场占有率的比率。其计算公式为：

$$旅游市场相对占有率=\frac{一定时期某旅游经营主体在某市场上的市场占有率}{同期、同范围旅游市场上最大竞争者的市场占有率}×100\%$$

通过相对市场占有率可以看出，一个企业的相对市场占有率与其面临的最大竞争者有直接关系。所谓最大竞争者就是市场占有率为该市场最高的竞争对手，或者当本企业市场占有率为最高时，其最大竞争者就是市场占有率最接近本企业的竞争者。因此，相对市场占有率可以大于、等于或小于1。若大于1，表明本企业是市场领导者，市场占有率领先于其他竞争对手；若等于1，则表明本企业与最大竞争对手的市场占有率相同，双方实力相当；若小于1，则表明本企业落后于最大竞争者。

（二）旅游市场竞争的主要策略

竞争是市场经济有效性的根本保证。市场机制正是通过优胜劣汰的竞争，促使企业降低成本、提高质量、改善管理，从而达到提高效率、优化资源配置的结果。为了应对激烈的旅游市场竞争，旅游目的地及旅游企业有必要采取灵活多样的市场竞争策略。一般来说，旅游市场竞争策略可以分为价格竞争策略和非价格竞争策略两种。

1. 价格竞争策略

价格是决定游客购买的重要因素。旅游产品的价格能否被游客所接受，直接影响旅游产品的销售量及其市场占有率。价格与市场竞争有密切的联系，是市场竞争中经常被使用的手段。

在旅游市场竞争激烈时，旅游企业往往采取低价策略以吸引消费者，维持产品的市场占有率，这在某种意义上可以说是一种行之有效的竞争策略。但是，低价策略并非总是可行的。根据前面提到的需求价格弹性,我们知道只有对于那些需求价格弹性大的产品和市场,适度地调低价格才能使销售收入增加,而利润增加与否不仅仅取决于销售收入的增加,还取决于增加产品供给所带来的成本增加。所以,是否采取降价策略来应对竞争,需要旅游企业充分考虑自己的产品和目标市场的特点,考虑企业在现有技术水平下的投入产出关系。

在旅游经济活动中,旅游企业不仅要善于利用价格手段参与竞争,更要注意评估价格变化对企业自身、对游客以及对竞争对手所产生的影响,使价格真正成为旅游市场竞争中的一个有效手段。也就是说,一方面,旅游企业不能仅从自身情况出发考虑价格问题,而是必须综合分析和评价竞争对手、相关产品、相关企业的价格;另一方面,一个企业也应考虑竞争对手和相关企业的价格变化对自己的影响。这种关系可以用前面提到的旅游需求交叉弹性加以说明。

2. 非价格竞争策略

(1)高质量策略。高质量策略是指同种旅游产品在价格相同的情况下,通过不断提高旅游产品质量而扩大市场并在竞争中取胜的策略。在竞争发展的不同阶段中,竞争的主要策略是不同的。市场竞争的初级阶段主要体现为价格竞争,这时企业间相互削价竞争的结果是效益普遍降低,为扩大销售而采取的进一步降价会导致恶性循环。要走出这种困境必须从质量上入手,向顾客做出承诺,通过提供高质量的产品和服务赢得市场。在同样质量水平下那些能够做到成本更低、效率更高的目的地或企业,就会在市场竞争中占据优势地位。

【链接启示】

携程鸿鹄逸游引领高端旅游需求

鸿鹄逸游(HHtravel)是携程旅行网顶级旅游品牌,2012年3月由携程旅行网、中国香港永安旅游、中国台湾易游网三家知名企业联合创立。鸿鹄逸游以创作挑战极限、服务精雕细琢的品牌理念,坚持打造高规格:公务舱、高端酒店、米其林餐食、私家团2—6人成行;连续多年成功推出"高端环游世界80天",行程遍布全球七大洲;旅客可以从北京、上海、广州、成都、香港、台北等多个城市出发,百条高端旅游行程。鸿鹄逸游高端体验•触动你心。成绩:2011年环游世界60天50万9分钟爆满。

2012 年环游世界 66 天 66 万 30 秒，秒杀。

2013 年环游世界 80 天 101 万 17 秒，秒杀。

2014 年环游世界 80 天 118 万 15 秒，秒杀。

如今，鸿鹄逸游的目标群体更趋于年轻化，曾经客群年龄在 35 岁到 60 岁之间，现在则集中在 25 岁到 55 岁。眼界开阔、对生活品质要求高的千禧一代是高端旅游未来的主要消费群体，他们的个性化更强，需求更细分。为适应各种变化，鸿鹄逸游去年至今进行了多次业务和版面的调整，在以目的地分类的基础上增加健康游、海岛游、极地游等旅游方式，新增奢华酒店套餐、豪华周末游等内容，以增加产品的丰富度，提升购买频率。

鸿鹄逸游首席运营官（COO）郭明指出："高端旅游市场的美好未来需要匠心精神来塑造。品牌化、服务精雕细琢、技术驱动，才是高端旅游公司发展的关键。这是一个比智慧、比耐力、比执行力、比服务深度的过程。"目前，鸿鹄逸游 70% 的旅行产品来自提炼出共性并经过精心设计安排的标准行程，20% 为全定制产品，10% 是在标准行程的基础上做微调。郭明称，目前鸿鹄逸游客单价约 7 万元。在技术方面，除了借助携程的大数据、云计算、AI 等科技力量，还通过 POI 数据库、标签化的 CRM 系统、全面服务保障系统等来提高效率。

资料来源：鸿鹄逸游官网及环球旅讯．https：//www.traveldaily.cn/article/read/130313.

思考：旅游企业如何适时地引导旅游者需求？可以从哪些方面取得创新发展？

（2）促销策略。旅游企业可以利用多种有效的促销途径和手段，对消费者进行有针对性的信息沟通，刺激购买行为的产生，以便在市场竞争中取胜。旅游产品是无形的服务产品，消费者在购买之前缺乏实物接触来感知产品，因此有效的信息传递和沟通是促进销售的重要环节。为了应对日趋激烈的旅游市场竞争，越来越多的旅游目的地和旅游企业开始利用现代信息技术，高效地向目标市场传递相关信息，方便顾客的选择和购买。

（3）引导需求策略。旅游目的地和旅游企业不仅要适应和满足市场需求，还要主动去影响顾客，创造需求、引导需求。引导市场需求就是要在消费者还未形成明确的消费意向之前，通过产品创新并积极运用各种有效的市场沟通手段，发掘顾客的潜在需求，引导市场需求的发展趋向，从而占领竞争的有利地位。

案例思考

发挥企业优势，推进旅游业高质量发展

6月9日晚，"阳光海南 品质旅游——2023年海南旅游六省巡回推广活动"启动仪式暨首站北京站路演推介在北京举办。本次活动依托海南得天独厚的自然环境条件和海南自由贸易港离岛免税政策优势，树立自贸港客源城市巡演的高端IP，提升"阳光海南·度假天堂"的旅游宣传品牌，着力打造全域旅游生动局面。在接下来的两个多月时间里，根据客源市场需求，结合当地特色，在上海、西安、重庆、长沙、广州等城市推出不同的旅游主题元素，为广大游客提供"旅游观光＋免税购物"为核心的海南特色旅游产品，以"观海""听海""品海""觅海"四大主题设置滨海度假、亲子、自驾露营等主题内容的宣传推广和互动游戏，以及海南美食品尝等现场互动体验，集中展示海南优质旅游产品和非物质文化遗产，为全国游客带来旅游饕餮盛宴，吸引全国游客赴海南旅游消费，进一步提振旅游行业信心。

连续三年作为海南旅游巡回推广活动承办单位，中旅旅行和中国旅游集团海南区域总部全方位整合集团在海南旅行服务、免税、酒店、交通、邮轮等业务板块，并与海南多家免税门店、知名航司及岛内知名星级酒店等涉旅企业展开深度合作，充分展现了央企协同作用和资源整合能力，以实际行动带动海南旅游质量和效益提升，助力国际旅游消费中心及海南自贸港建设。

加快转型升级步伐。中旅旅行和集团海南区域总部共同推动中旅旅行（海南）公司向运营平台发展，搭建成立了海南旅游一码通数字化平台（e游海南小程序）。通过持续技术开发和投入以及在中旅免税等集团各板块的支持下，e游海南小程序现已涵盖海南"吃住行游娱购"旅游全要素，实现一码通行、一码通游、一码通购的高品质旅游服务，为全国游客"海南行"提供了独具中旅特色的旅游体验，有力促进了集团在琼业务协同发展。目前，e游海南小程序已成为海南旅游类头部服务平台，逐步成为政府大型活动推广和集团在琼业务整合的重要手段，标志着中国旅游集团初步开创了旅游目的地资源线下客户导流和整合营销的创新模式，形成了海南当地旅游服务的数字化平台功能。

持续优化核心服务。中国旅游集团坚持服务创造价值，秉持"服务大众、创造快乐"的使命责任，着力推进旅游产品创新和核心服务能力提升。通过深

度整合目的地资源及加大特色旅游产品研发力度，中旅旅行（海南）公司在旅游目的地接待、主题专项旅游业务、邮轮业务及自由行碎片化地接服务等领域实现较大发展，强有力地释放了旅行服务企业的发展潜能。中旅旅行（海南）公司现已形成"中旅+休闲、红色、研学、医疗、体育"特色旅游产品体系，为全国游客提供既满足差异化需求又尽享海岛风光的旅游产品，带动提升了海南整体目的地接待服务能力。

积极促进文旅融合。中国旅游集团海南区域总部积极配合参与政府主办大型活动项目，并以此为契机，不断深化与海南省政府及各主要厅局的战略合作关系、建立起与多市县旅文局之间的政企合作纽带。中国旅游集团积极创新产品供给，全力拓展"旅游+""+旅游"产业链条，大力发展会展、演艺、体育等业态，为游客提供更丰富的旅游产品，满足消费升级需求，积极推进文旅融合、消费升级和"旅游+"新业态发展，以创新驱动促产品升级。

中国旅游集团将放眼新发展阶段，坚持"立足香港、深耕海南、拓展国内、做精海外"的发展思路，深度参与构建海南新发展格局，共同推进海南旅游产业高质量发展。放眼未来，中国旅游集团将持续深耕海南，以"功成不必在我"的精神和"功成必定有我"的担当，履行央企社会责任，助力把海南自贸港打造成展示中国风范的靓丽名片。

资料来源：人民网海南资讯，根据《中国旅游集团充分发挥优势 稳中求进推动行业高质量发展》一文整理。

思考：旅游供求关系的市场竞争中，旅游企业的核心竞争力是如何塑造和提升的？新时代的旅游业发展中，旅游企业可以从哪些方面履行社会责任？旅游企业如何做到求真务实和守法以满足旅游者需求？

第四节　旅游供求矛盾的宏观调控

一、旅游经济宏观调控的必要性

对旅游经济运行中的供需矛盾进行调节的主要方式是市场调节。在完全竞争的市场条件下，市场机制的自发调节可以实现生产资源的最佳配置和达到最优的经济效率。但现实的旅游市场并非完全竞争的市场，其发育还未达到完善和成熟的程度，因而必然会出现市场失灵的情况，即旅游市场内在机制的局限性，导致其在旅游生产要素配置中不能有效发挥作用。比如在我国，计划体制被打破后，新的宏观调控体制尚未完全建立起来，随着计划体制的行政性约束下降和市场机制的经济性约束不完备，整个旅游经济运行的管理空白增多，管理力度也受到一定削弱，于是出现了大量不规范、不完善的竞争行为，导致了竞争秩序的混乱和经济效益的不断下降。这是体制变迁中的一种必然的代价，也是市场发育不完善的一种表现。

旅游业及旅游经济运行的特点也在一定程度上限制了市场机制作用的充分发挥。首先，由于某些旅游资源具有垄断性的特征，使得其经营者有可能随意提高价格以获取最大利润，从而限制了价格规律的市场调节作用。其次，旅游业是一脆弱的综合性经济产业，经济、社会、文化、政治、自然等环境因素的变化都会影响旅游经济的运行与发展，同时旅游业本身构成复杂多样，其发展往往依赖较多的公共物品，也可能导致市场失灵。

旅游市场失灵的存在决定了旅游经济的良性运行不能单纯依靠旅游市场来调节。解决这一问题的有效方法就是加强旅游经济的宏观调控，即在遵循市场经济规律及发挥市场机制作用的基础上，采取科学的宏观调控方法，弥补市场调节的不足，最终促进旅游经济的有效运行和持续发展。

旅游经济活动的运行离不开供需两个方面，旅游供需的协调运动是旅游经济活动得以顺利进行的条件，而旅游宏观调控体系的建立，其根本目标就是通过创造良好的供需环境来促进旅游经济的发展。通过一系列的宏观调控措施，一方面，可为游客创造良好的旅游环境，以吸引更多的游客前来消费，为旅游业的可持续发展创造更为坚实的市场基础；另一方面，可为旅游业创造良好的经营环境，使旅游企业能够在公平合理的市场环境中展开良性竞争，通过优胜劣汰，为旅游业的可持续发展创造更具竞争力的供给基础。

二、旅游经济宏观调控的主体

从调控的范围来划分，对旅游经济活动进行宏观调控的主体主要包括两类：一类是政府管理部门，另一类是旅游行业组织。

旅游企业作为一个经济实体存在于社会之中，与其他企业一样都要接受政府部门的宏观管理。政府管理部门为所有的企业提供信贷、财政、工商、税务等方面的服务，也通过制定相关的规划、法律和政策，对各行业进行管理，引导所有的企业行为朝着符合国家产业政策的方向发展。在我国，各级文旅局作为主要的政府旅游管理部门，其主要职责是对旅游行业的发展进行规范与引导，对旅游行业的发展进行宏观调控，是旅游行业管理的一个十分重要的主体。

不同的行业都有自身的特点和发展规律，它们在国民经济中的地位也各不相同。因此，所有的企业在接受国家宏观调控的同时，还必然要受到其所在行业的宏观指导和调控，这样才能使该行业既能与国民经济其他行业相协调，同时也能在行业内建立符合发展规律的行业结构，促进整个行业健康发展。旅游业是一个涉及众多部门和行业的综合性产业，这些隶属于不同部门和行业的企业由于其服务对象相同而组合在一起，运行中常会发生不协调、矛盾乃至冲突。对此，必须由一个具有权威性的行业管理主体来行使行业调控的职能。旅游行业组织即行业协会，既是政府管理职能的延伸，又是整个行业利益的代表。虽然各国的旅游行业组织在具体构成及职能上不尽相同，但作为旅游经济宏观调控的主体之一，其主要职责是规范旅游市场，监督旅游企业，同时通过与政府管理部门的沟通为旅游企业争取公平的行业发展环境，并协调旅游行业与其他行业之间的关系。

三、旅游经济宏观调控的内容和手段

（一）旅游经济宏观调控的内容

对旅游经济运行的宏观调控要在充分发挥旅游市场机制作用的基础上，通过一系列科学的宏观调控方法和手段，发挥政府职能，促进旅游经济的健康有序运行。政府对旅游经济运行的宏观调控主要涉及以下几方面内容：

1. 指引方向，主要是指为旅游业发展指明方向的一系列工作，如制定国家的宏观经济政策，确定旅游业发展的战略目标，编制旅游业发展的长远规划和年度计划，指导行业的投资和经营方向。不同国家在其社会经济和旅游业发展的不同阶段，政府对旅游经济进行宏观调控的具体目标可能有所不同，但都无外乎以下几个方面：促进旅游经济可持续发展，实现旅游经济的总量平衡，满足人们不断增加的旅游需求，扩大旅游业的就业机会，有效地保护和利用旅游资源。

2. 完善市场，主要是指完善市场运行机制、建立市场运行规则的一系列工作，如通过制定旅游业各项行政法规、行业标准等来建立一系列市场规则；通过产业政策的调整和经济杠杆的运用来完善宏观的间接调控机制；加强对旅游市场的监管，规范旅游市场竞争秩序；完善市场的经济性约束和政府的政策性、法律性约束机制；采取有效措施减缓旅游经济运行的周期性振荡。

3. 服务企业，主要是指为旅游企业的正常运营提供各项服务，如通过制定、实施国际旅游市场开拓规划，对国家整体形象进行宣传来带动旅游产品的销售；完善旅游信息系统，向旅游企业提供整个国民经济发展的有关信息，提供全国旅游统计资料，为旅游企业提供信息服务；组织重大经济技术项目的配置论证工作；处理旅游企业设立、运营中的相关事宜。

4. 协调关系，主要是指对旅游业与国民经济其他管理部门及其企事业单位之间的关系进行协调的一系列工作，如代表旅游企业参与制定和协调与旅游业有关的财政、税收、外汇、信贷、价格等政策和规章制度，会同有关部门协调旅游交通运输、景区秩序、旅游购物品生产销售、旅游安全等工作。

除了以上几类工作之外，政府对旅游经济运行的宏观调控还包括加强旅游基础设施建设以及建立危机管理机制等方面。通过政府对旅游经济宏观的调控，可以对旅游市场失灵的情况进行最大程度的校正，从而使旅游市场调节机制的作用得以充分发挥。

（二）旅游经济宏观调控的手段

政府对旅游经济进行宏观调控主要有以下几种手段：

1. 发展规划调控

运用旅游发展规划进行旅游经济宏观调控是一种重要且有效的调控手段。旅游发展方面的投入是一项涉及众多部门利益、社区利益和个人利益的长期投入，其影响范围较大，影响时间较长，因而建立在市场经济规律基础之上的、对旅游业发展具有指导性的旅游发展规划在旅游经济运行的宏观调控中发挥着重要作用。第二次世界大战以后，欧洲最早进行了旅游规划工作，目前欧美发达国家的旅游规划理论已成体系。我国到 1986 年才将旅游业正式纳入国家的国民经济和社会发展计划之中，就此带动了国家和地方对旅游发展整体规划工作的重视。

旅游发展规划应当坚持可持续发展和市场导向的原则，以提高旅游业发展的经济效益、环境效益和社会效益为目标。旅游发展规划应当包括如下基本内容：综合评价旅游业发展的资源条件与基础条件；全面分析市场需求，科学测定市场规模，合理确定旅游业发展目标；确定旅游业发展战略，明确旅游区域与旅游产品重点开发的时间序列与空间布局；综合平衡旅游产业要素结构的功能组合，统筹安排资源开发与设施建设的关系；确定环境保护的原则，提出科学保护利用旅游资源的措施；根据旅游业的投入产出关系和市场开发力度，确定旅游业的发展规模和速度；提出实施规划的政策和措施。由于旅游业的综合性很强，其发展需要其他部门的大力配合，因此旅游发展规划是一项涉及众多方面的综合性发展规划，它的编制难度较大，但又十分必要。通过旅游规划的制定，可以减少许多不必要的投入和浪费，合理配置社会资源，满足旅游可持续发展的需要，实现旅游业有目的、有计划、分阶段的发展，更好地实现旅游业发展的经济效益、社会效益和环境效益。

2. 经济政策调控

政府通过制定各种用于指导旅游经济活动运行、调整各方经济利益关系、促进旅游经济发展的政策和措施，对旅游经济进行宏观调控。这些经济政策主要有产业政策、货币政策、信贷政策、汇率政策、收入政策等。旅游产业政策是国家调控旅游经济运行的重要手段。旅游产业政策是政府为了改善资源配置状况，实现一定时期内社会经济发展目标而制定的针对旅游产业的各种政策措施的总和。根据功能定位的不同，旅游产业政策又可分为旅游产业组织政策、产业结构政策、产业布局政策和产业技术政策。

应用经济政策调控不等于用政策性约束来替代市场约束，而是要通过科学合理的政策来弥补旅游市场机制的不足，更有效地发挥经济规律和市场机制的作用。

案例思考

政策调控：推动旅游业高质量发展

党中央、国务院对旅游业发展高度关注。习近平总书记对旅游业发展多次作出重要指示批示，指出发展旅游业是推动高质量发展的重要着力点。2023 年 4 月 28 日，中央政治局会议强调，要改善消费环境，促进文化旅游等服务消费。7 月 24 日，中央政治局会议提出，要推动体育休闲、文化旅游等服务消费。7 月 25 日，国务院领导同志主持召开推动旅游业高质量发展专家座谈会，进一步对促进旅游业加快恢复发展工作作出明确部署。为深入贯彻落实党中央、国务院决策部署，文化和旅游部会同 20 多个部门，坚持问题导向，研究破解当前制约旅游消费、影响旅游业高质量发展的难题。经深入研究、广泛调研和科学论证，起草形成了释放旅游消费潜力、推动旅游业高质量发展的相关工作措施并报国务院。

2023年9月27日，国务院办公厅印发《关于释放旅游消费潜力推动旅游业高质量发展的若干措施》（以下简称《若干措施》），从加大优质旅游产品和服务供给、激发旅游消费需求、加强入境旅游工作、提升行业综合能力、保障措施等五个方面，提出了推动旅游业高质量发展的30条工作措施。《若干措施》强调，要加大优质旅游产品和服务供给。推进文化和旅游深度融合发展，实施美好生活度假休闲工程，实施体育旅游精品示范工程，开展乡村旅游提质增效行动，发展生态旅游产品，拓展海洋旅游产品，优化旅游基础设施投入，盘活闲置旅游项目。《若干措施》提出，要激发旅游消费需求。改善旅游消费环境，完善消费惠民政策，调整优化景区管理，完善旅游交通服务，有序发展夜间经济，促进区域合作联动。《若干措施》明确，要加强入境旅游工作。实施入境旅游促进计划，优化签证和通关政策，恢复和增加国际航班，完善入境旅游服务，优化离境退税服务，发挥旅游贸易载体作用。《若干措施》要求，要提升行业综合能力。支持旅游企业发展，加强导游队伍建设，提升旅游服务质量，规范旅游市场秩序。《若干措施》提出，要强化保障措施。健全旅游工作协调机制，强化政策保障，拓宽融资渠道，加强用地、人才保障，做好旅游安全监管，完善旅游统计制度。

资料来源：《关于释放旅游消费潜力推动旅游业高质量发展的若干措施》政策解读。

思考：为推动旅游业高质量发展，我国政府采取了哪些措施以解决旅游供求矛盾？你是否理解政府调控下旅游业发展中道路自信的重要性？政策调控推动旅游业高质量发展对人民幸福追求具有怎样的价值？

3. 政府规制调控

所谓旅游经济的政府规制，是指政府对旅游企业和旅游者行为采取的具有法律约束力的限制和规范，是针对旅游市场失灵而采取的治理行动和措施，目的是维护良好的旅游市场秩序，限制市场垄断势力，提高市场配置资源的效率，保护旅游者和旅游经营者的利益不受侵犯。旅游经济的政府规制主要包括以下几方面：（1）政府对旅游市场主体行为的规制，比如我国现已颁布的《公司法》《企业法》《消费者权益保护法》以及有关旅行社、饭店、景区（点）、旅游车船等方面的法律法规，对规范旅游企业行为和旅游者行为都起到了积极的作用。（2）政府对旅游市场运行秩序的规制，具体包括对旅游企业进入和退出市场的管理规定、对旅游企业经营的管理规定、对维护旅游市场交易和竞争秩序的管理规定等。比如我国现行的《旅行社管理条例》《旅游饭店星级的划分与评定》《旅游区（点）质量等级的划分与评定》均属此类。（3）政府对旅游经济宏观管理的规制，即在充分运用法律手段的基础上行使政府对旅游经济的宏观管理，从而保证国家对旅游经济的宏观调控力度。比如完善旅游涉外法规，依法扩大和推进旅游业的对外交流与合作。

【链接启示】

云南旅游市场整治行动

2019年上半年，云南共查处涉旅案件1495起，行政处罚罚款1607.49万元。其中，全省旅游部门查处202起，处罚旅行社61家，处罚导游73人，处罚旅游从业人员34人，注销、撤销、吊销旅行社145家，注销、吊销导游48人，关停整改购物企业157家，全省公安部门办理涉旅案件184件，全省市场监管部门查处涉旅案件152起，全省税务部门查处涉旅案件719起，全省交通部门查处涉旅案件175起，全省各级法院调处涉旅纠纷63起。

当前，云南旅游市场秩序虽然总体逐渐向好，但不合理低价游"树倒根存、土壤还在"，灰色利益链条仍未彻底斩断。下一步将持续强化旅游市场秩序，保持整治"越往后越严"的高压态势，夺取旅游市场秩序整治的压倒性胜利。

资料来源： 李志刚.云南公布上半年旅游市场整治成果［N］.中国旅游报，2019-08-19（001）.

思考： 旅游企业发展中如何做到遵纪守法？如何理解政府规制对重塑旅游市场秩序、促进旅游业改革发展的重要性？

四、旅游经济宏观分析模型

旅游经济宏观分析模型是旅游经济宏观调控所依据的技术方法，它的建立和分析有以下步骤：[①]

1. 设计旅游指标体系。根据在特定时期对旅游业的影响差异性，挑选出与旅游业有关的指标 y_1，…，y_n，构成旅游指标体系。

---

① 罗明义.旅游经济学：分析方法·案例.天津：南开大学出版社，2005.

2. 建立旅游经济宏观分析模型。在分析旅游指标体系的基础上构造宏观分析模型，系统地描述和分析旅游经济发展的现状及未来发展趋势。假定旅游客流量指标为 y_1，旅游消费水平为 y_2，旅游倾向指数为 y_3，其余指标记为 x_1，$\cdots$，x_n，利用历史数据，可构造 y_1，y_2，y_3 分别关于全体 x_i（$i=1$，$\cdots$，n）的函数如下：

$$y_k = f_i（x_1，\cdots，x_n）（i=1，2，3）$$

如果采用多元分析的方法，则挑选的最优线性回归方程为：

$$y_i = \alpha_{i0} + \alpha_{i1}x_1 + \cdots + \alpha_{ik}x_k（i=1，2，3；k \leq n）$$

其中 α_{ij}（$i=1$，2，3；$j=0$，1，$\cdots$，k）为回归系数，使各回归方程具有：显著的 F 值；各回归系数有显著的 t 值；各回归系数的数值、符号有合理的含义。由此，可利用上述回归方程对旅游经济运行进行各种趋势分析和结构分析。

3. 旅游经济运行综合功能指数分析。在上述模型分析的基础上，可利用模型中数据反映出来的整体特征，合理构造旅游经济运行的综合功能指数，以便于对旅游业经济运行进行系统动态的综合分析。若记 F_i 为第 i 个回归方程的显著性统计值（$i=1$，2，3）为旅游指标的标准差（$i=1$，2，3），$\overline{y_i}$ 为旅游指标 y_i 的数据平均值（$i=1$，2，3），则有：

$$\overline{y_i} = \frac{1}{n}\sum_{s=1}^{N} Y_{is}，\quad \sigma_i^2 = \frac{1}{N-1}\sum_{s=1}^{N}（Y_{is} - \overline{y_i}）^2$$

若 N 为历史数据的期数，则可以构造旅游经济运行在时期 s 的综合功能指数，其计算公式如下：

$$\alpha_s = \sum_{i=1}^{3} K_i Y_{is}（s=1，\cdots，N）$$

其中，$K_i = F_i /（\sigma_i \sum_{j=1}^{3} F_j）$（$i=1$，$2$，$3$）。

根据以上计算公式，在计算旅游经济综合功能指数时，对较好的回归方程（即 F_i 的数值较大）给予较大的权数，而对均方差较小的指标（y_i）值（σ_i 的数值较小）也给予较大的权数，由此得到的综合功能指数不仅同时反映了各指标 y_i 的离散程度和 y_i 的回归方程的优良性，还同时具有与各指标值 y_{is}（$i=1$，2，3）的计量单位无关的特点。

在分析计算中，还要注意指标 y_1（客流量）的单位是人数，指标 y_2（人均旅游消费水平）的单位是金额，指标 y_3（旅游倾向指数）的单位是百分比，这三个指标既无法直接相比较也不能进行代数运算，因此用综合功能指数方法将它们组合成统一的指数，可以对不同地区或国家的旅游经济进行横向评估和比较，还可对同一地区旅游经济发展的历史状况进行纵向分析，并利用该模型对旅游经济未来发展趋势进行科学的预测。

课后思考与练习

案例分析

辽宁冰雪体育旅游供求分析

辽宁作为我国北方省份之一，拥有丰富的冰雪旅游资源。其中，沈阳棋盘山冰雪大世界、本溪云山国际滑雪场、白山市长白山滑雪场等旅游景点凭借庞大的游客流量，成为辽宁省内颇具代表性的冰雪旅游景点。这些景点不仅为游客提供了观赏和体验冰雪运动的机会，也为当地带来了可观的经济效益。目前，辽宁省内有多个达到国际比赛标准的冰雪体育场馆，如沈阳奥体中心冰上运动馆、铁岭市综合体育馆冰上运动馆等。这些冰雪体育场馆不仅能够举办重要的冰雪运动赛事，也为普通民众提供了开展冰雪运动的场所。此外，辽宁省曾多次成功举办国内外知名的冰雪运动赛事，如中国国际冰雪节、亚洲冬季运动会等。

1. 辽宁冰雪体育旅游市场供给

（1）线路产品分析。辽宁的冰雪体育旅游线路产品主要有以下几种类型：第一，城市冰雪游线路。以沈阳、大连等城市为核心，游客可以在城市内的冰雪场参与滑雪、滑冰等活动，并且游览城市内的冰雪景点，品尝特色美食。第二，冰雪主题游线路。以冰雪活动为主题，涵盖滑雪、滑冰、雪地足球、冰壶等多种活动，游客可以根据自己的喜好和需求选择不同的活动项目。第三，冰雪度假游线路。以辽宁冰雪度假村为主要景点，游客可以在冰雪度假村中享受冰雪活动的乐趣，同时还可以品尝当地特色美食。

（2）景点分析。辽宁的冰雪体育旅游景点主要包括以下几种类型：第一，滑雪场。辽宁拥有多个滑雪场，如长白山滑雪场、沈阳滑雪场等，游客可以在这里体验滑雪运动。第二，滑冰场。辽宁的滑冰场也有很多，如沈阳冰上运动中心、大连金石滑冰场等。第三，冰雪景区。辽宁的冰雪景区包括长白山冰雪大世界、沈阳冰雪大世界等，游客可以在这些景区中欣赏冰雪景观并参加各种娱乐活动。

（3）活动产品分析。辽宁的冰雪体育旅游产品主要包括以下几种类型：第一，比赛活动。辽宁定期举办各种冰雪比赛活动，如沈阳国际冰雪节、大连国际滑雪节等，游客可以观赛甚至参赛。第二，体验活动。辽宁的冰雪体育旅游产品包括各种体验活动，如滑雪体验、冰壶体验、雪地足球体验等，游客可以亲身体验冰雪活动的乐趣。第三，研修活动。辽宁也开展了各种冰雪体育研修活动，如教练员培训等，游客可以在这些活动中提高自己的冰雪运动能力。

2. 辽宁冰雪体育旅游市场需求

辽宁冰雪体育旅游客户的需求主要具有以下特点：第一，多元化。客户的需求多种多样，涵盖了各种类型的冰雪活动，如滑雪、滑冰、雪地足球、冰壶等。第二，个性化。客户希望能够根据自己的喜好和需求定制旅游产品，如私人定制旅游线路、特色活动等。第三，专业性。客户对于冰雪运动的专业性要求越来越高，对于教练员和设备的要求也越来越高。

3. 辽宁冰雪体育旅游市场供求矛盾与解决

辽宁的冰雪体育旅游产品虽然丰富多样，但与市场需求存在一定矛盾。第一，产品多样性不足。目前辽宁的冰雪体育旅游产品以滑雪、滑冰等活动为主，缺乏其他类型的产品，需要开发更多的冰雪主题游线路、冰雪度假游线路等，以满足不同游客的需求。第二，产品品质和服务水平不高。在一些滑雪场、滑冰场，游客普遍反映产品品质和服务水平不高，如设施老旧、维护不当、管理混乱等。对此，需要加大管理力度，提高产品品质和服务水平。第三，冰雪活动安全性不足。冰雪活动存在一定的安全风险，游客需要注意自身安全，景区和场馆也需要加强安全管理，落实设备维护和管理等工作，确保游客的安全。第四，市场营销策略不足。目前辽宁的冰雪体育旅游市场营销水平不高，缺乏有效的市场宣传和推广手段，因而需要加大对冰雪体育旅游的宣传和推广力度，提高市场知名度和竞争力。

4. 辽宁冰雪体育旅游的政策支持

政府的政策支持是推动冰雪体育旅游发展的重要保障。辽宁省政府在近年来积极出台了一系列扶持政策。第一，在财政资金方面，辽宁省政府通过引导社会资本参与，支持冰雪旅游投资开发，推进相关基础设施建设。如政府鼓励社会资本在辽宁建设冰雪运动场馆、旅游度假村、综合旅游景区等项目，对符合条件的项目给予财政资金支持，提高项目建设的投资回报率。同时，政府还对冰雪运动相关的人才培养、技术研发等提供财政支持。第二，在税收优惠方面，辽宁省政府针对冰雪体育旅游企业出台了一定的税收减免政策。如对于在冰雪旅游区域内新设立的企业，政府给予租金补贴、税收优惠等扶持政策，降低其创业成本，提高企业的盈利能力。

资料来源： 张佳丽．文旅融合背景下辽宁冰雪体育旅游发展路径研究［J］．西部旅游，2023（09）：15-17.

思考： 1. 辽宁冰雪体育旅游供求矛盾产生的主要原因是什么？

2. 可以采取哪些方法解决辽宁冰雪体育旅游的供求矛盾？

3. 各级政府对辽宁冰雪体育旅游供求矛盾可以采取哪些宏观调控措施？

复习思考题

1. 旅游供给与旅游需求各有何特点？

2. 旅游供求之间存在怎样的关系？

3. 旅游供求矛盾的主要表现是什么？

4. 结合图示说明旅游供求的静态均衡和动态均衡。

5. 旅游价格的决定因素是什么？

6. 什么是旅游差价和优惠价？两者的区别是什么？

7. 试对旅游市场竞争调节机制进行分析。

8. 为什么有必要进行旅游宏观调控？

9. 旅游经济宏观调控的主要内容是什么？

10. 旅游经济宏观调控的手段主要有哪些？

第五章

旅游消费结构与优化

学习目的与要求

知识目的

通过本章的学习，掌握旅游消费的概念、性质和特点，认识旅游消费在旅游经济运行中的作用，了解旅游消费者最大效用均衡的分析方法及其在旅游消费决策中的运用，明确旅游消费结构的含义及其优化途径，理解旅游消费效果的含义及有关评价原则。

思政目的

①从对旅游消费基本原理的理解中学会尊重规律，辩证理解旅游消费行为；②从对旅游消费结构及其发展变化的学习中理解人民幸福感的来源，增强道路自信和文化自信；③从对旅游消费结构优化的学习中提高对人民幸福的认识，厚植爱国情怀；④从对旅游消费效果评价的学习中树立人民至上和推动共同富裕的理念。

案例导学

落实两会精神，大力发展夜间文旅消费

2024年3月5日十四届全国人大二次会议开幕。李强总理作政府工作报告。政府工作报告强调了2024年是实现"十四五"规划目标任务的关键一年，要坚持稳中求进、以进促稳、先立后破。报告提出积极培育智能家居、文娱旅游、体育赛事、国货"潮品"等新的消费增长点。发展夜间文旅消费既是城市的重要业态构成，也是文旅消费在传统空间和时间上的延伸。商务部发布的《城市居民消费习惯调查报告》显示，我国60%的消费发生在夜间，大型商场每天18时至22时的消费额占比超过全天的50%；在旅游人均消费的贡献方面，夜间消费是白天消费的3倍以上。

以集聚区或产业集群空间形式推动夜间文旅消费发展，有利于集成本地文化、丰富文旅业态、创新体验场景，更好地满足人民日益增长的美好生活需要。我国自2021年以来，文化和旅游部已经认定了三批345家国家级文化和旅游消费集聚区，2024年春节假期，国家级夜间文化和旅游消费集聚区人气旺、消费热、暖意浓，纳入监测范围的集聚区累计夜间客流量9851.21万人次，同比增长58.31%。

资料来源：宋洋洋. 发挥国家级集聚区品牌效应，推动夜间文旅消费稳步增长［N］. 中国旅游报，2024-02-27.

思考：你认为国家级文化和旅游消费集聚区的评定对促进文旅消费、满足人民群众日益提高的文旅消费需求的作用体现在哪些方面？未来如何发挥夜间文旅消费服务，促进区域文旅集聚区提高品牌效应？

第一节　旅游消费概述

一、旅游消费的概念与性质

旅游消费是指人们通过购买旅游产品来满足个人发展和享受需要的行为和活动。旅游消费属于个人消费的范畴，个人消费包括满足基本生存和生活需要的消费以及满足发展与享受需要的消费两大主要方面。其中，基本生存和生活需要的消费是对维持个人和家庭最低生活需要的生活资料与劳务的消费，是保

证劳动力再生产所必需的最低限度的消费；而发展与享受需要的消费，则是人们为了提高生活质量、提高文化素质、发展智力和体力而进行的消费。很显然，旅游消费是在人们的基本生存需要得到满足后而产生的一种较高层次的消费需要，属于满足发展与享受需要的消费。旅游消费的过程，不仅是旅游者获得精神和物质享受的过程，同时也是旅游者增长见识、扩大视野、使体力和智力得到充分发展的一条重要途径。

旅游消费也是连接旅游客源地与目的地，或者说是连接旅游需求与旅游供给的纽带。旅游者在目的地旅游供给信息的基础上做出旅游消费决策，然后通过一系列对旅游产品和服务的消费行为，最终完成旅游活动并对旅游消费的效果做出评价。在这个过程中，旅游消费发挥着十分关键的作用。旅游消费一方面使旅游产品的价值得以实现，另一方面使旅游者的旅游需求得以满足。

随着社会经济的不断发展，尤其在经济较为发达的国家，旅游已日益成为人们生活中不可缺少的重要组成部分，旅游消费在人们的总消费中也占据了越来越大的比例。

【链接启示】

2023 年旅游经济回顾与 2024 年展望

据中国旅游研究院（文化和旅游部数据中心）测算，2023 年全国旅游经济运行综合指数（CTA-TEP）始终处于景气区间，均值为 109.95，已经接近 2019 年的同期水平。年内旅游环境不断改善，旅游市场高开高走，复苏态势不断由客源地扩散至目的地，由城市扩散至农村，由产业链上游扩散至下游，推动国内旅游人数和收入相对于 2019 年的恢复率不断提速，分别由一季度的 68.51% 和 75.18%，提升为上半年的 77.55% 和 82.39%，前三季度进一步提升为 79.92% 和 84.91%，预计全年将分别达到 80.25% 和 85.59%。除暑期研学推高的热门文博场馆的"预约难"，旅游经济总体呈现供需两旺、动态平衡的市场特征，没有重大涉旅安全事故和负面舆情，旅游业发展质量稳步提升。全年数据再次证明并将继续证明这一观点：旅游已经成为城乡居民美好生活的刚性需求，没有任何力量可以阻挡旅游市场的长期繁荣和旅游产业的高质量发展。

资料来源：摘自戴斌《2023 年旅游经济回顾与 2024 年展望》，中国旅游研究院（文化和旅游部数据中心）。

思考：旅游已经成为城乡居民美好生活的刚性需求，那么它给旅游消费市场带来哪些变化？如何看待旅游消费行为的变化？如何满足日益增长和变化的旅游消费？

二、旅游消费的特点

由于旅游消费对象及内容的特殊性，使得旅游消费活动具有不同于其他一般消费活动的特征。

（一）旅游消费是综合性的消费

旅游消费是一个连续的动态过程，它贯穿在整个旅游活动之中。旅游消费的综合性可以从以下几个侧面反映出来：

首先，旅游消费对象是多种成分的综合体。旅游消费的对象是旅游产品，而旅游产品本身是一个综合性的概念，它由旅游资源、旅游设施和旅游服务等多种要素构成。其中，既包含物质的因素，也包含精神的因素；既有实物产品，又有以活劳动表现出来的服务；既有劳动产品，又有非劳动的自然创造物，等等。

其次，旅游消费内容具有很强的综合性。旅游者为了实现旅游的目的，必须购买交通产品以实现客源地与目的地之间以及目的地内部的空间位移，必须购买住宿产品和餐饮产品以满足食宿方面的物质和精神需要，同时还要购买游览、娱乐产品，有的还会购买旅游纪念品等。可见，旅游消费活动是集行、住、食、游、娱、购为一体的综合性消费活动。从另一个角度来看，许多经济部门和非经济部门，如饭店业、交通业、餐饮业、商业、海关、园林等，共同参与了旅游消费的实现过程，这反映了旅游消费的综合性特点。

【链接启示】

"城市漫游"受追捧

"城市漫游"在近段时间广受年轻群体追捧，一般指在专业人员的带领下，参与者有计划地行走在一条独特的城市路线上，从行、住、食、游、娱、购等多方面对城市进行探索的体验活动，消费内容带有很强的综合性。有调研数据显示，在几种新型旅游方式中，82%的人想尝试城市漫游，排名第一，远超其他旅游方式；短视频平台上与"Citywalk""城市漫游"相关话题的播放量超千万次。

比如，在济南宽厚里街区，夜经济的兴起让城市重新散发烟火气，成为吸引年轻人千里奔赴的网红打卡点；在古巷交织的扬州城，不少游客感叹"扬州生活节奏比较慢"，选择用脚步丈量城市，慢品城市文化与历史底蕴；在南京，还有许多年轻人乐于"在自己的城市当一回游客"，纷纷钻进记忆里的小街巷，惊叹于老景致的新变化……这些真实反馈生动表明，城市漫游代表的独特游览心态、视角和路径，不仅能让游历者收获别致体验，还能让一座城市在被"挖掘""探秘"的过程中焕发新颜，形成社交媒介上的新的叙事。

资料来源： https://news.gmw.cn/2023-06/19/content_36637769.htm，有删改。

思考： 城市漫游的兴起对旅游消费数量及其结构会产生什么影响？城市如何抓住此次机会创新旅游产品开发？

再次，旅游消费不仅满足了旅游者的精神发展与享受的需要，同时，由于旅游者离开了原来的生活环境，在旅游过程中也有基本生存需要，旅游消费也满足了旅游者的这种较低层次的需要。

最后，旅游者在消费旅游产品过程中所获得的效用是一种综合的效用，其中既有保健性的、文化性的，也有享乐性的、纪念性的效用等。

（二）旅游消费是一种以劳务为主的消费

这里所说的劳务即指服务。马克思曾指出："服务这个名词，一般地说，不过是指这种劳动所提供的特殊使用价值，就像其他一切商品也提供自己的特殊使用价值一样；但是，这种劳动的特殊使用价值在这里取得了'服务'这个特殊的名称，是因为劳动不是作为物，而是作为活动提供服务的"。[①]可见，服务也是产品的一种形式。从总体上看，服务消费在旅游消费中占主导地位，服务消费贯穿于旅游者整个旅游活动过程的始终。但这并不是说其中不存在对物质产品的消费，相反满足旅游者需要的食品、各种设施设备等都是有形的物质产品，但如果没有旅游从业人员提供的服务，这些产品只能作为零散的旅游产品的生产资源而存在。旅游服务消费主要包括交通服务、导游服务、住宿服务、餐饮服务、文化娱乐服务、购物服务等。

（三）旅游消费与旅游产品生产的同一性

在一般物质产品的生产和再生产过程中，生产和消费是两个相对独立的环

---

① 中共中央马克思恩格斯列宁斯大林著作编译局 . 马克思恩格斯全集：第二十六卷第一册[M]. 北京：人民出版社，1972.

节，先有生产，其后才有消费。而以旅游资源为基础、旅游设施为凭借、旅游服务为核心的旅游产品，具有服务产品的一般特征，其生产和服务是同一个过程的两个方面。旅游产品的不可转移性的特征也决定了旅游者必须亲自到旅游产品生产所在地进行消费，而旅游服务的提供也必须以旅游者的存在为前提。所以，旅游服务的提供就是旅游产品的生产过程，也是旅游产品的消费过程，两者在时间和空间上是统一的。

（四）旅游消费的不可重复性

旅游产品与其他物质产品不同，它的使用价值对旅游产品的购买者来说在时间上是有暂时性的。也就是说，某个旅游者只在他购买该次旅游活动的时间范围内，他才对该旅游产品具有使用权，而不像其他物质产品，消费者在购买后即对其拥有所有权，可以重复使用。一旦旅游活动结束，该旅游者对旅游产品的使用权即告结束，旅游者消费活动亦随之停止。对于旅游产品中的服务而言，亦表现出明显的时间性。伴随着旅游活动的结束和旅游者的离去，旅游消费终止，旅游服务也即告终止。可见，旅游产品的不可转移性和不可储存性的特点，决定了旅游者对某旅游产品的消费是不可重复的。

此外，旅游消费的不可重复性还表现为旅游者在同一时间只能购买一次旅游活动，从而只能消费一个单位的旅游产品，而不像物质产品那样，消费者可以同时购买多个或多种产品。

（五）旅游消费是弹性较大的消费

旅游消费是在人们的基本生存需要得到满足后而产生的一种较高层次的消费需求。一般来说，满足人们生存需要的产品需求弹性较小，而满足人们发展和享受需要的产品需求弹性较大。旅游消费属于需求弹性较大的消费。除了旅游产品的价格、旅游者的收入水平和闲暇时间以外，客源地及旅游地的社会经济发展水平、国际政治经济形势、旅游者的人口统计特征和个性心理特征以及旅游地的其他有关旅游供给因素等，都直接或间接地影响着旅游消费的数量和质量。

三、旅游消费在旅游经济运行中的作用

由于旅游业是一个极具综合性和关联性的产业，旅游消费对整个国民经济所产生的重要的经济拉动作用已经毋庸置疑。根据中国旅游研究院发布的

数据，2019年我国旅游经济继续保持高速增长，共实现旅游总收入6.63万亿元，同比增长11%；旅游业对国内生产总值的综合贡献为10.94万亿元，占国内生产总值总量的11.05%；旅游直接就业2825万人，旅游直接和间接就业人数合计7987万人，占全国就业总人口的10.31%。经文化和旅游部数据中心测算，2023年中秋节、国庆节假期8天，国内旅游出游人数8.26亿人次，按可比口径同比增长71.3%，按可比口径较2019年增长4.1%；实现国内旅游收入7534.3亿元，按可比口径同比增长129.5%，按可比口径较2019年增长1.5%。

在旅游经济的运行过程中，旅游消费也处于核心的地位，是旅游产品生产、交换、消费诸环节周而复始地不断进行的过程，也即旅游产品的购买与旅游产品的生产消费得以继续的过程。如果旅游产品的生产、交换和消费各个环节之间相互衔接、平衡协调，旅游经济运转就能顺利进行；反之，旅游经济活动就不能顺利运转。其中，决定旅游经济能否顺利运行的枢纽就在于旅游消费。这是由旅游消费在旅游经济运行中的地位和作用决定的，具体表现在：

第一，旅游消费是旅游需求的实现和满足，并激发新的旅游需求和旅游产品生产。在生产、分配、交换和消费四个环节中，生产是起点，消费是终点。如果把社会再生产看作是一个周而复始的过程，那么消费是第一个生产过程的终点，同时又是下一个生产过程的起点。一般来说，生产决定消费，但"消费的需求决定着生产"，生产取决于需求；而需求的形成和发展，又在很大程度上取决于消费的发展。没有需求，没有消费，生产就没有目的。从这点上说，消费决定了生产，消费需求和消费水平决定了生产的发展方向和发展速度。

随着社会经济的不断发展，人们收入水平的提高和闲暇时间的增多，在基本生存需要得到满足后，人们产生了个人发展与享受的需要。旅游是满足人们较高层次发展需要的主要活动之一。人们只有通过购买旅游产品，进行旅游消费，才能实现旅游需求的满足。与此同时，正因为有旅游消费，旅游产品的生产才有了目的和对象。当人们的一般旅游需求得到满足后，又会产生新的旅游消费需求。这样，当每一种新的旅游需求产生后，就需要设计和生产新的旅游产品来满足消费需求，而新的消费需求得以满足后，又会产生更新的旅游需求……整个旅游经济活动就是按照需求—生产（消费）—满足—新的需求—新的产品—新的满足这种模式循环往复的。

第二，旅游消费是旅游产品的价值得以实现的过程，也是对旅游产品的最终检验。如果没有旅游消费，旅游产品就无法销售出去，旅游产品的价值就不能实现，旅游经济的运行就难以顺利进行。通过旅游消费可以检验整个旅游经济结构是否合理，旅游经济效益是否理想。

【链接启示】

理解旅游消费规律很重要

唯物辩证法指出，发展是指事物由简单到复杂、由低级到高级的变化趋势，事物的发展往往是"不平衡→平衡→新的不平衡→新的平衡"的波浪式前进、螺旋式上升的过程。如果旅游产品的质量不佳，反映在旅游消费上，旅游者就不会选择这样的旅游产品，造成生产与消费的"不平衡"。此时，旅游提供者就需要调整供给策略、优化旅游产品，吸引消费者购买，在生产与消费之间达成平衡，进而促进旅游产业的发展。

第二节　旅游消费决策

一、旅游消费者最大效用均衡

旅游消费决策是个人根据自身需要及其他相关条件，通过收集和加工有关的旅游信息，选择和确定旅游消费方案并付诸行动的过程。旅游消费决策过程一般包括产生旅游需求和动机、收集信息、选择旅游目的地或旅游供应商、旅游预算、决定是否外出旅游、外出旅游等几个阶段。影响旅游者旅游消费决策的因素有很多，从旅游者自身到旅游供给的诸多因素都会对旅游消费决策产生影响。这里，我们主要从旅游者效用满足最大化的角度对旅游消费决策进行探讨。

由于旅游者的可自由支配收入和可自由支配时间总是有限的，而旅游产品的价格是给定的，因此旅游者就存在着一个如何合理支出旅游消费及安排时间，实现最大限度旅游享受的问题。旅游消费者最大效用均衡，是指旅游者在支出一定的费用和时间的条件下，通过购买合理比例的旅游产品，进行旅游消费，从而获得精神与物质上的最佳感受，即达到效用最大化。

旅游消费者最大效用均衡可以通过无差异曲线和开支预算线来揭示。无差异曲线表示两种或两组产品的不同数量组合对消费者所提供的效用是相同的。假设现有 X 和 Y 两种产品，无差异曲线如图 5-1 所示。

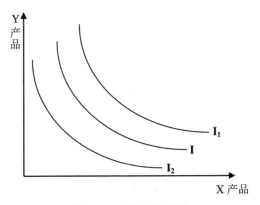

图 5-1　无差异曲线图

图 5-1 中，I 为无差异曲线，线上任何一点所表示的 X 产品和 Y 产品不同数量的组合给消费者所带来的满足程度是相同的。无差异曲线具有下列特征：第一，无差异曲线是一条凸向原点并向右下方倾斜的曲线；第二，在同一平面上可以有无数条无差异曲线，离原点越远的无差异曲线所代表的满足程度越高（如 I_1），离原点越近的无差异曲线所代表的满足程度越低（如 I_2）；第三，在同一平面上，任意两条无差异曲线不相交。毫无疑问，理性的消费者总是愿意在尽可能高的无差异曲线上选择一种产品组合，以使其效用最大化。

开支预算线是指在收入和商品价格既定的条件下，消费者所能够购买到的各种数量商品的最大组合。消费者能够得到的商品组合，一方面取决于其货币收入的多少，另一方面依赖于商品价格水平的高低，这两方面结合起来就构成所谓的预算约束。假设消费者的货币收入为 M，P_x 和 P_y 分别为商品 X 和商品 Y 的价格，如果用 Q_x 和 Q_y 分别表示 X 和 Y 的购买量，则有：

$$P_x Q_x + P_y Q_y = M$$

该式可以转换为：

$$Q_y = \frac{M}{P_y} - \frac{P_x}{P_y} Q_x$$

这一公式所表示的直线如图 5-2 所示。公式右边第二项 P_x/P_y 为该直线的斜率，右边第一项 M/P_y 是该直线在纵轴上的截距，M/P_x 即为直线在横轴上的截距。

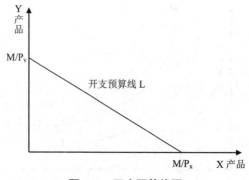

图 5-2　开支预算线图

在无差异曲线分析中，消费均衡是在无差异曲线与开支预算线的切点上。这一点所对应的 X 产品和 Y 产品数量的组合既满足消费者需求又符合消费者的开支预算。此时消费者就获得最大满足，如图 5-3 所示。

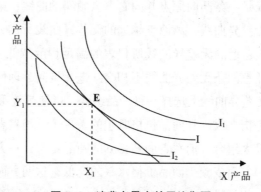

图 5-3　消费者最大效用均衡图

二、消费者最大效用均衡与旅游消费决策

在旅游消费决策分析中，消费者最大效用均衡主要体现在四个方面：第一，旅游消费与其他产品消费的决策；第二，旅游目的地的选择决策；第三，旅行方式的选择决策；第四，各种旅游消费支出比例的决策。

（一）旅游消费与其他产品消费的决策

人们往往要在旅游消费与其他产品消费之间进行选择，以期获得最大满足。当人们有一定的可自由支配收入时，或者将其储存起来，或者用于满足发展和享受需要的消费上，如购买高档的家电用品、娱乐健身或用于外出旅游。但无论怎样安排，一个理性消费者总是要在收入水平和产品价格既定的情况下，做出使他们达到最大满足的消费选择。

假定每单位家用电器的平均价格为 1400 元，国内旅游日平均花费 200 元。现某消费者欲以 5600 元购买一部分家用电器，同时还要进行一次旅游，他在购买家用电器和购买旅游产品之间，应如何达到均衡呢？假设该消费者可获得满足的搭配如表 5-1 所示。

表 5-1　旅游者获得同等满足的产品组合（a）

获得同等程度满足的产品组合				
	A	B	C	D
家用电器（单位）	5	3	2	1
旅游产品（天数）	4	7	16	28
预算限制下可能的产品组合				
	M	B	E	N
家用电器（单位）	4	3	2	0
旅游产品（天数）	0	7	14	28

根据以上组合，我们可以画出无差异曲线与消费预算线，两者相切于 B 点，即消费均衡点，如图 5-4（a）所示。也就是说，7 天的国内旅游，同时又购买 3 个单位的家电产品，才能达到 5600 元开支下的最大满足。

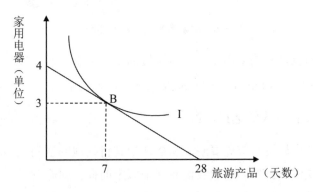

图 5-4　旅游者最大效用均衡图（a）

（二）旅游目的地的选择决策

当人们决定外出旅游时，需要对旅游目的地进行选择。假定旅游者在上海、杭州两地旅游天数的几种搭配方案，都能使其感到满足，如表 5-2 所示。

表 5-2　旅游者获得同等程度满足的产品组合（b）

组合方式	A	B	C	D
上海旅游（天数）	1	2	3	4
杭州旅游（天数）	10	6.8	5.8	5

　　假定在上海旅游每日的平均费用为 240 元，在杭州每日平均花费 150 元。那么根据该游客 1500 元的旅游预算，他应在两地各停留多少天，才能得到最大满足？

　　图 5-5 中无差异曲线与消费预算线相切于 B 点，B 点所表示的在两地旅游天数的组合，即在上海旅游 2 天，在杭州旅游 6.8 天，该游客获得了消费均衡。

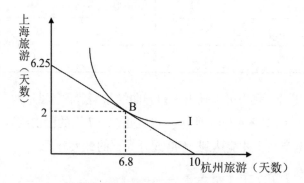

图 5-5　旅游者最大效用均衡图（b）

　　闲暇时间也是影响人们做出旅游决策的重要因素，假定该游客的假期只有 8 天，那么该游客对旅游的抉择还要受到 8 天假期的限制。

（三）旅行方式的选择决策

　　旅游者外出旅游时首先要解决从居住地到目的地的空间位移问题，所以需要对旅行方式做出选择。这里我们有一个假定前提，即旅游者在选择旅行方式时，只考虑其收入和时间两个因素（收入和时间几乎对每个人来说都是稀缺资源），不考虑如旅游目的、旅行经验或目的地的地理位置等的其他影响因素。在选择旅行方式时，有人倾向于多支出货币少支出时间，而有人则倾向于少支出货币多支出时间。一般说来，高收入的人的货币效用较小，而闲暇时间变得相对重要，所以在旅行方式选择时就倾向于多支出货币少支出时间；反之，则倾向于少支出货币多支出时间。这种选择行为可以用无差异曲线的分析方法加以解释。

时间一直是经济学中一个非常重要的问题。古典经济学家正是从劳动时间和社会必要劳动时间出发，建立和发展了劳动价值论。西方经济学中也把时间作为一个非常重要的因素加以考察，如从动态角度考察资金的时间价值等。时间既然是稀缺资源，在时间的使用上也必然存在着机会成本，这种机会成本就是时间的价值。一个从北京到广州的游客，如果要在航空旅行和火车旅行两者当中进行选择，必然把乘火车旅行时过多的时间消耗所造成的机会成本，或从航空旅行时节约的时间所带来的机会收益考虑进去。关于时间价值的度量并没有一个统一的标准，因为对于不同的人来说，时间的机会成本有很大差别，即便同一个人在不同时期的时间机会成本也不尽相同。但是，我们不能否认时间价值在理论上的存在。

如图 5-6 所示，纵轴表示货币支出，横轴表示时间支出，无差异曲线表示的是能给旅行者带来同样旅行满足程度的货币支出和时间支出的组合点的轨迹。在无差异曲线的 A 点，旅游者可以多支出货币少支出时间，即选择一种快速的旅行方式，如航空旅行；在 B 点旅游者可以多支出时间少支出货币，即选择一种慢速的旅行方式，如乘火车旅行。

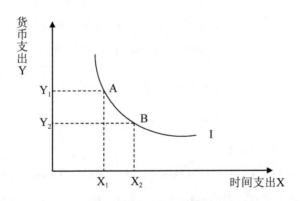

图 5-6　旅游者选择旅行方式的无差异曲线

收入和时间构成一个旅游者的旅行约束。假定旅游者单位的时间价值为 P_x，时间支出量为 X，货币支出量为 Y，则 $P_xX+Y=M$ 就构成了一个人的旅行资源总量。它表现为一条直线，直线的斜率为 P_x，它由旅游者每单位的时间价值来决定。直线在横轴上的截距为 M/P_x，在纵轴上的截距为 M。旅游者希望以最小的旅行资源支出达到最大的效用。显然，在既定的旅行资源 M 下，旅游者的均衡点在 E 点。如图 5-7 所示。根据这个时间支出和货币支出的组合点，旅游者可以选择一种适当的旅行方式。

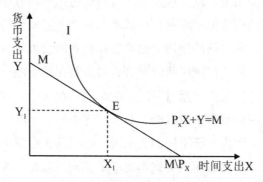

图 5-7　旅游者最大效用均衡（c）

（四）各种旅游消费支出比例的决策

旅游者需要对旅游过程中的食、住、行、游、购、娱每一方面的消费量做出决策。假定旅游者打算在目的地多停留几天，而且打算购买一些旅游纪念品带回去，但他可支配的用于旅游消费支出的钱仅余 900 元，那么他该如何在增加停留时间和购买纪念品之间做出选择，才能获得最大满足呢？假设在该目的地每日平均花费为 150 元，该旅游者欲购买的每单位旅游纪念品的平均价格为 20 元，该旅游者在哪种组合情况下可获得同等程度的满足，如表 5-3 所示。

表 5-3　旅游者获得同等满足的产品组合（c）

产品	A	B	C	D
旅游天数（天）	5	4	3	2
旅游纪念品（单位）	8	15	20	35

由于旅游者受到 900 元的预算限制，能使他获得最大满足的产品组合只有图 5-8 中 B 点所代表的组合，无差异曲线和预算线在该点相切。也就是说，当该旅游者选择再停留 4 天、购买 15 个单位的旅游纪念品时，能得到最大的消费满足。

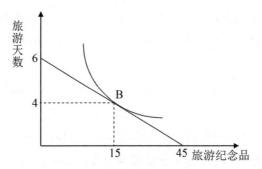

图 5-8　旅游者最大效用均衡（d）

除了无差异分析方法之外，我们还可以利用边际效用分析法来研究旅游消费者最大效用的均衡。根据边际效用递减规律，随着旅游产品数量的增加，总效用随之增加，但边际效用却是递减的。这里，旅游消费者最大效用均衡的原则是，如果旅游者的货币收入是固定的，市场上各种产品的价格是已知的，那么旅游者一定要使其所购买的各种产品的边际效用与他所付出的价格成比例，也就是说，要使每一单位货币所获得的边际效用都相等。

在实践中，旅游消费者的消费决策除了受其本身的收入、时间、兴趣爱好、年龄等因素影响外，还要受到旅游目的地方面的影响，如旅游资源的吸引力、旅游服务质量、旅游产品价格、旅游目的地的政策法令、社会治安、人民友好关系等很多因素，这些都制约着旅游消费者的旅游决策。旅游者做出的每一项旅游决策，都是对这些因素综合考虑的结果。

案例思考

日本宣布排放核污水，赴日旅游降温

2023 年 8 月 24 日，日本宣布排放核污染水之后，日本游开始降温，中国游客赴日旅游的意愿大幅降低。而在此前，日本是中国游客最为热门的旅游目的地之一。在 2015 年至 2021 年，中国访日游客数量均超过韩国，位居第一，在 2019 年达到最高峰值。日本国家旅游局数据显示，2019 年，访日外国游客人数为 3188.21 万人，其中，中国游客人数为 959.4 万。2019 年访日外国人整体消费额达到 4.81 万亿日元，其中，中国游客的消费额达 1.77 万亿日元，名列第一，在访日外国人整体消费额中占比 36.8%。

然而，自日本开始排放核污染水，中国游客赴日旅游的意愿也受到严重影响。据香港文汇网报道，香港工联会公布一项调查结果显示，将会减少赴

日旅游的受访者有 51.9%。微博上有媒体发布了"近期还会考虑去日本旅游吗"的调查，该调查有约 1.6 万人参与，数据显示，91% 的参与者都选择了"不会"。

资料来源：https://new.qq.com/rain/a/20230830A02ZB900，有删改。

思考：中国游客赴日旅游的意愿降低，既是因为人们对日本核污染和环境破坏的担忧，又包含人们对国际关系和冲突的认识与考量。那么，你认为最大效用均衡是旅游者做出决策的唯一依据吗？国际政治、经济、社会文化环境和外交关系是如何影响本国人民做出旅游决策的？

第三节　旅游消费结构及其发展变化

一、旅游消费结构的概念和分类

旅游消费结构，是指旅游者在旅游过程中所消费的各种类型的消费资料的数量、质量及比例关系，是衡量一个国家或地区旅游业发展水平的重要标志之一。从不同的角度出发，旅游消费有不同的构成内容，也相应形成了不同的旅游消费结构。

1. 从旅游者所购买的旅游消费资料的不同功能与用途出发，旅游消费可分为行、住、食、游、娱、购等几个方面的消费。如前所述，作为旅游消费对象的旅游产品是满足旅游者外出旅游过程中各种需要的综合性产品，旅游消费就相应地涵盖各种不同单项产品和服务的消费。

2. 从满足人们旅游需求的不同层次出发，旅游消费可分为生存资料消费、享受资料消费和发展资料消费。旅游者在旅游过程中的食、住、行等方面的消费，是满足旅游者在游览过程中的基本生理需要的消费，而在观赏、娱乐、学习等方面消费的物质产品和精神产品是满足旅游者精神享受、智力发展的需要。在旅游活动过程中，这两种消费相互交错，很难严格划分它们之间的区别和界限。例如，很多旅游者在消费饭店产品时既要得到基本生理需要的满足，同时也要求获得精神享受上的满足。探险旅游者或考察旅游者在满足自身享受与发展的需要中又掺杂着其生存需要的满足。

【链接启示】

研学旅游日渐盛行

2016 年，教育部等 11 部门发布《关于推进中小学生研学旅行的意见》指出，研学旅行是一种"研究性学习和旅行体验相结合的校外教育活动"。作为学校教育和校外教育衔接的创新形式，研学实践能让学生们在"行走的课堂"中增长见识、收获新知。因此，研学游可以看作是旅游消费中的发展资料消费，能够帮助人们了解国情、热爱祖国、开阔眼界、增长知识，着力提高社会责任感、创新精神和实践能力。

3. 从旅游消费资料的形态出发，可把旅游消费分为实物消费和劳务消费。实物消费是指旅游者在旅游过程中对物质产品的消费，如客房用品、食品、饮料等；劳务消费是指旅游者在旅游过程中对活劳动的消费，如交通运输服务、导游服务、饭店服务、餐饮服务等。

4. 从旅游消费对旅游活动的重要性出发，可把旅游消费分为基本旅游消费和非基本旅游消费。基本旅游消费是指进行一次旅游活动所必需的消费，如交通、住宿、餐饮、游览等；非基本旅游消费是指并非每位旅游者每次旅游活动都需要的且具有较大弹性的消费，如旅游购物、医疗消费、邮电通信消费等。

5. 根据旅游者的旅游目的，可将旅游消费分为观光型、度假型、商务型、探亲访友型、交流／专业访问型等。如果旅游者只抱有单一目的外出旅游，就是单一性消费。但在现实中，旅游者到某地旅游往往有一个主要目的，如观光、度假或专项旅游等，在实际旅游活动中也不排斥其他旅游消费项目，如有的游客在观光后，还伴有娱乐、保健等消费，很多商务游客在完成商务活动之后，都伴有观光旅游消费。这时，旅游消费就表现为多样性消费，而多样性消费是现代旅游的一个特征。

此外，旅游消费还可以根据不同的旅游目的地、不同的客源产生地以及不同的旅游季节进行分类。

案例思考

"特种兵"式旅游带来旅游消费新机遇

这段时间，大学生利用课余时间进行"特种兵"式旅游在社交媒体引发热议。

高强度的行程安排、旋风式"打卡"作业，在挑战网友想象力的同时，也让人感受到了国内消费市场的勃勃生机和巨大潜力，折射出年轻一代消费群体的新趋势新变化。

大学生之所以能"说走就走"，一方面，体现了我国完善的基础设施对于旅游市场的促进作用，四通八达的高铁网络、方便快捷的线上购物支付，让出游越来越便捷；另一方面，得益于国内成熟健全的营商环境、安全稳定的经济社会形势，让涉世不深的大学生也可畅游全国。

值得注意的是，年轻一代消费者并不迷信传统的旅游线路和成熟景点。在他们看来，一些新发掘的网红店、一个极佳的拍照点位更加"人间值得"。这充分说明我国地大物博，有无穷无尽的"宝藏"旅游资源等待被发现。近年来，国内旅游业不断挖掘新的细分市场商机，冰雪游、奥运游、民俗游……消费新亮点层出不穷，较好地满足了不同群体对美好生活的向往，也给相关行业提供了发展机遇。

读万卷书，行万里路。处于人生最美青春的大学生，在收获书本知识的同时，拓宽眼界、增长见识同样重要。因此，"特种兵"们可以带着对旅游的满满热情，在红色旅游中更加坚定理想信念，在工业旅游中树立实干兴邦的远大志向，而不只是"到此一游"，让旅游业带动更多人走向幸福美好生活。

资料来源：杜铭.抓住旅游消费新机遇［N］.经济日报，2023-05-11（02）.

思考：党的二十大报告指出，"当代中国青年生逢其时，施展才干的舞台无比广阔，实现梦想的前景无比光明"。作为青年学生，应该如何选择旅游活动和方式、如何明确旅游的意义与目的，在旅游消费的过程中进一步坚定信仰、学习知识、增长才干？

二、影响旅游消费结构的因素

如前所述，旅游消费是一种弹性较大的消费，旅游消费和旅游者的旅游需求以及旅游产品的生产和供给密不可分。因此，影响旅游消费需求和旅游供给的诸多因素都会对旅游消费结构产生影响。概括起来，影响旅游消费结构的因素主要有以下几方面。

（一）有关旅游者的因素

1. 旅游者的收入水平。收入水平决定消费水平，也决定需要的层次，进而决定了旅游消费结构的变化。只有当人们的收入在支付其必需的生活消费和社会消费之后尚有一定数量的节余，即存在一定的可自由支配收入时，才有可能外出旅游。而且，旅游者的可自由支配收入水平也决定了旅游者的旅游消费水平和旅游消费结构。很多关于旅游行为的调查表明，人们外出旅游的频率及消费额与可自由支配收入之间存在直接关系。一般来说，可自由支配收入越多，外出旅游的可能性越大，旅游消费水平会越高，旅游消费需求的满足程度也会越充分。例如，可自由支配收入高的旅游者有可能选择较昂贵的旅游目的地，选择高档饭店和美味餐食，会在购物、游览方面花费较多，致使交通花费在其外出旅游总花费中占较低比重；而可自由支配收入较低的旅游者往往倾向于以游览为主，对住宿、饮食的要求不高，并很少购物，同时由于在交通方面通常没有太多的节省余地，这样就使得交通花费在其旅游总花费中占据相对较大的比重。

2. 旅游者的构成。旅游者的年龄、性别、职业、受教育水平、风俗习惯和兴趣爱好都不同程度地影响着旅游消费结构。一般来说，青年游客以游览娱乐型消费为主，而在住宿、饮食方面的消费相对较低；老年游客对住宿、餐饮和交通方面的质量要求较高。女性游客的购物消费在其全部旅游消费中所占的比例往往较大。旅游者的年龄、文化程度、职业不同，其收入水平和带薪假期也不一样，收入水平和带薪假期又进一步影响着旅游者的停留天数和消费数量。旅游者的文化背景和兴趣爱好不同，对旅游产品的内容和质量要求也就各不相同。此外，旅游者的来源构成，如城乡、地区等因素都会不同程度地影响旅游消费结构的变化。

3. 旅游者的心理因素。根据斯坦利·普洛格对心理类型的研究，自我中心型的旅游者和多中心型的旅游者在目的地的选择和出游方式的选择方面存在很大不同。此外，旅游者的从众心理以及消费方式的示范效应也影响着旅游者的支出意向。

（二）有关旅游供给的因素

1. 旅游产品的结构。生产水平决定消费水平，旅游产品的生产结构直接影响和制约着旅游消费结构。例如，我国旅游业凭借着丰富的观光型旅游资源，主要向旅游市场提供观光型旅游产品，这也是多年来我国城镇居民和入境游客在旅游消费结构上都是以观光游览为主，而对其他类型旅游产品消费较少的重要原因之一。随着旅游需求的变化和旅游产品结构的不断转型，目前我国的旅游消费结构正在由传统单一的观光旅游向度假休闲、保健疗养、文化旅游和生态旅游等复合型转化，旅游消费结构逐步升级。

从另一个角度来看，旅游产品是综合性产品，向旅游者提供的住宿、饮食、交通、游览、娱乐和购物等各类产品的生产比例是否合理，各种产品的内部结构是否恰当，将直接影响旅游消费数量和消费结构。如果向旅游者提供产品和服务的各相关部门的结构不合理，就会导致整体旅游产品中各构成要素比例失调。比如交通运力紧张，而饭店设施供给过剩，或者饭店过多，游娱网点又过少等，这些情况都会破坏旅游产品的整体协调性，从而无法很好地满足旅游者的需求。除了数量结构之外，旅游产品结构还涉及质量结构问题。旅游产品在质量上也要符合消费需求。如果旅游产品中任何一部分质量水平不高，旅游者就会改变其支出意向，从而影响旅游消费结构。

2. 旅游产品的价格。旅游产品价格的变化影响着旅游者的消费数量和消费结构。由于旅游产品的需求弹性较大，当旅游产品的价格上涨而其他条件不变时，人们就会把旅游产品的消费转向其他替代品的消费，使旅游消费数量减少；当旅游产品内部某一部分的价格上涨时，旅游者会抑制或减少对这部分产品及与其成互补关系的产品的支出，甚或改变支出意向，从而改变旅游消费结构。

（三）有关客源地和目的地的宏观环境因素

1. 旅游客源地的社会经济发展水平。客源地的社会经济发展水平直接影响着旅游者的可自由支配收入水平和闲暇时间以及旅游者的受教育水平，从而对旅游需求的产生以及旅游者的旅游消费水平和消费结构产生重要影响。比如，社会经济发展水平较高的国家，其国民出游比例较高，旅游消费能力较强，在旅游消费结构方面与经济发展水平较低的国家相比存在着很大的不同。

【链接启示】

东盟游客来华旅游消费结构特征分析

总体来看，近几年东南亚区域入境游客基本旅游消费比重呈逐年下降趋势，降幅较大的有菲律宾、新加坡、印度尼西亚，分别由 65.3%、63.5% 和 64.6% 下降到 38.4%、55.1% 和 49.8%。

泰国基本旅游消费比重变动不大，维持在 59.7%。可见，我国东南亚区域入境旅游市场面临着非基本消费比重过低的问题，与发达国家非基本消费支出

60% 以上的水平相去甚远。基本旅游消费中长途交通、住宿、餐饮比重较大，非基本旅游消费中购物比重较大。

旅游消费结构变动度用来考察平均每年消费结构的变动程度，通常用期末各类消费占总消费额的百分比减去期初同类消费占总消费额的百分比，将相减的差的绝对值相加即获得一定时期的结构变动值，用变动值除以考察年数，得到年平均结构变动度。

变动度较大的国家为菲律宾、印度尼西亚、泰国，说明这三个客源国市场对亚太区域入境游客消费结构变动值的贡献率较大；变动度较小的国家为新加坡、马来西亚，说明多年来这两个客源国入境游客的消费结构变动并不显著。

菲律宾游客人均天花费由 126.38 美元增至 156.47 美元。其消费结构变动指数较大，比较突出的是长途交通和购物两项。长途交通由占消费支出的 32.6% 下降至 11.6%，购物则由 14% 上升至 47.7%，说明近年来菲律宾游客对来华购物表现出极大的兴趣，游客情愿在购物项目上支付相对更多的费用。这对于我国旅游业创汇显然是有利的。

新加坡、印度尼西亚游客人均天消费分别维持在 159 美元、150 美元左右，变动较大的是购物和娱乐两项，数据表明两国游客对来华购物兴趣递增，而对娱乐项目的兴趣正逐年递减。马来西亚人均天消费由 149 美元上升至 157 美元，游客消费变动度指数较小。泰国游客人均天消费由 153.96 美元上升至 184.46 美元，住宿和购物分别由 15.5%、14.8% 上升至 20.4%、21.2%，长途交通和娱乐则由 28.1%、8.9% 下降至 20.7%、3%，其他项目变动指数并不显著。

从消费结构特征分析不难看出，东盟主要客源国来华旅游，交通方面的消费指数正在逐渐下降，而且下降的幅度较大；而购物的指数却在大幅上升。由此可见，东盟主要客源国的游客来华旅游，购物消费成为了他们支出的重要部分。

结合消费结构特征分析，中国旅游行业可以做出适当调整，在保证旅游质量的同时，将游客消费重心——购物适度提高，以此吸引游客来华旅游。在对我国旅游创汇有利的同时，也将具有中国特色的物品和精神带向国外，让更多的东盟国家的人民了解中国，了解中国文化。

资料来源： 游兔网 . http：//www.cic.mofcom.gov.cn/ciweb/cic/info/Article.jsp？.

思考： 消费结构的变化受什么影响？我国旅游业如何依据消费结构变化调整旅游产品供给结构？

2. 旅游目的地的社会经济发展水平。旅游目的地的社会经济发展水平决定了其旅游供给能力和供给水平，包括各种旅游设施的完善程度、旅游产品的数量和质量结构以及旅游业的经营管理水平，这在一定程度上影响旅游者对目的地的消费选择和旅游消费结构。比如，一个经济发展水平较高的目的地的旅游设施齐全，旅游产品种类丰富，旅游消费者选择余地大，来访旅游者的旅游消费就会呈现出多样化的特征，其结构也会不同于经济发展水平较低的目的地。

3. 目的地与主要客源地之间的距离。一般情况下，如果目的地距其主要客源地较远，那么来访旅游者在交通方面的支出就会在其旅游消费总支出中占较大比例，例如欧美国家和地区的来华游客当中，交通费用占其旅游花费中的比重就比较大。

三、旅游消费结构的发展变化

随着时代的发展和人们生活水平的提高，旅游者的旅游消费观念和模式正悄然变化。很多游客不再满足于游览传统景点，而是希望通过旅游达到放松身心或者通过深度游来增长见闻的目的。出游选择日渐个性化，旅游消费也呈现出多元化的拓展趋势，因而顺应市场，推陈出新，提供高品质的、多样化的旅游产品成为旅游企业发展的必然趋势。

（一）国内游消费结构多元化

2019 年，中国居民国内旅游人数为 60.06 亿人次，同比增长 8.4%。其中，城镇居民 44.71 亿人次，增长 8.5%；农村居民 15.35 亿人次，增长 8.1%。国内旅游收入中，城镇居民花费 4.75 万亿元，增长 11.6%；农村居民花费 0.97 万亿元，增长 12.1%。中国国内居民出游群体呈大众化态势。在过去，旅游多是有闲阶层的消遣，但现在转向普通大众，无论是老人、小孩还是农民，以前不太主流的群体都成为大众旅游市场的一部分。

在旅游者出游方式方面，自由行因其灵活、便捷、自由、私密等优势，逐渐受到人们的青睐。途牛《2022 自由行报告》显示，长线自由行的出游人次占比达 84%；华南方向是热门的出游目的地，吸引了六成以上的自由行用户。80、90 后是自由行的消费主力，用户决策周期更为"短平快"。自由行用户消费需求持续升级，高星酒店、主题酒店套餐等产品，以及专车专导等目的地服务逐渐成为更多用户的选择。

（二）出境游市场回暖

旅游绿皮书显示，中国出境旅游的规模、人次增速非常快。2000年中国出境游为1000万人次，到2019年出境人数创历史纪录达到了1.55亿人次。2020年至2022年，出境游因全球新冠疫情的影响而被迫中断，到了2023年，不仅出境游游客人数持续增加，出境游游客在国外的消费能力也在快速恢复。目前各国政府都已经展开了吸引中国游客的激烈竞争，包括简化签证程序、在中国进行旅游营销等，而且这些国家的旅游业界、饭店、景区、商场等，纷纷将中国游客视为重点客户群。中国人出境游的行为也正在发生着一定的变化，比如中国的出境游客更年轻、更独立、更了解当地文化，也更愿意融入当地的文化。

（三）消费层次不断提高，个性化私人定制产品出现

一般的观光旅游逐渐减少，高层次的定制化产品开始受到市场关注。私人定制旅游成为国外非常流行的旅游方式，根据旅游者的需求，以旅游者为主导进行旅游行动流程的设计。服务内容从单项特色预订服务，如旅游顾问、宝贝陪护、购物指导、机场接送、宠物寄养等，到更为高端的旅游行程预订服务，如私人商旅定制、主题游预订、主题游自由出行定制等，服务内容更加具体，弹性十足，也更加契合旅行者的不同需求。随着人们收入水平的提高、旅游消费经验的不断丰富、个性化需求的持续高涨、对旅游体验与服务品质的要求逐渐提升，以及新型消费理念的广泛传播，尽管从量上不会完全替代观光旅游，但旅游品质更有保障、利润更高的定制旅游肯定会呈现上升的发展态势，拥有广阔的发展空间。未来的旅游市场，可以说谁先满足游客的多元化需求，谁就能站在旅游发展的前端。

【链接启示】

满足个体需求　提升人民幸福感

人民幸福感最直接的来源是个体需求得到满足，这也是人类永恒追求的心理目标。从旅游消费角度来说，人们个性化、多样化、品质化的旅游需求得以满足，同时旅游消费结构的变化符合旅游者期待，便可以由获得感进而产生幸福感。

思考： 如何通过旅游消费更有效地提高人们的幸福感？

第四节　旅游消费结构的优化与路径

一、合理旅游消费结构的标准

旅游消费结构优化是一个动态的发展过程，它是指旅游消费结构由不合理状态向合理状态的标准不断逼近的过程。合理的旅游消费结构，具体来说应该满足下列要求。

（一）要实现旅游消费多样化

所谓旅游消费多样化，是指旅游消费的内容丰富多彩，方式多种多样。也就是说，供旅游者选择的旅游消费内容和旅游活动方式，必须满足消费者各种各样的需要。比如，向市场提供的旅游产品既要有观光游览，又要有各种能让旅游者参与其中、亲身体验的旅游项目；既要有利于旅游者消除疲劳，又要有利于旅游者增长知识。旅游消费多样化是旅游消费合理化的基本要求，只有消费选择多样化，才能满足现代旅游者多样化的需要。

案例思考

云南精心打造"六大旅游产品"

多年来，云南省充分发挥旅游资源特色和优势，不断丰富、完善各类旅游产品的内容，大力开发和发展特色鲜明的旅游产品，精心打造"六大旅游产品"，使云南旅游逐步成为在国内外市场上有竞争力和吸引力的旅游名牌产品，成为中国推向国际国内旅游市场的重要旅游目的地。云南着力打造的"六大旅游产品"主要是：

1. 自然生态旅游产品。该产品主要依托云南现有国家级、省级自然保护区和风景名胜区，在对综合自然生态系统、珍稀动植物、特有植被、高原湖泊加强保护的前提下，有针对性地选择、建立一批森林公园、热带雨林、草原风光、多样性生态类型和生物类型的自然生态精品旅游产品，使国内外旅游者在云南真正能够体验回归自然，感受"香格里拉"的神奇。

2. 民族风情旅游产品。该产品主要依托云南 26 个民族绚丽多彩的民族文化和民族风情，向广大中外旅游者展示各民族的文化艺术、生活习俗、喜庆节日、风味产品、竞技活动、生产劳动等民族风情文化，使游客在旅游活动中游览民族村寨，参加民族节庆，品尝民族餐饮，体验民族歌舞．购买民族商品，领略各种绚丽多彩的民族风情文化活动。

3. 会展商务旅游产品。充分利用云南"立体气候"条件，尤其是"春城"四季如春的气候和良好的地理区位条件，抓好国际国内各种会议、展览精品旅游产品的推出，并围绕会展旅游需要，配合建设高尔夫球场、网球场、文化娱乐和会展中心等设施，精心组织中国昆明国际旅游节和各种民族节庆活动，使昆明日益成为备受国内外欢迎的商务会展旅游中心。

4. 度假旅游产品。依托全省已有的 10 个国家级、省级旅游度假区，建设和完善旅游度假区的度假旅游项目和配套服务设施，把各个旅游度假区发展成特色鲜明的度假旅游精品产业，使之与国际接轨并进入国际旅游度假市场，促进云南旅游逐步从观光旅游向观光与度假旅游转变，提升了云南旅游的品位和综合经济效益，并逐渐成为国际知名的度假旅游胜地。

5. 康体旅游产品。云南具有众多的江河湖泊、丰富的地热资源、特殊的气候和高海拔条件，尤其是地下温泉遍布全省大部分地区，通过利用温泉并结合中国传统的推拿、针灸等民间疗法，积极发展健康旅游；同时还结合云南 26 个民族的近 200 项传统体育活动．以及众多江河湖泊和良好的气候条件，建立了一批档次较高、服务设施较配套的体育中心，大力发展涌流、登山、攀岩、竞技等体育旅游产品和国际性体育赛事。

6. 红色旅游产品。云南省文旅厅发布 60 条红色旅游线路，以云南全省的红色旅游景点、重要历史事件及人物活动纪念地、革命历史纪念馆、重要机构旧址等资源点为基础，串联起云南丰富的红色旅游资源，带领游客体验独具云南特色的红色基因。旅游线路以地图打卡、印章收集、奖品兑换等互动内容为特色，让游客有"身临其境"的参与感。红色文化与民族文化的串联与融合，受到了很多游客的青睐。

资料来源：根据互联网资料整理。

思考：旅游产品的多样化能够提升旅游目的地的竞争力，促进旅游消费的转型升级，那么我们应该如何运用"多样化"的思维方式，提升个人竞争力？

（二）旅游消费的各个构成部分之间要保持恰当的比例

一般而言，旅游业发展水平越低，基本旅游消费支出占总消费支出的比重就越高；反之，非基本旅游消费支出所占的比重就越高。基本旅游消费需求一般比较稳定，而非基本旅游消费需求则具有较大弹性。因此，对某一旅游目的地而言，通过扩大基本旅游消费支出来提高旅游经济收益往往具有很大的局限性，一般要依赖于来访旅游者人数的增加才能实现，此时旅游发展表现为数量型或粗放型增长。而通过提高旅游者在购物、娱乐等方面的非基本旅游消费支出却能够有效地提升旅游综合效益，这时旅游发展表现为质量型或集约型增长。非基本旅游消费支出比例的高低是反映旅游消费结构是否合理的一个显性指标，该比例越高，说明旅游消费结构越趋合理。

（三）要有利于实现旅游消费市场供需的平衡

由于受多种因素的影响和制约，旅游消费需求具有较大的弹性。而旅游产品的供给能力一旦形成，短期内难以出现较大规模的变动，具有一定的刚性或相对稳定性。所以，合理的旅游消费结构，一方面，应保证在旅游淡季和旅游"温冷点"有一定的消费规模，以提高旅游设施的利用率，充分发挥旅游消费对旅游业的促进作用；另一方面，在旅游旺季和旅游"热点"，旅游消费的水平和消费结构应与旅游地在某段时间内的供给能力相适应。

（四）要有利于旅游环境的保护

良好的旅游环境既是重要的旅游资源，也是旅游产品的重要组成部分，同时还是旅游消费得以顺利进行的必备条件。因此，合理的旅游消费构成必须有利于保护自然生态环境和社会环境，任何有悖于环境保护的旅游消费内容都应受到限制，同时应加快开发能促进环境保护的旅游产品，引导旅游消费结构向有利于环境保护的方向发展。

（五）要有利于促进旅游者素质的全面提高以及社会文明的进步

合理的旅游消费结构，应是通过提供丰富的旅游消费内容，使旅游者能进行各种旅游消费资料的选择和搭配，真正达到通过旅游来开阔视野、增进知识、提高修养，从而不断促进整个社会的文明与进步。

【链接启示】

旅游是一种唤醒文化自觉的成长方式

费孝通先生曾指出，文化自觉是一个艰巨的过程。只有在认识自己的文化，理解并接触到多种文化的基础上，才有条件在这个正在形成的多元文化的世界里确立自己的位置。群体的文化自觉建立在个体文化自觉的基础上，只有实现群体的文化自觉，才能更加坚定文化自信，培育文化认同，铸牢中华民族共同体意识。因此，旅游作为一种唤醒文化自觉的成长方式，不论是对于个人成长，还是国家文化事业发展都有重大意义。

资料来源: http://travel.cnr.cn/list/20210422/t20210422_525468094.shtml，有删改。

思考: 如何理解旅游已成为一种学习方式和成长方式?

二、我国旅游消费结构存在的问题及其优化

旅游消费结构的合理与否是相对而言的，国际旅游市场不可能有一个统一不变的合理消费结构模式。因此，应以上述合理消费结构的主要原则为依据，结合一定时期的具体情况，合理组织旅游产品的生产，正确引导消费，不断改变不合理的消费结构，使消费结构逐步趋于合理化。

（一）我国旅游消费结构存在的问题

经过40多年的努力，我国旅游业取得了长足的发展，旅游消费结构也发生了一定的变化。现阶段我国旅游消费结构主要存在以下问题:

1. 基本旅游消费所占比例过大。基本旅游消费如住宿、饮食、交通等在旅游消费中的占比较大;非基本旅游消费如游览、娱乐、综合消费等所占比重较小，仅有旅游购物的占比较大，旅游消费结构呈现不均衡特点。根据中国旅游研究院发布的数据，2019年城镇散客旅游者的出游花费中，交通费所占比重最高，达到了34.3%;其次是餐饮费，占到了23.6%;再次是住宿费，占到了16.7%。

同时，基本旅游消费的增速依然维持在较高水平。根据国家统计局公布的数据，2019年全国旅游及相关产业增加值为44989亿元，占国内生产总值（GDP）的比重为4.56%。在旅游业内部，旅游购物规模最大，增加值为14077亿元，

占全部旅游及相关产业增加值比重为 31.3%；其次是旅游出行，增加值为12055 亿元，占全部旅游及相关产业增加值比重为 26.8%，如表 5-4 所示。

表 5-4　2019 年全国旅游及相关产业增加值

分类名称	增加值（亿元）	增速（%）	构成（%）
旅游及相关产业	44989.4	8.5	100.0
旅游业	40757.7	8.7	90.6
旅游出行	12055.0	7.9	26.8
旅游住宿	3602.8	10.4	8.0
旅游餐饮	6203.8	9.6	13.8
旅游游览	2141.4	6.5	4.8
旅游购物	14077.3	8.2	31.3
旅游娱乐	1881.9	12.9	4.2
旅游综合服务	795.5	10.0	1.8
旅游相关产业	4231.7	6.4	9.4

注：（1）增速为现价增长速度，未扣除价格因素；（2）若数据分项和与总量不等，是数值修约误差所致。

资料来源：国家统计局。

2. 物质资料消费所占比例过大。我国入境旅游者和国内旅游者在物质消费方面的支出占比较大，如餐饮、购物等，在游览娱乐等方面的消费比例较低，说明我国还没有充分重视旅游景点和其他配套文化娱乐设施的建设，旅游活动中娱乐活动、体验项目等不足，是引起旅游消费结构不合理的影响因素。

3. 低层次观光产品消费所占比例过大。统计资料表明，在我国的海外游客当中，观光型游客占了很大比例。国内旅游者的情况亦是如此。但相对于其他各类型游客来说，目前观光游客的人均支出水平明显偏低，这在很大程度上说明了我国的观光型旅游产品层次较低。而且，对一些观光旅游产品的消费是伴随着对资源和环境的过度利用和破坏而进行的，不利于旅游业的可持续发展，旅游消费结构亟待优化。

（二）旅游消费结构优化的思路

如何尽快引导旅游消费结构趋向合理化、实现旅游消费结构的优化，对促进我国旅游经济更快更好发展具有重要意义。

　　基本旅游消费支出总是有限的，而非基本消费相对来说需求弹性大，增长潜力大。现代社会，人们越来越多地追求旅游消费方式的娱乐性、趣味性、综合性。为了更好地满足旅游者的需求，我国旅游业应加强文化娱乐方面的基础建设，努力开拓具有地方特色、民族特色的高层次文化娱乐活动，向游客提供丰富多彩的、有很强参与性和吸引力的休闲娱乐产品。同时加大对购物旅游资源的开发力度，提供花色品种繁多、有很强地方和民族色彩的高质量的旅游产品。通过扩大旅游者的非基本旅游消费，最终达到优化旅游消费结构的目的。

　　据有关资料，世界旅游消费结构有三个变化趋势：一是观光旅游份额逐步下降，商务、购物旅游活动比重上升；二是自然风光旅游产品份额减少，内涵丰富的文化旅游产品份额上升；三是度假旅游逐步兴起并走向成熟。因此，要使我国的国际旅游消费结构不断向合理化的方向发展，应当努力开发度假休闲旅游、文化旅游、生态旅游等较高层次的旅游产品，积极实现旅游产品结构的优化，通过旅游产品供给结构的优化来促进旅游消费结构的优化升级。

　　总之，我们应该依据合理消费结构的主要指标，正确分析当前旅游消费结构的现状，并在此基础上有步骤地调整旅游产品结构，努力提高旅游产品质量，完善旅游消费体系和保障体系，实现旅游业发展由数量扩张型向质量效益型的转变，使我国旅游消费结构不断趋向合理。

（三）旅游消费结构优化路径

　　1. 拓展旅游资源利用空间。从自然、人文、社会三大维度认识旅游资源的丰富性、广泛性、无限性，大力开发具有当地特色的专项旅游活动和各种旅游项目，寻求不同旅游资源之间的关联度、交织度、融合度，以融通拓展旅游资源的全面开发利用，为旅游消费结构的优化开拓广阔的空间。

　　2. 夯实旅游运行要素基础。在旅游目的地建设方面，应加快建设富有深厚文化底蕴的高等级旅游景区和旅游度假区、具有鲜明文化特色的高品位旅游休闲城市和街区、拥有浓郁文化氛围的红色旅游经典景区、乡村风情旅游区等，着力构建国家公园体系，包括自然型国家公园、人文型国家公园、综合型国家公园，形成美丽风景观光、浓雅风情休闲、生态养生度假的旅游目的地体系，夯实旅游基本要素和延展要素。

　　3. 构建旅游产业完整链条。直接向旅游者提供行、游、食、住、购、娱等消费服务项目的一线窗口供给发展要充分，各项旅游基本要素和延展要素齐头

第五章

并进、运转高效；向一线供给提供物资流、资金流、信息流、人才流等服务项目的二线流通供给要成熟，各项相关行业要成龙配套、畅行无阻；向旅游一线供给和二线供给提供设施设备、原材料、食品、用品、纪念品以及人才培养等各类项目的三线生产供给要扎实，各类生产和教培成果要满足需要。

4. 深塑旅游产品文化底蕴。文化是旅游的依托和核心内涵，旅游是文化的展现载体和最佳传播途径。在旅游消费优化升级的过程中，应注重以文塑旅，突出独特鲜明的文化主题，将文化元素巧妙地贯穿于旅游产品载体的各要素，使文化意蕴赋能娱乐、游览等环节，使旅游消费向高层次旅游活动流动。

第五节　旅游消费效果评价

一、旅游消费效果的含义

优化旅游消费结构的最终目的是要实现旅游者个人、旅游经营企业以及整个社会的和谐有序发展。对旅游消费效果进行评价，就是要考查是否达到了这一目的。

消费效果通常是指消费者通过消费某种产品而获得的需求满足程度。由于消费还包括生产企业的生产性消费，所以从广义上来看，消费效果也包括生产者通过消费生产性资料所获得的收益状况。

我们可以从旅游者与旅游产品经营者两个角度来理解旅游消费效果。首先，对旅游者来说，在旅游消费中要消耗一定的金钱、时间、精力和体力，即旅游消费的"投入"；通过旅游消费使人们的体力、智力得到恢复和发展，精神得到满足，即旅游消费的"产出"。在旅游者的旅游消费过程中，投入与产出、消耗与成果、消费支出与达到消费目的的效果之间的对比关系，就是旅游消费效果。这里所说的旅游消费效果是一种心理现象，是旅游者通过旅游消费获得的心理感受和主观评价。其次，从旅游产品经营者的角度来看，通过消耗一定的生产资料和劳务，即生产性消费，而向旅游者提供旅游产品，最终获得相应的旅游收入、声誉和影响力以及顾客满意等成果。这里，旅游消费效果就是旅游经营者的投入与产出的对比关系。

【链接启示】

旅游是幸福的重要源泉

党的十九大报告指出，中国特色社会主义进入新时代，我国社会主要矛盾已经转化为人民日益增长的美好生活需要和不平衡不充分的发展之间的矛盾。健康、快乐和财富是人类的共同追求，而旅游和旅行属于快乐的范畴，是幸福的重要源泉。衡量旅游消费的效果，就是要看是否有更多民众从旅游发展中获得幸福感。这里的民众不仅包括旅游者，还应覆盖尽可能多的群体，包括目的地居民、残障人士、低收入群体、贫困人口以及旅游服务人员等群体，体现了全体人民共同富裕的发展理念。

思考：旅游与幸福感和共同富裕是什么关系？

由于考察问题的角度不同，旅游消费效果可以被划分为不同的类型。比如，根据考察范围的不同，旅游消费效果可分为宏观消费效果和微观消费效果。宏观旅游消费效果是把旅游消费作为一个整体，从社会角度研究旅游消费资料的价值和使用价值，分析旅游消费资料的利用情况，游客对它的满足程度，旅游消费对社会生产力与再生产的积极影响，以及对社会经济发展所起的促进作用。微观旅游消费效果是从个体的角度来考察，是指游客通过旅游消费，在物质上和精神上得到的反映，如旅游消费能否达到游客的预期效果，游客能否获得最大满足。

根据一定的消费投入与所取得的成果之间联系的密切程度不同，旅游消费效果可分为直接效果和间接效果。直接旅游消费效果指的是一定的旅游消费投入直接取得的成果，如游客花钱乘车实现了空间位移；间接旅游消费效果是指一定的旅游消费投入所取得的不直接显示出来的效果，如陶冶情操、提高人们的素质，需要通过人们的工作生活实践，才能具体体现出来。

此外，根据考察时间的不同，还可将旅游消费效果分为当前消费效果和长远消费效果。当前旅游消费效果考察的是旅游消费给旅游者所带来的现实满足，以及给旅游经营者和旅游目的地所带来的现实经济利益；而长远旅游消费效果则是指旅游消费所产生的长期潜在效果，如通过旅游活动而实现的人们素质的提高，或者旅游消费对目的地社会文化的影响，往往要经过一段较长的时间才能显现出来。

二、旅游消费效果的评价原则

旅游消费效果所包含的内容非常丰富，只有从不同角度进行比较分析，才能得出较为客观的关于旅游消费活动的综合性效果。在对旅游消费效果进行评价时，通常要遵循以下基本原则。

（一）旅游产品的价值和使用价值相统一

旅游产品（物质产品和劳务）作为消费资料进入消费领域，以商品形式满足人们的消费需要，在使用价值上要使旅游者能够得到物质的与精神的享受，在价值上要以社会必要劳动时间来衡量。对国际旅游者来说，旅游产品的价值量则要以国际社会必要劳动时间来衡量。也就是说，旅游产品的数量与质量不仅应等同于国际上同等价格的旅游产品，而且要使旅游者得到与其一定的消费支出相适应的物质产品和精神产品，只有这样，才能使旅游消费效果达到最大化。

（二）微观旅游消费效果与宏观旅游消费效果相结合

微观旅游消费效果的评价是从个体的角度进行的，而宏观旅游消费效果则是从社会的角度来评价旅游消费对整个社会带来的影响。两个层次的消费效果之间存在着密切的关系，宏观旅游消费效果以微观旅游效果为基础，而微观旅游消费效果又以宏观旅游消费效果为依据。但二者有时也存在着矛盾。微观旅游消费效果反映出个人的主观评价，由于不同旅游者的旅游消费需求和评价标准各有不同，有时旅游者的某些消费需求可能有悖于接待国家的旅游政策，使得微观消费效果与宏观消费效果出现不一致的情况。对微观旅游消费效果的评价是必要的，从中可以了解旅游者的需求满足程度、旅游企业的经营状况、旅游供给与需求的匹配情况等信息。而对宏观旅游消费效果的评价通常更为重要，它从整体上研究旅游消费对资源配置、社会文化以及环境的影响，考虑的是整个社会的利益。在微观利益与宏观利益发生冲突时，前者要服从后者。对旅游消费效果的评价应同时考虑微观效果和宏观效果的综合评价。良好的旅游消费效果必然是从微观上能满足旅游者的消费需要和旅游企业的经营发展需要，同时从宏观上又能促进整个社会的发展。

（三）旅游消费效果与生产效果、社会效果相结合

由于人们消费的对象就是生产的成果，所以生产的经济成果直接影响消费效果，考察消费效果也要兼顾生产消费资料的经济效果。如有些新开发的旅游

产品，其消费效果可能很好，但该旅游产品的生产经济效果却可能很差。另外，旅游消费活动不仅是满足人们物质和精神需要的经济行为，同时也是一种社会行为。因此，评价旅游消费效果还要注意社会效果，如对目的地居民和社会的影响。片面强调消费效果，完全撇开生产的经济效果或社会效果，也是不科学的。

案例思考

乡村旅游成为乡村振兴重要抓手

乡村旅游是发生在乡村地区的旅游活动，是相对于城市旅游的空间概念，在乡村地区参与的观光、休闲、康养、避暑、娱乐等活动，以及产生的所有消费行为，都属于乡村旅游的范畴。文化和旅游部数据显示，新冠疫情发生前的2019年，我国乡村旅游接待人次达到30.9亿，占国内旅游人次的一半。

随着乡村振兴工作向纵深推进，乡村旅游成为促进乡村产业兴旺、生态宜居、乡风文明、治理有效、生活富裕的重要抓手和可行路径。截至目前，文化和旅游部分批公布了1399个全国乡村旅游重点村、198个全国乡村旅游重点镇（乡）。根据省级旅游行政主管部门的汇总统计，全国共有6万个行政村开展了乡村旅游经营活动。旅游业经济属性强、市场化程度高、产业影响力大。乡村旅游的快速发展，不仅促进了当地消费、就业和投资，还起到了文化交流、观念变迁等综合带动作用。2019年，全国109个乡村旅游监测点（村）接待游客2517万人次，旅游收入23.9亿元，村均收入2192.7万元，农民人均增收0.51万元。全国109个乡村旅游监测点村均旅游就业人数为349人，户均从业人员6.93人，其中受过初中以上教育的占92.4%。农民通过从事旅游行业，不仅开阔了眼界，综合素质也得到提高。例如，在桂林阳朔被称为"月亮妈妈"的徐秀珍通过做导游学会用英、法、德、日等多门语言与外国游客简单交流。与之类似的例子还有很多。

2023年中央一号文件提出要实施乡村休闲旅游精品工程，推动乡村旅游重点村一体化建设。当前和今后一个时期，我国乡村旅游高质量发展的重点任务主要有以下几方面，一是加强乡村旅游的市场培育、形象建构和宣传推广；二是完善乡村旅游接待设施，因地制宜，创新休闲、度假、康养、研学、冰雪、避暑旅游产品，提升乡村旅游的服务品质；三是吸引更优质的旅游要素，特别是资本、技术和专业人才向乡村集聚，提升乡村旅游现代化水平。

第五章

资料来源：戴斌.乡村旅游成为乡村振兴重要抓手[N].经济日报，2023-04-07.

思考：作为旅游消费效果与生产效果、社会效果相结合的典型案例，乡村旅游的发展对实施乡村振兴战略起到了怎样的推动和促进作用？旅游者的乡村旅游消费行为对于旅游社会效果的实现有哪些帮助？

（四）当前旅游消费效果与长远旅游消费效果相结合

当前旅游消费效果的取得不能以影响长远消费效果为代价，同时也不能因为追求长远旅游消费效果而对现实的旅游消费活动进行不恰当的抑制。在评价旅游消费效果时，必须要坚持当前消费效果和长远消费效果相统一的原则。

课后思考与练习

案例分析

女性全年人均旅行消费支出高出男性8%！

近期，携程发布《2024女性旅行消费洞察报告》（以下简称：报告），全面洞察新冠疫情后数千万女性旅行用户消费习惯和偏好，看老中青三代女性旅者如何闯荡世界，在旅途中发现和寻找自我。

1. 老中青三代女性各美其美，"她旅行"消费崛起

女性在消费升级中扮演着关键的角色，她们表现出更强烈的线上购物意愿和更高的购物能力。根据报告显示，在2023年2月20日至2024年2月20日期间，女性全年人均旅行消费支出较男性高出近8%。报告调查了近一年内有出行经历（不包括商务出行）的用户，发现以70后和80后为代表的中年女性占比达到62.2%，成为旅行消费的"绝对主力"，消费能力遥遥领先；而以90后和00后为代表的青年女性占比28.5%，显示出潜在的消费力；50后和60后的银发族群体占比为9.3%，在消费"品质化"方面不断升级，旅行消费金额领先，并且不逊于年轻人。女性在旅行产品预订方面展现出更强的决策能力，对于旅行体验和性价比追求孜孜不倦。携程各频道留下了大量女性用户的消费和体验痕迹，她们善于精打细算，追求高性价比。例如，在携程直播中，女性用户占比超过65%，她们一年节省了7.8亿元的旅行费用。此外，她们对于旅行热点更加敏感，自2024年以来，携程口碑榜、热点榜等产品的日均访问女性用户增长了42%，为女性理性决策提供了翔实可靠、敏捷精准的内容支持。

2. 打破年龄边界，开启不设限的人生

研究报告指出，从 2023 年开始，老年女性群体的旅行支出正在默默释放，50 岁以上的女性出行订单增速飙升，达到惊人的 205.6%。越来越多的银发"游民"踏上了旅途，她们可能选择自驾游、邮轮游，或者选择长期旅居，呈现出丰富多彩的出游方式。互联网的普及，让世界变得更加紧密相连。

3. 35 岁 + 女性更具决策力量，近八成女性会为同行人预订产品

随着年龄超过 35 岁的女性在旅行领域中的不断崛起，她们展现出更为明显的决策力，喜欢选择在非高峰时段出行，以丰富多彩的旅行方式打造自己的行程。这个群体不仅注重个人的旅行体验，更愿意为家人和朋友精心策划并预订旅行产品，体现出她们在旅行中的领导地位和关怀之情。这一特质不仅表现在个体的选择上，也在她们成为家庭旅行组织者的角色中得以体现。

相较之下，年轻女性则更加专注于旅行中的文化体验。她们不仅对目的地的历史、文化感兴趣，还极力追求在旅途中捕捉美的瞬间。通过旅拍订单的持续增长，可以明显看出她们对于在异国他乡体验美好、留下珍贵回忆的渴望。这种文化和美学的关注点进一步塑造了她们对旅行的独特态度，将之视为一次更为丰富、深刻的体验，而非仅仅是简单的行程安排。这表明了不同年龄段女性在旅行选择和体验中的独特取向，为旅游行业提供了更为多元化和个性化的市场需求。

资料来源：根据道格特智库 2024-03-13（陕西）的资料整理。

思考：女性旅游消费者的决策行为和消费行为有什么特点？如何针对这一群体做好优化消费结构的开发？精准营销中需要注意什么？

复习思考题

1. 什么是旅游消费？旅游消费有哪些特点？

2. 旅游消费在旅游经济运行中有何作用？体现出何种唯物辩证法观点？

3. 什么是旅游消费者最大效用均衡？试用无差异曲线分析方法对旅游消费者的有关消费决策进行分析。

4. 什么是旅游消费结构？如何对旅游消费结构进行分类？

5. 试分析旅游消费结构的影响因素。

6. 从个人发展和社会进步的角度，如何判断旅游消费结构是否合理？

7. 当前我国旅游消费结构存在哪些问题？你认为应如何对其进行优化？

8. 说明旅游消费效果的概念和分类，以及旅游消费效果的评价原则。

第六章

旅游经济运行综合效益

学习目的与要求

知识目的

通过本章学习，掌握旅游经济运行的概念和内容，了解旅游经济运行的条件和过程。掌握旅游收入的概念和分类，认识旅游收入指标，掌握影响旅游收入的因素，了解旅游收入分配的过程和内容。掌握旅游乘数的含义和类型，了解影响旅游乘数的因素，掌握旅游外汇漏损的原因及其降低途径，明确旅游综合效益的含义及其基本内容，掌握旅游微观效益的概念及其主要评价指标和评价方法，了解旅游宏观效益的含义以及旅游宏观经济效益、旅游社会效益与旅游环境效益的评价分析方法，掌握提高旅游微观效益与宏观效益的主要途径。

思政目的

①从对旅游经济运行与旅游收入的学习中构建诚信意识；②从对旅游收入分配和乘数效应的分析中树立经世济民、共同富裕意识和创新发展意识；③从

对旅游经济运行的宏观效益学习中理解国家绿色发展战略、绿色旅游发展和生态文明建设的重要性；④从对旅游经济运行微观效益理解中，增强文化自信赋能旅游发展的认识水平。

案例导学

上半年旅游经济运行分析与下半年趋势预测显示
旅游经济稳步进入复苏向上通道

2023年7月28日，中国旅游研究院发布《2023年上半年旅游经济运行分析与下半年趋势预测》。报告显示，上半年，旅游经济稳步进入"供需两旺，加速回暖"的复苏向上通道。预计2023年全国旅游总人次将达到55亿人次，国内旅游收入将达到5万亿元，分别恢复至2019年同期的90%和80%。

旅游经济运行的综合指数已经回到"景气"区间，从元旦、春节、清明节、五一和端午节5个节假日来看，旅游出行人次和旅游收入恢复较好。从游客满意度来看，基本稳定在"满意"区间。从出境游来看，积压了3年多的出境需求集中释放，一直持续到现在。但是，出境旅游的流向流量和商业模式较新冠疫情前有较大变化。从入境游来看，内地与港澳的团队旅游业务全面恢复，国际游客入境签证申请放开，旅行社经营中国台湾居民来大陆团队游业务恢复，入境游政策限制已经全部打开。但是，目前入境旅游还面临供应链修复等问题。从综合运行指数来看，企业家信心指数已经得到明显提振。从33家上市公司一季度财报来看，近40%的企业已经恢复到或超出新冠疫情前水平。此外，全国旅游投资回暖，北京、安徽、甘肃、江西等多个省份发布重大项目清单。上半年，全国新增注册的涉旅企业近15万家。

报告预测，下半年，居民出游意愿和出游人次还将保持回暖态势，同时增速存在回落的压力。各地持续推出的消费促进政策，有望加速旅游人均消费增长。从海外市场来看，入境市场预计最早在9月、10月迎来复苏小高潮。下半年，旅游供应链仍处于修复期，对于企业来讲，要重点关注财务成本和运营费用的管控、高层次高技能人才的吸引以及产品迭代和品牌维护。

报告建议，下半年应重点关注以下两个方面，一是需求变化，更加细致地摸准需求；二是鼓励优化供给，优化消费结构，稳住消费预期。

资料来源：李志刚.上半年旅游经济运行分析与下半年趋势预测显示 旅游经济稳步进入复苏向上通道[N].中国旅游报，2023-07-31.

思考：旅游经济运行的衡量指标是什么？在"供需两旺，加速回暖"通道中旅游投资回暖，旅游企业如何在坚持诚信经营的同时提高旅游收入？

第一节　旅游经济运行与旅游收入

一、旅游经济运行

旅游经济运行是指旅游经济活动中各方主体围绕经济利益及相关的各种利益而形成的相互影响、相互作用的错综复杂的运作和活动过程。它不仅反映了一定时期内旅游产品生产、交换、分配和消费的总过程，还反映旅游经济活动的流量和旅游经济成果的存量特征。

（一）旅游经济运行主体

在市场经济条件下，旅游经济运行主要涉及三大类主体，即旅游者、旅游企业和政府。旅游企业生产出各种旅游产品，提供给旅游者构成了旅游经济活动的总供给，旅游者旅游需求的实现过程构成了旅游经济活动的总需求。总供给和总需求在数量上和结构上保持平衡，旅游总供求实现平衡。当受到各种因素的影响，总供求失衡时，就需要发挥政府的宏观调控作用。

1. 旅游者

旅游者即游客，是指暂时离开居住环境到其他地方的人。旅游者是旅游经济活动的主要构成要素，没有旅游者，旅游就无法实现。旅游者是旅游经济活动的主体之一，包括国内旅游者和国际旅游者。旅游者对旅游产品或服务的消费，构成了旅游经济活动中消费支出的主要内容，也是旅游经济运行总需求的主要来源。

2. 旅游企业

旅游企业是从事旅游经济活动的独立单位，也是旅游经济活动的主体之一。旅游企业为旅游者提供吃、住、行、游、购、娱等消费，并取得相应的服务收入。

按照从事旅游产品经营的产业链划分，可分为直接旅游企业和辅助旅游企业。直接旅游企业包括旅行社、饭店、餐馆、旅游酒店、交通公司、旅游景点、娱乐场所等。辅助旅游企业包括管理公司、服务公司、影视公司、出版单位、通信设施以及视频、卫生等生活服务部门等。

3. 政府

政府部门作为旅游经济活动的管理和调控组织，在旅游经济运行中提供相应的职能，为旅游经济运行和发展创造良好的宏观环境和条件。

政府可以通过制定相关政策和计划来引导旅游企业发展。例如，通过制定五年规划，明确发展目标和重点项目，为旅游从业者提供明确的发展方向；还可以制定规范，确保旅游资源的合理开发和利用，起到监管职能。政府可以利用各种渠道和媒体，积极宣传本地旅游资源，吸引更多游客来此旅游。另外，政府还可以在旅游业发展中发挥文化保护和传承的职能。

（二）旅游经济运行的基础和条件

无论从事任何社会经济活动，都离不开劳动者、生产资料等物质基础和一定的经济环境条件。旅游经济活动同样离不开这些基础和条件。

1. 旅游经济运行基础

在旅游经济活动中，旅游资源、专业团队和充足的资金是旅游经济运行的主要物质基础。旅游资源包括自然旅游资源和人文资源。自然旅游资源如美丽的自然风景、海岸线、海岛等，可以形成著名的旅游与度假胜地。人文旅游资源包括历史遗迹、文化景观、名胜古迹、风土人情等，这些资源可以满足不同游客的需求。专业团队包括旅游管理人员、旅游策划人员、旅游服务人员等，他们需要具备专业素养、职业操守和服务意识，以保证旅游活动的顺利开展。旅游业务需要投入大量的资金，包括旅游设施的建设、旅游团队的组建、旅游活动的策划和推广等。

2. 旅游经济运行条件

旅游市场是旅游经济运行的客观条件。旅游经济活动的实物运动和价值运动都必须通过市场来实现，旅游市场的供求均衡必须以市场为前提条件，旅游经济的宏观调控也必须依靠市场来进行。因此，只有充分发挥旅游市场机制的作用，才能促进旅游经济有效地运行。

宏观调控是旅游经济运行的必要条件，由于市场机制的内在局限性，如市场竞争的不全面性、信息获取的非充分性、市场机制作用的时滞性和市场调节的不确定性等，决定了无法完全依靠旅游市场的自动调节来保证旅游经济的有效运行，必须通过政府部门的宏观调控来促使旅游市场机制更有效地发挥作用。

（三）旅游经济运行的过程

旅游经济运行过程，是指一个国家（或地区）在一定时期内旅游产品的生产、交换、分配和消费的总运动过程，主要表现为旅游产品的实物运动过程和价值运动过程。如图6-1所示。

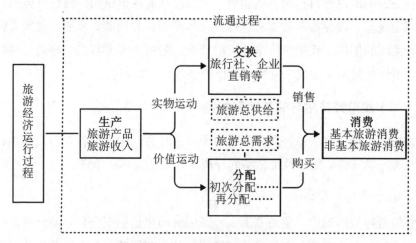

图6-1　旅游经济运行过程

1. 旅游经济运行的实物运动过程

旅游经济运行的实物运动过程是以旅游产品生产为开端，经过流通环节的交换，最后进入消费领域的全部运动过程。首先，由旅游企业生产出旅游产品，如自然风光、名胜古迹、城市风光等观光旅游产品；海滨、山地、温泉、乡村、野营等度假旅游产品；文化、商务、体育健身等专项旅游产品；以保护环境、回归自然为主要形式的生态旅游产品等。其次，这些旅游产品经过旅游企业的销售活动提供给消费者，供消费者购买，如旅行社、在线旅行社（OTA）等对各种包价游、组合旅游、单项服务的销售活动等。最后，旅游者通过对旅游产品的购买、消费和评价，完成整个实物运动过程。

2. 旅游经济运行的价值运动过程

旅游经济运行的价值运动过程，是从价值角度反映旅游产品的实现过程，反映旅游收入在旅游经营者和各相关部门之间的分配和再分配过程。旅游经济运行的价值运动过程与实物运动过程相伴而生，旅游产品的销售过程也是旅游产品的价值实现过程。全部旅游产品的价值实现构成了旅游总收入，经过交换环节后，形成旅游收入的初次分配和再分配。从消费者需求实现的角度来看，这一过程也是消费者需求得以满足的过程，从总体上构成了旅游总需求。

以旅游产品的生产、交换、消费为主要形式的实物运动过程构成了旅游经济运行的总供给，以旅游产品的价值实现为主要形式的价值运动过程构成了旅游经济运行的总需求。旅游总需求和总供给在总量和结构上保持平衡，旅游者买其所需，供给者卖其所有，旅游总供求实现平衡。但实际运行中，由于受到政策、环境等各种因素的影响，往往会出现供求不平衡的现象，这就需要充分发挥政府宏观调控的作用。

【链接启示】

旅游经济运行中诚信很重要

"人无信不立，业无信不兴"，诚信理念是经济社会发展的基石，现代市场经济的本质是信用经济。诚信，作为社会主义核心价值体系的有机组成，于个人而言，是财富；于社会而言，是生产力。坚守社会主义核心价值观，既要强调自律，增强全社会诚信的内在自觉性；又要加强外律，完善社会规范、规则等硬性约束，做到内外结合。

思考： 旅游经济运行过程中应如何构建诚信意识？

案例思考

旅游业复苏更需诚信经营

"五一"小长假，消费者出游热情高涨，旅游市场快速复苏。在消费活力迸发的同时，行业乱象也随之出现，比如，有些飞机票、酒店住宿、餐饮价格暴涨，还有民宿为了涨价恶意毁约。此前受新冠疫情影响，旅游市场低迷，商家想通过此次假期快速"回血"，心情可以理解，但若不顾长远"狂捞一笔"，不仅影响消费者体验，扰动市场秩序，也伤了自身发展的根本。当前经济复苏良好态势来之不易，需多方发力、共同呵护，打造健康有序的旅游消费市场，为推动高质量发展注入强劲动力。

以虔诚之心守护经营之道。对于价格暴涨、恶意毁约的乱象，有人调侃，相关商家这是抱着"三年不开张，开张吃三年"的心态。面对新冠疫情后迸发的游客需求，抓住机遇追赶业绩无可厚非，但游客多了就肆意涨价甚至毁约的失信行为是不可取的。毕竟，一旦根据现有价格形成了订单，就意味着双方契约的达成，而基本的契约精神是企业生存的基础，在任何利益面前都不得随意放弃和违背。在旅游业全面复苏的当下，抓住复苏的机遇，将守信、品质作为根本，做长期生意，才是相关行业应该遵循的基本原则，切忌为了几粒芝麻，丢了自家声誉，坏了城市品牌，毁了经营根基。

以严明制度规范市场秩序。据了解，各大旅游平台均有对商家毁约的惩罚制度。但为何部分商家宁愿被罚款，也要坚持毁单？本质上还是惩戒力度不够，毁约付出的代价和涨价带来的利润相差甚远，才会让一些商家有恃无恐。对此，平台应对存在违规行为的商家加大惩戒力度，绷紧守规经营这根弦。对于地方文化和旅游监管部门而言，一方面要有限制假期过度涨价的相关规定，维护本地的旅游形象；另一方面要对违约、失信企业给予相应的处罚，避免毁约事件蔓延，影响本地旅游业发展。

以主人翁意识呵护旅游市场。打造健康有序的旅游消费市场，人人有责。对于消费者来说，一方面要加强自身权益保护意识，对于违法违规商家不纵容、不隐忍，以正规途径维护自身权益。另一方面要自觉维护良好的旅游秩序，弘扬文明旅游新风尚。关注出行安全，不前往缺乏安全保障的区域旅游。注重消防安全，严格遵守防火相关规定，不在易燃物聚集地或有防火提示的地方吸烟、烧烤或者使用明火。谨慎参与高风险旅游项目，不做可能危及自身及他人安全的举动。

当前，旅游需求在假期集中释放，相关各方应抓住机遇着力完善供给，在营造健康的旅游市场环境上下大力气，为快速升温的中国经济加一把火。

资料来源：杜秀萍. 旅游业复苏更需诚信经营［N］. 经济日报，2023-05-01.

思考：在经济复苏良好态势下，旅游企业需要如何坚守自己的"经营之道"？盈利是旅游企业经营的目的，诚信理念是经济社会发展的基石，如何理解诚信与利益之间的关系？

二、旅游收入

旅游收入是旅游经济运行的结果，也是测量旅游经济活动成果的一个重要指标。旅游收入一方面反映了游客的旅游需求通过目的地旅游产品的供给得到满足，另一方面体现了目的地供给的旅游产品的价值得到了实现。所以，旅游收入的多少反映了旅游目的地国家或地区旅游产品实现价值的大小。旅游收入越多，意味着旅游目的地国家或地区旅游业的产值越大，对其社会经济发展的作用也越大。

（一）旅游收入的概念

旅游收入是旅游目的地国家或地区在一定时期内向游客（入境游客和国内游客）销售旅游产品和其他商品与劳务而获得的货币收入，它不包括游客在目的地国家或地区进行商业目的的购物，购买房、地、车、船等资本性或交易性的投资，馈赠亲友的现金，给公共机构的捐赠，等等。这里，一定时期常以年、季、月表示。货币收入除美国和少数国家以美元表示外，均以本国货币表示。

对旅游企业来说，旅游收入主要表现为企业营业收入。例如，饭店营业收入包括客房收入、餐饮收入、商品部收入、康乐部收入、车队收入、其他收入等；旅行社营业收入包括综合服务收入、组团外联收入、零星服务收入、劳务收入、票务收入、旅游及加项收入、其他收入等。旅游收入是形成企业利润的基础。在旅游企业产品生产的成本不变的情况下，旅游收入的多少同企业利润呈正比例变化。旅游收入越多，旅游企业利润就越多，反之则相反。

（二）旅游收入的分类

旅游收入是一个整体概念，其内部构成可根据不同的研究目的，从不同的角度进行分类。

1. 根据旅游经营对象的不同，旅游收入分为国际旅游收入和国内旅游收入

国际旅游收入是旅游目的地国家或地区在一定时期向非本国居民销售旅游产品和服务而获得的外汇收入。它是一个国家或地区旅游产品的输出，如同外贸商品一样，不同的是外贸商品的出口是有形商品的出口，而旅游则是"无形商品出口"。对于旅游目的地国家或地区来说，国际旅游收入是境外游客来到旅游目的地国家或地区进行旅游消费的支出，即其他国家或地区国民收入的一部分通过其游客的消费转移到旅游目的地国家或地区，构成旅游目的地国家或地区财富的一部分，使其社会价值总量增加。它说明国际旅游业同其他生产性行业一样，能为旅游目的地国家或地区创造新的价值或增加值。

国际旅游收入由于是境外游客购买旅游目的地国家或地区的旅游产品，因而体现了旅游客源国和旅游接待国之间的国际经济关系。这种国际经济关系具体表现为旅游产品的输入和旅游产品的输出，也即旅游外汇的支出和旅游外汇的收入。对旅游接待国来说，收入的旅游外汇构成其国际收支的一部分。

这里，应注意的是，旅游接待国的旅游外汇收入并不等于旅游客源国游客的旅游外汇支出。它只是游客旅游外汇支出中扣除客源国至接待国之间往返的国际交通费和客源国旅游经营商经营费用和利润之后的余额。由于货币兑换率的变动，不同时期的旅游外汇收入用本国货币表示的国际旅游收入在数额上会存在差异。

《中国文化文物和旅游统计年鉴2020》公布的统计数据显示，中国国际旅游收入2015－2018年均排名世界第二。自2015年国际旅游统计规则调整统计口径以来，中国国际旅游收入从2014年的1053.80亿美元增加到2019年的1312.54亿美元，增幅达24.55%，收入增长明显。

2019年中国旅游市场国际旅游收入1313亿美元，比上年同期增长3.3%。其中，外国人在华花费771亿美元，增长5.4%；香港同胞在内地花费285亿美元，下降2.0%；澳门同胞在内地花费95亿美元，增长9.4%；台湾同胞在大陆花费162亿美元，下降0.2%。2001－2018年，我国洲际客源市场主要为亚洲、欧洲和北美洲，其中亚洲市场占比62.60%，为最主要的洲际客源市场，欧洲和北美洲占比分别为20.00%和11.00%。

国内旅游收入是一国或地区在一定时期内向本国居民销售本国（或地区）旅游产品和服务所得到的本国货币收入的总和。由于它来源于本国居民旅游消费支出，而本国居民的旅游消费支出是国民收入再分配的结果，即物质生产部门所创造的价值在本国不同地区之间的转移，因此它不会增加本国的国民收入（参见表6-1）。但是，对旅游接待地区来说，来自客源地区游客的旅游消费支出意味着"外部经济的注入"，会使其财富增加。

表6-1 2011－2021年我国国内旅游收入   单位：亿元

年份	国内旅游收入	比上年增长 %	占旅游总收入 %
2011	19305.39	23.6	85.8
2012	22706.22	17.6	87.7
2013	26276.12	15.7	89.1
2014	30311.86	15.4	81.3
2015	34195.05	12.8	82.8
2016	39389.82	15.2	84.0

年份	国内旅游收入	比上年增长 %	占旅游总收入 %
2017	45660.77	15.9	84.6
2018	51278.29	12.3	85.9
2019	57250.92	11.7	86.4
2020	22286.30	−61.07	#
2021	29190.75	31.00	#

资料来源：根据历年《中国旅游统计年鉴》数据整理。

国内旅游收入还可按地区分为省、自治区、直辖市旅游收入或城市旅游收入。国内旅游收入与国际旅游收入之和构成一个国家或地区旅游总收入。

2. 根据旅游需求弹性的不同，旅游收入分为基本旅游收入和非基本旅游收入

基本旅游收入是旅游目的地国家或地区在一定时期内向游客提供的基本旅游设施和旅游服务所获得的货币收入。它包括游客在旅游过程中必需支出的交通、住宿、餐饮、游览、娱乐以及接送和导游服务。一般来说，这些项目的消费为大多数游客所必需，其需求的价格弹性较小，即无论游客的收入水平、支付能力和这些项目价格的变化如何，游客在旅游过程中都需购买，且人均购买数量有限。在其他条件不变的情况下，基本旅游收入同来访的游客人次数、人均停留天数、人均基本旅游消费支出和人均天基本旅游消费支出呈正比例变化，即游客人次数越多，游客人均停留天数越长，游客人均基本旅游消费支出越多，游客人均天基本旅游消费支出越大，旅游目的地国家或地区获得的基本旅游收入越多。其函数关系如下：

$$R=N \times S \times T \quad 或 \quad R=N \times P$$

其中，R 表示基本旅游收入总额；N 表示旅游总人次数；P 表示人均基本旅游消费支出；S 表示人均天基本旅游消费支出；T 表示人均停留天数。

非基本旅游收入是旅游目的地国家或地区在一定时期内向游客提供的基本旅游设施和旅游服务以外的其他商品和服务所获得的货币收入。它包括游客在旅游过程中支出的医疗保健、修理、美容、美发、邮电通信、咨询、购物、洗衣等费用。对这些项目，游客可根据自己的收入水平、支付能力、需要程度、兴趣爱好等进行自由的选择。因此，这些项目的旅游需求价格弹性较大，游客在旅游过程中可以多买，也可以少买，甚至不买。可见，非基本旅游收入不随

或不完全随游客人次数、人均停留天数等因素的变化而成正比例变化。

非基本旅游收入涉及的旅游项目的需求弹性较大,为旅游目的地国家或地区增加旅游收入留下了较大的空间,尤其是这些项目中的购物对增加旅游目的地国家或地区旅游收入的意义重大。

3. 根据旅游收入构成的不同,旅游收入分为商品性收入和劳务性收入

商品性收入是旅游目的地国家或地区在一定时期内向游客提供实物形式的商品所获得的货币收入。它包括向游客销售的各种物品(如土特产、旅游纪念品、工艺美术品和日常生活用品等)和餐食、饮料的收入。

劳务性收入是旅游目的地国家或地区在一定时期内向游客提供的各种劳务性服务所获得的货币收入。它包括游客在旅游过程中购买的交通运输服务、住宿服务、文化娱乐服务、邮电通信服务、参观游览服务和其他服务。表 6-2 为 2019 年我国国际旅游收入中的商品性收入和劳务性收入情况。

表 6-2　2019 年我国国际旅游收入构成　　　　　　　单位:亿美元

项目	收汇总额	所占比重
总计	1312.54	100.00
一、商品性收汇	463.38	35.3
1. 商品销售收汇	302.97	23.1
2. 饮食销售收汇	160.41	12.2
二、劳务性收汇	849.16	64.7
1. 住宿服务收汇	200.49	15.3
2. 长途交通服务收汇	401.91	30.6
3. 市内交通服务收汇	34.53	2.6
4. 娱乐服务收汇	44.21	3.4
5. 邮电通信服务收汇	7.47	0.6
6. 参观游览服务收汇	58.66	4.5
7. 其他服务收汇	101.89	7.8

资料来源:根据 2022 年《中国统计年鉴》数据整理。

(三)旅游收入的指标

旅游收入指标是旅游目的地国家或地区掌握和分析旅游业发展状况的重要工具,是衡量旅游业发展水平和对国家或地区经济贡献的重要指标。从历年旅

游收入指标的比较中可以看出旅游业发展的规模和速度，为制定旅游发展规划、选择旅游目标市场、加强旅游促销等提供依据和信息，并在旅游决策、提高旅游经济效益和经营管理水平方面发挥重要作用。

旅游收入指标可根据需要细分为多个指标，但归纳起来主要有两大类，即总量指标和水平指标。

1. 旅游收入总量指标

（1）旅游总收入

旅游总收入或旅游业总收入，是指一定时期内旅游目的地国家或地区向国内外游客销售旅游产品和其他服务所获得的货币收入的总额。该指标综合反映了旅游目的地国家或地区一定时期的旅游经济的总体规模和旅游业的总体经营成果。它等于一定时期内的国内旅游总收入和用国内货币折算的旅游外汇总收入之和。

（2）国内旅游收入

国内旅游收入或国内旅游总收入，是指一定时期内国内游客在国内旅行、游览过程中用于交通、参观游览、住宿、餐饮、购物、娱乐等方面的全部花费。

（3）国际旅游收入

国际旅游收入或旅游外汇总收入，是指在一定时期内入境游客在旅游目的地国家旅行、游览过程中用于交通、参观游览、住宿、餐饮、购物、娱乐等方面的全部花费。

国际旅游收入是衡量一个国家或地区国际入境旅游发展水平的重要指标，反映了一个国家或地区旅游业的收汇能力和对该国国际旅游收支所做贡献的大小。表6-3为1985－2019年我国国际旅游（外汇）收入情况。

表6-3　1985－2019年我国国际旅游（外汇）收入　单位：亿美元

年份	旅游收入	比上年增长 %	世界排名	年份	旅游收入	比上年增长 %	世界排名
1985	12.50	10.5	21	2003	174.06	−14.6	7
1986	15.31	22.5	22	2004	257.39	47.9	7
1987	18.62	21.6	26	2005	292.96	13.8	6
1988	22.47	20.7	26	2006	339.49	15.9	5
1989	18.60	−17.2	27	2007	419.19	23.42	5
1990	22.18	19.2	25	2008	408.43	−2.6	5

年份	旅游收入	比上年增长 %	世界排名	年份	旅游收入	比上年增长 %	世界排名
1991	28.45	28.3	21	2009	396.75	-2.9	5
1992	39.47	38.7	17	2010	458.14	15.5	4
1993	46.83	18.7	15	2011	484.64	5.8	4
1994	73.23	*	10	2012	500.28	3.23	4
1995	87.33	19.3	10	2013	516.64	3.27	4
1996	102.00	16.8	9	2014	1053.80	*	*
1997	120.74	18.4	8	2015	1136.50	7.85	2
1998	126.02	4.4	7	2016	1200.00	5.59	2
1999	140.99	11.9	7	2017	1234.17	2.85	2
2000	162.24	15.1	7	2018	1271.03	2.99	2
2001	177.92	9.7	5	2019	1312.54	3.27	#
2002	203.85	14.6	5				

注：* 自 1994 年起，根据境外旅游者花费抽样调查结果计算的国际旅游收入，因而当年国际旅游收入与上年不可比；2015 年以后，"国际旅游收入"补充完善了停留时间为 3-12 个月的入境游客花费和游客在华短期旅居的花费，与以前年度不可比。

联合国世界旅游组织尚未公布。

资料来源：《中国旅游统计年鉴》，1985－2020 年。

2. 旅游收入水平指标

（1）人均旅游（外汇）收入

人均旅游（外汇）收入是指旅游目的地国家或地区一定时期内平均接待每名游客人次所获得的货币收入。该指标反映的是游客在旅游目的地国家或地区人均消费水平，其中国内旅游人均旅游收入以本国货币计量，国际旅游人均旅游外汇收入以美元计量。它是一定时期的旅游总收入（国内或国际）与旅游总人次（国内游客或国际入境游客）之比。计算公式为：

$$R_u = R_t \div N$$

其中，R_u 为一定时期的人均旅游（外汇）收入；R_t 为一定时期的旅游总收入（国内或国际）；N 为一定时期接待的游客总人次（国内游客或国际游客）。

在实际工作中，人均旅游（外汇）收入主要用来比较不同时期旅游目的地国家或地区平均接待每一（境外）游客人次收入的大小，分析增加或减少的原因，从而做出相应的决策和采取相应的措施。

此外，人均旅游收入指标（R_u）可与旅游总收入指标（R_t）结合起来，用于评价旅游经营效果。在其他条件不变的情况下，二者的变化有如下几种情形：

①R_t 与 R_u 同方向、同比例变化，表明旅游总收入的增加或减少，人均旅游收入也随着同比例的增加或减少。由此推论出，旅游总收入随着游客人次的变化而变化。

②R_t 与 R_u 同方向但不同比例变化，若 R_t 增长速度超过 R_u 增长速度，则意味着旅游总收入的增加来源于游客人次的快速增长；若 R_u 增长速度超过 R_t 增长速度，则意味着旅游总收入的增加主要来源于非基本旅游收入的增长。

③R_t 与 R_u 呈反方向但同比例变化，旅游总收入会按比例减少或不变。

④R_t 与 R_u 呈反方向但不同比例变化，会出现两种情况：

一是 R_t 增大，R_u 减少。这表明旅游总收入增加，人均旅游收入却减少了，反映旅游总收入的增加是靠来访游客人次的增多获得的，而不是依靠提高旅游业的经营效果，即提高游客人均消费水平获得的。如果 R_t 增大的速度超过 R_u 减少的速度，则意味着旅游总收入增加完全依赖于来访游客人次的增长。

二是 R_t 减少，R_u 却增加。这表明旅游业的经营效果提高了，然而由于种种原因来访游客数量减少了，由提高旅游业经营效果带来的人均收入的增加难以弥补游客数量减少所造成的损失，结果是旅游总收入减少。如果 R_t 减少的速度超过 R_u 增加的速度，即使旅游业经营效果有一定的提高，旅游总收入仍将减少。

（2）人均天旅游（外汇）收入

人均天旅游（外汇）收入或人天旅游（外汇）收入，是指旅游目的地国家或地区平均每天从每位游客那里获得的旅游（外汇）收入。它是旅游目的地国家或地区一定时期的旅游总收入与其接待的游客总天数的商数，或旅游目的地国家或地区一定时期的人均旅游收入与其接待的游客人均停留天数的商数。用公式表示为：

$$R_d = R_t / N \times D_a \quad \text{或} \quad R_d = R_u / D_a$$

其中，R_d 为人均天旅游收入；D_a 为一定时期游客在旅游目的地国家或地区平均停留天数；R_t、R_u 和 N 同前。

人均天旅游（外汇）收入指标主要用于分析和比较不同时期旅游目的地国家或地区游客平均每人天旅游消费支出的大小以及同一时期不同旅游目的地国家或地区游客人天旅游花费的差异，为其做出相应的决策和采取相应的措施提供依据。2011－2019年入境过夜游客人均天消费情况如表6-4所示。

表6-4　2011－2019年入境过夜游客人均天消费情况　　单位：美元／人天

年份	人均天花费（美元）	其中			
		外国人	香港同胞	澳门同胞	台湾同胞
2011	195.38	209.22	149.17	115.92	189.11
2012	195.53	212.75	148.90	116.07	193.06
2013	200.17	225.96	142.07	116.62	204.26
2014	212.25	227.63	156.42	125.98	210.57
2015	218.44	236.51	154.82	124.82	221.63
2016	219.84	243.57	162.90	135.83	219.94
2017	225.74	257.39	145.77	161.73	192.40
2018	232.22	268.59	135.26	152.31	192.84
2019	231.06	260.08	139.47	158.79	199.87

资料来源：《中国旅游统计年鉴》2012－2020年。

（3）旅游换汇率

旅游换汇率是旅游目的地国家或地区向入境游客提供单位货币的旅游产品所换取的外汇数量。旅游换汇率与同期旅游目的地国家或地区的外币兑换率是一致的。但是，在发展中国家，旅游换汇率一般高于其他商品出口的换汇率。因为在发展中国家，劳动生产率水平较低，其他出口商品换汇成本较高，而旅游产品的核心是服务，其单位出口值所耗物质投入比出口商品少得多，加上它是就地出口，不存在其他出口商品的流通费用。所以，加强旅游产品的出口受到发展中国家的重视。旅游换汇率指标反映了旅游外汇收入对一国或地区国际收支平衡作用的大小。

（4）旅游收汇率

旅游收汇率，又称旅游外汇净收入率，是旅游目的地国家或地区一定时期的旅游外汇净收入与同期旅游外汇总收入的比率。它等于一定时期内旅游目的地国家或地区旅游外汇总收入与同期旅游外汇支出总额的差除以旅游外汇总收入。用公式表示为：

$$R_e = R_t - E/R_t$$

其中，R_e 为旅游收汇率；E 为旅游目的地国家或地区旅游外汇支出总额；R_t 同前。

旅游收汇率的高低同一个国家或地区社会经济发展水平和产业结构、经济体系的完善程度密切相关。一般来说，社会经济发展水平高，产业结构合理，经济体系完善，旅游业发展中所需进口物资、技术和人员引进少，则旅游外汇支出也少。所以，旅游收汇率的高低反映了一个国家或地区旅游业发展过程中的自立程度。

（5）旅游创汇率

旅游创汇率是旅游目的地国家或地区在一定时期内经营入境旅游业务所获得的非基本旅游外汇收入与基本旅游外汇收入之比率。用公式表示为：

$$C = R_o/R_b$$

其中，C 为旅游创汇率；R_o 为非基本旅游外汇收入；R_b 为基本旅游外汇收入。此公式表明，旅游创汇率与非基本旅游外汇收入成正比，与基本旅游外汇收入成反比。

入境游客因购买旅游产品而来到旅游目的地国家或地区，除消费旅游产品外，也会购买其他商品和服务，从而使旅游目的地国家或地区旅游外汇收入增加。旅游产品出口的这种能力是其他出口商品所不具有的。因此，旅游目的地国家或地区要增加旅游外汇收入和提高旅游创汇率，应不断促进和提高境外游客在非基本旅游产品和服务上的消费水平。旅游创汇率的高低既反映了一个国家或地区的产业结构与经济体系的完善程度，又反映了旅游业的发达程度与创汇的能力和潜力。

（四）影响旅游收入的因素

旅游业是一个关联性较强的产业，同时又是一个波动性较大的产业，其发展会受到多种因素的影响，这些因素既有客源地方面的，也有目的地方面的。除旅游人次、游客人均消费水平与停留天数这三个因素外，其他因素也会对旅游目的地国家或地区的旅游收入产生影响。这里，仅就如下三个主要因素的影响进行简要阐述。

1. 旅游需求价格弹性

旅游收入是旅游产品价格与旅游产品销售量的乘积。一般说来，在旅游产品销售量一定时，旅游产品价格越高，旅游收入就越多；同样，在旅游产品价格一定时，旅游产品销售量越大，旅游收入也越多。但是，在旅游产品销售量一定时，提高旅游产品价格并不是在任何情况下都可以使旅游收入增加，因为其中有一个旅游收入同旅游需求价格弹性的关系问题。

当旅游需求价格弹性系数大于 1 时，旅游产品需求量的变化幅度大于旅游产品价格的变化幅度。这时，若适当降低旅游产品价格，会引起旅游需求量的增加，从而使旅游收入增加的数量大于因旅游产品价格下降造成的损失；反之，若此时提高旅游产品价格，则会引起旅游销售量的下降，从而使旅游收入减少。所以，当旅游需求价格弹性大于 1 时，要增加旅游收入，宜采用适度降价而非提价的策略。

当旅游需求价格弹性小于 1 时，旅游产品需求量的变化幅度小于旅游产品价格变化的幅度。这时若降低旅游产品价格，旅游产品销售量的少量增加不足以弥补旅游产品价格下降所造成的损失，从而导致旅游收入的减少；反之，若适度提高旅游产品价格，旅游产品销售量的减少是有限的，结果会使旅游收入增加。所以，当旅游需求价格弹性小于 1 时，要增加旅游收入，宜采用适度提高旅游产品价格的策略。

当旅游需求价格弹性等于 1 时，旅游需求量的变化幅度与旅游产品价格变化幅度相同，因而旅游产品价格变化对旅游收入不会产生什么影响。

旅游收入、旅游产品价格与旅游需求价格弹性三者之间的关系如表 6-5 所示。

表 6-5　旅游收入、旅游产品价格与旅游需求价格弹性之间的关系

旅游需求价格弹性	Ep>1	Ep=1	Ep<1
旅游价格上升	旅游收入减少	旅游收入基本不变	旅游收入增加
旅游价格下降	旅游收入增加	旅游收入基本不变	旅游收入减少

2. 汇率变动

汇率是两种不同货币之间的兑换比率。它的变动会对我国旅游产品价格和旅游收汇产生直接影响。一般来说，外币汇率上升，意味着本币的贬值，这样

以外币表示的旅游报价便相对降低，有利于吸引更多的外国游客来访，增加旅游外汇收入，同时，也有助于增强本国旅游业在国际旅游市场上的竞争力，扩大市场份额。但是，本币贬值，会导致在国际旅游市场上促销费用的增加和旅游进口物资成本的上升，这对于旅行社和需进口一些设施、设备和物资的饭店来说又会导致旅游外汇支出的增加。反之，外币汇率下降，意味着本币升值，这样以外币表示的对外旅游报价会相对上涨，从而会抑制游客的旅游需求，导致来访游客的减少和旅游收入的下降。这里，应注意的是，由于汇率的变动，同量的旅游外汇收入在不同时期用本币表示的数额会存在差异。因此，旅游目的地国家或地区在衡量旅游总收入时，对用本币表示的旅游外汇收入应注意由于汇率变动而引起的数额上的差异，以便使不同时期的旅游总收入更具真实性和可比性。

【链接启示】

人民币国际化与国际旅游发展

党的二十大报告提出"坚持高水平对外开放，加快构建以国内大循环为主体、国内国际双循环相互促进的新发展格局"和"有序推进人民币国际化"的要求。这是推动中国式现代化进程，实现更高质量和可持续发展的战略布局，对于推进中华民族伟大复兴历史进程具有决定性意义。

人民币国际化有助于降低汇率风险，提升游客出境游意愿。汇率是影响国际旅游需求的重要因素。采用本币结算能大大减少因世界经济波动带来的汇率风险，降低跨境旅游企业套期保值等规避汇率风险的不必要支出。随着货币交易成本的降低和汇率风险的逐渐减少，直接使用人民币有助于获取更多国家和地区的旅游产品供给，产生消费和投资方面的网络效应，为国际旅游、人民币国际化以及企业跨国投资提供更为广阔的空间。

资料来源：左冰，伍姣．人民币国际化与国际旅游发展：货币循环视角［N］．旅游论坛，2023-08-05.

思考：人民币国际化进程加快对我国的国际旅游业发展产生什么影响？如何控制人民币国际化中的风险？

3. 通货膨胀

通货膨胀是一国经济在一定时期内消费品物价水平普遍的持续的上涨，它对人们的货币购买力会产生直接影响。旅游目的地国家若发生通货膨胀，意味着物价指数上升，人们手中的货币贬值，购买力降低，从而影响其他国家居民来访，使到访游客人次减少和旅游收入下降。反之，客源国的通货膨胀则相反，它会促使居民出境旅游。因为单位货币虽然在客源国贬值了，然而对没有发生通货膨胀的旅游目的地国家旅游产品的购买力并未降低。

第二节　旅游收入分配与乘数效应

一、旅游收入分配

旅游收入分配是按照旅游产品生产要素通过货币形式在各个经济行为主体之间进行的分配。它是旅游经济活动中一个重要的组成部分，不仅关系到旅游产品的再生产和扩大再生产，而且关系到旅游产品生产的主体——旅游从业人员、旅游企业以及国家或地区的利益，关系到旅游目的地国家或地区旅游业的发展规模、速度和水平。

（一）旅游收入初次分配

旅游收入初次分配是指旅游企业将获得的营业收入首先在企业内按生产要素以货币形式进行的分配。这里的旅游企业主要是指旅行社、饭店、餐馆、交通运输公司、旅游景点和旅游纪念品商店等。旅游企业产品的生产要素主要由劳动、资本、自然资源和经营管理能力构成。它们与收入的关系可用函数式表示：

$$I=f（L、C、N、M）$$

其中，I 表示收入；L 表示劳动；C 表示资本；N 表示自然资源；M 表示经营管理能力。I 的大小取决于 L、C、N 和 M 的投入量。因此，在旅游收入初次分配中，在补偿用于生产旅游产品所耗费的物质资料之后，剩余的部分（旅游收入中扣除补偿价值部分）即为旅游从业人员所创造的新价值。这部分价值可分解为职工工资（包括劳动者和经营管理者）、政府税收（营业税、企业所得税等）和企业留利（净利润）三个部分，这就是国家、旅游企业和旅游从业人员从旅游收入初次分配中各自得到的初始收入。

也就是说，在取得旅游收入后，旅游部门和企业首先应该在直接经营旅游业务的部门和企业中进行分配。这些部门和企业包括饭店、餐馆、旅行社、交通运输部门、旅游景点、旅游购物店及旅游娱乐部门等。在一定时期内，旅游部门和企业付出了物化劳动和活劳动，向旅游者提供了满足他们需要的旅游产品，从而获得营业收入。在这些收入中，首先必须扣除当期为生产旅游产品而消耗的生产资料，如旅游设备设施的折旧、原材料和物料的消耗、建筑物的折旧等。这部分不参与初次分配，参与分配的是营业收入中的净收入部分。旅游净收入在初次分配中分解为员工工资、政府税收和企业自留利润三大部分，这就使得国家、旅游部门和企业、旅游从业人员三方都得到了各自的初始收入，如图 6-2 所示。

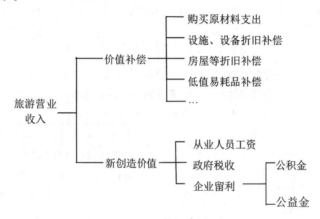

图 6-2　旅游企业营业收入分配图

在旅游企业中，旅行社是一个特殊的行业，它不仅在旅游需求者和旅游供给者之间起桥梁作用，而且是旅游产品的组合者，即根据市场需求，首先向饭店、餐馆、交通运输公司、旅游景点等批量预订其产品，经过加工组合，形成包价旅游产品，向市场销售并获得包价旅游收入。旅行社在旅游业中的这种特殊职能和地位决定了它与其他旅游企业不同，在旅游收入初次分配中具有独特的作用，即首先从其包价产品销售中得到营业收入和首先进行营业收入的分配。

在分配中，首先支付构成其营业收入中很大一部分的营业成本，即根据旅行社与上述旅游企业签订的购买合同规定的支付时间、支付方式、双方约定的价格和购买数量等向它们分配其营业收入。这些旅游企业再将所获得的营业收入按前述方式进行分配。在旅行社营业收入分配中，又分为组团社（组合旅游产品的旅行社）营业收入和接待社（接待组团社招徕游客的旅行社）营业收入。它们之间的收入分配关系如图 6-3 所示。

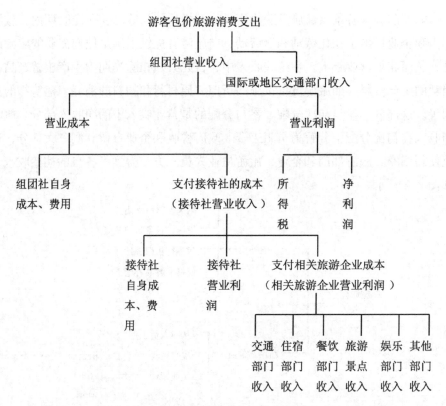

图 6-3　包价旅游收入初次分配图

（二）旅游收入的再分配

旅游收入经过初次分配以后，按照价值规律和经济利益原则，在旅游目的地国家或地区的全社会范围内进行再分配，以实现旅游收入的最终用途。旅游收入再分配的流向主要包括以下几方面。

1. 上缴政府的各类税金部分

政府通过各种财政支出的方式来实现国民收入的再分配，旅游收入中缴纳给政府的各类税金（如营业税、增值税、所得税等）构成了政府财政预算收入的一部分，这部分收入通过财政支出的方式，用于国家的经济建设、国防建设、公共事业和社会福利投资以及国家的储备金。其中一部分可能会作为旅游基础建设和重点旅游项目开发又返回到旅游业中来。

2. 支付给旅游从业人员的报酬部分

旅游从业人员以工资、津贴、佣金等各种形式取得劳动报酬后，其中大部分用于购买他们所需要的生活用品和劳务产品，以满足旅游从业人员自己和家庭成员物质生活和文化生活的需要，保证劳动力的再生产。这部分支出构成了社会经济中相关的提供生活资料和劳务行业的营业收入，这些部门在扣除了物质生产资料的耗费以后，将所得净收入又用于支付本部门和企业职工的工资。旅游从业人员个人收入消费之后所剩下的另一部分则存入银行、购买保险、购买国库券等，形成了国家金融建设资金和保险部门的收入等。

3. 企业利润部分

企业利润一般要用于公积金和公益金两个部分。公积金主要用于旅游部门和企业扩大再生产的追加投资，购买新的设备和设施，研制新产品，更新改造技术，开辟新的市场，以及弥补企业亏损等方面。公益金主要用于旅游部门和企业职工与集体的福利，作为职工住房、医疗、教育、文体等活动的投资。公积金和公益金的支出又构成了直接或间接为旅游部门、企业提供产品与服务的相关部门的营业收入，这些部门或企业在获得营业收入后，又会开始新一轮的收入分配与再分配。

4. 流向其他部门的部分

旅游收入中还有一部分流向其他部门，主要包括：支付贷款利息而构成金融部门的收入，支付保险金而构成保险部门的收入，支付房租或购买住宅而形成房地产部门的收入，租赁设施设备而形成租赁单位的收入等。

旅游收入再分配如图 6-4 所示。

旅游收入经过上述再分配之后，部分旅游收入进入相关企业、事业单位和政府机构，它们根据其生产和事业发展的需要，对所收取的部分旅游收入再次进行分配，如此继续下去，使社会经济中各相关企业和部门都获得了其应有的派生收入，这就是旅游业的发展对旅游目的地国家或地区社会经济所起的带动作用。

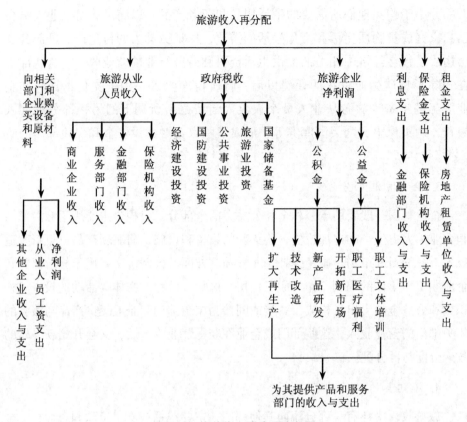

图 6-4 旅游收入再分配流向图

【链接启示】

高质量收入分配的四个维度

在近日"中国收入分配 50 人论坛"2023 年度会议——"完善分配制度，助力乡村振兴"研讨会上，中央党校社会和生态文明教研部副主任赖德胜认为，高质量收入分配是高品质生活的重要组成部分，是助力全体人民共同富裕的重要路径。高质量收入分配可以从四个维度进行概括：一是分配制度完善，社会主义基本分配制度得到贯彻落实，并构建三次分配协调配套的制度体系；二是收入差距适度，无论是基尼系数还是城乡居民收入比都处于合理区间；三是有利于高质量发展，能够促进消费，促进辛勤劳动，推动人力资本投资和创新同时发力；四是获得感更加充实、更可持续。

资料来源：根据《经济参考报》2023 年 11 月 2 日的资料整理。

　　思考： 高质量收入分配维度与共同富裕目标是什么关系？黄金周中旅游市场出现游客人次增长速度大于旅游收入增长速度的现象如何理解？

案例思考

发挥旅游富民效应　大力推动共同富裕

　　共同富裕是社会主义的本质要求。十九届六中全会公报进一步提出，全面深化改革开放，促进共同富裕，坚持在发展中保障和改善民生，协同推进人民富裕、国家强盛、中国美丽。进入新发展阶段，推动实现共同富裕被摆在更加突出的位置。

　　第一，旅游活动在初次分配环节就具有调节收入分配的独特作用。简单来说，初次分配是通过市场实现的收入分配，二次分配是通过政府转移支付实现的收入分配，而三次分配是高收入群体通过捐赠等方式进行转移支付。长期以来，我们强调初次分配注重效率，二次分配注重公平，最近强调的三次分配依靠道德。由此可见，强调效率优先的初次分配向来是导致贫富差距过大的环节，二次分配和三次分配的提出就是为了弥补初次分配的弊端，是调节收入分配和实现共同富裕的基本手段。从需求侧来看，富裕群体是旅游产品和服务的购买主体，旅游消费的需求价格弹性大于1。通俗地说，"有钱"和"有闲"是保障旅游活动顺利开展的前提条件。从供给侧来看，低收入群体往往是旅游产品和服务的供给主体。吃、住、行、游、购、娱等旅游产业的从业人员中相当一部分为体制外的"非正规就业"群体，社会保障水平低。旅游活动的开展或旅游消费行为的发生，实质上就是一种在初次分配环节的收入分配调节和财富转移。

　　第二，旅游活动的收入分配调节作用还具有市场调节、高效直接、上门服务的优点。旅游活动由于在初次分配环节就调节收入分配，是通过市场的自愿交易机制而实现，可以说是能够借助市场机制开展收入分配调节的典范产业。旅游消费活动的财富转移效应高效直接，按照支出法计算的GDP，旅游消费属于居民最终消费，2019年全年实现旅游总收入高达6.63万亿元，可以说大部分的旅游收入以工资、服务收费、销售收入、经营收入等形式直接转化成为旅游从业人员的个人收入。旅游活动是一种异地消费的过程，富裕群体前往旅游从业人员的惯常环境购买旅游产品和服务，因此大多数旅游从业人员是坐等游客的上门花费。综上可以看出，与通过构建复杂的社会保障体系进行财政转移

第
六
章

支付以及税收调节的二次分配方式相比，旅游活动在调节收入分配和促进共同富裕方面直接且高效。

推动共同富裕，除了需要构建初次分配、二次分配、三次分配协调配套的制度安排，加大税收、社保、转移支付等调节力度并提高精准性，"提低、扩中、调高"，取缔非法收入，形成中间大、两头小的橄榄型分配结构等直接性举措之外，区域协调发展、城乡统筹发展、脱贫攻坚、拉动就业等方面对于实现共同富裕有着更加基础性的作用，而旅游业的发展可以发挥重要作用。

资料来源：张金山. 发挥旅游富民效应 大力推动共同富裕[N]. 中国旅游报，2022-01-06.

思考：如何更好发挥旅游活动的初次分配与再分配的调节作用？ 如何通过旅游业的发展来促进共同富裕，增强人民至上理念？

二、旅游乘数效应

乘数（Multiplier）又称收益增值率，是 1931 年由卡恩（Kahn）提出，并在随后几年被约翰·凯恩斯（John Keynes）运用于投资理论的研究中。该理论的基本观点是投资的增加同由此而产生的收益的更大增加之间的关系成倍数关系。后来英国萨瑞大学布赖恩·阿切尔（Brian Archer）教授和其他一些旅游学者将这一理论运用于旅游的研究中，提出旅游收入在旅游产品生产和再生产过程中会对国民经济和其他部门的收入、产出和就业产生连锁作用，这就是旅游乘数效应。

（一）旅游乘数效应原理

对于旅游目的地国家或地区来说，外来游客购买和消费其产品所获得的旅游收入是一种无形的出口贸易收入，是外来资金"注入"到旅游目的地国家或地区的经济之中。这些资金目的地国家或地区为发展旅游业有一部分需向境外支付购买物资设备而流出目的地国家或地区，对目的地国家或地区的经济不发生作用外，留下的部分会在旅游产品生产和再生产过程中通过分配和再分配逐渐渗透到其他部门，乃至整个经济系统中。乘数效应的产生过程如图 6-5 所示。

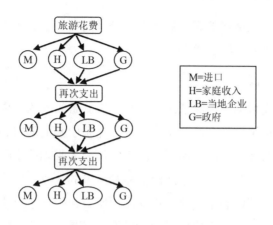

图6-5　乘数效应的产生过程

旅游收入对目的地国家或地区经济的这种渐次渗透分为三个阶段，即直接效应阶段、间接效应阶段和诱导效应阶段。

1. 直接效应阶段

直接效应阶段是指外来游客购买和消费旅游目的地国家或地区的旅游产品和服务所支出的货币对目的地国家或地区旅游企事业单位（如旅行社、饭店、餐饮、交通运输、商业和景区景点）形成的收入、产出和就业的直接影响。这些在旅游收入首轮分配中获益的企事业单位除将其收入的一部分按规定比例向政府缴纳税金和向境外购买所需的物资设备外，其余部分将用来扩大产品和服务的生产以及支付职工工资，从而使其产出进一步增加。

2. 间接效应阶段

间接效应是指向旅游企事业单位销售产品的相关企业得到的收入在生产和再生产过程中进一步分配对经济的扩大所产生的影响。同样，这些从旅游企事业单位所获得的收入除按规定向政府缴纳税金后，也要将一部分用于向其他企业购买原材料、机械设备等，以扩大其生产能力，另一部分用于支付职工工资，改善员工福利。这是目的地国家或地区所获得的旅游收入的第二轮分配。这些企业为维持或扩大其产品生产又用其收入向其他企业购买所需的物资和设备。这样，旅游收入就会渐次渗透于目的地国家或地区的经济体系中，致使其经济产出总量的扩大、就业机会的增多和家庭收入的增加，这就是旅游收入间接效应阶段所产生的效应。研究表明，旅游收入间接效应总是大于直接效应。不过，产生效应的大小依目的地国家或地区经济规模和经济结构的不同而不同。一般来说，目的地国家或地区的经济规模大、经济门类齐全、经济联系紧密，旅游收入的间接效应也大，反之就小。

3. 诱导效应阶段

诱导效应是指目的地国家或地区直接获得旅游收入的企事业单位的职工以及为旅游企事业单位销售产品和服务的经济体系中其他部门和企业的职工，将其从旅游收入分配和再分配中所得到的工资等个人收入用于购买当地生产的消费品和劳务，从而刺激了当地生产消费品和劳务的企业、部门和单位收益的增加。旅游收入在经济体系中的这种连锁作用所引起的各个企业、部门和单位职工消费的增加对目的地国家或地区的经济发展又是一次有力的推动。这就是旅游收入的诱导效应，这种效应据弗洛伊德·休斯敦（Floyed Houston）对旅游者在美国密苏里州所产生的诱导效应的计算，这部分货币在当地经济中的流通是间接效应所产生的货币流通的三倍。当然，这种诱导效应的大小也依不同目的地国家或地区经济发展水平和居民的习俗风尚不同而不同。一般来说，经济发展水平高，消费品质量高，供应充足，能满足居民日益增长需要的目的地国家或地区，旅游收入所产生的诱导效应就大；反之，经济发展水平低，消费品稀缺，质量差，居民热衷于购买进口消费品的目的地国家或地区，其旅游收入的诱导效应就低，甚至出现负值。

旅游收入的间接效应和诱导效应合在一起，称之为继发效应（secondary effects）。旅游收入乘数效应是旅游收入的直接效应加上继发效应与直接效应之比。

（二）旅游乘数效应的测量

乘数通常是用来分析国民收入的变化与带来这种变化的投资支出的关系。用公式表示为：

$$K = \frac{\Delta y}{\Delta i}$$

式中，K 表示乘数；Δy 表示国民收入的变动量，即增加的收入量；Δi 表示投资的变动量，即增加的投资量。

由于均衡国民收入等于消费加储蓄，或等于消费加投资，所以收入增加量等于消费增加量加投资增加量。这样，上式可展开为：

$$K = \frac{\Delta y}{\Delta i} = \frac{\Delta y}{\Delta y - \Delta C} = \frac{\Delta y / \Delta y}{\Delta y / \Delta y - \Delta C / \Delta y} = \frac{1}{1 - \Delta C / \Delta y}$$

$$\because 1 - \frac{\Delta C}{\Delta y} = \frac{\Delta S}{\Delta y}$$

$$\therefore K = \frac{1}{\Delta S / \Delta y}$$

式中，ΔC 表示消费增加量；ΔS 表示储蓄增加量；$\Delta C / \Delta y$ 表示边际消费倾向（Marginal Propensity to Consume），用英文字母表示为 MPC，即逐年国民收入中消费所占比重的趋向；$\Delta S / \Delta y$ 表示边际储蓄倾向（Marginal Propensity to Save），用英文字母表示为 MPS，即逐年国民收入中储蓄所占比重的趋向；而进口物资倾向（Marginal Propensity of Materials）则用英文字母表示为 MPM，即逐年国民收入中用于购买进口物资所占比重的趋向。如表 6-6 所示。

表 6-6　假定的国民收入分配例表　　　　　　单位：亿元

年份	国民收入	消费	储蓄	进口	MPC	MPS	MPM
2002	9000	6300	1800	900	0.70	0.20	0.10
2003	12000	8640	2160	1200	0.72	0.18	0.10
2004	15000	11100	2700	1200	0.74	0.18	0.08
2005	12000	9000	1920	1080	0.75	0.16	0.09
2006	16000	12000	2880	1120	0.75	0.18	0.07

按照以上变量之间的关系可得出旅游乘数如下计算公式：

$$K = \frac{1}{1 - MPC} = \frac{1}{MPS} \qquad ①$$

$$K = \frac{1}{MPS + MPM} \qquad ②$$

$$K = \frac{1 - TMP}{MPS + MPM} \qquad ③$$

$$K = \frac{1 - TMP}{1 - MPC \times C} \qquad ④$$

③式和④式中的 TMP（Tourist Propensity to Buy Imported Goods）表示外来旅游者购买进口产品支出的比例；④式中的 C（Proportion of Expenditure of Local Household to Buy Imported Goods）表示当地居民购买进口产品支出的比例。①式反映的是封闭经济情况下（没有对外贸易，没有境外投资）的乘数效应；

②式反映的是开放经济状态下（有对外贸易）的乘数效应，式中 MPS+MPM 表示储蓄加进口的比例，由于它们未进入本地经济循环中，因而属于旅游收入中的漏损；③式进一步结合了②式，将本应进入旅游收入中的外来旅游者在当地购买进口物品所占的比例扣除；④式更进一步将本地居民（流入居民手中的部分旅游收入）购买进口物品的比例进行了扣除。所以，④式反映的是将上述各种形式的漏损扣除后，留下的旅游收入在进入目的地国家或地区的经济循环之中所产生的效应。

例如，某旅游企业投资增量为 100 万元，营业收入增加了 200 万元。若该企业用营业收入中的一半即 100 万元向相关企业购买设备和原材料，则这些出售设备和原材料的企业的收入增加了 100 万元，而它们又用其中的一半即 50 万元向其他企业购买设备和原材料，那么其他企业的收入又增加了 50 万元。这个过程若继续下去，则会引起目的地国家或地区社会收入的不断增加。按照上述乘数公式，该目的地国家或地区由此旅游企业营业收入增加引发的社会收入增量总和为：

$$\because K = \frac{1}{\Delta S/\Delta y}$$

$$\therefore \Delta y = \frac{\Delta S}{1/K} = \frac{\Delta y - \Delta C}{1/K} = \frac{\Delta i}{1/K} = \frac{\Delta i}{1} \times \frac{K}{1} = \Delta i \times \frac{1}{1 - \Delta C/\Delta y}$$

$$\Delta y = \frac{\Delta S}{1/K} = \frac{\Delta y - \Delta C}{1/K} = \frac{\Delta i}{1/K} = \frac{\Delta i}{1} \times \frac{K}{1} = \Delta i \times \frac{1}{1 - \Delta C/\Delta y}$$

$$= 200 \text{ 万元} \times \frac{1}{1 - 50\%} = 400 \text{ 万元}$$

该旅游企业旅游收入乘数效应如表 6-7 所示。

表 6-7 某旅游企业旅游收入乘数效应

分配过程	旅游收入	每轮分配于生产和生活消费的比例	每轮消费货币量	每轮储存与进口比例	每轮储存与进口货币量
第一轮	200 万元	50%	100 万元	50%	100 万元
第二轮	100 万元	50%	50 万元	50%	50 万元
第三轮	50 万元	50%	25 万元	50%	25 万元
⋮		50%	⋮	50%	⋮

如果该旅游企业和其他企业都将其收入的更大部分如80%用于生产和生活消费，那么目的地国家或地区社会收入的增加量将为1000万元，即最初投资增量的5倍。可见，旅游企业和其他企业增加的收入中用于生产和生活消费的部分越多，目的地国家或地区社会收入的增加量就越大；反之，用于生产和生活消费的部分越小，而用于储蓄和购买进口物资的部分越多，则目的地国家或地区社会收入的增加量就越小。

上面叙述的乘数效应同大多数乘数模型一样是静态的，是以如下的假设为前提的：一是生产和消费的作用是线性的，即游客任何增加的旅游花费都和其以前等量的旅游花费对目的地经济产生同样的影响；二是目的地的旅游供给能满足游客增加的需要量；三是目的地旅游产品的价格保持相对稳定。虽然可将静态的乘数模型转变为动态的，可消除这些假设，但由于对数据的要求更高而甚为困难。

（三）旅游乘数的类型

旅游乘数的类型可从不同侧面反映旅游收入对旅游目的地国家或地区国民经济的影响。主要的旅游乘数类型如下：

1. 营业额乘数

营业额乘数又称销售额乘数，是指外来游客的支出数量与其在旅游目的地国家或地区经济体系中不断流转所引起的社会总销售额或产量之间的比例关系。它反映的是一个国家或地区旅游业的发展对整个国家或地区经济增长的影响。例如，外来游客在旅游目的地国家或地区支出100万元，引起目的地国家或地区旅游企业将其中50万元用于生产和生活消费，而向旅游企业销售其生产和生活消费所需物资和物品的企业又用收入50万元中的25万元向其他企业购买生产和生活所需的物资和物品。这样不断流转下去，最终使目的地国家或地区的社会总销售额增加至200万元，即销售额增长率（产出乘数）为2。通常这类乘数比较大，一般为2至3，甚至4。

2. 收入乘数

收入乘数是指外来游客在旅游目的地国家或地区的单位消费额同由此引起的目的地国家或地区净收入变化量之间的比例关系。它分为居民收入乘数和政府收入乘数。在分析旅游业的宏观经济作用时，被认为是灵敏度最高的"显示器"。

（1）居民收入乘数

居民收入乘数测量的是外来游客在旅游目的地国家或地区的消费同当地居民个人收入增加额之间的比例关系。它反映的是一个国家或地区旅游业的发展对该国或该地区居民个人收入增长的影响。

该乘数有两种表示法：一为常态表示法，二为比例表示法。

①常态收入乘数表示的是外来游客在目的地国家或地区的消费支出额与由此引起当地居民个人收入增加额之间的关系。其测算公式为：

$$K = A \times \frac{1}{1-BC}$$

式中，K 表示居民收入乘数；A 表示外来游客消费支出中扣除漏损后留在目的地国家或地区的部分所占比例；B 表示外来游客支出中分配给当地居民所占的比例；C 表示当地居民从外来游客支出中所得收入用于个人消费所占的比例。

例如，某年外来游客在某旅游目的地旅游支出 100 万元，在连续的分配中有 70 万元留在当地，其中，分配给当地居民的外来游客支出占 30%，而当地居民所得外来游客支出中用于个人消费的部分占 60%，则该旅游目的地的收入乘数为：

$$K = 0.7 \times \frac{1}{1-0.3 \times 0.6} \approx 0.85$$

通常情况下，居民收入乘数小于 1。

②比例收入乘数分为两种类型：

第一，旅游收入的直接效应与间接效应之和同旅游收入直接效应的比例关系，即（直接效应 + 间接效应）/ 直接效应；

第二，旅游收入的直接效应与间接效应、诱导效应之和同旅游收入直接效应的关系，即（直接效应 + 间接效应 + 诱导效应）/ 直接效应。

例如，若某旅游目的地的旅游收入直接效应为 0.4，旅游收入的间接效应为 0.1，旅游收入的诱导效应为 0.2，则两种类型的比例收入乘数分别为：

第一种类型：$K = \dfrac{0.4+0.1}{0.4} = 1.25$

第二种类型：$K = \dfrac{0.4+0.1+0.2}{0.4} = 1.75$

通常情况下，第一种类型的比例收入乘数大于 1，而小于 2。

（2）政府收入乘数

政府收入乘数是指旅游目的地国家或地区每增加一个单位旅游收入同最终引起政府收入增加量之间的比例关系。政府收入增加量来自旅游企业和其他相关企业上缴的税金、手续费和其他应上缴国库的收入项目，这些纳入国库的资金再由政府用于其他项目的投资、政府工作人员工资和政府行政经费。它们通过在经济体系中的不断流转，使政府的收入不断扩大。所以，政府收入乘数测定的是目的地国家或地区旅游收入给国家或地区政府带来的宏观效益。

3. 就业乘数

就业乘数是指旅游目的地国家或地区每增加单位旅游收入所创造的旅游部门直接就业人数与其他部门间接就业人数之间的比例关系。它表明该国或该地区增加的旅游收入在对其经济体系的渐次渗透中所导致的最终就业的影响。就业乘数有两种表示法：

（1）比例法，它是由于外来游客的消费所形成的旅游收入对旅游目的地国家或地区带来旅游部门直接就业人数与为其他部门和企业造成的间接就业人数之和同旅游部门直接就业人数之间的比率。例如，由于外来游客的消费，使旅游部门的企事业单位就业人数增加了 1000，由此引起了目的地国家或地区其他部门的企事业单位就业人数增加了 1600，则该国或地区的旅游就业增长率为 $\dfrac{1000+1600}{1000}$，即 2.6。

（2）数值法，它是指外来游客一定量的旅游支出为旅游目的地国家或地区所创造的就业者数量。

例如，2005 年我国入境旅游收入 292.96 亿美元，比 2004 年的 257.39 亿美元增加了 35.57 亿美元。2004 年全国旅游从业人员 244.87 万，2005 年 260.42 万，按数值法计算，2005 年单位旅游外汇收入（亿美元）可提供的就业人数为（不包括为旅游业提供产品和服务的其他相关企事业单位增加的就业人数）：

$$K=\frac{260.42-244.87}{292.96-257.39}=\frac{15.55}{35.57}\approx4372(\text{人}/\text{亿美元})$$

4. 产出乘数

产出乘数同营业额乘数类似，是指外来游客的消费同由此引起的旅游目的地国家或地区全部有关企事业单位经济产出水平增长程度之间的比例关系。与营业额乘数不同，产出乘数是用由外来游客的消费引起增加的总产量来衡量的，包括库存量；而营业额乘数是用由外来游客的消费引起增加的总产量中被游客消费掉的部分来衡量的，不包括库存量。

5. 进口额乘数

进口乘数是指旅游目的地国家或地区每增加一个单位的旅游收入同由此引起的进口增加额之间的比率关系。随着旅游目的地国家或地区旅游业的发展，旅游收入的增加，旅游企事业单位和为旅游企事业提供产品和服务的其他相关企事业单位从境外进口的物资、设备也会在增加，该乘数测定的是旅游收入的增加额同由此导致的进口增加额之间的关系。

上述几种乘数之间还存在着一定的内在联系。例如，某旅游目的地国家本年度比上年度的旅游收入增加了 100 万美元，在其经济体系中流转使最终产出增加了 250 万美元，居民个人收入增加了 20 万美元，政府收入增加了 60 万美元，进口物资和设备增加了 50 万美元，直接就业人数增加了 300 人，继发就业人数增加了 100 人，则该国的产出乘数为 2.5（$\frac{250}{100}$）；居民个人收入乘数为 0.2（$\frac{20}{100}$）；政府收入乘数为 0.6（$\frac{60}{100}$）；进口额乘数为 0.5（$\frac{50}{100}$）；就业乘数为 4（$\frac{300+100}{100}$），即每增加 1 万美元可创造 4 个就业机会（数值法），或 1.33（$\frac{300+100}{300}$）（比例法）。

总之，乘数理论在旅游中的运用有助于衡量由外来游客带来的旅游收入对旅游目的地国家或地区产生的经济影响，也有助于目的地国家或地区分析旅游业发展的绩效，从而为制定旅游决策和旅游规划提供有用的信息和依据。但是，运用乘数理论分析旅游收入增量和由此引起的相关经济增量之间的关系需具备如下的条件：一是市场上必须能保障所需的生产资料和消费资料的供应；二是要有完善的市场机制，使企业能够随时根据市场供求情况来调整生产规模和经营方式。该理论的不足之处有：一是只说明了由外来游客的消费所带来的旅游收入对目的地国家或地区经济产生的有益影响，却未涉及由此所增加的成本；二是难以准确地计量外来游客的开支对目的地国家或地区居民个人收入变化的影响以及由此产生的诱导影响，因此在不少国家和地区所建立的研究模型中，简单地使用平均数和边际消费倾向来替代。

（四）影响旅游乘数效应大小的主要因素

从上述旅游乘数的测量公式可以看出，影响旅游乘数效应大小的主要因素是：

1. 边际消费倾向和边际储蓄倾向

边际消费倾向越大，即每增加 1 个单位的旅游收入中用于消费的比例越大，从而在旅游目的地国家或地区经济体系中流转的数额就越大，旅游乘数效应就越大；反之，边际储蓄倾向越大，即每增加 1 个单位的旅游收入中用于储蓄的比例越大，这部分旅游收入便游离出旅游目的地国家或地区经济的运转之中而不发生作用，从而使旅游收入对目的地国家或地区经济所产生的乘数效应越小。

2. 边际进口物资倾向

边际进口物资倾向越大，意味着每增加 1 个单位的旅游收入中用于购买境外物资设备的比例越大，这部分旅游收入也游离出旅游目的地国家或地区经济运转而不发生作用，从而大大降低了旅游收入对目的地国家或地区经济所产生的乘数效应。同样，旅游目的地国家或地区接待的境外游客和从旅游收入分配和再分配中得到收入的居民在该国或该地购买进口商品，也会使旅游乘数效应降低。

3. 旅游收入在经济体系中的周转次数

旅游收入在旅游目的地国家或地区经济体系中流转的次数越多，即旅游收入分配和再分配的次数越多，意味着促进生产和再生产的产业门类越多，从而使旅游收入对目的地国家或地区经济所产生的乘数效应越大；反之，周转的次数越少则乘数效应越小。

4. 旅游收入的漏损

旅游收入乘数的大小同旅游目的地国家或地区的经济门类、结构和发达程度密切相关。一般来说，旅游目的地国家或地区经济中与旅游业直接和间接相关的产业门类越全，自给程度越高，旅游收入分配和再分配中用于消费的比例越大，流转次数越多，旅游乘数就越大，反之则越小。这就是为什么经济发达国家的旅游乘数效应往往高于发展中国家的主要原因。

（五）旅游乘数效应的局限性

旅游乘数可以衡量旅游业当前的经济业绩以及旅游花费水平和模式变化的

短期经济影响。旅游乘数特别适用于研究旅游花费对于企业的营业额、就业、政府收入和收支平衡的影响。然而，乘数效应的发挥需要一定的条件，于是乘数效应理论存在一定的局限性。

1. 乘数理论忽略了不同旅游接待国或地区经济背景不同。乘数理论不以分析旅游目的地的产业结构、经济实力为基础，实际上不同的经济背景会产生不同性质和不同量值的乘数。如果旅游目的地经济实力强大、技术先进，并且消费品门类齐全，经济上自给程度很高，无论是从数量还是质量上都能满足当地居民和外来游客对商品和服务的需要，那么旅游所带来的收入则会尽可能多地留在该目的地，减少了对进口商品和服务的消费；反之，旅游消费则不一定能带来预期的乘数效应。

2. 乘数理论的前提之一是要有一定数量的资源可用，以保证需求增加后供给能相应增长。而实际中可能存在供给缺乏的情况，这时要满足需求增长的要求，就必须从其他经济活动中占用资源，导致其他活动的产出减少。因此，乘数效应的发挥也受到产业结构的协调与完备程度的制约。

3. 乘数理论所需数据难以获得。旅游的本质决定了数据收集工作的困难。旅游作为一个生产多项产品的行业，将直接影响一个经济体系的许多部门，同时，旅游花费也分散地存在于这些部门之中。为了把这些花费合理地从各个部门分离并计算出来，需要投入大量精力对旅游者的花费进行准确的调查。

4. 乘数效应适用于短期，旅游乘数效应也存在这种局限。乘数效应属于需求决定论，应将长远供给能力考虑在内。哈耶克认为这种短期的消费会抑制长期投资，因此会影响长期的经济增长潜力。

【链接启示】

5G 持续放大乘数效应

"信息基础设施在全球范围内加速演进升级，已经成为经济社会发展的信息大动脉，推动人类社会逐渐进入万物感知、万物互联、万物智能的新时代。"5G、人工智能、下一代互联网等新一代信息通信技术持续深入发展，交叉融合，已经成为放大生产力的"乘数因子"，驱动着生产主体、生产对象、生产工具和生产方式的深刻变革，引领产业智能化、绿色化、融合化发展。

而旅游业振兴发展的前景正在变得愈加广阔。"诗和远方"因紧密融合而更加美好，旅游业数字化、智能化趋势愈加明显，与相关产业跨界、渗透不断升级，扩大国内需求、畅通经济循环的"乘数效应"不断显现，正在让旅游业这一"幸福产业"为人民群众带来更多的幸福感。

案例思考

"一业兴、百业旺" 乘数效应持续释放

在国务院新闻办公室举行的文化和旅游赋能全面小康新闻发布会上强调，要促进旅游业高质量发展，完善旅游产品和服务供给体系，繁荣国内旅游、入出境旅游市场，推进旅游为民、发挥旅游带动作用，释放"一业兴、百业旺"的乘数效应。

从促进产业链条延伸到带动区域发展、推动多产融合发展……近年来，旅游业发展紧扣国家大政方针，主动融入国家战略，深度对接国家各项重点工作，积极发挥综合带动性强的优势，持续释放"一业兴、百业旺"的乘数效应，充分彰显在国民经济中的独特作用。

（1）促进产业链延伸

旅游业促进产业链延伸、对上下游产业的带动作用体现在很多领域。比如，山地旅游对户外装备制造业的带动，体育旅游对体育培训业态的带动等。

旅游促进产业链延伸的成果在今年中国国际服务贸易交易会上有不少展现。在体育服务专题展区，既有冰雪旅游产品或目的地展示，也有品类丰富的冰雪运动设备、装备产品，充满科技感的虚拟冰雪运动体验项目。

（2）带动区域转型

正值秋季，地处大兴安岭林区腹地的阿尔山市草木繁盛，迎来一年中的旅游旺季。20世纪50年代至90年代，阿尔山一直是我国重要的木材供应地。随着"天保工程"实施，阿尔山全面禁伐，发展旅游成了该地推动经济转型的重要抓手。

如今，人们一提到阿尔山，第一印象早已不是林业，而是春天漫山的杜鹃花、夏天清澈的天池、秋天金色的林海、冬天温暖的泉水……产业转型的同时，人也在转变。阿尔山市白狼镇林俗村流行这样几句话——放下锯子当导游，放下斧头搞养殖；四方宾客看不够，致富路上不用愁。这成为当地老百姓通过旅游脱贫致富的真实写照。阿尔山的转型之路是旅游业带动区域转型发展的典型代表。

北京第二外国语学院中国文化和旅游产业研究院副教授吴丽云表示，旅游

业的发展，可以为地区产业结构优化调整提供动力。"通过发展旅游产业，可带动农业、牧业、林业、渔业、工业等产业提升增加值，推动地方优化产业结构。"

（3）促进产业融合

"旅游业＋农业"形成的休闲农业和乡村旅游，让乡村成为重要旅游目的地，帮老乡就业创收；"旅游业＋林业"形成的森林旅游，让环保理念深入人心；"旅游业＋工业"形成的工业旅游，让工业遗址有了新活力……近年来，旅游与农业、林业、工业、康养、教育等多产业融合发展，带动了关联产业的发展，也为旅游业自身发展提供了新内容，从而实现了"1+1>2"的效果。

近年来，文化和旅游部致力促进旅游高质量发展，为全面建成小康社会添动能。构建以 A 级景区、旅游度假区、乡村旅游、红色旅游等为主要载体的旅游产品供给体系，培育体育旅游、工业旅游、研学旅游、沉浸式体验等新业态，产业发展基础更加坚实、群众旅游选项更加多元。

"旅游是幸福产业，代表着人们对美好生活的向往，已经成为刚需。因此，旅游业的综合带动作用必定是可持续的。"中国旅游研究院研究员、博士韩元军表示，游客对旅游品质要求越来越高，旅游目的地要在服务品质、商业设施配套、旅游产品差异性等方面下功夫，才能在越来越激烈的竞争中立于不败之地。

资料来源：王洋."一业兴、百业旺"乘数效应持续释放——旅游赋能全面小康系列报道之三［N］.中国旅游报，2021-09-28.

思考：旅游业应如何创新发展意识，释放"一业兴、百业旺"的乘数效应？旅游目的地具体需要怎么做，才能在越来越激烈的竞争中立于不败之地，请举例说明？

三、旅游收入漏损

旅游收入漏损是指旅游目的地国家、地区、企业或社团为发展经济和正常的生产经营活动而购入进口商品、劳务或偿还贷款以及开展对外交往和促销等使部分旅游收入流失的现象。旅游收入中漏损的部分越大，对旅游乘数效应的影响越大，反之则越小。因此，在论及旅游乘数效应时，不能不讨论漏损问题。

（一）旅游收入漏损的主要形式

1. 进口漏损

进口漏损是指旅游目的地国家、地区、企业和社团为购买进口商品和劳务而导致的旅游外汇的流失。它包括三个部分：

（1）直接进口漏损

直接进口漏损是经营旅游业务的企业因自身发展和运营的需要，将外来游客消费中所获得收入的一部分用于购买境外物资和劳务而导致的外汇流失。其中，进口境外物资包括各种建筑和装饰材料、原材料、机器设备、食品饮料、车辆和其他运输工具、陈设用品、计算机管理系统等；进口劳务主要是境外管理人员和厨师等。

（2）间接进口漏损

间接进口漏损是向经营旅游业务的企业供应各种商品和服务的其他有关企业和单位，为了经营和发展而用得到的旅游收入中的一部分又从境外进口各种物资和劳动力所导致的旅游收入的流失。这样，在计算旅游乘数效应时应将直接进口和间接进口漏损的旅游收入扣除掉。用公式表示为：

$$\frac{1}{1-\text{MPS}+\text{MPM}}$$

（3）诱导性进口漏损

诱导性进口漏损（C）是直接和间接为旅游业工作的各类从业人员用以工资形式分得的旅游收入中的一部分或全部购买境外生产的消费品所导致的旅游收入的流失。同样，这部分漏损也需从旅游外汇收入中扣除，用公式表示为：

$$\frac{1}{\text{MPS}+\text{MPM}+\text{MPC}\times C} \quad 或 \quad \frac{1}{1-\text{MPC}\times(1-C)}$$

2. 合资、外方独资形式的漏损

合资、外方独资旅游企业和向旅游企业供应商品和服务的其他合资、外方独资企业将收入的旅游外汇以工薪和所得利润汇出旅游目的地国家或地区所导致的旅游外汇流失。

3. 旅游促销和产品销售工作形成的漏损

旅游促销和产品销售工作形成的漏损是指旅游目的地国家或地区、旅游企业和旅游团体为加强对外旅游宣传和促销在国外设立的旅游机构、旅行社和派出人员从事宣传促销活动所导致的旅游外汇收入的流失。

4. 对外贷款利息漏损

对外贷款利息漏损是指旅游目的地国家或地区、旅游企业和向旅游企业供应商品和服务的其他企业用收入的旅游外汇偿还所借外债利息所导致的旅游外汇的流失。

5. 旅游外汇管理漏损

旅游外汇管理漏损是指旅游外汇收入在管理环节上形成的旅游外汇流失。主要表现有旅行社应收境外旅游团费形成的呆账，拥有旅游外汇收入的企业和单位违规私下倒卖外汇形成的流失，某些个体经营者收入的旅游外汇持留手中、购买进口物品、在国外储蓄形成的流失以及个人直接向外国游客用本币兑换外币形成的流失等。

例如，若外来游客在旅游目的地国家或地区消费 1 美元，其中进口国外物资占 0.25，旅游目的地国家或地区在国外开展旅游宣传和促销费用占 0.05，外资或合资旅游企业和外方员工将其分配的利润和工资汇至国外占 0.2，三者合计占 0.5，那么留在该目的地国家或地区的旅游外汇收入只有 0.5 美元。据有关专家测算，一个来自发达国家的游客在发展中国家旅游中每花费 100 美元，由于上述 1、2、4 造成的漏损，仅有 50 美元左右留在发展中国家的经济中。

（二）影响旅游外汇漏损的因素

影响旅游外汇收入漏损的因素很多，其中主要有以下几个方面：

1. 旅游目的地国家或地区的经济发展水平和经济结构

旅游目的地国家或地区的经济发展水平包括国内生产总值、人均国内生产总值、科学技术、产业技术装备和经营管理等，经济发展水平高，旅游业发展的自主程度就高，不仅各项旅游设施建设配套完善，而且质量标准和管理水平也较高。经济结构包括产业结构、技术结构和产品结构，如果经济结构完善、合理，对旅游业发展支持的力度就大，对外依存度就小，反之对外依存度就大，旅游业发展所需的进口物资就会增加。

2. 旅游目的地国家或地区各种资源的供给能力

旅游目的地国家或地区资源的供给能力是指旅游业发展所需的各种资源的自给能力。这里的资源不是指作为游客旅游对象的各种旅游吸引物，而是指保证游客旅游活动正常运转的各种资源，如农、牧、渔业资源，制作工艺品、旅游纪念品的原材料，生产旅游设施、设备和用品的矿物资源和非矿物资源等以及生产、加工和制作能力。如果旅游业发展所需的各种资源及其加工制作都能自给，就无须从外进口或进口较少。

3. 旅游目的地国家或地区对外开放程度

旅游目的地国家或地区对外开放程度是指包括旅游业在内的对外开放的广度和深度。在当今世界，除个别国家外，其他国家都或多或少地受到经济全球化浪潮的冲击，加入世贸组织的国家已有 100 多个。我国加入世贸组织后，对外开放的广度和深度都在加大，以合资、控股、独资的形式进入我国经济领域的企业越来越多，其中境外饭店早在 20 世纪 80 年就已进入，旅行社业也于 2001 年起逐步对外资打开了大门。因此，开放程度越高，旅游外汇收入流失量也越大，反之则相反。

4. 旅游目的地国家或地区、旅游企业和旅游社团对外进行旅游促销的范围和规模

要发展国际入境旅游业，增加旅游外汇收入，旅游目的地国家或地区及其旅游企业必须对外开展旅游宣传和促销，例如目前我国在全球共有 39 家中国文化中心和 20 家驻外旅游办事处，一些大的国际旅行社在国外设立了旅行社，旅游行政机构与一些旅游企业每年在国外开展的旅游促销活动以及参加境外举办的国际旅游博览会等都需要支出外汇。如果这类旅游宣传促销活动范围广、规模大，所支出的外汇也多，反之则小。

5. 旅游目的地国家或地区的有关法规和政策

旅游目的地国家或地区的有关法规和政策包括进口物资的规定、旅游业中引进外资的优惠政策、外汇收入管理的规定、居民出国旅游的规定等。这些法规和政策的宽严程度都会对旅游外汇收入的漏损产生影响。

6. 旅游目的地国家或地区居民的民族意识和消费倾向

旅游目的地国家或地区居民的民族意识、价值观、收入水平对其消费倾向也会产生影响，尤其是对那些追求国际"名牌"产品的人来说，形成外汇流失的情况就更多。一般来说，在经济发达国家，由于经济发展水平高，科学技术发达，旅游业发展所需设施、设备、技术、产品自我供给能力强，管理先进，因而国际旅游业中外汇收入漏损率低，而许多发展中国家在上述方面差距较大，其旅游外汇收入漏损率也较高；同样，与大国相比，许多小国由于国土资源有限，经济结构比较单一，旅游业发展中所需的物资、用品都需要进口，其旅游外汇收入流失的比例也较大。

（三）减少旅游外汇收入漏损的途径

为了减少旅游外汇收入的大量流失，充分发挥旅游乘数效应的作用，促进旅游目的地国家或地区经济的发展，有必要制定相应的政策和措施，控制和减少旅游外汇收入的漏损。

1. 在经济上，积极发展本国经济，努力调整本国的经济结构和产品结构，不断提高科学技术发展水平，对需要进口的设施和设备要组织国内科技力量攻关、研究，在符合质量标准的前提下尽快投入生产，以满足国际入境旅游和国内旅游发展的需要，尽量减少国外产品的进口。

2. 在外资项目上，根据国家旅游产业政策，加强引进项目的审批，使引进项目符合国家经济发展和旅游业发展的需要，尤其是与旅游业发展相左的严重污染项目要严加控制，以减少社会成本和风险。

3. 在法规上，要制定完善的经济法规和外汇管理制度，加强外汇市场的管理，严厉惩办违反国家政策法规规定、扰乱金融秩序的不法行为，加强对外汇的监管，控制外汇的流失。

4. 在海关监管上，加强对进口物品的关税管理，防止偷税漏税，对各种高档酒品、饮料和奢侈品的进口应实行高额关税，以限制其需求。

5. 在旅游产品开发上，应着力开发符合现代旅游发展趋势，促进旅游可持续发展的低漏损旅游产品，如生态旅游产品、民风民俗旅游产品、游客参与式旅游产品等，以充分利用本国和本地区旅游资源、物资和劳动力，减少对自然资源的危害和对进口物资的消耗。

6. 在人力资源上，要努力培养具有现代经营理念，既懂现代管理技术又有管理才能的旅游专业人才，以减少外国管理人员的引进，从而减少外汇的流失。

例如，每1000美元的旅游花费对斐济旅游收支平衡的影响，如表6-8所示。

表6-8　每1000美元的旅游花费对斐济旅游收支平衡表的影响　单位：美元

旅游花费（＋）		1000.0
进口支出（－）		236.1
其中：直接支出	120.8	
间接支出	115.3	
净外汇流入额		763.9
其他进口支出（－）	326.3	326.3
最终净外汇流入额		437.6

资料来源：克里斯·库珀，张俐俐. 旅游学：原理与实践 [M]. 北京：高等教育出版社，2004.

【链接启示】

東埔寨致力提高旅游业生产力
洪森：减少旅游业收入漏损

在全面开放国门和解除入境隔离管制后，東埔寨政府将致力推动旅游业复苏和提升该领域生产力。近日，東埔寨首相洪森为第9届東埔寨海洋节主持开幕仪式时表示，東政府把旅游业列为优先领域，是推动国家社会经济发展的"绿金"。

洪森说："旅游业能够创造就业机会、直接或间接提高人民收入水平、促进国内生产总值、支持经济增长，并对维护文化和保护环境与自然资源作出重要贡献。"他指出，根据旅游部预测，今年東埔寨将接待约200万人次外国游客，到了2026年至2027年入境外国游客将恢复至新冠疫情前水平。洪森表示，東埔寨政府也致力推动沿海四省的旅游业发展，打造"東埔寨海滩"成为"西南部崛起之星"。"这里拥有特别丰富的旅游资源，有利于发展旅游业。"他要求相关部门须继续优先发展沿海地区，提升旅游业基础设施，加强当地互联互通，包括海陆空交通。同时，洪森鼓励相关部门和旅游业者提高生产力，使用本地生产来满足游客需求，以便减少旅游收入漏损。"旅游业也是'现场出口'（on-site export），我们应努力生产高质量的产品，以便为旅游领域服务，特别是在旅游景点打造'绿带'。"

据悉，由于新冠疫情影响，東埔寨政府自2020年决定停办海洋节，直到今年才重新复办，并选择在著名海滩旅游中心西哈努克市举行，对東埔寨旅游业的振兴具有特别意义。

资料来源：谭茜元.東埔寨致力提高旅游业生产力 洪森：减少旅游业收入漏损 [N].东博社，2022-12-12.

思考：東埔寨旅游业的发展如何有效避免漏损？对经济结构的要求是什么？

第三节　旅游经济运行的宏观效益

一、旅游宏观效益的概念

旅游发展的效益必须把旅游经济活动的微观效益与宏观效益统一起来。一方面，旅游企业的经济效益直接影响和决定了旅游业乃至整个社会的宏观效益；

另一方面，旅游发展的宏观效益反过来也影响旅游企业经济效益的可持续性。

旅游宏观效益是指在旅游经济活动中，社会投入的活劳动、物化劳动及自然和社会资源的占用与消耗即旅游宏观成本，与旅游业及全社会收益即宏观收益的比较。它指的是包括旅游业在内的社会整体效益，其中既包括旅游业本身以及其他相关产业和部门的经济效益，还包括社会效益和生态环境效益。

旅游活动是一种复杂的社会活动，涉及人与自然界、人与社会以及人与人之间全方位的接触和联系。因此，旅游者在进行旅游活动时，除了接触为其直接提供服务的企业部门之外，还要和目的地的人以及许多经济与非经济部门发生联系，如交通、电信、金融、公安、环保、城建等。这些部门虽不是专为旅游活动设置的，但旅游活动同样离不开它们所提供的产品和服务。因此，在旅游经济活动中，旅游者的需求必然会影响到旅游目的地的收入、就业、文化、交通、治安、城建、商业和其他相关部门的发展。在旅游的影响中，有些对社会经济的发展十分有利，而有些则起到负面作用。正面影响是旅游宏观收益，而负面影响则是旅游宏观成本。一般来说，旅游活动给目的地国家或地区带来的影响要远大于对客源国或地区的影响，因此对旅游宏观效益的研究往往在旅游接待国更被重视。

旅游宏观成本是指为开展旅游活动而付出的社会总成本，其中既包括旅游企业投入的活劳动和物化劳动的价值，还包括国民经济中相关经济和非经济部门为旅游业发展的需要而提供的物化劳动和活劳动的价值，以及社会在保护生态环境、维护社会秩序等方面的投入和纠正、整理旅游宏观损失所付出的代价。此外，还要计算机会成本。旅游宏观成本一般可分为有形成本和无形成本两大部分。

旅游宏观收益反映的是旅游业的发展为全社会带来的成果和收益。它包括旅游企业的盈利，旅游企业以及相关部门向国家、地方上缴的税金，经济建设不可缺少的外汇收入，促进国民经济中相关产业和部门的发展，就业机会的增加以及给整个社会、文化、环境带来的经济的与非经济的收益。如表6-9所示。

表6-9　旅游宏观收益与宏观成本

宏观成本	宏观收益
旅游吸引物的开发投入 旅游企业的物化劳动和活劳动投入	旅游企业利润 旅游外汇收入

续表

宏观成本	宏观收益
旅游基础设施的投入	各级政府税收
旅游营销活动的投入	相关部门、行业的发展与收益
国际旅游业的外汇投入	旅游业与相关产业和部门的就业机会
相关产业和部门的物化劳动与活劳动投入	促进地区产业结构合理化
旅游活动对生态环境的破坏	促进落后地区经济的发展
旅游活动对文物古迹的损坏	低机会成本的收益
旅游活动对道德观念、社会安定的冲击	旅游活动带来的科技交流成果
旅游活动引起目的地的物价上涨	旅游活动带来的经济、贸易成果
对原有经济结构的消极影响	历史遗产的发掘和保护
高机会成本的损失	自然景观的开发和保护
	人民精神需要的满足
	人们消费结构合理化
	国际关系的促进与世界和平的推动

二、旅游宏观经济效益分析

分析旅游宏观经济效益，可以使人们了解旅游业发展的规模及其对国民经济的影响，同时为旅游业发展提供决策依据。由于旅游业并非一个从生产角度定义的、传统意义上的标准产业，其构成内容复杂，其中很多行业部门又隶属于其他某些标准产业，因此对旅游经济影响的评估往往存在很大难度。

（一）衡量旅游宏观经济效益的指标

分析旅游宏观经济效益的指标通常包括以下几个：

1. 旅游外汇收入和旅游总收入。旅游外汇收入是在一定时期内，目的地国家或地区因接待来访的境外游客，向其提供各种商品和服务而获取的外汇收入。国际旅游是一种重要的服务贸易形式，接待入境旅游意味着旅游产品的出口，旅游外汇收入的多少标志着目的地国家或地区旅游创汇能力和旅游业发展水平。旅游总收入是目的地国家或地区接待国内外游客所获取的全部直接收入，它反映了旅游业发展的总规模收益。两者都是评价旅游宏观经济效益的重要指标。

2. 旅游投资效果系数和旅游投资回收期[1]。旅游投资效果系数是一定时期内旅游投资所获得的盈利总额同投资总额的比值。如果把资金的时间价值考虑

---

[1]　罗明义. 旅游经济学：第二版 [M]. 天津：南开大学出版社，2004.

进去，就要通过贴现计算每年的平均现金净流量。一般情况下，旅游投资效果系数越大，说明旅游投资效益越好。如果以 E_i 表示投资效果系数，T_i 表示投资效果总额，F_i 表示年平均现金净流量，旅游投资效果系数可用如下公式计算：

$$E_i = \frac{TS-TC}{T_i} \quad （静态指标）$$

$$E_i = \frac{F_i}{T_i} \quad （动态指标）$$

旅游投资回收期是旅游投资效果系数的倒数。一般情况下，旅游投资回收期数值越小，说明旅游投资的回收时间越短，投资效果就越好。如果用 T_b 表示投资回收期，其计算公式如下：

$$T_b = \frac{T_i}{TS-TC} \quad （静态指标）$$

$$T_b = \frac{T_i}{F_i} \quad （动态指标）$$

3. 旅游税收。税收是衡量旅游经济对国民经济影响的一个重要指标。虽然目前国内外对旅游税收的概念还没有统一明确的界定，但旅游税收的来源通常有两类：一是对旅游者的征税，二是对旅游产品及服务经营企业的征税。世界旅游组织在 1998 年公布的一份报告中曾指出，世界上不同国家征收的旅游税税种共有 40 多个，不同国家具有不同的旅游税收制度，各个旅游税种的名称也不一样。大多数国家的旅游税收实际上都包括旅游商品税、旅游所得税、旅游财产税以及特定旅游税等几大类。旅游税收能够增加政府的财政收入，增强政府提供公共产品的能力，同时还能在一定程度上促进旅游的可持续发展。

【链接启示】

威尼斯将向游客征收"进城税"

意大利威尼斯是著名的旅游城市，以其独特的水城风光享誉世界。据统计，每年有近 3000 万名游客涌入威尼斯。然而，由于当地消费水平较高等原因，绝大多数游客都选择不在威尼斯过夜，仅仅短暂停留参观。针对这部分"一日游"游客，威尼斯市政府即将在今年开始推出一项新的税收：威尼斯将向"一日游"游客征收"进城税"。

据意大利当地媒体报道，这项"进城税"预计从今年 7 月开始征收。根据旅游淡旺季不同，征税额度大约在每人 2.5 欧元至 10 欧元，约合人民币 19.6 元至 78.3 元。

意大利威尼斯市长路易吉·布鲁尼亚表示：来威尼斯并且在这里住宿的游客，继续交纳住宿城市税就好。而通过火车、轮船等方式前来一日游、不在这里住宿的，就需要缴纳"进城税"，主要用于支付城市的清洁费用等。

威尼斯市长表示，通过向游客征收"进城税"，可以更好地为维护威尼斯的古建筑筹集资金，支持环境治理等各项公共事业，以及为当地居民发放社会福利，扭转威尼斯常住人口逐年下降的趋势。目前具体征收方案仍需通过多方论证。

在意大利，收取"进城税"并非威尼斯市政府首创。此前，该国的埃奥利群岛和厄尔巴岛已经向游客征收类似的"登岛税"，主要通过游客购买的登岛船票收取。威尼斯要征收"进城税"的消息一出，立即引发了争议。有人认为此举无法解决当前威尼斯面临的旅游过度开发危机。而支持者认为，此举有利于控制游客人数，减轻威尼斯市政府面临的财政压力。据预测，通过这项新政策，威尼斯市政府每年可收取高达 5000 万欧元（约合 3.9 亿元人民币）的税额。

威尼斯市民普遍认为，在制定征税细则时，应该免除当地的居民、学生、上班族包括探亲旅客的费用，还必须考虑到征收方法的合理性。由于人们会乘坐邮轮、火车、汽车、飞机，或者自驾前来，威尼斯征税方式的复杂程度远超小岛征收"登岛税"。而如何收税且不造成入城闸口在旺季的进一步拥堵，同样考验着城市管理者的智慧。

你愿意付 10 欧元的"进城税"吗？

资料来源：王艺燃. 走过威尼斯，留下"买路钱"？ 10 欧元"进城税"，威尼斯的泪？［N］. 央视财经，2019-01-10.

思考：如何评价威尼斯的"进城税"？适合其他旅游城市学习吗？

4. 旅游乘数。旅游乘数反映了旅游直接收入的增加对国民经济其他部门的促进作用，它是用来分析旅游宏观经济效益的一个重要指标。这里不再赘述。

（二）旅游卫星账户

当前，在世界范围内不断普及的旅游卫星账户体系被认为是最准确和可信的评估旅游经济影响的统计工具。旅游卫星账户（Tourism Satellite Account，TSA）是在国民经济核算总账户之下设立一个虚拟账户，将所有涉及旅游部门由旅游引致的产出部分分离出来单列在其中，用以测度旅游业的规模及其经济影响。由于旅游卫星账户体系可以准确地把旅游业所带来的直接和间接收入计算出来，因而能够真实反映旅游业对国民经济总产值、就业、投资等的贡献。

旅游卫星账户作为国民经济核算的一个工具，除了提供国民经济核算中有关旅游业的准确内容与数据之外（如游客消费、旅游产业活动的供给等），从经济学意义上，它可以较全面地反映旅游活动的供需情况、供需的对应与平衡问题，即游客消费是由哪些产业提供和满足的？满足程度如何（国内生产或进口比例情况）？可以较深入地了解和分析游客消费、旅游供给的总量和结构状况，从而了解旅游需求和产业的市场总体均衡状况；可以核算旅游业的产业规模（如旅游业的 GDP 值、旅游就业的总体情况），从而全面分析旅游业在国民经济中的产业地位。此外，作为一个较全面的数据库，旅游卫星账户的基础数据还可以为政府的公共政策提供依据（如游客消费政策、旅游就业政策等）。旅游卫星账户的建立，对推进我国国民经济核算体系的改革，完善旅游统计体系都将产生积极的促进作用。

具体来讲，旅游卫星账户可测量以下内容：[①]

* 旅游业对国内生产总值（GDP）的贡献；
* 旅游业与其他经济部门相比的总体规模；
* 旅游业创造的就业岗位数量；
* 旅游投资数量；
* 旅游业产生的税收收入；
* 旅游消费情况；
* 旅游对国家收支平衡的影响；
* 旅游业人力资源的特征。

（三）旅游增加值的测算

在研究旅游经济效益时，通常要注意旅游增加值的测算。

由于旅游产品是满足人们综合性、多样化旅游需要的产品，因此旅游服务必然要以多种物质的和非物质的产品为依托。如在一次旅游活动中，旅游者的消费是由饭店、餐饮、交通、游览、娱乐、商业、海关等多方面的服务构成。在这些物质和非物质的产品中，很多是其他生产部门的产出。它们的产值已属

---

① 查尔斯·格德纳，布伦特·里奇. 旅游学：第 10 版 [M]. 李天元，徐虹，黄晶，译. 北京：中国人民大学出版社，2008.

于其他部门所有，不能算旅游业的产值。因此，计算旅游业总产值时，若把外购的物品也计算在内，就会出现重复计算的情况。如饭店产品中需外购的电力、燃料、食品、洁具、装饰以及运输、通信、维修、广告等服务的中间消耗，在计算饭店产值时必须除去，避免重复计算，否则既不能真实地反映旅游业的产值，也不能正确反映其他产业的产值，故而应该用增加值这个概念来表示各产业的贡献。增加值就是从总产值中扣除购买物品及服务的中间消耗的价值，而只应包括固定资产折旧、工资和税利，这样才能真实地反映旅游业的贡献。

旅游增加值有狭义和广义之分，狭义的增加值是指各旅游产业的增加值；广义的增加值则包括一切为旅游者提供服务的产业和部门（如商业、邮电通信业、社会服务业等）的增加值。在旅游经济活动中，统计旅游业的增加值相对比较容易，但对其他产业旅游增加值的核算则比较复杂。因此在国内目前的相关研究中，往往把超出旅游业范围的、与旅游业相关的其他产业所提供的增加值，暂不纳入旅游增加值的统计范围内，而仅从狭义的角度来测算旅游增加值。

旅游增加值的具体测算步骤如下[①]：

（1）计算旅游业内各行业的增加值率。首先可从统计年鉴中找出这些相关行业的总产值与增加值，然后根据以下增加值率公式计算出各行业的增加值率。

$$r_{GDP_i} = \frac{GDP_i}{TP_i}$$

其中，r_{GDP_i}表示旅游业内 i 行业增加值率；GDP_i表示旅游业内 i 行业的增加值；TP_i表示旅游业内 i 行业的总产值。

（2）计算旅游业内各行业的旅游收入。旅游业内各行业的旅游收入计算公式为：

$$T_i = T \times R_i$$

其中，T_i表示旅游业内 i 行业的旅游收入；T 是旅游总收入；R_i是旅游者在 i 行业的消费支出比重。

（3）计算旅游业内各行业的旅游增加值。将用上面两个公式计算得出的旅游业内各行业的旅游收入与各行业的增加值率相乘，即能得到旅游业内各行业的旅游增加值。具体公式如下：

$$TG_i = T_i \times r_{GDP_i}$$

其中，TG_i表示旅游业内 i 行业的旅游增加值。

---

① 罗明义. 旅游经济学：分析方法·案例［M］. 天津：南开大学出版社，2005.

对于与旅游业相关的其他行业和部门旅游增加值的核算，应先计算出与旅游消费相关的增加值，将其从这些部门的全部增加值中剥离出来，计算到旅游增加值中。对相关部门中旅游消费增加值的计算是根据各行业的旅游消费剥离系数乘以各行业增加值得出。旅游消费剥离系数就是各相关行业的旅游消费增加值与该行业全部增加值的比例。

旅游卫星账户体系也为我们提供了一种科学有效地测度旅游增加值的工具。根据世界旅游组织、经合组织和欧盟统计局等组织于 2001 年联合发布的《旅游卫星账户：推荐方法框架》（2008 年进行了修订）（Tourism Satellite Account：Recommended Methodological Framework，TSA：RMF），旅游产业增加值（Value Added of Tourism Industries，VATI）和旅游增加值（Tourism Value Added，TVA）是两个评价旅游经济影响的核心指标，也是两个需要加以区别的概念。旅游产业增加值是指将所有旅游行业创造的增加值进行累加，而不论这些产品是提供给旅游者还是非旅游者。它等于旅游产业的总产出减去中间投入。旅游增加值是指因旅游消费而形成的由旅游产业和其他相关产业共同创造的增加值。它考察的是因旅游消费（入境旅游消费和国内旅游消费的总和）而引致的增加值，而不论这个增加值是产生于旅游产业还是其他产业。

按照《旅游卫星账户：推荐方法框架》的解释，旅游增加值加上因旅游消费而产生的税收，再减去政府返还的补贴，就是旅游 GDP（Tourism GDP，TGDP），它是旅游卫星账户的另一个核心经济指标。表 6-10 说明了旅游产业增加值、旅游增加值和旅游 GDP 三者之间的区别与联系。

表 6-10　旅游产业增加值、旅游增加值和旅游 GDP 之间的区别与联系

项目	旅游产业增加值（VATI）	旅游增加值（TVA）	旅游 GDP（TGDP）
旅游产业供给游客产生的总增加值（按基价计量）	Yes	Yes	Yes
旅游产业供给非游客产生的总增加值（按基价计量）	Yes	No	No
非旅游产业供给游客产生的总增加值（按基价计量）	No	Yes	Yes
非旅游产业非游客产生的总增加值（按基价计量）	No	No	No
包括在境内旅游消费价值内的产品和进口净税（按购买者价格计量）	No	No	Yes

资料来源：TSA：RMF，《旅游卫星帐户：2008 年推荐的方法框架》。

三、旅游发展的社会效益与环境效益分析

分析旅游宏观效益，不仅要考虑旅游业的经济效益，同时还要考虑其对社会经济以及对生态环境的保护和改善所做的贡献。

（一）旅游发展的社会效益分析

旅游发展所产生的一个重大社会效益就是旅游就业。旅游业作为最大的服务产业，在解决就业方面有显著的能力和优势，尤其表现在吸纳妇女就业、无工作阅历的年轻人就业和农村剩余劳动力就业。[①] 很多经济发达国家已经把发展旅游业的主要目的从获取外汇收入的经济目的转向增加就业的社会目的。研究旅游就业对于缓解我国的就业压力、建设和谐社会具有重要意义。

在计算旅游成本时，除了要考虑旅游业各部门向游客提供产品和服务而产生的直接消耗外，还要考虑它对社会产出的负面效应，即附加成本，也就是游客向目的地居民或他人转嫁而未予补偿的费用。这个附加成本包括两部分：一部分是旅游活动直接给当地居民和社会带来的负面影响，称为直接附加成本；另一部分是发展旅游业间接给当地社会带来的压力，构成间接附加成本。由于游客的涌入，造成地区的交通阻塞，交通事故增多，水、空气污染更加严重，噪声增多，疾病流行，以及自然风光被破坏，历史文化遗迹被损毁等。为了维持社会的正常秩序，保护自然、人文遗产，政府要采取防治和处理措施，要投入大量的费用，这种由旅游活动直接带来的投入就是所谓的直接附加成本。同时由于发展旅游业，可能会吸引大批的外地劳动力进入，他们的长期逗留造成目的地人口增加，从而可能引起当地住房不足、教育经费不足、犯罪率上升、医疗保健设备短缺等一系列问题的产生，当地政府为了防止和处理这些负面影响，而投入的费用开支，通常称为间接附加成本。附加成本一般由政府的财政负担，而政府的财政成本又以税收的形式转嫁给居民。

国家旅游管理部门应按游客类别或细分市场来衡量附加成本。

首先，要确定哪些是与游客相关的附加成本及其相应的财政成本，如表6-11所示。

---

① 张辉，魏翔．新编旅游学［M］．天津：南开大学出版社，2007.

第
六
章

表 6-11　附加成本及相关的财政成本

附加成本	财政成本
交通拥挤	建设高速公路、警察服务、交通港口和终点站设施
犯罪	警察服务、司法部门
火灾	消防
水污染	供水及污水处理
空气污染	警察服务、公共交通、车辆管理部门
乱扔废弃物	垃圾收集和处理
毁坏野生动植物	警察服务、公园和娱乐设施、森林保护、渔猎管理
破坏自然景观	公园和娱乐设施、警察服务
疾病	医院及其他保健设施、卫生设施、饮食服务管理
交通事故	警察服务、司法部门

只要选定了表中与游客相关的附加成本类别，即可确定需要衡量的财政成本，如关心水污染造成的附加成本，就要衡量供水和污水处理部门的开支。

其次，要确定各类财政成本的估计变量。衡量游客造成的财政成本，需要将表 6-12 中所列的各类财政成本根据游客数量按比例分配，计算出由游客产生的各类财政成本的总值。

表 6-12　估计游客财政成本的建议变量

财政成本类别	估计变量
高速公路的建设与养护	车辆—里程
渔猎管理	售出的许可证数量
公园和娱乐设施	游客人天数（门票数）
港口和车站设施	抵离的游客数量
森林保护	游客人天数（或人次）
公共交通补贴	游客数量
警察服务	日平均人口统计
消防	日平均人口统计
医院和其他保健设施	日平均人口统计
环境保护	日平均人口统计

财政成本类别	估计变量
清洁卫生服务	日平均人口统计
供水和污水处理	日平均人口统计

　　表 6-12 显示了公共服务开支在游客和某地区居民之间按比例分配的衡量单位。对每一类情况，按要求估计出总值和游客使用值。表中日平均人口统计是对一个国家一年中每天所拥有的人口平均数的估计。

　　最后，评估现有的行政数据，包括各财政成本类别的公共开支，入出境游客人天数，居民人口和其他估计财政成本的变量。需要注意的是，必须获得每个变量的估计总值及与游客相关的估计值，以便确定与游客相关的比例。

　　当所有必需的数据获得之后，即可将数据输入估计表中，得出因游客而产生的财政成本估计，如表 6-13 所示。

表 6-13　因游客而产生的财政成本的估计

财政成本类别（1）	公共开支总值（2）	估计变量：与游客相关的估计变量/总值（3）	因游客而产生的财政成本（2）×（3）
高速公路的建设与养护	—	车辆—里程	—
渔猎管理	—	售出的许可证数量	—
公园和娱乐设施	—	游客人天数（门票）	—
港口和车站设施	—	抵离的游客数量	—
森林保护	—	游客人天数（或人次）	—
公共交通补贴	—	游客数量	—
警察服务	—	日平均人口统计	—
消防	—	日平均人口统计	—
医院和其他保健设施	—	日平均人口统计	—
环境保护	—	日平均人口统计	—
清洁卫生服务	—	日平均人口统计	—
供水和污水处理	—	日平均人口统计	—
总计	—	—	—

表中第一列为财政成本类别，第二列是公共开支总值，第三列是与游客相关的估计变量除以该变量总值。例如，第一项"高速公路的建设和养护"的第三列是因游客而产生的高速公路车辆—里程数除以高速公路的车辆—里程总数。第四列为因游客而产生的财政成本，这就是该类别游客或细分市场的财政成本总值。

在进行旅游效益分析时，就要将一国或地区的旅游附加成本和旅游服务成本相加，得出旅游总成本。旅游服务成本是国家、企业和私人的旅游投资成本，可以由旅游消费支出得到补偿；而附加成本则为没有相应补偿而被转嫁给他人的成本。然后再将旅游总成本与旅游总收益进行比较，就能得出旅游收益—成本比例系数 $\eta = \dfrac{TC}{TR}$，其中 TC 为总成本，TR 为总收益。若 $0<\eta<1$，表示发展旅游的总成本小于总收益；而当 $\eta>1$ 时，则表示发展旅游的总成本大于总收益。

需要指出的是，旅游发展对社会的各种影响，无论是有利影响还是不利影响，都不是旅游发展所必然产生的结果。这里，旅游环境承载力是一个重要的界值。当接待的来访游客数量超过了目的地的旅游环境承载力时，旅游发展对当地社会产生负面影响的可能性将成倍地增加。从社会角度对旅游环境承载力进行分析，主要是分析旅游业发展对旅游目的地基础设施建设的影响，对旅游目的地社会就业的促进，外来文化与旅游目的地文化的交流和变化，当地居民对发展旅游的期望和观念的变化等。[①] 对这些因素的分析和研究往往采用问卷调查来进行。有学者提出了社会心理承载力这一评价指标，社会心理承载力可以从居民心理承载力和旅游者心理承载力两方面进行具体分析。其中，居民心理承载力是居民点面积与当地居民不产生反感的游客密度最大值之乘积。旅游者心理承载力受两方面因素的影响：一是来自旅游者自身数量过大而导致的视觉干扰和感觉气氛的破坏；二是来自开发不当导致的景观美感度的损害。

可见，只有在科学规划旅游发展规模和对旅游发展进行有效管理的前提下，才能最大限度地发挥旅游的积极作用，同时尽可能避免旅游对社会产生的消极影响。

（二）旅游发展的环境效益分析

1. 环境问题的经济学解释

旅游资源和环境质量决定了目的地旅游吸引力的大小，直接影响旅游者的

---

① 罗明义. 旅游经济学：分析方法·案例 [M]. 天津：南开大学出版社，2005.

旅游感受和旅游消费决策，进而对旅游经济效益产生影响。然而对于旅游业来说，用于环境保护方面的投资很难在短期内见到经济效益，因此有些目的地或旅游经营者出于追求短期经济利益的目的而无视环境问题的存在，甚至为了短期经济利益不惜以牺牲环境为代价。但这种暂时的经济效益很快就会被旅游资源的耗损和生态环境的恶化所抵消，最终使旅游业无以为继。

按照西方经济学的观点，产生环境问题的经济根源是由于生产、消费等社会经济活动所造成的一种"外部不经济性"后果。作为微观经济主体的企业和个人，在生产经营活动中往往只关注对自身利益产生直接影响的成本和收益，而不考虑其活动对其他经济单位和公共物品造成的负面影响。由于环境的公共性，每代人都可以也必须使用，这种外部成本还会转嫁给未来，从而造成单个市场主体的成本和收益与社会成本和收益的不一致，出现"外部不经济性"。

环境作为一项"公共财富"，其产权通常是不明晰的，环境的价格被作为零来看待。按照经济学的供需理论，在人们对环境这一公共财富的消费不受经济因素的约束，同时单个利益主体对环境的损耗和破坏所带来的后果要由社会来分担的情况下，就会出现对环境的过度利用。出于对经济利益的追求，单个利益主体不会主动增加私人成本去进行污染治理，而是将污染物直接排入环境，将环境污染造成的外部成本转嫁给社会，即所谓的私人成本社会化。许多学者认为，"公共财富"的存在是产生外部性的根本原因。

2. 旅游环境效益评价

对旅游环境效益进行评价，就是要对旅游发展所引致的正向环境影响和负向环境影响进行分析和评判，以便尽可能减少或限制那些环境效益不佳的活动，鼓励那些能够保护环境、促进环境质量不断提高和改善的活动，最终提高旅游发展的环境效益。

对旅游环境效益的评价在很大程度上是对旅游的环境影响的研究，然而评价旅游的环境影响是一项复杂且难度很大的工作，其原因我们可以从布里亚苏利斯（Briassoulis）总结出的判定旅游环境影响八大难点中找到答案[①]：（1）旅游是由相互联系的各种活动要素形成的混合体，因而很难区分某一具体因素的影响程度；（2）旅游活动来自包括当地居民在内的各种群体，还可能来自其他经济活动；（3）环境有其自然的变化，它往往叠加在旅游引

[①]　徐虹．旅游经济学［M］．北京：首都经济贸易大学出版社，2008.

起的变化之上，从而使确定后者难上加难；（4）在旅游开发活动之前，一般没有对旅游区自然本底状况的监测报告，限制了对后期开发结局的评价；（5）除了直接的环境影响之外，旅游活动的间接影响和后发影响依然存在；（6）旅游的影响不只是外在的、多种问题的综合，由于环境要素的相互关联性，旅游活动引起的一种变化也可能导致另外要素的变化；（7）从地区来看，旅游开发的环境影响会传播到更广的地域，选择的地域范围大小不同，使旅游环境影响评价更加困难；（8）评价方法的不恰当、资料的缺乏、对旅游开发过程认识的错误以及缺乏对内在规律的研究等，使得旅游环境影响评价更加困难。

我国于 2003 年 9 月开始实施的《中华人民共和国环境影响评价法》，为评价旅游的环境影响提供了依据。许多学者就如何科学客观地评价旅游环境影响进行了研究，并针对各自的研究提出了不同的评价指标体系。总体来看，准确评价旅游环境影响的关键就是要把握旅游开发活动对旅游地大气、水、土壤、生物、噪声等环境因子的作用规律，科学确定合理的评价指标体系。通过系统论证旅游开发规模、结构、布局的合理性，选择最优旅游规划方案，最终达到提高旅游环境效益的目的。

将游客接待量控制在旅游环境承载力范围之内，是提高旅游环境效益的根本保证。在对自然环境承载力进行分析时，重点是要分析和评价旅游地的生态环境容量。影响生态环境容量的因素主要有两方面：一是自然环境的自我净化能力，二是有效管理和人工处理污染物的能力。在我国旅游发展的初期阶段，旅游地污染物的排放基本处于环境的自然降解能力之内。但随着旅游的发展和游客数量的增加，生态环境问题日益突出。对于旅游经营商来说，游客越多，短期经济效益可能会越大。但是接待的游客数量一旦超过旅游地生态环境容量，并且又不辅以必要的人工治理，旅游地生态系统极易遭到破坏，从而给环境利用者带来外部不经济现象。

有学者提出在分析旅游地自然环境承载力时，除了要考虑生态环境容量即生态环境承载力之外，还需要考虑资源空间承载力。资源空间承载力主要是指由于游客对资源的欣赏具有时间、空间占有要求而形成的，同时在不对资源造成损害的前提下的游客承载数量。因为资源类型不同，不同游览项目和活动所需的基本空间也不同，所以其标准要视具体情况而定。

四、提高旅游宏观效益的途径

（一）转变观念，强化对旅游综合效益的认识

由于我国现实经济发展的需要，长期以来人们对旅游效益的认识更多地局限在经济意义上。许多地区把促进当地经济发展作为发展旅游业的唯一目的，片面强调旅游的经济效益而忽视了旅游对社会其他方面可能产生的种种不利影响。旅游宏观效益是经济效益、社会效益和环境效益等方面综合作用的结果。只有在全面认识旅游宏观效益的基础上，才能对其进行综合考虑和科学分析，这是提高旅游宏观效益的前提和保证。

（二）明确政府职能，改善宏观调控

旅游经济活动的顺利开展不仅需要旅游业各组成部分之间的协调和配合，同时也必须得到国民经济以及社会其他相关部门的支持。因此，要提高旅游宏观效益，就要不断加强和改善政府的宏观调控职能，通过制定和完善旅游产业政策，规范和指导旅游产业发展，协调旅游业与各相关部门的关系，调动社会各方面的积极性，为旅游业发展创造良好的外部环境，同时最大程度地发挥旅游业对整个社会经济的关联带动作用。

（三）加强科学规划，实现旅游的可持续发展

提高目的地旅游宏观效益的一个关键就是要把游客的接待规模控制在目的地旅游环境承载力范围之内。长期超负荷接待对旅游目的地社会和环境的负面影响往往会抵消甚或超过游客规模扩大所带来的短期经济效益，并最终影响目的地获得长期经济效益的能力。因此，加强旅游规划工作，科学确定旅游环境承载力是提高旅游宏观效益、实现旅游可持续发展的重要途径。旅游环境承载力是反映某一旅游地对旅游活动强度的承受能力大小的综合指标。目前对旅游环境承载力的研究，主要是从自然环境承载力、经济环境承载力和社会环境承载力三个方面来进行分析。由于每项承载力对整体承载力的影响程度不同，因此应根据专项调查法获得各指标的影响权重数，才能最终确定目的地的旅游环境承载力。

（四）完善旅游产品结构

旅游产品结构是否完善，在很大程度上影响着目的地旅游宏观效益。旅游产品结构不合理会导致旅游消费结构不合理，进而影响旅游宏观经济效益、社

会效益的提高，对环境也可能产生不利影响。我国长期以单一的观光旅游产品为主导的产品结构所造成的经济效益低下以及对环境的过度利用就是一个典型的例子。完善的旅游产品结构意味着能更好地满足旅游市场的需求，同时也是对各种资源要素更为合理地利用。因此，对旅游产品结构进行合理调整和升级换代，不断完善旅游产品结构，是提高旅游宏观效益的重要途径。

案例思考

推进共同富裕　坚守绿色底色

务实奋进踏歌行，风起潮涌正当时。

2021 年是"十四五"开局之年，作为山区 26 县之一，21 万菇乡儿女发扬特别肯吃苦、特别能战斗、特别有韧劲、特别善创新的"庆元精神"，正奋力打造美丽浙江"生态窗口"，开启山区跨越式发展新征程，努力走出一条具有庆元辨识度的共同富裕之路。

庆元是中国生态环境第一县，绿色是庆元最动人的色彩。庆元上下把保护好生态作为重要的政治责任、社会责任和历史责任，锚定生态环境质量、生态文化建设、生态制度保障"三项全国领先"，高标准开展治气、治水、治土、治废，全力构筑生态安全屏障。

对于庆元来说，好生态，就是最亮眼的政绩。近年来，该县生态环境质量不断提高，生态环境保护管理成绩突出。国家重点生态功能区综合评价、生态保护指数、生态环境状况指数排名位居全省第一。

"人不负青山，青山定不负人"。好生态给庆元带来了新的发展机遇。

绿水青山，激发了庆元的旅游潜力。近年来，庆元整合全县景点资源，打造了"生态养生游""避暑亲水游"等七条主题资源旅游精品线路。建设生态绿道体系，实行竹海氧吧绿道、菌菇养生绿道等多元绿道共建，绿道里程达280 余公里。开展乡村文化旅游季、廊桥国际越野赛等节庆赛事，推动文旅融合发展。结合国家公园创建的机遇，规划人口社区、特色小镇，在其周边地带打造集观光旅游、生活居住、生态体验于一体的生态休闲区。近年来，庆元生态旅游业保持年均 25% 的增长，尤其是去年还迎来了百山祖国家公园创建的历史机遇，有望为高水平生态文明建设再添标志性平台。今年 5 月，中国环境监测总站发布"中国长寿之乡绿水青山指数"，庆元不负嘱托，位居全国第一。

资料来源：庆元．争当共同富裕示范区建设的山区范例 [N]．丽水网，

2021-08-30.

思考："人不负青山，青山定不负人"，如何推动绿色旅游发展，助力生态文明建设，实现旅游的宏观效益？在发展旅游的过程中，怎么理解以绿色铺就共同富裕之路的底色？

第四节　旅游经济运行的微观效益

一、旅游微观经济效益的概念

旅游经济活动的微观效益是指旅游企业的经济效益，表现为旅游企业的经营收益同其成本之间的比较，即向游客提供直接服务的旅行社、交通运输、旅馆、餐馆、游览点、娱乐场所等企业，在提供旅游产品时对物化劳动、活劳动的占用和耗费与企业所获得的经营成果的比较。

旅游企业的经营收益是指旅游企业在旅游经济活动中，通过提供满足旅游者需要的旅游产品而创造的利润和税收，也就是旅游企业所获得的营业收入在扣除了旅游产品成本后的余额；旅游企业的成本是指旅游企业在生产经营过程中所耗费的全部物化劳动和活劳动的价值形态。可见，在市场经济条件下，旅游企业要想取得理想的经济效益，就必须提供市场需要的旅游产品和服务，扩大市场份额，同时严格控制经营成本，不断提升利润水平。

二、旅游微观经济效益的评价

（一）旅游微观经济效益的主要评价指标

对旅游企业经济效益进行评价，就是要分析和比较旅游企业的收入、成本和利润等经济指标。

1. 旅游企业的经营收入。旅游企业的经营收入是指旅游企业通过提供和出售旅游产品和服务所实现的收入。旅游企业经营收入的高低反映了旅游企业经营规模的大小和经营水平的高低。我们可用 TS 表示旅游企业经营总收入。

2. 旅游企业的经营成本。旅游企业的经营成本是指在一定时期内旅游企业生产经营所耗费的全部成本费用。成本的高低不仅影响企业利润，也是衡量企业竞争力的标志。当某企业的成本费用低于社会上生产同样产品的平均成本时，在同样价格下就会获得较高的利润；在竞争激烈的市场环境中，该企业则可以用降低价格的办法，在企业获得正常利润的情况下扩大市场份额。

按照成本的经济用途，旅游企业的经营成本可划分为营业成本、管理费用和财务费用三大类。其中，营业成本是指企业在经营过程中直接支出的费用，包括原材料费、运输费、水电费、燃料费、宣传费、清洁卫生费、低值易耗品摊销、经营人员工资、奖金及其他营业费用。管理费用是指企业为组织和管理经营活动而发生的费用以及企业统一负担的费用，包括公司经费（包括行政管理部门的人员工资、办公费、会议费、差旅费、物料消耗以及其他行政经费）、职工教育经费、劳动保险费、外事费、咨询费（聘请经济技术顾问、法律顾问的开支）、审计费（聘请注册会计师进行查账验资及资产评估等各项开支）、诉讼费、土地使用费及其他管理费等。财务费用是指企业经营期间发生的利息净支出、汇兑净损失、金融机构手续费、加息及筹资发生的其他费用。这种划分方法，可用以核算各种产品的总成本和单位成本，研究产品成本结构的合理性，考核各种费用定额的执行情况，进一步挖掘减少费用支出的潜力。如果用 TC 表示经营成本，C_o 表示营业成本，C_m 表示管理费用，C_a 表示财务费用，那么旅游企业经营成本的计算公式是：

$$TC=C_o+C_m+C_a$$

按照成本的性质，可划分为固定成本和变动成本两类。固定成本或固定费用是指在一定的业务范围内不随业务量的增减而相应变动的成本或费用，又称不变成本或分摊成本，如固定资产的折旧费、租赁费、利息、保险费、管理费、人员工资以及一切待摊费用等。变动成本或变动费用是指随着业务量的增减而按比例增减的成本或费用，又称可变成本，如食品饮料的原材料、辅料、配料、客房餐厅的低值易耗品、饭店洗涤、修理等费用。对于高固定成本的旅游企业，产品销售量对利润有重要影响。如果用 FC 表示固定成本，Vc 表示变动成本，Q 表示产品销售量，那么旅游企业经营成本的计算公式是：

$$TC=FC+VcQ$$

旅游企业的经营成本，除了要看总成本外，还要分析成本的构成，以便加强对成本的控制和管理。

3. 旅游企业的经营利润。旅游企业的经营利润是指旅游企业的全部收入扣除全部成本和所缴纳税款之后的余额，由营业利润、投资净收益和营业外收支净额等几部分构成。其中，营业利润是从企业的经营收入中扣除经营成本及税金之后的余额；投资净收益是指企业向外投资获得的利息、股息、投资回收或转让款项与账面投资净值的差额；营业外收支净额是指企业的固定资产盘盈和变卖的净收益、无法支付的应付款和其他收入等营业外收入扣除固定资产盘损、赔偿金、违约金、罚金、公益性捐助等营业外支出后的净额。如果以 R 表示旅游企业的营业利润，TR 表示旅游经营总利润，T 表示税金，I 表示投资净收益，D 表示营业外收支净额，则有下列计算公式：

$$R=TS（总销售）-TC（总成本）-T$$

$$TR=R+I-D$$

投资净收益（I）= 投资收益－投资损失

营业外收支净额（D）= 营业外收入－营业外支出

经营利润反映了旅游企业在市场上的竞争力和经营管理水平。在消费者导向观念指导下的企业，其经营活动的最终目的是在满足顾客需要的同时获得企业的最大利润。企业根据国家法律法规依法缴纳税金，给全社会带来效益。其余的利润将按规定分为盈余公积金、公益金和向投资者分配的股息。需要时还要用利润去弥补上一年度的亏损和税款滞纳金等。从利润的分配途径看，企业利润起到了保证投资、保证企业不断扩大营业量、提高企业职工福利的作用，是企业经营活动中的积极因素。在旅游产品质量和价格不变的情况下，成本愈低，利润就愈高；在经营旅游产品所耗费用不变的情况下，销售额愈高，利润就愈大。

（二）旅游微观经济效益的主要评价方法

利用上述几个主要指标，就可以对旅游企业的经济效益进行分析和评价。较为常用的评价方法有以下几种：

1. 损益平衡分析法。损益平衡分析法又称为盈亏临界点分析法，这是一种使用很广的传统分析方法，尤其在新产品经济分析中，可用来确定企业不亏损条件下的产品最低销售量，也就是确定产品的销售收入与总成本相等的临界点。因此，需要对产品的销售量、成本和利润的关系进行分析，故此分析法又称量本利分析法。

当企业处于不亏损的情况时，其利润为零，即销售收入等于固定成本和变动成本之和。计算损益平衡销售量的公式如下：

$$PQ_E = FC+VcQ_E$$

$$Q_E = \frac{FC}{P-Vc}$$

其中，Q_E 代表损益平衡销售量；P 是单位产品价格。如果把营业税率 T_s 考虑进去，则损益平衡销售量的公式为：

$$Q_E = \frac{FC}{P(1-T_s) - Vc}$$

如图 6-6 所示，TS 为总销售收入线；FC 为固定成本线；TC 为总成本线，它是固定成本 FC 和变动成本 VcQ 的总和。TS 与 TC 相交于 E 点，即损益平衡点，对应的销售量 Q_E 就是损益平衡销售量。当销售量小于 Q_E 时，总收入低于总成本，企业亏损；而当销售量大于 Q_E 时，总收入高于总成本，而且二者之间的差距会随着销量的扩大而增大。由于产品的售价和变动费用会随着销售量的扩大出现相应变化，如果因经营促销的需要而调低单位产品价格，或由于管理上的需要和疏漏使变动费用上升，总收入和总成本在销售量上升到某一点时会出现再次相等的状况，如图 6-7 所示。

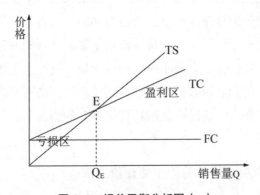

图 6-6 损益平衡分析图（a）

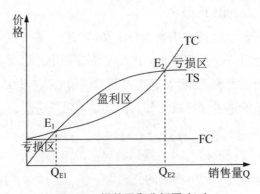

图 6-7 损益平衡分析图（b）

图 6-7 显示，TS 线与 TC 线在 E_2 点出现第二次损益平衡现象。当销售量超过 Q_{E2} 时，总成本将会超过总收入，使企业再度出现亏损。因此，用这种方

法计算产品的损益平衡销售量虽然简单，但对生命周期较长的产品只能以此作为估算的根据。

2. 目标利润分析法。获取利润是企业的经营目标。影响企业利润变化的因素很多，如销售量、单位价格、单位成本和旅游产品的销售结构等。

在成本和价格不变的情况下，销售量直接影响企业利润。在企业目标利润既定时，可根据以下公式计算出获得该目标利润的最低销售量，即：

$$Q = \frac{FC+R}{P(1-T_s)-Vc}$$

其中，Q 表示销售量，P 为单位价格，R 为目标利润，其余标示同上。

固定费用和变动费用的变动会影响利润的变化。固定费用增加，损益平衡点提高，在销售量不变的情况下，利润额会减少，反之则会增加。而单位变动费用的提高，在价格不变的情况下，边际贡献减少，利润减少，反之则增加。

在目标利润既定的情况下，可根据上面公式换算出目标价格和目标变动费用。目标价格的计算公式为：

$$P = \left(\frac{FC+R}{Q}+Vc\right)\left(\frac{1}{1-T_s}\right)$$

目标变动费用的计算公式为：

$$Vc = P(1-T_s) - \frac{FC+R}{Q}$$

此外，当其他因素不变时，产品的销售结构变动对企业利润增减的影响也很大。尤其对经营非单一产品的旅游企业，由于不同单项服务的边际贡献不同，因此企业的销售结构变化就会影响企业利润的变化。例如，对于饭店经营的客房及餐饮服务而言，客房的变动费用低，边际贡献大，利润较高；而餐饮的变动费用高，原材料等的消耗难以控制，边际贡献小，利润小于客房产品。这样，当饭店客房和餐饮两种产品的销售量形成不同组合时，企业的利润就会出现变化，其原因就在于两种服务的边际贡献不同。因此，企业在经营时要注意选择各种产品组合的最佳利润方案，努力扩大边际贡献大的产品的销售量，以达到增加利润的目的。

3. 最佳利润分析法。任何企业的经营目的都是为了获取利润，追求利润的最大化。当产品的边际收入等于边际成本时，即达到最佳利润。边际收入是指每增加一个单位产品销售量所得到总收入的增加量。边际成本即每增加一个单位产品销售量所付出总费用的增加量。如果用 MR 表示边际收入，MC 表示边际成本，ΔTR 表示总收入的变化量，ΔTC 表示总成本的变化量，ΔQ 表示销售量的变化量，则：

$$MR = \frac{\Delta TR}{\Delta Q}$$

$$MC = \frac{\Delta TC}{\Delta Q}$$

当 MR>MC 时，表明销售产品所增加的收入比消耗的费用大，此时企业的总利润仍可再增加，但并非最佳利润。随着销售量的增加，由于原材料消耗的增加和管理上可能出现的疏漏，往往使变动成本相应增加。当销售量超过某一点后，其边际收入开始小于边际成本，即 MR<MC，表明销售产品时所得到的收入不足以弥补所消耗的成本，出现亏损，企业总利润下降，因此也不是最佳利润。只有当 MR=MC 时，表明销售到这一单位产品时，企业的收入和费用相抵，总利润不再增加，同时也无亏损出现，企业经营实现了利润最大化。

任何一个旅游企业都应采取科学的管理方法，进行严格的成本核算，控制边际成本，在保证质量的前提下，充分利用现有的设施设备，使总利润不断上升。

4. 边际收益分析法。边际收益又称边际贡献，即指每增加一单位销售量所得到的收入超过所增加的成本的部分。如果用 Mr 表示边际贡献，则其公式为：

$$Mr = P(1-T_s) - Vc$$

当 Mr>FC/Q 时，企业有利可图；当 Mr=FC/Q 时，企业刚好保本；当 Mr<FC/Q 时，则企业出现亏损。

计算企业的保本销售量和保本销售额时，可借助边际贡献的概念，前面提到的损益平衡销售量计算公式就可转换式为：

$$Q_E = \frac{TC}{Mr}$$

保本销售额则为：

$$PQ_E = \frac{FC}{Mr} \times P = FC \div \frac{Mr}{P}$$

其中，Mr/P 为边际贡献率，表示单位价格中边际贡献的比率。因此，PQ_E=FC/ 边际贡献率。

对经营多种产品的旅游企业而言，由于单项旅游产品的销售单位不同，在计算损益平衡销售量时可用保本销售额的计算方法代替，从而直接采用边际贡献率，使计算更方便。因为旅游企业所经营的各单项旅游产品的边际贡献率不等，所以在计算时一般采用加权平均数，这样更切合实际。

$$保本销售额 = \frac{固定费用总额}{加权平均边际贡献率}$$

$$加权平均边际贡献率 = \frac{边际贡献总额}{预计销售总收入}$$

边际贡献总额 = 预计销售总收入 − ∑(各单项产品变动费用 × 该项产品的预计销售量)

$$= \sum PQ - \sum VcQ$$

预计销售总收入 = ∑(各单项产品变动费用 × 该项产品的预计销售量) = ∑PQ

5. 成本结构分析。不同类型、不同设施设备条件的旅游企业，具有不同的成本结构。有的企业固定投入多，变动费用相对较低，如现代化程度高的旅游饭店、大型远程客运公司、旅游汽车公司和配备现代科技的大型娱乐场所等。有的企业则变动费用很大，而固定成本相对较少，如旅行社、餐馆等。对提供同一种旅游服务的企业，也存在规模、服务设施和技术水平相差很大的情况，在产品成本结构上也存在很大区别。

不同成本结构的企业，其销售量对企业利润的影响程度不同，这是由于在生产过程中固定成本和变动成本发挥的要素作用不同所造成的。变动成本高的企业，其经营杠杆率低。经营杠杆率是总利润对产销量变化的敏感度，它说明产销量增减同企业变动成本和利润变化的关系。从企业的成本结构方面对利润进行分析，即对不同经营杠杆率的企业就其销售量对企业利润的影响程度进行分析。因此成本结构分析法又称为经营杠杆率分析法。

测定这个影响程度的尺度称为经营杠杆率测定度，即产品销售量变动的百分数与利润变动百分数之比。计算公式如下：

$$
\begin{aligned}
DOL &= \frac{\dfrac{\Delta R}{R}}{\dfrac{\Delta Q}{Q}} \\[2mm]
&= \frac{\dfrac{\Delta QP - \Delta QPT_s - \Delta QVc}{QP - QPT_s - QVc - FC}}{\dfrac{\Delta Q}{Q}} \\[2mm]
&= \frac{\Delta Q[P(1-T_s) - Vc]}{Q[P(1-T_s) - Vc] - FC} \times \frac{\Delta Q}{Q}
\end{aligned}
$$

$$=\frac{\Delta Q[P(1-T_s)-Vc]}{Q[P(1-T_s)-Vc]-FC}$$

式中 DOL 为经营杠杆率。

成本结构不同的企业，其经营策略的重点也不同。DOL 高的企业主要依靠扩大销售量以获得大额利润，可称为市场指向型企业。这类企业若单纯依靠挖潜节流的办法降低成本通常不能获得最佳利润，而是要在加强科学管理的同时，通过扩大销售量，充分利用企业现有的物质设备条件，多渠道地进行宣传，广泛招徕旅游者，才是获得高利润的有效方法。而对于 DOL 较低的企业而言，由于变动费用多，因此随着销售量的扩大，变动成本也相应增多。这类企业若想取得大额利润，必须从提高科学管理方法入手，采用先进技术，节约人财物力的消耗，严格成本核算，故这类企业被称为成本指向型企业。对这类企业只有在降低成本的基础上扩大销售量，才能获得最佳利润。

经营杠杆率是一个弹性概念。同一企业在不同销售量水平上的经营杠杆率也不同，也就是说同一企业不同销售量对利润的影响程度是不同的。销售量离保本点愈近，其增量对利润增量的影响愈大，反之愈小。这个弹性又称为利润的经营杠杆率弹性。

三、提高旅游微观经济效益的途径

旅游微观经济效益反映的是旅游企业所得与所费的相互关系，而旅游企业的经营收入和经营成本就是其所得和所费的具体体现。因此，提高旅游微观经济效益的重要途径无外乎尽可能地降低经营成本，增加经营收入，或者同时取得这两种结果。

（一）提高旅游企业销售收入

增加经营收入意味着要扩大客源，增加产品的销售。旅游企业要在充分的市场调研与预测的基础上，向目标市场提供合适的旅游产品，并通过有效的市场促销手段，扩大产品销售量。但需要注意的是，产品销量的增加不能以盲目降低价格为手段，否则将不能达到增加经营收入的目的。旅游企业应该注重通过提高内部管理水平，不断提高旅游产品与服务质量来更好地满足顾客的需要，树立企业品牌形象，避免低层次的价格竞争，在此基础上增加收入，提高经济效益。

1. 加强旅游市场调研，扩大旅游客源

旅游客源是旅游业赖以生存和发展的前提条件，也是增加旅游企业营业收入的重要途径。因此，必须随时掌握旅游客源市场的变化，对现有客源的流向、潜在客源的状况，以及主要客源国的政治经济现状及发展趋势进行调查、研究和分析，以便有针对性地进行旅游宣传和促销，提供合适的旅游产品和服务，不断扩大客源市场，增加旅游企业的经营收入，提高经济效益；否则就会失去市场竞争力、失去客源，而没有客源就没有旅游经济活动，也就无法实现和提高旅游企业的经济效益。

2. 大力开发适销对路的旅游产品

旅游企业应根据旅游者的需求类型和需求层次，及时开发、生产相适应的旅游产品。同时，旅游企业应加强市场营销，将旅游产品的相关信息及时、准确地传递到目标市场，使广大潜在的消费者转化为现实的消费者。在互联网时代，僵硬的广告已经不是最佳的选择，抖音、微信等一些社交网络媒体中用户自己撰写的内容更能让人信服，传播速度也更快。

3. 不断提高旅游产品质量

与一般商品不同，旅游产品具有生产和消费的同一性特点，旅游者在消费前无法对产品质量进行判断，在消费后对产品质量的评估已无法逆转，存在着比一般商品更大的"购买风险"。一旦出现产品质量问题，必然造成难以挽回的不良影响。随着点评网站的出现，消费者对旅游产品的评价已经成为影响其他潜在购买者决策的重要因素之一，只有坚持高质量的旅游产品，才能使企业立于不败之地。因此，旅游企业要不断提高产品质量，树立良好的产品形象和企业形象，这也是扩大产品销量的关键措施之一。

4. 适应市场变化，提供多元化的项目和服务

随着旅游活动的发展，旅游者的消费需求日趋多样化，除观光、游览等传统活动外，融休闲、娱乐、探险、求知为一体的旅游活动越来越受到消费者的青睐。对此，旅游企业应当积极开发、组织综合性的旅游活动，提供多种多样的旅游项目和旅游服务。比如随着游客休闲度假需求量的增长，越来越多的旅行社开始提供邮轮旅游服务，已经成为旅行社业务新的利润增长点。

5. 提高员工素质，改善服务质量

旅游产品是以无形的服务为主体的，因此，员工素质是影响旅游产品质量的关键因素，也是影响旅游经济效益的重要因素。旅游服务质量的好坏，不仅表现在旅游景观是否具有吸引力、旅游活动的内容是否丰富多彩、旅游接待设施是否安全，更重要地体现在旅游服务人员的服务态度、服务技能、文化素质和道德修养上。提高员工素质的关键是人才的培养和开发。旅游企业应当通过岗前教育、岗位培训、业余和脱产学习等多种方式和途径，提高旅游从业人员的文化素质、技术能力和道德水平。改善和提高服务质量就能满足游客的需求，促使他们延长停留时间，增加消费，提高旅游经济效益。

（二）降低旅游企业经营成本

对旅游企业来说，降低经营成本意味着加强企业内部经济核算，降低物质消耗程度。旅游企业的经济核算是企业借助货币形式，通过财务分析的方法，对旅游经济活动过程的耗费进行反映和监督，从而发现问题，减少消耗，挖掘潜力，最终提高经济效益。另外，旅游企业还可通过提高员工素质，加强劳动分工与协作，设计科学合理的服务流程，充分利用有效的服务设施设备来提高劳动生产率，减少人财物的消耗，降低旅游产品的成本。

1. 建立企业的经营管理制度和内部监控机制

要对成本开支的范围和标准实行严格控制，将经营成本与部门或个人的物质利益挂钩，使各个工作环节都能做到互相监督和自我监督，尽量减少不必要的开支和浪费。对于固定成本较大的旅游企业，主要通过增加销售量，提高设备使用率等方法来降低经营成本。对于变动成本较大的旅游企业，主要通过提高工作效率，实行严格的成本控制，减少变动成本的耗费等方法来降低经营成本。

2. 提高劳动生产率，降低旅游产品成本

提高劳动生产率，就是要提高旅游企业职工的素质，加强劳动的分工与协作，提高劳动组织的科学性，尽可能实现以较少的劳动投入完成同样的接待任务，或者以同样的投入完成更多的接待任务，达到节约资金占用，减少人财物的消耗，降低旅游产品的成本。同时，提高劳动生产率还有利于充分利用现有设施，扩大营业收入，达到提高利润，降低成本，增加旅游经济效益的目的。

3. 加强经济核算

经济核算是经济管理不可缺少的重要环节。旅游企业借助货币形式，通过记账、算账、财务分析等方法，对旅游经济活动过程及劳动占用和耗费进行反映和监督核算，有利于发现旅游经济活动中的薄弱环节和问题，分析其产生的原因和影响因素，有针对性地采取对策，开源节流，挖掘潜力，减少消耗，提高效益。

4. 合理利用外部经济条件

首先，旅游企业要重视选址问题，旅游企业所处的地区以及位置对获得外部经济收益具有重要的影响。一般来说，旅游企业选择建立的区域或地点，应是那些交通、能源和环境等基础设施较好、旅游需求集中的地区。因为基础条件好、环境优良的地区，可以相对减少投资费用，更容易吸引各类旅游人才。其次，旅游企业形象对获得外部经济也具有重要的影响作用。旅游企业如果形象好，可以获得社会与公众对企业的理解和信任，可以减少不必要的经济纠纷。

5. 加强旅游企业的管理基础工作，不断改善经营管理

良好的管理基础工作，不仅是改善旅游企业经营管理的前提，也是创造良好经济效益的重要途径。因此，加强旅游企业的管理基础工作，必须切实做好以下几点：一是要加强标准化工作，促使企业各项活动都能纳入标准化、规范化和程序化的轨道，建立良好的工作秩序，提高工作效率；二是要加强定额工作，制定先进合理的定额水平和严密的定额管理制度，充分发挥定额管理的积极作用；三是加强信息和计量工作，通过及时、准确、全面的信息交流和反馈，不断改善服务质量，并在加强计量监督和管理前提下，提高服务质量，降低成本，提高经济效益；四是加强规章制度的制定和实施，严格各种工作制度、经济责任制度和奖惩制度，规范职工行为，促进经营管理的改善和提高。

【链接启示】

以文化自信筑旅游发展之路

党的二十大报告提出，"要坚持以文塑旅、以旅彰文，推进文化和旅游深度融合发展"。文化是民族的精神血脉，是一个国家、一个民族的灵魂。文化兴则国运兴，文化强民族强。没有高度的文化自信，没有文化的繁荣兴盛，就

没有中华民族伟大复兴。文化自信是更基础、更广泛、更深厚的自信，是更基本、更深沉、更持久的力量。

同样，发展旅游业，我们一定要看到文化的力量，相信文化的力量，将文化与旅游结合起来，用文化来包装旅游，用文化给旅游赋能，提升旅游的价值。

思考： 如何理解"要坚持以文塑旅、以旅彰文，推进文化和旅游深度融合发展"这句话的深刻含义？

案例思考

以文塑旅、以旅彰文 河南文旅"融"出一片新天地

行走在信阳新县西河湾村，沿着"胜利路"蜿蜒向上直到山顶，就是红四方面军曾经战斗过的遗址——玉皇寨。眺望对面的下尉湾，九名英烈在那里抛头颅洒热血；山脚下，一棵"红军树"吸引无数游客流连于此。

村中，一幢幢黑瓦青砖的豫南民居临河而立，其中不少是别致的民宿。"去年民宿加上农家乐，我半年就挣了五六万元。"今年59岁的张思忠是红军烈属，前半辈子辗转各地打工糊口。他说，自从村里依靠深挖红色资源和历史文化成功转型，家家户户就都吃上了"旅游饭"。如今，村里开了30多家农家乐、30多家民宿，深厚的红色资源同青山绿水相融，成为西河湾村的"金字招牌"，村民们的日子越过越红火。

近年来，河南坚定文化自信，打造"行走河南读懂中国"品牌体系，做大做强文旅产业，古老文化频频破圈，新兴业态逐渐涌现，为乡村振兴注入活水，为经济发展赋能蓄力。

坚定文化自信，古老文化破圈而出。"伸手一摸就是春秋文化，两脚一踩就是秦砖汉瓦。"河南文化"家底"丰厚，然而长期面对"有说头，没看头"的尴尬。如何让文化遗产"活"起来？近年来，河南坚定文化自信，用更多的创意表达"活化"丰富的历史文化资源，解码文化宝藏。

《唐宫夜宴》《洛神水赋》，河南创新诠释传统文化打造的"奇妙游"系列节目屡次破圈，被外交部多次向海外推介。不仅如此，"一盒难求"的考古盲盒让游客挖"宝"上瘾，"妇好鸮尊""云纹铜禁"化身冰箱贴、胸针、项链，甲骨文表情包成为斗图"新宠"，能吃的古钱币巧克力让人边吃边长知识……传统文化融入时尚表达，以恰当、有趣的形象融入百姓生活。

"手握千年文化王牌，河南当'潮'不让、'出圈'有底气。"在河南博

物院院长马萧林看来，传统文化频频出圈的背后，是近年来民众心中泛起的历史自信和文化自信。

顺势而为，乘势而上。河南将文旅文创融合战略确定为现代化河南建设的"十大战略"之一，将"行走河南读懂中国"确定为"十四五"及未来一个时期河南全域文化旅游品牌体系。为更好地塑造这一品牌体系，今年河南策划推出人类起源、文明起源、国家起源等16条主题文化线路，涉及578处文物和文化资源。

河南省文化和旅游厅厅长姜继鼎表示，迈进"十四五"，河南将围绕中华文化传承创新中心、世界文化旅游胜地两大战略定位，立足作为华夏文明主根、国家历史主脉、中华民族之魂的地位，推出人类起源、姓氏寻根、治黄史诗、四大古都、中国功夫等14条主题文化线路，面向国际国内两个市场，叫响"行走河南读懂中国"主题形象。

新县文化和旅游局局长汪宗军介绍，全县每年累计接待研学学生近30万人次。目前，该县已先后入选全国12大红色旅游经典景区和30条红色旅游精品线路。2022年1-6月，全县共接待游客434.61万人次，实现旅游综合收入34.77亿元。

信阳市委书记蔡松涛表示，秉承"绿水青山就是金山银山"的理念，信阳市坚持文旅融合，着力建设全国著名的红色和生态旅游目的地，推动信阳优良生态的"美丽颜值"源源不断转化为促进老区振兴发展的"经济价值"，助力打造"两山"理念的信阳样板。

信阳是河南用活红色资源，赋能乡村振兴的一个生动缩影。在全面推进乡村振兴中，河南省充分挖掘、整理、利用厚重的历史文化资源、自然风光资源，不断提升文旅层次和吸引力。通过整合绿色生态资源，将红色旅游、乡村游、绿色生态游融为一体，为乡村振兴注入文旅力量。

春风浩荡战鼓急，百舸争流自当先。从"农业大省"到"文化大省"，河南立足自身优势，挖掘潜在动能，不断创新表达，将自然资源优势、历史文化优势加快转变为发展优势。诗和远方，"豫"见美好，"老家河南"正大步走在"以文塑旅、以旅彰文"的融合发展之路上。

资料来源：尚明桢．王佩以文塑旅、以旅彰文河南文旅"融"出一片新天地［N］．人民网，2022-07-11.

思考：根据案例，在文旅融合的趋势下，文旅企业如何"顺势而为，乘势而上"，提高旅游的微观经济效益？如何增强文化自信赋能旅游业高质量发展水平？

课后思考与练习

案例分析

不患寡而患不均乎：发展旅游能促进共同富裕吗？

《论语》言："丘也闻有国有家者，不患寡而患不均，不患贫而患不安。盖均无贫，和无寡，安无倾。"这一论述揭示了共同富裕的部分内涵。缩小收入差距、促进共同富裕是我国政府提出的实现社会主义现代化远景目标的重要组成部分，是经济社会发展必须遵循的原则。2021年6月10日，中共中央、国务院发布《关于支持浙江高质量发展建设共同富裕示范区的意见》，该意见指出，促进全体人民共同富裕是一项长期艰巨的现实任务，需要逐步缩小城乡区域发展差距和收入分配差距。同年9月，在《中国的全面小康》白皮书中，政府鼓励发展文化产业、旅游产业等来推动城乡融合发展，缩小城乡收入差距。由此可见，缩小收入差距、实现共同富裕已成为当前我国一项重要的政治任务。

实现共同富裕的一条重要途径是丰富就业。旅游业就业市场容量大、包容性强、岗位层次丰富，存在大量非正规就业，是当前我国居民重要的收入来源。在一些经济较为落后的乡村地区，依托当地特有的资源地域属性发展旅游，可以吸引到大量的人流、物流、资金流等，拓宽了当地居民增收的渠道。据农业农村部数据，2020年乡村休闲旅游吸纳就业人数1100万，带动受益农户800多万户，旅游产业带农增收作用明显。

资料来源：郭为，王静，李承哲，等. 不患寡而患不均乎：发展旅游能促进共同富裕吗？——基于CFPS（2010-2018）数据的分析[J]. 旅游学刊，2022（10）：12-25.

思考：1. 发展旅游可以提高居民收入水平，发展旅游创造的收入是如何分配的？能否举例说明？

2. 是否可以做到合理分配以达到缩小收入差距的目的呢？在改善收入差距的过程中能否进一步实现共同富裕？

案例分析

定西渭源释放旅游乘数效应　赋能和美乡村建设

走进国家森林乡村渭源县锹峪镇峡口村，山清水秀，美如仙境，典雅的民居依山傍水、错落有致……处处呈现着美丽宜居、和谐共生的乡村美景。

"近年来，峡口村在县、镇两级党委、政府的引领下，坚持把人居环境整治作为实施乡村振兴战略的关键举措，做实乡村建设'里子'和'面子'。"峡口村党支部书记李春芳介绍说，当地充分利用"十里画廊"天井峡优越的自然条件，全力打造"峡口拾光"乡村旅游品牌，集吃、住、玩以及农特产品采摘为一体的乡村旅游亮点纷呈，旅游民宿、大锅台等特色餐饮，深受游客欢迎，乡村旅游成为全村群众增收致富新产业。

在锹峪镇高原夏菜种植基地，平整宽敞的路面两旁是连片的温室大棚。锹峪镇党委副书记汪刚说，通过游客现场采摘品尝采购，电商销售，草莓番茄果供不应求，一个草莓番茄果大棚收入 10 万元左右。这里不仅是高原夏菜的种植基地，还是全县 3 万多亩万寿菊育苗基地。先后吸纳 300 人次就近务工，增收 10000 元以上，参与种植农户 120 户，每户增收 8000 元以上。

渭源县乡村旅游是乡村特色产业的重要引擎，将乡村的优美生态、优秀文化转化为旅游经济价值。同时，乡村旅游可以释放"一业兴、百业旺"乘数效应，带动乡村特色种养业、农产品加工业、餐饮、交通、电商等产业发展。

近年来，渭源县把激活旅游消费和丰富旅游业态摆在突出位置，围绕"体、商、养、学、闲、情、奇"旅游新要素，营造各方积极参与、全民乐享消费的浓厚氛围，不断扩大"药都薯乡 壮美定西"品牌影响力，推动"文旅赋能型"县域经济发展。上半年全县共接待旅游人数 159.24 万人次，同比增长51.17%，旅游收入 6.26 亿元，同比增长 42.5%。

资料来源：赵婧婷. 定西渭源释放旅游乘数效应 赋能和美乡村建设[N]. 中国新闻网，2023-09-07.

思考：结合案例，谈谈乡村旅游如何释放"一业兴、百业旺"的乘数效应，以及你对旅游乘数在社会经济发展中的作用和地位的认识。

第六章

案例分析

淳安：生态立县描绘旅游富民新画卷

1982 年的一天，只有 58 个客位的"千岛湖一号"游船载着上海游客，长笛一响，离开了码头。40 多年前的这一瞬间标志着千岛湖拉开了湖泊旅游的序幕。

40 年来，这个以"千岛、碧水、金腰带"闻名于世的湖泊成为具有一定国际知名度和影响力的国家级旅游度假区。淳安旅游业也从"一湖独秀"发展成集湖区观光、城市休闲、乡村度假于一体的全域旅游格局。2021 年，淳安全县接待游客 932.5 万人次，实现旅游总收入 154.18 亿元。此时的淳安不但已连续 4 年上榜中国县域旅游综合竞争力百强县，还获得"浙江文旅助力探索共同富裕新路径十佳县"称号。

近期，淳安提出，要进一步做精旅游业，按照"经典、精彩、经济"要求，加快构建高质量经典旅游项目、高品质精彩旅游体验、高水平融合旅游经济相得益彰的发展格局，力争创成国家全域旅游示范区。"我们始终认为，环境保护与旅游发展休戚相关，要把环境保护当作旅游发展最强的生命线、旅游可持续发展的根基，绝不以牺牲环境为代价换取经济发展。用一句话来说就是：我为青山留净土，青山为我吐芬芳。"淳安县文化和广电旅游体育局局长方必盛说。

1. 变一湖秀水为生态财富

大力推进全域旅游，探索出一条环境保护与经济发展相得益彰的路子。今年 1 月 1 日，《杭州市淳安特别生态功能区条例》施行，要求既要保护好千岛湖一湖秀水，又要保障好淳安 40 多万老百姓的民生福祉。

生态是淳安旅游的生命，更是千岛湖旅游的核心竞争力。淳安始终将"生态立县"放在首位，先后实施了封山育林、植树造林、涵养水土、清洁乡村等一系列环保工程，把一个曾经水土流失、荒山秃岭的库区，变成了青山秀水、环境一流的景区。

事实上，从 20 世纪 90 年代开始，淳安就着手整治工业污染，关停并转了一大批污染企业；2009 年，淳安县委、县政府全面开展网箱养殖、采砂、垂钓、船舶污水、违章建筑"五大整治"行动，2000 多亩养殖网箱退出千岛湖水面；近年来，淳安"保水渔业"发展模式被列为渔业水域生产生态协调发展典范；

2018年，淳安推进临湖地带综合整治……正是这一系列严之又严的保护举措，让千岛湖在旅游业快速发展的同时，生态环境指标不仅没有下降，甚至有了明显改善，确保了千岛湖旅游的可持续发展。据监测数据，千岛湖水体始终保持在国家地表水Ⅰ类标准，为国内水质最好的大型湖泊之一。

由于旅游业的发展，茂密的森林成了"摇钱树"，清澈的湖水成了"聚宝盆"。千岛湖的旅游产业规模在全国县域旅游领域处于领先。截至目前，全县共有22家A级景区，其中5A级景区1家；民宿农家乐1122家，床位1.9万张，餐位4.2万个，名列浙江省前茅。

2. 变"一枝独秀"为全域发展

今年7月1日，淳西南乡村振兴联合体揭牌运行。姜家、梓桐、浪川、界首4个乡镇全力筑牢乡村振兴产业根基，全面推动淳西南旅游特色产业联动发展。早在10多年前，淳安就意识到，"一湖独大不是春"，旅游发展必须要摆脱路径依赖，全域发展。自2011年以来，淳安率先启动实施全县景区化、全域旅游战略，以"湖"为核心向岸上、乡村全域拓展，旅游业从573平方公里的湖区向4427平方公里的全域延伸。

2012年，淳安提出并深入实施绿道经济工程。截至目前，建成绿道500公里及相关配套设施。2019年7月，淳安县民宿行业党委成立，并出台第三轮全域旅游产业政策及全域旅游高质量发展的指导意见，淳安财政每年安排不少于5000万元的旅游发展专项资金。5A级景区城、3A级及以上景区镇13家，A级景区村254个……从盆景到风景、从碎片化到系统化，良好的生态促进了淳安全域旅游快速发展，形成"一户一处景、一村一幅画、一镇一天地、一城一风光"的美丽画卷。

数据显示，2021年淳安县文旅经济发展水平与速度居全省前列，旅游产业增加值32.65亿元，占全县地区生产总值的12.79%，以旅游业为主导的服务业增加值占地区生产总值比重超60%。

3. 变传统旅游为数字旅游

2012年，淳安入选首批浙江省智慧旅游试点县，构建智慧管理、智慧服务、智慧营销"三位一体"大格局；2014年，全省智慧旅游现场会在千岛湖举行；2020年4月，千岛湖景区率先成为支付宝"无接触景区"试点；2020年10月，千岛湖景区被列入浙江省文化广电、文化和旅游厅首批未来景区改革试点名单。

2021 年 6 月 3 日，继建成全国首个深水水库水质水华预测预警系统——千岛湖水质水华预测预警系统后，被称为"秀水卫士"的全域护水智治体系在淳安正式上线。在打造全国"数字第一湖"的大背景下，淳安以数字化改革助力全域旅游高质量发展。"千岛湖民宿及乡村旅游观测站"采用国家数据接入标准，对淳安县全域乡村旅游数据进行精细化、实时化和标准化采集；正在搭建开发的文旅体数字驾驶舱，为淳安数字化改革、旅游决策提供大数据支撑。

于是，人们看到一系列惠民便民的特色创新应用在这里呈现：推进民宿"30 秒入住"覆盖；通过"健康码 + 景区"将"千岛湖旅游官方平台"小程序接入支付宝平台，游客平均入园时间仅需 2 秒至 3 秒；全县 22 个景区场馆推行预约游玩，引导游客"非接触式"入园，深化改革创新，数字旅游在淳安稳步推进。

今年年底，淳安县将举行"2022 旅游高质量发展大会暨千岛湖旅游 40 周年庆典"，《淳安县全域旅游发展与空间布局规划》成果也将同步发布，风华正茂的千岛湖旅游未来发展引人关注，淳安正走出国门迈向世界，努力打造世界级湖泊度假目的地。

资料来源： 张卉卉，徐子胭，仇峰，等. 淳安：生态立县 描绘旅游富民新画卷［N］. 中国旅游新闻网，2022-10-21.

思考： 1. 发展湖泊旅游会对目的地产生哪些方面的影响？

2. 你认为如何提高全域旅游发展的综合效益？需要哪些条件？

复习思考题

1. 什么是旅游收入分配？简要叙述国际入境包价旅游收入的分配流程？

2. 什么是旅游乘数？简要叙述旅游收入乘数效应的发挥过程？

3. 什么是旅游外汇收入漏损？旅游外汇收入漏损主要表现在哪些方面？如何减少旅游外汇收入的漏损？

4. 2022 年某市旅游总收入 1.5 亿元，比 2021 年净增 0.2 亿元。2021 年该市旅游直接从业人员 5 万人，2022 年旅游直接从业人员比上年增加 8%，那么 2022 年每增加万元的旅游收入可提供多少就业岗位？

5. 某地"九五"期间，对旅游业与相关产业总投资为 2 亿元，国内和国际旅游总收入 8.6 亿元，即每投入 1 元获得了 4.3 元收入。这样，每增加 1 元旅游收入，若其中 0.58 元用于消费，则对当地经济带来的乘数效应是多少？

6. 旅游综合效益的含义是什么？它包括哪些主要研究内容？

7. 旅游微观经济效益有哪些主要的评价指标？

8. 说明旅游微观经济效益的主要评价方法。

9. 如何提高旅游微观经济效益?

10. 简述旅游宏观效益的含义及评价旅游宏观效益时应注意的问题。

11. 旅游宏观经济效益的主要评价指标有哪些?

12. 分析旅游发展可能对目的地产生的社会收益和社会成本。

13. 你认为如何才能提高旅游宏观效益?

第七章

旅游发展观与发展模式

学习目的与要求

知识目的

通过本章的学习，掌握旅游发展观的基本内容，认识旅游可持续发展的概念和实现思路，掌握旅游经济发展战略的含义、特点和制定原则，了解旅游经济发展模式的概念、特点和类型，了解我国旅游经济发展模式的选择。

思政目的

①从对旅游发展观的学习中树立和践行"绿水青山就是金山银山"的理念；②从对旅游发展战略及变化的学习中掌握国家战略的发展方向，树立爱国情怀和人民至上价值观；③从对旅游发展模式与创新的分析中理解求真务实的重要性，理解文化传承对创新的推动作用；④从对生态文明下旅游发展模式的学习中明晰国家绿色发展战略的必要性，认识绿色发展的重要性和紧迫性。

案例导学

西班牙旅游业成功经验

旅游业是西班牙国民经济中最重要的产业之一，占国内生产总值的 11%，并提供了 12% 的就业机会。旅游业同样是西班牙社会现代化和国际化的因素，通过所谓的模仿效应，它使当地居民与其他欧洲国家数以百万计的游客直接联系起来。从这个意义上说，旅游业间接地改变了西班牙社会。

西班牙旅游业开始于 20 世纪初。在 20 世纪上半叶是以文化旅游为特点的，以西班牙的异国情调吸引欧洲旅客，主要是来自英国上层阶级的游客。直到 20 世纪下半叶，从 50 年代开始，大众旅游才开始发展。在中产阶级及工人阶级间渐渐产生休闲和放松的旅游需求，一般去以阳光与海滩为主的旅游目的地。

西班牙旅游业的成功，是通过其对国民经济的贡献和在整个历史演进中的持续增长来衡量的，主要包括以下基本因素：

1. 西班牙旅游企业的活力。这些旅游企业在最初建立的时候缺乏传统（西班牙多数大型旅游机构都源于个体发起，没有旅游业的经验，采取家族经营的方式），逐步发展并成功地创建了稳固的业务结构，达到国际水平，并已经设计和实施了一系列的旅游产品（如自助游），使得它能够为客户提供极具吸引力的价格和优质的服务。这个因素反映在较高的顾客满意程度上（平均分为 8.4 分，总分为 10 分），同时旅客的忠诚度也比较高，在前往西班牙的游客中，有 83% 的游客此前已到过西班牙，40% 曾到访西班牙超过十次。

2. 地理位置接近主要客源市场。每年西班牙接收的旅客中，有 90% 是欧洲旅客。75% 的旅客选择乘坐航空交通工具抵达西班牙，欧洲往返西班牙的航班为短途航班。开放的航空交通政策，首先是包机，以及后来逐步发展的低成本航空公司，有助于拓展西班牙与欧洲市场的联系，也促进了旅游业的发展。

3. 配置一个高度专业化的旅游局。西班牙国家旅游局一直服务于西班牙旅游业，实行历任政府制定的旅游政策，不因各种重大政治变革的影响而发生重要的改变。

4. 西班牙国家旅游局开展的促进旅游业发展的工作。通过媒体宣传和广告创建并确立了西班牙作为旅游目的地的形象，并建立了一个平台支持西班牙旅游企业开发的旅游产品的营销。这项工作的主要部分由西班牙旅游办事处负责，该办事处创办于 20 世纪上半叶，在 20 世纪下半叶迅速发展，并在近十几年把业务拓展到新兴市场。其主要任务是研究市场，加强媒体公关，策划和开展推广和旅游产品的营销活动，与主要客源市场的专业旅行社加强接触，以上种种工作都促进了西班牙旅游业的发展，提高适应不断变化的需求趋势的能力，以保持竞争力。西班牙旅游业采用表达情感的宣传口号，如"与众不同的西班牙""一切沐浴在阳光中""生活的热情""西班牙标志"等。而采用米罗标志则是世界旅游历史上独一无二的做法，此标志使用超过 30 年，认可程度非常高，已成为西班牙旅游品牌甚至西班牙的形象代表。

5. 西班牙旅游产品的营销。自 1950 年起，"阳光与海滩"的旅游产品掌握在控制着客源市场的旅行社手中，甚至酒店业真正的客人不是旅客而是旅行社。随着时间的推移，旅游者更倾向于自助游，特别是前往西班牙的旅客，因对西班牙的忠诚度较高，已经旅游过多次。

资料来源： http：//www.bescn.com/hynews30/4145.html.

思考： 西班牙旅游业持续发展的经验对于我国旅游业发展具有哪些启示？发展观与发展模式在我国的演变说明了什么？

第一节　旅游发展观的基本内容

一、旅游发展观的概念及其特征

旅游发展观是指旅游业发展的观点、理念和指导思想等有机结合形成的导向性观念，其深刻影响着一个国家和地区的旅游发展模式和路径。纵观世界旅游业发展历程，主要存在三种不同的旅游发展观，即经济动力型发展观、双重动力型发展观和可持续发展观。

（一）经济动力型发展观

1. 经济动力型发展观的含义

经济动力型发展观是指从经济或产业角度出发，国家和企业将旅游发展的经济功能置于首位的发展观。这种发展观多见于发展中国家。这些国家由于经济不够发达，缺乏发展经济所需的外汇，于是凭借着丰富的旅游资源，将发展旅游作为获取外汇的一条重要渠道，以平衡其国际收支差额。事实证明，许多发展中国家通过发展旅游经济获得了可观的外汇收入，也有不少国家尤其是资源比较贫乏的海岛国家，通过发展旅游带动了相关行业的发展，从而提高了国家的经济发展水平。有些国家已获得了很好的效果，旅游业甚至成为当地的支柱产业，如加勒比地区的国家，旅游经济产值已占国内生产总值的较大比例。至于旅游企业当然也获得了相当的经营利润。

2. 经济动力型发展观下的旅游业主要特征

（1）旅游业的发展以入境国际旅游为主。这样做的好处是：在国家层次，可以为经济发展提供进口设备和技术所需要的外汇；在地方层次，可以促进当地经济的发展和基础设施与公用设施的建设，扩大就业渠道；在居民层次，有利于当地部分居民生活水平的改善。在这种发展观指导下的国家，旅游经济的发展主要是围绕着满足国外游客的需要进行的，有关旅游政策的制定、旅游产业体系的建立、旅游设施的建造、旅游产品的设计开发等都是以国外游客为主要对象。但是由于入境国际旅游的发展是在国内经济发展水平比较薄弱的情况下进行的，且参与旅游的群体又以国外游客为主，当地资源配置向境外游客倾斜，因而容易引起境外游客与当地居民之间的矛盾。

（2）政府主导下的超常规发展。所谓超常规发展是指旅游产业的发展主要不是建立在国家经济建设的基础上，而主要依靠三方面的力量进行：一是政府的力量，即政府通过行政手段树立和贯彻旅游发展的意志，优先配置旅游发展的资源要素；二是借助国外的资金，即通过引进外资或同外资合作进行旅游设施的建设和旅游资源的开发以及旅游业的经营管理；三是境外的旅游需求，即境外游客对其旅游产品的需求。这种需求的扩大，一部分是依靠公营与私营机构和企业的促销努力，另一部分是依靠外资或合资企业的招徕和销售网络。

这种超常规发展的好处是能够集合各方力量，较快地促进旅游产业的形成，并能就地学习境外先进的旅游管理技术和经验。但是这种超常规发展也可能要付出相当大的代价，如大量的外汇漏损。另外，过分依赖国外旅游需求的注入，一旦需求下降的话，旅游经济运行受冲击的风险较大。

（3）外延型的数量扩张。由于受经济动力型发展观的指导，在经济利益的驱动下往往容易以接待人次与旅游收入作为旅游业发展的主要衡量指标，而达到这一指标要求的代价就是旅游环境的恶化和生态环境的污染，这是一种典型的外延式的数量扩张。其好处就是旅游业发展速度较快，短暂的旅游经济效益也比较可观。但是，从长远来看，由于资源耗竭的速度加快，经济效益是不会持久的。

案例思考

燃油污染的重创下，毛里求斯旅游业还有未来吗？

2020 年 8 月 15 日，日本货轮"若潮"号在毛里求斯外海触礁搁浅 3 周后彻底断成了两截，在此之前，船上千吨燃油已倾泻于印度洋。8 月的季节性巨浪，使黑褐色的油正在侵蚀蓝湾海洋公园和埃斯尼角湿地。

事实上，早在 7 月 25 日"若潮"号已经在毛里求斯东南部海域触礁搁浅，当时这艘比"泰坦尼克"号还长的庞然大物装载着 4000 吨燃油正在驶往巴西途中。日本货轮在航行中的疏忽责任无可推卸，毛里求斯警方 18 日已逮捕了印度籍船长。与此同时，毛当局也成了民众的"追责"对象。货轮搁浅的最初几天本该被拖离礁石，但当局没有采取任何行动。毛里求斯总理贾格纳特在 8 月 7 日的发布会上解释，政府因缺乏资源而无法立即采取行动，"我们国家没有让受困船只再浮起来的技术和专长"。

污染事件对海域周边居民的生计和海洋生态都造成了难以挽回的损失。国际环保组织绿色和平东亚分部北京办公室资深海洋项目主任周薇介绍，此次事故发生地非常特殊，临近蓝湾海洋公园保护区和被国际湿地公约指定为具有国际重要性的埃斯尼角湿地，那里有珊瑚礁、红树林等生态系统，还有许多珍稀海洋生物，燃油泄漏使当地的生物多样性面临巨大风险，很可能对海洋生态造成一些不可逆的影响，无论是生态还是环境都很难恢复原貌。此外，浮潜、水上滑板、观鲸、追逐海豚一直是游客最爱的娱乐项目，但如果这次燃油泄漏失控，水上项目都会受到影响。

旅游业是毛里求斯最强劲的支柱性产业，仅 2019 年就为该国带来了 630 亿毛里求斯卢比（约合人民币 110 亿元）的收入。然而，毛里求斯的旅游业高度依赖于海洋资源，但环境变化的趋势不容乐观。联合国开发计划署 2019 年 6 月发布的报告指出，在过去几十年中，由于海平面上升，毛里求斯的海滩平均缩水了 20 米。从 1997 年至 2017 年的十年间，毛里求斯沿海的活珊瑚数量减少了 70%。按此趋势，如果不采取任何行动，到 2060 年海洋生态的破坏将使该国每年损失上亿美元。

资料来源： https://www.thepaper.cn/newsDetail_forward_8807376，有删改。

思考： 毛里求斯的旅游业发展高度依赖入境游客，是否有碍当地经济的平稳运行？海洋环境污染和生态破坏对旅游业的发展有哪些不利影响？

（二）双重动力型发展观

1. 双重动力型发展观的含义

双重动力型发展观是指从经济和社会结合的角度，既考虑旅游业发展的经济功能，又考虑旅游业发展的社会功能。

这种发展观多见于发达国家。在这些国家，由于经济发达，人均收入水平高，对旅游需求强烈。政府为适应这种需求，对旅游业的发展采取了积极支持的态度。政府的支持主要表现在：（1）成立相应的旅游管理机构，制定旅游发展政策；（2）开展旅游宣传活动，吸引境外游客前来旅游；（3）在主要客源国设立旅游办事处，开展境外旅游宣传、调研和促销；（4）给予旅游业一定的资金补贴，支持其开展有关促进旅游经济发展的活动。

政府主导旅游产业发展是澳大利亚和新西兰旅游业兴旺发达的关键因素。当地政府从产业比较优势和生态环境保护的目标出发，明智地选择了旅游业作为支柱产业。澳大利亚联邦政府每年举行两次会议，由贸易、工业、旅游和资源部长及业界代表一起，共商发展旅游产业的大政方针。政府鼓励私人资本积极参与旅游项目开发。政府注重利用电视、网络、广告等多种形式进行旅游宣传促销，将旅游的资源优势转化为旅游的市场优势。两国政府每年投入大量资金用于市场开拓、旅游推广、宣传促销。据介绍，昆士兰州、维多利亚州、新南威尔士州每年政府拨款分别达到 4600 万、3800 万和 2800 万，而这仅仅是各个旅游局全年开支经费的 40%，专项用于旅游宣传促销。昆士兰州、新南威尔士州各自在 9 个和 7 个主要客源国家设有办事处，联邦和州的旅游机构虽有职能分工，但每年都会举办境外促销活动，如维多利亚州在中国举办了为期一个月的大规模的巡展活动。新西兰的市场促销很具创意，利用《指环王》三部曲在全球的广泛影响，新西兰适时地推出"新西兰—中土世界壮丽景色"推广活动，上半年入境客源增幅达 11.8%，入境客源总量有望突破 220 万。亚太地区旅游协会授予新西兰市场推广大奖，政府还十分重视举办大型活动吸引游客，如新西兰举办的"美洲杯"帆船赛，澳大利亚举办的悉尼奥运会、F1 汽车大奖赛、澳网公开赛、墨尔本赛马节等，都对推广促进本国的旅游业起到了重要作用。

政府支持旅游业发展的目的主要不是看中经济效益，更多地看中以下几个目的：（1）树立国家形象，增进外国游客对其的了解；（2）拓宽就业渠道，缓解国内就业的压力；（3）满足国内居民的旅游消费需求，以稳定社会秩序；（4）积极发展入境旅游，以弥补国内居民出境旅游的外汇流失。当然，由于各国的国情不同，面临的发展困难也不同，所以并非都是如此，如西班牙发展旅游的主要目的还是多创外汇，所以以发展入境旅游为主，而日本则大力鼓励居民出境旅游，以缓解其因外贸大量顺差而引起的其他国家施加的压力。

2. 双重动力型发展观下的旅游业主要特征

（1）旅游业的发展主要是由居民的消费需求推动的。这些国家经济发展水平高，居民的支付能力强，不仅旅游消费需求强烈，而且这种需求已成为人们生活中的一部分。相应的满足这种需求的旅游供给也不是很紧缺，旅游经济活动发展所需的各种基础设施不仅完善先进，而且发展也十分平稳顺利。

（2）旅游业的发展主要是由市场机制调节的。由于这些国家市场经济比较发达，旅游业发展中的各种关系主要不是靠政府干预，而是通过供求规律、价格和竞争等机制进行调节。只有在特殊情况下，政府才采取某些限制措施，如提高旅游税收、限制居民出境旅游所携带的外汇数额等。

（3）旅游业发展的规模较大，速度相对较缓，但是质量高，效益好。在这些国家，旅游业发展的时间较长，规模都较大，且双向旅游十分发达。但是由于其基数大，发展速度相对较缓，设施设备完善，从业人员素质较高，经验丰富，因而确保了发展质量高，管理水平高，经济效益显著。

这种发展观虽然兼顾了经济效益和社会效益，但是由于市场竞争日益激烈，旅游企业经营者各自追求自身的利益，政府干预又少，因此常常会对旅游资源及其环境造成破坏和污染，影响了国家和地方的旅游形象和整体利益。

（三）可持续发展观

1. 可持续发展观的含义

可持续发展观是指旅游的发展要从经济、社会、文化和环境等领域相协调的角度出发，确保旅游发展可利用的资源能够用来"满足当代人的需要而不危及满足今后各代人需要的能力"的发展观。

这种发展观要求：（1）旅游业的发展要满足当代人的需要，无论是穷国还是富国，是穷人还是富人，都有生存权和发展权；（2）旅游业的发展要与自然、文化和人类生存环境形成一个整体，必须建立在生态环境可承受能力之上，符合当地经济发展状况和社会道德规范，使之与经济、社会、文化等其他领域的发展相协调；（3）旅游业的发展既要满足当代人的需求，又要从长远观点出发，考虑今后各代人需要的满足；（4）维护和改善自然环境和社会环境，节约使用资源是所有参与旅游活动者的共同责任。总之，"地球不是我们从先辈那里继承来的，而是我们从后代那里借来的"。

2. 可持续发展观下的旅游业主要特征

（1）政府主导下循序渐进的发展。要实现旅游业可持续发展，政府应充分发挥主导作用，制定与各时期的经济、社会、文化和环境发展相协调的旅游发展规划，在规划的指导下加强管理。同时，制定切实可行的法规和制度，规范旅游投资者、经营者、社区居民和游客的行为，调节国家、地方、社区、居民和旅游投资者、经营者的利益关系，确保旅游业协调有序发展。

【链接启示】

规划的重要性

旅游业的健康可持续发展，离不开政府的宏观调控与各地各级旅游规划，每个人的成长和发展也离不开规划。人生规划的四个主要步骤是：

1. 认识自己，确认自我；

2. 明确目标，找到方向；

3. 制定方案，阶段落实；

4. 停止幻想，着手行动。

思考： 在你的人生成长中是否也有规划呢？结果如何？

（2）资源得以永续利用的发展。旅游业发展需要利用的资源有两大类：一类是可以形成旅游吸引物的资源；另一类是旅游发展所需要的各类经济资源，如资金、原材料、能源、技术、人才等。前一类资源又可分为可再生资源和不可再生资源两种。对于可再生资源，应充分利用，对不可再生资源，要坚持"保护第一"原则，对其进行保护性开发，有限利用。对于第二类资源，应集约化利用，使同量的资源能产生最大效益，以保证旅游发展所需资源的有效利用和永续利用。

（3）经济效益、社会效益和环境效益相统一发展。按照可持续发展观的要求，旅游业的发展不仅要实现经济效益，为国家的经济发展扩大内需，创造

第
七
章

财富，而且要扩大其社会效益和环境效益，为社会创造更多的就业机会，改善居民的生活环境，更好地满足人们日益增长的物质和文化需要，精心保护和管理好自然生态环境，从而在一国乃至世界范围内实现经济发展目标和社会发展目标的结合。

（四）我国旅游发展观的变化

旅游发展观是特定时期经济社会发展的产物，发展的程度和水平不同，相应地就会产生不同类型的旅游发展观。近年来，我国全面建成小康社会，实现了第一个百年奋斗目标；打赢脱贫攻坚战，农村贫困人口全部脱贫，绝对贫困得以消除，区域性整体贫困得到解决，经济社会发展取得了长足进步。因此，旅游发展观也随之发生深刻变化。

1. 由以经济利益为中心，转向社会、生态、文化协调发展

旅游业对经济产业发展的强劲拉动力，以及对国民经济发展的显著贡献，过去一段时期，旅游业注重经济效益的追求，而忽视了社会效益、生态效益的平衡，导致了生态环境的恶化，传统文化长期得不到有效重视，造成人与自然、人与社会关系紧张。近年来，在科学发展观的指引下，可持续发展理念深入人心，旅游业实行健康可持续发展，资源开发和污染排放保持在生态环境的生产能力和净化能力范围内，同时注重对旅游开发地文化传统的保护，提升旅游目的地居民对旅游开发的参与度，确保旅游开发不损害当地居民的利益，促进经济、政治、社会、文化和生态文明"五位一体"的协调发展。

2. 由个别企业、经营者获取经济收入，转向全体人民共同富裕

在经济动力型发展观引导下，旅游发展仅惠及少数地区和经营者，发展机遇和发展成果人人共享的要求得不到保障，甚至少数人的发展以多数人的利益受损为代价，对社会稳定和人民安居乐业造成了负面的影响。可持续旅游发展观要求，当代人的旅游发展既不能损害后代人的发展权益，也不能损害其他群体、地区的发展权益，关注代际、不同群体、各个地区之间的公平。因此，旅游发展践行共享理念，成为全体人民共同富裕的重要渠道，旅游开发注重消除贫困、保障民生，旅游企业积极承担社会责任，把旅游开发地居民纳入旅游开发的获益者群体中，通过旅游发展提高了人民生活水平，体现出共同富裕的理念要求。

3. 由片面、零散的发展，转向创新、协调、绿色、开放、共享的新发展理念

在旅游发展初期，受到经济发展水平的制约，旅游经济发展形成单打独斗、以点带面的情况，旅游企业呈现小、散、弱、差的特点。随着新发展理念的提出，旅游经济发展观也转向创新、协调、绿色、开放、共享的新发展理念。旅游经济的创新发展，就是以科学研究和技术创新推动旅游产业的创新，充分运用前沿技术、公益技术发展旅游业，培养高质量旅游人才。旅游经济的协调发展，就是要构建物质文明与精神文明并重、区域协调、城乡共荣的旅游协调发展机制。旅游经济的绿色发展，就是要坚持资源节约和生态保护，重塑旅游内生动力机制，形成绿色发展方式。旅游经济的开放发展，就是主动参与和积极推动经济全球化和国际旅游进程，发展更高层次的开放型经济，营造国际旅游良好环境。旅游经济的共享发展，就是确保旅游发展成果惠及全体人民群众，让人民群众在旅游活动中有更多获得感，逐步实现共同富裕，促进社会公平正义。

案例思考

全面推进美丽中国建设

中共中央总书记、中央全面深化改革委员会主任习近平于 2023 年 11 月 7 日主持召开中央全面深化改革委员会第三次会议，审议通过了《关于全面推进美丽中国建设的意见》等。习近平总书记强调，建设美丽中国是全面建设社会主义现代化国家的重要目标，要锚定 2035 年美丽中国目标基本实现，持续深入推进污染防治攻坚，加快发展方式绿色转型，提升生态系统多样性、稳定性、持续性，守牢安全底线，健全保障体系，推动实现生态环境根本好转。

会议指出，党的十八大以来，我国生态文明建设从理论到实践都发生了历史性、转折性、全局性变化，要根据经济社会高质量发展的新需求、人民群众对生态环境改善的新期待，加大对突出生态环境问题集中解决力度，着力抓好生态文明制度建设，发挥好先行探索示范带动作用，开展全民行动，推动局部和全局相协调、治标与治本相贯通、当前与长远相结合。要加强组织领导，结合地方实际分类施策、分区治理，精细化建设，通过一项项具体行动推动美丽中国目标一步步变为现实。

资料来源：《经济参考报》，2023-11-08。

思考：美丽中国建设在持续推进中绩效日益显现，是否体现了发展观在转

变？我们每个人在具体实施中发挥怎样的作用？你在其中的表现如何？

二、可持续旅游经济发展的概念及实现思路

（一）可持续旅游经济发展的概念

自然资源和环境资源的稀缺性以及由此产生的资源分配及利用问题是可持续经济发展理论研究的出发点和理论基石。纵观其发展历程可以看出，可持续经济发展是一种从环境和自然资源角度提出的关乎人类长期经济发展的战略和模式，它不是一般意义上的经济发展，而是强调经济发展的可持续性。

可持续旅游经济发展是在保持自然资源与环境的质量和其提供的服务质量的前提下实现的旅游经济发展。其本质含义包括：旅游经济的发展不能超过资源和环境的承载能力，要与之相协调；旅游经济的发展既要考虑满足当前经济发展的需要，也要考虑未来旅游经济发展的需要，要处理好代际公平问题。理解这个概念要注意以下几点：

1. 处理好旅游经济发展与增长之间的关系

旅游经济发展不仅要求实现规模上的增长，更要求实现运行质量上的提高。在新时代社会主要矛盾发生变化的情况下，要重新审视实现旅游经济增长的方式和目的。可持续旅游经济发展要求旅游经济的增长适度、质量提高，要求旅游经济发展以保护生态环境为前提，以可持续性为特征，以改善居民生活水平为目的。那种盲目追求旅游接待人数和旅游收入的旅游经济增长势必会破坏可持续旅游经济发展所依赖的旅游环境质量，从而降低游客满意率，也损害当地人的生活质量。因此，要处理好旅游经济适度增长与旅游经济良性发展的关系。

2. 处理好旅游环境保护与开发之间的关系

旅游环境开发不仅要达成当期经济利用价值的实现，更要注意在环境承载力范围内的合理开发利用价值的实现。既然旅游经济的发展离不开旅游环境的支持，那么就必须在开发的同时，解决好环境承载力的监管问题，通过控制以牺牲环境为代价的生产和消费方式来防止环境污染，改善环境质量。环境退化的治理成本不仅巨大，而且也使开发行动更加困难。

3. 处理好旅游开发中公平与效率的关系

公平主要是指人类在分配资源和获取收入或积累财富上机会的均等。旅游

开发不仅要解决当代人的机会均等问题，还要解决当代人不能为了自己的发展而损害后代人利用环境谋求发展的权利，要担负起代际间合理分配资源和占有财富的伦理责任。效率是指环境资源的有效使用和有效配置问题，它是可持续旅游经济发展的内在要求。高效率地配置环境中的各项要素，可以为公平地分配收入提供基础，而发展机会的均等也能提高人们的积极性，从而促进效率的提升。

4. 处理好经济与社会、文化、政治及自然环境之间的关系

可持续旅游经济发展是一个涉及经济、社会、文化、政治及自然环境等诸多方面的综合性概念。盲目追求旅游经济效益，可能会导致环境破坏、文化冲突、社会矛盾激化等问题。只有协调好各方关系，才能形成促进旅游发展的合力，以旅游发展推动社会文化环境的和谐与生态环境的保护。旅游活动本身就是一个综合性概念，伴随旅游活动形成的旅游经济系统也是一个复杂的有机体，它们彼此相互依托、相互促进、相互发展，任何一方面的不可持续都会影响旅游经济的可持续发展，所以要处理好它们之间的关系，并在变革中不断协调好彼此的动态变化关系，最大限度地发挥相互促进的作用。

（二）可持续旅游经济发展的实现思路

可持续旅游经济发展的实现不能仅停留于理念上，而要真正落实在经济发展的行动上。

首先，要大力提倡和践行循环经济发展范式。基于不同的社会历史状况、技术水平、经济发展的前提条件、运行机制及其对环境问题的不同理解和认识，可以将经济发展范式归纳为两种，一种是生产过程末端治理范式，另一种是循环经济范式。[①] 人类社会经济发展的历史证明，生产过程末端治理范式虽然曾经对遏制环境污染的扩散发挥了历史性作用，但是并未从根本上解决问题。而作为一种新型的经济形态，循环经济是集经济、技术、社会于一体的系统工程经济，其发展的脉络是以生态工业链为主线，以生态工业园为载体，以清洁生产为重要手段，要求物质资源的减量化，最终达到经济与生态协调发展的根本目标。[②] 旅游循环经济就是在人、自然和人文社会资源以及科学技术的大系统内，在资源投入、企业生产、产品消费及其废弃的全过程中，不断提高资源利用效率，

---

① 冯之浚. 循环经济导论 [M]. 北京：人民出版社，2004.

② 明庆忠，李庆雷. 旅游循环经济学 [M]. 天津：南开大学出版社，2007.

把传统的依赖资源净消耗线性增长的发展，转变为依靠生态型资源循环来发展的经济。目前在全国各地迅猛发展绿色饭店、绿色餐饮、绿色消费等循环型生产消费行动就是从基层践行循环经济思想的最好体现，但是仅限于此还不够，还需要将范围扩大，将影响辐射到旅游活动的各个方面，从而构建一个旅游经济循环系统。

其次，与旅游循环经济范式相适应，必须转变传统的衡量旅游经济运行效果的指标体系。一个社会对经济系统采用何种指标体系进行衡量不仅反映了该系统的运行效果，更是对该经济系统运行中各利益主体行为进行引导的指挥棒。如果一味强调旅游经济发展的数量指标和经济产出指标，毫无疑问就会引导经济主体放弃可持续的理念，而过度追求短期经济效益。因此，旅游经济运行效果的衡量必须是多角度、全方位的综合指标体系。

最后，选择组合式旅游经济调控手段，提高旅游经济调控效果。面对旅游可持续经济发展的长远目标与近期追求速度、规模和经济效益的短期行为之间的矛盾，单纯用行政命令去化解难以奏效，单纯用市场手段加以引导也难以发挥应有作用。因此，必须将多种调控手段综合运用，既要加强政府的宏观调控政策的引导，强化法治法规建设和对违规行为的处罚力度，必要时运用行政手段予以规范，还要充分运用和发挥市场调控和利益引导的力量，全面落实污染者付费原则，建立和完善环境资源的价格体系，运用价格杠杆引导投资者行为。只有将两者有机结合在一起，才可能最大化实现可持续旅游发展的目标。

【链接启示】

以"两山"理念为指引推动旅游业绿色发展

党的二十大报告提出，"必须牢固树立和践行绿水青山就是金山银山的理念，站在人与自然和谐共生的高度谋划发展"。旅游业是典型的绿色产业，旅游业对绿水青山需求极为迫切，是最具潜力将绿水青山转化为金山银山的行业，也是人们追求美好生活不可或缺的行业。切实树立"两山"理念，就是要平衡好经济利益和社会利益的关系，寻找到旅游业绿色发展的可行之路。绝不能以绿水青山作为代价换取短期、暂时的金山银山，而是要通过保护绿水青山，使之成为后续发展的金山银山。

思考：如何理解旅游业绿色发展与生态文明间的关系？产业生态化与生态产业化如何落实在我国文旅业的发展中？

第二节　旅游经济发展战略及其变化

一、旅游经济发展战略的内涵

（一）旅游经济发展的概念

旅游经济发展战略是指一个国家或地区对其旅游产业的发展所作的长期谋划和指导原则。具体内容包括：（1）旅游产业发展的战略目标，它是制定旅游经济发展战略的首要问题，主要包括旅游产业发展所要达到的数量指标、增长速度、产业结构的变化、技术进步以及提高经济效益和社会综合效益的要求等；（2）实现旅游产业发展战略目标的对策、途径和手段，即战略重点、战略步骤等，主要包括旅游产品的发展、旅游资源的开发、旅游设施的建设、旅游市场的开拓、旅游产业结构的调整、旅游人才的培养以及资金的筹措等。

（二）旅游经济发展战略的特点

1. 全局性。旅游经济发展战略是对一段时期内旅游业的发展所制定的整体的和全过程的行动方针，需要对旅游经济发展的各方面进行综合考量，因而具有全局性。

2. 长期性。旅游经济发展战略的一个特定要素就是时间性，一方面，战略强调的是长远目标的谋划，而策略考虑的是近期目标的实现问题；另一方面，离开特定时间界定的战略也是不存在的，因而战略的确定需要有长远的思维。

3. 层次性。战略是由分别完成某一特定目标的子战略及其相关环境有机组合而形成的复合体，是一个庞大的复杂系统。这个复杂系统是具有层次性的，这种层次性区别为空间层次性、时间层次性和部门层次性。任何低一层次的发展战略总是上一层次发展战略的组成部分。

4. 系统性。旅游经济战略是由目标、对策、举措等若干要素组成的系统，各要素之间相互影响、相互联系，要实现战略的不断优化就必须具有系统思维，重视要素之间的关联性、耦合性和协同性。

【链接启示】

重视系统思维

唯物辩证法认为，整个世界既是相互联系的整体，也是相互作用的系统。客观事物不但作为矛盾而存在，而且作为系统而存在，分析问题必须具有系统的观点，把事物作为系统来认识。系统思维，是指以系统论的原理和观点为指导，对事物进行分析和认识的思维方式。它把事物作为系统，从系统和要素、要素和要素、系统和环境的相互联系、相互作用中综合地考察认识对象。

思考： 如何在系统思维指导下理解文旅业关联性强和辐射面广的特性？

二、旅游经济发展战略的制定

（一）制定旅游经济发展战略的依据

世界上不同的国家和地区，由于国情不同，政治经济和社会发展水平不同，旅游资源丰富程度和发展潜力不同，旅游产业发展所处阶段不同，因而各国在各个时期的旅游经济发展战略也不一样。一般来说，影响和决定旅游经济发展战略的主要因素有：

1. 社会经济发展水平。社会经济发展水平是影响和决定一个国家或地区旅游经济发展战略的基础性条件。一方面，社会经济发展水平的高低会对旅游产业的发展提出不同的要求，即经济发展水平高，居民的收入水平高，旅游需求强烈，因而客观上要求旅游产业快速发展；经济发展水平低，虽然当地居民旅游需求薄弱，但为了促进经济发展，加速外汇的吸收以积累发展所需的资金，常常要求加速发展入境旅游。另一方面，经济发展水平又会对旅游产业的发展形成制约，即与发展旅游产业相关的其他产业能对旅游提供多大的支持，如经济发展水平高，这种支持就比较有保障，反之有限的支持就会制约旅游业的发展。因此，在制定旅游经济发展战略时，必须考虑到不同时期社会经济的发展会对旅游业提出什么要求以及能提供多大支持。

2. 旅游资源的丰富程度和开发潜力。一个国家或地区的旅游资源状况是其旅游产业发展的前提条件，对制定旅游经济发展战略有直接影响。如果旅游资源丰富，品种又齐全，就可以提供多种类型的旅游产品，满足各种不同的旅游需求，并且由于开发潜力大，旅游产业发展的后劲也足，在制定旅游经济发展战略时就可以将目标放得更长远。反之，若旅游资源不够丰富，又比较单一，如某些海岛国家主要以海滨度假旅游为主，其发展过程中的风险就较大，同时发展也会受到一定限制。

3. 旅游产业发展所处的不同阶段。不同的发展阶段意味着旅游产业发展的基础不同，进一步发展的要求也不同，制定的旅游经济发展战略也会有所不同。一般来说，旅游产业若处于初期发展阶段，其发展速度较快，需要的基础设施投资也大，旅游产业发展呈现出比较明显的数量型增长特征；旅游产业若处于中期发展阶段，其发展速度相对减缓，所需投资仍然较大，但与初期阶段相比有所减少，且此时的发展开始注重质量和效益，表现为从数量型增长向质量型提高的方向转化；进入成熟期阶段的旅游业，各项基础设施已配套，接待设施完善，服务质量和管理水平比较高，产业体系比较健全，经济运行通畅，旅游产业的发展主要表现为低速度、高质量和高效益，即以内涵式扩大再生产为主的效益型发展。

总之，影响制定旅游经济发展战略的因素是多方面的，并非仅局限于以上三个方面，其他因素如政治因素、经济发展模式、产业政策、旅游市场需求与竞争格局、国内外环境等都会产生不同的影响。在具体制定战略时，必须认真分析内外因素，判明自身发展的优劣势，通盘考虑多种因素相互作用及其影响。

（二）制定旅游经济发展战略的原则

1. 适时适地发展原则。虽然旅游业是当今世界发展的朝阳产业，但并非所有的地方不加选择地都适合发展旅游业，在国民经济产业体系中，旅游业也不是推动经济发展的唯一产业。因此，不能一刀切地都将旅游业作为支柱产业来发展。正如前面所分析的那样，一定要考虑旅游产业发展是具有阶段性的这一客观规律，任何发展战略一旦脱离了当地所处的环境和条件，再好的战略也是空谈。保持中国特色，不盲目照搬国外的做法，也体现了适时适地的精髓。

2. 旅游经济与国民经济相适应原则。旅游经济作为国民经济的一个组成部分，其发展不可能脱离国民经济发展而独立展开。国民经济的发展为旅游经济发展提供必要的基础和前提，包括市场基础和各类生产要素及其技术基础。当然，旅游经济的发展也为国民经济其他产业的发展提供所需的积累、外汇和市场环境等。两者相辅相成，缺一不可。需要注意的是，相适应并非绝对相等，在不同的发展阶段也可能会有一定的超前发展的现象，但要控制好一个度。

3. 旅游经济发展与国际市场接轨原则。旅游经济具有国际性，因为随着游客在世界范围内的流动，必然在市场、经营、价格、接待、标准、文化等诸多方面发生密切和复杂的联系，因此，在制定旅游经济发展战略时，必须以全球化的视野、跨文化的思维、国际化的手段将本国旅游经济融入国际旅游经济发展之中，这样才能确保一国或地区旅游经济发展的动态先进性。

4. 全面可持续发展原则。旅游经济的发展目标不仅仅是经济效益为先，围绕旅游经济发展的多功能性应该更全面地把握旅游经济发展方向，随着旅游经济发展的不断深入，旅游经济发展的民生性功能、就业功能、环境改善功能等要放到更为突出的位置，在全面协调发展的基础上，实现可持续旅游经济发展才是任何旅游经济发展战略都不可回避的重要准则。

案例思考

桂林旅游发展成就令人瞩目

桂林作为全国 24 个对外开放的旅游城市之一，一直是我国旅游业的先行者和"风向标"。2012 年 11 月，经国务院同意，国家发展改革委批复了《桂林国际旅游胜地建设发展规划纲要》，桂林发展从此上升为国家战略，在全国、全区发展大局中的地位日益彰显。统筹推进立体交通网络建设，全国首个地级市动车所建成运行，高铁通车里程达 420 公里，占广西近四分之一，通达全国 20 多个省（区、市）。两江国际机场 T2 航站楼建成使用，机场年旅客吞吐能力增至 1200 万人次，开通国际、国内航线 100 多条，桂林航空公司机队规模扩充至 11 架。出省连市的高速公路网络全部打通，基本实现"县县通高速"。投资近 50 亿元改扩建 58 公里桂阳公路，配套建设绿道系统，引进万达文化旅游城等产业项目，打造出一条生态景观大道、旅游黄金通道、产业富民大道。

国家全域旅游示范区建设成为全区标杆，创建特色旅游名县数量居全区之首，8 条大桂林生态休闲旅游精品线路各具特色，全区 5 家国家 5A 级景区桂林占 4 家。"旅游＋健康""旅游＋文化"等融合发展模式成效突出，成为国家首批健康旅游示范基地，数名国医大师领衔的崇华中医街建成运营。作为联合国世界旅游组织首推的中国四大旅游目的地城市之一，全力打造桂林国际旅游胜地升级版。建设了广西迄今投资最多的文旅项目——万达文旅城、兴坪休闲旅游度假区等一批大型旅游综合体；推出了"桂林千古情""桂林有戏""三生三世三千漓"等一批文旅融合精品；建成了东西巷、益田西街、崇华中医街等一批地标性的文化旅游特色街区；打造了大圩、草坪、兴坪等一批文化旅游小镇。桂林知名度、美誉度不断提升，联合国世界旅游组织 / 亚太旅游协会旅游趋势与展望国际论坛、中国—东盟博览会旅游展等开放平台永久落户桂林，全面融入"一带一路"、珠江—西江经济带、对接粤港澳大湾区等区域合作。桂林市年接待海外游客量多年居全国城市前10位，2018年接待游客突破1亿人次，旅游总消费超1300亿元。

漓江是桂林山水之魂，是桂林发展之源。桂林强化漓江综合治理与生态保护，实行"统一管理、统一经营、统筹各方利益"改革，推动出台广西第一部地方综合性生态环境保护法规《漓江流域生态环境保护条例》，推进生态扩面提升和环境全面提升。投入近70亿元推进漓江综合治理与生态保护工程，实施漓江截污工程，城市污水集中处理率超99%；漓江城市段7条溪河、46个片区全面整治完成。多年来，漓江干流水质达标率保持100%，所有国家考核水流断面水质均达到地表水Ⅱ类标准，全国水生态文明城市建设试点顺利通过验收。全市森林覆盖率由1979年的42.11%提高到2018年的71.23%，空气优良天数持续保持300天以上，绿水青山成为桂林最美底色和最殷实家底。

思考：桂林市坚持新发展理念，坚持桂林国际旅游胜地建设"一本蓝图绘到底"，其成就体现了哪些旅游经济发展战略的制定原则？遵循该旅游经济发展战略的依据是什么？

三、我国旅游经济发展战略及其变化

我国旅游发展战略的制定与国民经济发展水平相适应，与人民群众对旅游消费的需求相适应，与政治、经济、社会文化、生态环境的发展相适应，在不同时期呈现出不同的战略特点。在旅游业发展早期，采取"政府主导、适度超前"的发展战略，推动旅游经济走上发展快车道，完成了我国旅游业从无到有的历史进程。随着旅游业转型升级，旅游经济发展战略也随之发生变化，可持续发展战略、高质量发展战略、创新驱动发展战略在旅游经济发展中的作用逐渐凸显。需要注意的是，在同一时间段，并非仅有一种旅游发展战略，而是在多种旅游经济发展战略并存的基础上有所强调和侧重。

（一）旅游经济适度超前发展战略

1. 适度超前战略的含义

适度超前战略包含三层含义：首先，在与国民经济发展相适应的前提下，在与旅游发展密切相关的其他产业（如民航、铁路等）协调发展的基础上，旅游业的发展速度略高于国民经济的发展速度；其次，在相当长的一段时间内，旅游业的总体发展水平适度超前，即在旅游资源丰富、配套设施相对完备、可进入性强、商业价值高、经济效益比较好、发展旅游比较利益显著的城市和地区超前发展，而那些暂时不具备这些条件的地方不能盲目超前；最后，在相当长的一段时间的整个阶段的适度超前，并不排除在个别年度发展速度相对滞后的情况。

2. 采取适度超前战略的主要原因

（1）国民经济发展的需要。总体来看，我国经济发展水平仍然较低，技术装备也存在不小差距，迫切需要引进资金、技术和管理经验。但我国在货物贸易中的竞争力有限，且出口物资多为初级产品或原料，经济附加值低，换汇成本高。超前发展入境旅游相当于就地劳务出口，换汇成本低，资金周转快，因而成为早期获取外汇的重要渠道。

（2）旅游业自身发展的需要。同世界上旅游业发展先进的国家相比，我国旅游业发展较晚，在旅游设施、服务质量、人员素质、经营管理水平等方面都取得了很大的进步，但仍存在不少差距。面对国际旅游经济发展中日益激烈的竞争环境，旅游业必须努力，抓住国际旅游服务贸易发展的大好形势，才能在国际旅游经济格局中保持自己的位置。

（3）我国旅游业发展的要素条件已经具备。我国拥有丰富的自然和人文旅游资源，不仅数量多，而且很有特色，对境外旅游者吸引力很强。改革开放后，我国不断加大旅游设施建设的投资力度，硬件设施已达到一定规模，旅游教育培养了大量专业人才。这一切都为适度超前奠定了一定的基础。

（4）我国旅游业发展的市场基础雄厚。从境外旅游市场需求来看，港澳台同胞每年都要回乡探亲访友，旅游需求量大；我国分布于世界各地的华侨数量巨大，其回国观光度假的需求也很旺盛；古老文明古国的风韵对外国游客具备很强的吸引力。这些境外市场十分庞大且潜力尚待挖掘，而国内旅游需求的日益增长已成为一股不可忽视的力量，为适度超前发展奠定了坚实的市场基础。

适度超前发展战略的实施对我国旅游业的快速成长和发展提供了有力的保证。在该战略的指导下，我国旅游业规模不断扩大，供给能力全面增长，产业地位不断提升，已无可争议地成为国民经济新的增长点，旅游产业对国民经济和社会发展的贡献日益显著，三大旅游市场全面成长，旅游业的综合效益不断提高。

3. 适度超前战略存在的问题

多年来，中央和地方采取的"政府主导，适度超前"的旅游发展模式，主要指向旅游目的地建设，而非旅游经济发展。政策目标主要是游客人数、消费总额，以及旅游对经济增长和社会就业的贡献率，政策工具局限于基本建设项目投资。国民旅游观念的更新、旅游权利的保障和对外宣传推广创新的滞后，加之中转、集散和地接的共享体系和公共服务的不够完善，使旅游业很难形成应对危机的自我修复功能。随着市场主体的多元化，直属单位、国有企业所占的比例越来越小，依靠传统的行政主导的发展模式，无法培育出真正具有市场活力的旅游产业体系。为推动旅游产业升级和服务创新，亟须提出更加适应新时代旅游经济发展要求的新战略，使旅游经济发展融入居民生活、国民经济和社会发展大局。

（二）新时代旅游经济发展战略

1. 可持续发展战略

可持续发展战略是指"既满足当代人的需求，又不对后代人满足自身需求的能力构成危害的发展"。实施可持续发展战略需要实现人口、环境、资源、技术和制度上的协调统一。在经济发展上，既要重视数量上的增长，更要注重质量和效益的提高以及资源的节约；在生态环境上，既要注重保护，更要使保护与发展形成良性互动关系；在社会发展上，既要促进社会的进步，又要注重提高人们的生活质量。

我国旅游业坚持可持续发展战略既是国家经济发展的需要，也是旅游业自身发展的需要。因为保护环境、提高生活质量是可持续发展的目的，旅游是满足人们较高层次需要的活动，它的发展同自然生态环境的维护高度相关。旅游业发展的目标就是要通过不断维护和改善自然生态环境和社会环境，满足游客旅游过程中物质文化生活的需要，这一目标同可持续发展的目的是一致的。

《2024 年国务院政府工作报告》中明确提出发展新质生产力，对于新时代旅游经济发展战略指明了方向。习近平总书记在主持中共中央政治局第十一次集体学习时指出："绿色发展是高质量发展的底色，新质生产力本身就是绿色生产力。"这一重要论断，深刻阐明了新质生产力与绿色生产力的内在联系。推动新质生产力加快发展，就要牢固树立和践行绿水青山就是金山银山的理念，坚定不移走生态优先、绿色发展之路，加快发展方式绿色转型，助力碳达峰碳中和，以绿色发展的新成效不断激发新质生产力。

新质生产力具有高科技、高效能、高质量特征，创新起主导作用，是符合新发展理念的先进生产力质态。这就意味着新质生产力必然是环境友好型、资源节约型的生产力，发展新质生产力客观上就是在发展绿色生产力。

2. 高质量发展战略

高质量发展就是能够很好满足人民日益增长的美好生活需要的发展，是体现新发展理念的发展，是创新成为第一动力、协调成为内生特点、绿色成为普遍形态、开放成为必由之路、共享成为根本目的的发展。近年来，我国经济增速放缓，消费和投资增势减弱，低收入群体收入增长有所放缓，服务消费特别是接触型消费的恢复相对滞后，在这样的情况下，推动高质量发展是遵循经济发展规律、保持经济持续健康发展的必然要求，是适应我国社会主要矛盾变化、解决发展不平衡不充分问题的必然要求。

《"十四五"文化和旅游发展规划》提出，要深化旅游业供给侧结构性改革，深入推进大众旅游、智慧旅游和"旅游 +""+ 旅游"，提供更多优质旅游产品和服务，加强区域旅游品牌和服务整合，完善综合效益高、带动能力强的现代旅游业体系，努力实现旅游业高质量发展。在全面建设社会主义现代化国家的新阶段，推动旅游业发展模式由数量效益型增长向质量效益型增长转变是当前行业发展面临的重要任务。

3. 创新驱动发展战略

创新驱动发展战略是指未来经济发展要靠科技创新驱动，而不是传统的劳动力和资源能源驱动。当前，我国人口红利减弱，劳动力和资源带来的低成本优势逐渐消失，而技术创新具有不易模仿、附加值高等突出特点，由此建立的创新优势持续时间长、竞争力强，有利于实现旅游经济的可持续发展。实施创新驱动发展战略，要加快新技术应用与技术创新，推进智慧旅游发展，如运用创新技术手段，打造一批智慧旅游城市、旅游景区、度假区、旅游街区，培育智慧旅游创新企业和重点项目，开发数字化体验产品，发展沉浸式互动体验、虚拟展示、智慧导览等新型旅游服务，推进以"互联网 +"为代表的旅游场景化建设，以新兴技术手段推动数字化、网络化、智能化旅游经济发展。

实施创新驱动发展战略为旅游业赋予新动能，也对旅游业提出了创新发展的新要求。坚持创新在现代化建设全局中的核心地位，推动新一轮科技革命和产业变革深入发展，将深刻影响旅游信息获取、供应商选择、消费场景营造、便利支付以及社交分享等旅游全链条。同时，要充分运用数字化、网络化、智能化科技创新成果，升级传统旅游业态、创新产品和服务方式，推动旅游业从资源驱动向创新驱动转变。

案例思考

智慧旅游创新项目："浙里红"红色文旅服务平台

"浙里红"红色文旅服务平台是深化党史学习教育的数字化助手。该平台以浙江省红色资源为圆心，建设了"1库3端"：1库，为一个省域红色基因资源数据库，集成具有浙江标识度的红色精神、红色基地、红色文物、红色理论、红色著作、红色故事、红色人物等数据；3端，即面向宣传部门全周期管理的综合管理端、面向基层服务单位低代码操作工具的基地属地端、面向广大群众的超轻量公众服务端。

该平台有助于加强红色资源保护传承，已在浙江嘉兴、余姚、杭州等地进行复制推广。截至目前，"浙里红"红色教育已为 200 多家央企、省属国企、大专院校开展党性教育培训 1000 多场次，服务人员超 8 万人次；"浙里红"红色文旅直播点击量突破 2000 万人次。

资料来源：https：//topics.gmw.cn/2022-11/24/content_36185738.htm.

思考：大数据、云计算、虚拟现实等新技术在旅游领域的应用普及，对于红色旅游的发展具有怎样的促进作用？你还能提出哪些红色旅游的创新形式？

第三节　旅游经济发展模式

一、旅游经济发展模式的概念

旅游经济发展模式是指一个国家或地区在某一特定时期内旅游产业发展的总体方式，包括旅游产业发育和旅游产业演进两方面内容。它是对该国或该地区在特定时期的旅游经济系统所作的理论概括。

由于各国所处的社会经济发展水平不同，社会经济制度和经济发展模式不同，旅游产业的形成时期和发展阶段不同，各国的旅游经济发展模式不尽相同，但是从理论概括来看，旅游经济发展模式都具有以下几个特点：

1. 概括性。旅游经济发展模式是对一个国家或地区旅游产业发展原则和方式的高度理论概括和理论抽象，它体现了旅游产业在一定时期发展的主导思想和本质特征，反映了旅游产业在一定时期的发展战略要求和发展方向。因此，研究旅游经济发展模式不仅有助于制定有效可行的旅游经济发展战略，而且有助于分析和把握旅游经济活动的运行规律。

2. 阶段性。旅游经济发展模式对一个国家或地区而言具有时期性，时期的长短则依不同国家或地区的具体情况而有所不同。阶段性要求一个国家或地区要根据其具体的社会经济发展需要和旅游产业发展的实际情况，适时地研究和调整旅游产业的发展方向和战略。

3. 相对稳定性。旅游经济发展模式一经确立，在某一特定时期内其旅游产业的发展方向和方式应维持不变，充分发挥该模式的功能，获得相应的旅游经济社会效益。但这种稳定是相对的，因为当旅游产业发展的内部条件和外部环境发生了质的变化，原有的发展模式难以适应新的需求发展时，就必然会有新的模式替代旧的模式，所以变化就是不可避免的了。

【链接启示】

量变与质变的辩证关系

量变即事物量的规定性变化，是事物在原有性质的基础上，在度的范围内发生的不显著的变化；质变是事物性质的根本变化，是事物由一种质态向另一种质态的转变。量变达到临界点，超出了度，就导致质变，这是由量变到质变的过程；质变又引起新的量变，这是由质变到量变的过程。事物的发展就是这样由量变到质变，又由质变到新的量变的无限循环往复，由低级到高级、由简单到复杂的演进过程。

思考：我国文旅业的量变与质变的关系体现在哪些方面？如何顺应其变化规律促进文旅业健康发展？

4. 特指性。旅游经济发展模式是由一个国家或地区的社会经济发展情况、经济制度和经济发展模式以及其历史与自然环境状况来确定的。也就是说，不同的国家或地区，由于经济发展水平、社会经济制度以及经济发展模式不同，处于不同的历史发展阶段，以及自然地理环境上的差异，旅游经济发展模式不尽相同，即使在同一类型发展模式的国家中，由于上述方面的差异，也会呈现出不同的特点，例如同属于市场型发展模式的欧美发达国家中，美国的市场机制的作用表现得十分充分，而西班牙则表现为政府的扶持作用相当明显。

二、旅游经济发展模式的分类

对旅游经济发展模式分析的角度不同，可以得出不同的分类结果。纵观世界各国旅游产业发展的历史和现实，分别从以下几个角度进行分类研究。

（一）从旅游产业的形成、发展同国民经济的关系角度进行分析，可以将旅游经济发展模式划分为超前型发展模式和滞后型发展模式

超前型旅游经济发展模式是指旅游产业的形成和发展超越了国民经济总体发展的一定阶段，通过发展旅游产业来带动和促进与其相关联的国民经济其他产业及地区发展的一种发展模式。这种模式一般发生在发展中国家或地区，它们利用丰富的旅游资源，在政府的支持下优先发展入境旅游，以获得经济发展所需的外汇以及推动相关产业和地区的发展。超前型发展模式的存在必须具备三个条件：（1）拥有足以吸引游客的旅游资源，这是采取此种发展模式的内部条件；（2）在境外存在对其旅游资源的相应需求，这是采取此种发展模式的外部条件；（3）包括吸引境外资金投入在内的各项政策支持和必要的启动资金的投入，这是政府采取此种发展模式的推动力量。对大多数发展中国家来说，具备这些条件的一般是经济基础相对较好的城市和沿海地区。

滞后型旅游经济发展模式是指旅游产业成长滞后于国民经济总体发展水平，即在国民经济发展到一定阶段后，旅游产业自然形成和发展起来的一种发展模式。这种发展模式多发生在经济发达的国家，如西欧、北美的一些国家在19世纪产业革命之后，伴随着经济的迅速发展，城市人口增加、商品贸易繁荣、人们收入水平不断提高，产生了对旅游的大量需求，而社会也具备了满足这种需求的供给能力，于是自然形成了旅游产业成长的市场基础，由于这种旅游经济发展模式是一种常规的旅游产业成长模式，因而也叫自然型发展模式，这种模式的存在充分体现了旅游活动是社会经济发展的必然产物这一客观规律。

（二）从旅游产业发展的协调机制的角度进行分析，可以将旅游经济发展模式划分为市场型旅游经济发展模式和政府主导型旅游经济发展模式

市场型旅游经济发展模式是指主要依靠市场调节机制来推动旅游产业成长和演变的发展模式。市场调节机制主要有价格、供求关系和竞争等。在这些机制的作用下，实现旅游产业资源的配置，推动旅游产业内部的自动调节和自动均衡的实现。这种旅游发展模式具有以下三个特点：（1）旅游业的成长侧重于产业内部的自均衡和自调节过程；（2）外部的政策作用是间接的，主要是通过一定的市场机制来实现调节；（3）国家产业政策主要侧重于市场需求方面。

丽江从一个名不见经传的西南边陲小镇发展为国际旅游城市，主要得益于文化与旅游的互动，其中"非遗"成了丽江发展文化旅游的重要卖点。丽江申遗后在旅游业发展上取得的巨大成功，很大程度上对国内申遗热潮的出现起到了推波助澜的作用。丽江"以遗产带动旅游业，以旅游发展回馈遗产保护"的策略被看作是一种超前的眼光和宏阔的视角。通过一系列举措，丽江古城古朴宁静的历史风貌被完好地保留和展现，文化旅游兴起，形成独特的"丽江模式"。

政府主导型旅游经济发展模式是指政府通过各个时期的旅游产业发展规划和政策来干预和推动旅游产业发展的一种发展模式。一般来说，这种发展模式常发生在两种情况下：一种情况是具有干预和控制经济的历史传统；另一种情况是需要在短时期内快速推进旅游产业成长的国家或地区。这种发展模式具有如下三个特点：（1）旅游产业的发展主要由政府来推动，政府不仅通过制定有关政策和法规对旅游业的发展进行规范，而且还对旅游产业的发展规模、发展速度进行计划和控制；（2）市场对旅游产业发展的调节作用处于辅助地位；（3）国家产业政策对旅游产业发展的影响主要侧重于旅游供给方面。

（三）从旅游产业成长的演进模式的角度进行分析，可以将旅游经济发展模式划分为延伸型旅游经济发展模式和推进型旅游经济发展模式

延伸型旅游经济发展模式是一种先发展国内旅游，在此基础上再发展入境旅游，并随着国民出游能力的发展再发展出境旅游，最终形成国内旅游、入境旅游和出境旅游全方位发展的旅游经济发展模式。这种发展模式的特点是：（1）

入境旅游和出境旅游都是在国内旅游发展的基础上的一种自然延伸，所以消费者的消费行为比较成熟，而旅游供给的质量也相对稳定；（2）三种类型的旅游发展都是在国家经济发展达到一定基础的情况下自然形成的，所以相对而言，基础设施较为成熟和完善，专门为发展旅游经济的投资较少，旅游业表现为较好的投入产出率。

　　旅游经济发达地区往往采用延伸型旅游经济发展模式，此种模式的代表国家是美国。美国的旅游管理体制基本实行"小政府、大社会"的模式，以半官方旅游机构为主，而管理职责主要是从事海外促销、国际交往和政策协调，并要注意开发市场。这些发达国家旅游业的经营以大企业为主导、小企业为基础，运营主要通过市场来实现，以稳定经济、扩大就业、提高国家声誉为主要发展目标。

　　推进型旅游经济发展模式是一种先发展入境旅游，通过发展入境旅游推动本国旅游经济基本构架形成，并随本国社会经济的发展，逐步发展国内旅游，最终形成完整的旅游产业体系的发展模式。这种发展模式的特点表现为：（1）国内旅游和出境旅游的发展是在入境旅游发展的基础上逐步推进的；（2）整个旅游产业的发展虽然主要以社会经济的发展为基础，然而政府在其中起着不可替代的作用。但由于发展旅游的基础条件相对较差，往往需要从国外进口相应的设施设备甚至人力资源，从而降低了旅游业的投入产出率。

　　以印度为代表的一些发展中国家（包括经济欠发达地区）往往会采取推进型旅游经济发展模式。该国有独特的旅游资源，但旅游业的发展受其经济落后的制约，并且旅游管理体制不完善，国有企业在旅游业的发展中起龙头作用并形成垄断。属于该模式的国家还包括巴基斯坦、斯里兰卡、尼泊尔、孟加拉国、肯尼亚、不丹等。

　　总之，上述旅游经济发展模式的分类是从世界范围旅游业发展的总体角度进行的理论概括，在现实中，由于各国政治、经济、社会和文化传统的不同，即使同一发展模式也会呈现出不同的特点。

三、旅游经济发展模式的选择

（一）旅游经济发展模式的比较

　　在以上旅游经济发展模式的分析中，从三个不同角度划分所形成的两种不同的旅游经济发展模式，实际上是在不同的经济发展水平下发展中国家和发达国家的旅游产业成长模式，发达国家的旅游产业成长模式是从国内旅游向国际旅游延伸的模式，而发展中国家的旅游产业成长模式是从国际旅游向国内旅游推进的模式。在发达国家，由于社会经济发展水平高，旅游业的发展首先从国内旅游开始，而且由于社会经济体系比较完善，国内旅游产业在社会经济发展过程中随之形成，并随着社会经济的发展，国内旅游产业水平也不断提高。在这种情况下，入境旅游和出境旅游的发展只不过是地域的延伸而已。无论是国内游客还是国际游客，在服务质量的要求和消费水平方面并无太大差异，因而国内旅游产业体系和国际旅游产业体系是合二为一的。这种旅游经济发展格局主要是依靠市场力量推动的延伸型发展模式。相反，在大多数发展中国家，由于其社会经济发展水平相对滞后，居民生活水平相对较低，国内旅游还未形成大量的需求。为了获取经济建设所需的外汇和促进与旅游相关产业的发展，往往在政府的主导下首先发展入境旅游，并建立相应的国际旅游产业体系。在国际入境旅游的影响和带动下，一部分收入较高的居民率先产生了国内旅游的需求，在这种需求的推动下，国内旅游产业体系逐步形成。随着经济发展水平的提高，国内旅游进一步发展，人们进而产生了出境旅游的需要，从而建立起比较完整的旅游产业体系。这种旅游经济发展是一种在政府主导下的推进型的旅游产业发展模式。

从经济学的角度进行比较，由市场力量推动的延伸型旅游经济发展模式是建立在社会经济较高发展水平之上的，旅游产业的形成和发展是由居民的消费需求推动的。因此，在其整个发展过程中，不需要国家或地方政府大量投资，国家或地方政府也并不以支持旅游产业发展而从中获取特定的经济效益，政府的支持更多地侧重于社会效益上，如提供就业渠道、维持社会稳定等。由于这种发展模式是以社会经济的较高发展水平为基础的，旅游产业发展所需的各种基础设施和公共设施在经济发展过程中已准备就绪，旅游产业的发展只需随着需求的增加相应增建一些旅游地面设施即可，因此，具有"投资少、见效快、收益大"的产业发展特点，而且这种发展模式在国际化扩张当中，相对来说更具有产业扩张的比较优势。

政府主导的推进型旅游经济发展模式，由于是建立在社会经济较低发展水平之上的，旅游产业的形成和发展不是由本国居民消费需求增长的推动，而是由于经济建设需要大量外汇以及旅游业可以促进相关产业发展的特点，因而采取首先发展国际入境旅游的超前战略，促使国际旅游产业体系率先形成和发展，然后随着居民收入水平的逐步提高，适时地发展国内旅游。所以，这种旅游经济发展模式在其初期阶段是完全建立在境外居民的旅游需求之上的，政府支持旅游业发展的主要目的是获得特定的经济效益。随着国际入境旅游和国内旅游的发展，政府也越来越重视从中获取包括经济效益在内的社会综合效益。由于这种发展模式是建立在社会经济发展水平较低的基础之上，发展国际入境旅游所需的较高标准的旅游基础设施、地面设施和相应的公共设施都要新建或改扩建，因而需要投入大量资金，所以，在旅游经济发展的初期和中期，推进型旅游经济发展模式不具有"投资少、见效快、收益大"的特点。

（二）我国旅游经济发展模式的选择

1. 我国旅游经济发展模式的确定及其依据

我国是一个发展中国家，20 世纪 80 年代初开始发展旅游时，经济基础还比较薄弱，国民的消费观念和消费能力还比较陈旧和低下，客观环境状况决定了我国当时只能采取政府主导的超前的、推进型旅游发展模式，做出这种选择主要依据是：

（1）旅游经济发展模式的选择必须考虑当时当地的社会经济发展状况。旅游需求是旅游经济得以发展的市场基础，我国刚开始发展旅游的时候，国内经济发展水平决定了很难形成强大的国内旅游需求，因而发展旅游经济只能走吸引境外旅游需求的路子，而改革开放政策的实施正好为我国旅游产业的发展提供了契机，一方面改革开放为旅游产业吸引了大量的境外客源，另一方面外资的流入又为我国旅游设施的建设注入了资金，所以，客观情况决定了我国旅游经济的发展要在政府主导下选择超前的、推进型发展模式。

（2）旅游经济发展模式的选择还要考虑到社会经济发展的动态变化情况。虽然当时我国国内旅游需求很弱，但是伴随着国内经济的不断发展，人们可自由支配收入日益增加，而国际入境旅游的发展所带来的示范效应也在不断改变着人们的消费观念，国内旅游需求及出境旅游需求的动机和能力不断增强，因而发展模式中就出现了在入境旅游发展的基础上的国内旅游和出境旅游的大发展局面。

案例思考

"一带一路"倡议框架下的旅游外交

为加快世界经济复苏的步伐，从根本上解决后金融危机时代的各种矛盾，

第七章

中国提出了"一带一路"倡议,号召"丝绸之路经济带""海上丝绸之路"共建国家加强政策沟通、道路联通、贸易畅通、货币流通和民心相通。为响应国家"一带一路"倡议,国家旅游部门提出"'一带一路',旅游先行"。

1. 旅游外交是达成政策沟通的有效突破点

"一带一路"倡议的"五通"之首是政策沟通,政策沟通是"五通"目标的保障,其根本是形成促进"一带一路"合作伙伴作为"命运共同体"合作发展的新规则。"十三五"期间,中国为"一带一路"国家输送 1.5 亿人次中国游客和超过 2000 亿美元的旅游消费,也吸引共建国家 8500 万人次游客来华旅游,拉动旅游消费约 1100 亿美元。推动形成中外旅游客源互送机制,首先就需要从签证政策等入手实现政策沟通,带动基础设施、贸易、投资、金融等各方面的政策对接和规则探索。

2. 旅游外交促进了沿线各国的道路联通

基础设施的联通是"一带一路"倡议中各国合作发展的基石,而其中包括公路、铁路、海陆航路等在内的道路联通是重中之重,在各类经济要素联通与流动中发挥着支撑性作用。良好的可进入性交通条件是国际旅游者双向流动的前提,旅游外交在推进签证便利化政策的同时,也对"一带一路"国家之间的交通通达性提出了具体的要求。从这个意义上说,旅游外交直接促进了"一带一路"道路联通的进程,旅游者在多国间穿梭也推动了沿线各国之间寻求第五航权的市场准入政策。

3. 旅游外交促进了国与国之间的贸易相通

旅游外交既包括国与国之间因旅游交流合作产生的官方外交行为,也包括国与国之间由旅游者互动产生的民间外交行为,国际旅游本身就属于国际贸易中服务贸易的范畴,旅游外交拓展了出入境旅游发展的新空间,直接推动了国与国之间的贸易相通。中国发起"一带一路"倡议后,旅游外交在推动政府层面的旅游合作、旅行商合作、服务国内旅游企业"走出去"与边境旅游等方面的实践,促进了双边或多边贸易合作与沟通。

4. 旅游外交推动了人民币的国际流通

人民币的国际化最初是伴随着国人出境旅游而发展起来的,最初从新马泰等国开始流通,在与我国有陆地接壤的俄罗斯、朝鲜、越南、缅甸等国家开展边境贸易和边境旅游的过程中,进一步扩大了人民币作为结算货币的使用范围。

随着经济社会的发展，我国与世界各国的经济交往、旅游交往愈加频繁，出境旅游也逐渐成为我国居民的生活方式，依托庞大的出境市场及强大的购买力，旅游外交促进了人民币的国际流通。

5. 旅游外交助力沿线各国民心相通

让各国人民的生活变得更加美好，是"一带一路"倡议的最终目的和根本出发点，在共商、共建、共享的合作发展中，各国经济、文化融合，人口流动加速，为各国人民心意相通打下了基础。无论是中外旅游团体互访、互办旅游年活动，还是广大人民群众在国与国之间的双向旅游交流，被称作"人民外交"的旅游外交在推动共建"一带一路"国家的各国人民心灵相通的过程中，发挥了破冰与增效的作用。

资料来源：https：//www.yidaiyilu.gov.cn/p/29758.html，有删改。

思考：与20世纪80年代相比，我国的政治经济环境和国际外交环境发生了哪些变化？这对我国旅游经济发展模式的选择产生了怎样的影响？

2. 我国旅游经济发展模式的主要特征

（1）从旅游发展的空间结构来看，呈现出以中心城市和东南沿海旅游业发展为先导，逐渐向中心城市以外及中西部地区推进的特征。这是因为：一方面，中心城市和东南沿海地区相对于其他地区来说，经济比较发达，中华人民共和国成立后为适应外事工作的需要，先后在这些地区新建了一批宾馆饭店，因而这些地区只需要增加少量投资，便可启动旅游业的发展；另一方面，这些地区相对来说交通比较便利，一些中心城市如上海、广州本身就是口岸城市，境外游客入出境甚为便利，而且这些地区相对于客源国家或地区来说具有距离近的优势。因此，无论是在旅游资源开发、旅游设施建设，还是在旅游投资的分配、专业人才的培养、旅游线路的设计等方面，中心城市和东南沿海地区都占有明显的优势。

（2）从旅游产品结构来看，呈现出由观光旅游为主向混合型产品结构推进的特征。这是因为：一方面，我国观光旅游资源丰富且具有很强的垄断性，国外游客也比较喜欢，因此观光旅游产品便成为我国旅游业发展初期的必然选择；另一方面，随着游客需求的变化，必须不断丰富旅游产品内容，更新和开发新的旅游产品，从而促成了混合型旅游产品结构的出现，如休闲度假游、专项主题游、自然探险游等多种类型的旅游产品层出不穷。旅游需求拉动我国旅游产品发展格局的变化，使我国旅游产品结构更加丰富。

（3）从旅游的组织形式来看，呈现出由团队旅游向团队与散客相结合的多种方式并存的特征。这是因为：一方面，旅游发展初期，我国的旅游接待系统并不完善，而观光产品作为线性产品需要协调多方面的资源，由旅行社统一安排比较方便；另一方面，由于先发展入境旅游，国外游客对我国旅游信息了解有限，交流不太方便，所以缺乏对自助游产品的需求，因此大多表现为团队旅游形式。但随着游客旅游经历的日益丰富，尤其是国内旅游需求的蓬勃发展，私家车的日益增多，个性化产品日益受到青睐，所以旅游形式也呈现出日益多样化的特征。

（4）从旅游设施的建设档次来看，呈现出由高等级向中低等级推进，最终形成以中档为主体的高中低相结合的特征。这是因为：旅游发展的初期，旅游服务对象主要是境外游客，为适应境外游客消费水平和消费习惯的需要，在旅游设施建设上主要以高等级为主。随着境外游客职业构成的变化，特别是国内旅游的迅猛发展，又建设了许多满足中低档次需要的旅游设施。由此呈现出由单一高档次向多档次演变的格局，最终形成了满足不同档次需要的旅游设施体系。

（5）从政府管理旅游的思路来看，呈现出由微观管理为主向宏观调控为主转化的特征。总体来看，在我国旅游业发展的初期，由于受计划经济体制和部门管理的制约和影响，政府对旅游业的微观支持和管理占主导地位。随着社会主义市场经济体制的建立和完善，政企分开、职能转变的要求日益强烈，政府对旅游经济管理的方式也更多地转变为宏观调控，主要通过旅游产业政策引导市场行为，通过法律法规规范市场秩序，从而呈现出更加符合市场运行规律的政府主导旅游发展模式。

（三）生态文明视角下的旅游经济发展模式

1. 生态文明建设的内涵

生态文明建设是党的十八大提出的中国特色社会主义事业"五位一体"总体布局中的重要内容。生态文明是人类文明的一种形态，它以尊重和维护自然为前提，以人与人、人与自然、人与社会和谐共生为宗旨，以建立可持续的生产方式和消费方式为内涵，以引导人们走上持续、和谐的发展道路为着眼点。面对资源约束趋紧、环境污染严重、生态系统退化的严峻形势，坚持生态文明建设，树立尊重自然、顺应自然、保护自然的生态文明理念，有助于推进绿色发展、循环发展、低碳发展。

生态文明理念及其建设实践具有如下特征：在价值观念上，强调以平等态度和充分的人文关怀关注和尊重生态环境，使经济社会发展与资源环境相协调；在实现路径上，走出一条资源节约和生态环境保护的新道路，倡导和推行自觉自律的生产生活方式，基本形成节约能源资源和保护生态环境的产业结构、增长方式、消费模式，全面推进经济社会的绿色繁荣；在目标追求上，注重增进公众的经济福利和环境权益，促进社会和谐；在时间跨度上，是长期艰巨的建设过程，既要补上工业文明的课，又要走好生态文明的路。

2. 生态文明视角下的旅游经济发展模式

旅游业是生态文明建设的重要载体，因为它主要通过劳动服务的形式，满足旅游者旅行游览的消费需要，其行业基本特征是非生产性，具有资源消耗低、带动系数大、就业机会多、综合效益好等特性，相对其他产业旅游业，污染环境少、破坏生态少、能源消耗少，是一种绿色产业。

在生态文明视角下，旅游经济发展应坚持生态优先、适度开发，形成生态保护、绿色发展、民生改善相统一的发展模式。一方面，要保护和利用好自然资源，积极开发生态旅游产品，充分考虑生态承载力、自然修复力，推进旅游可持续发展，推出一批符合生态文明理念的旅游产品和线路，加强生态保护宣传教育，让游客在感悟大自然神奇魅力的同时，自觉增强生态保护意识，形成绿色消费和健康的生活方式。另一方面，要积极运用技术手段做好预约调控、环境监测、流量疏导，将旅游开发和旅游活动对自然环境的影响降到最低，在生态可持续的基础上发展旅游产业。

课后思考与练习

案例分析

泰国可持续旅游发展战略

泰国的国际旅游业是亚洲发展中国家的佼佼者，泰国旅游业收入占泰国GDP 的 7% 以上，是泰国最大的外汇收入来源。从 20 世纪末到 21 世纪初的头几年，世界范围内不断发生天灾人祸，从 1997 年亚洲金融危机、2001 年 "9·11" 恐怖事件、2003 年美伊战争和亚洲地区的 "非典" 疫情、2004 年泰国南部地区暴乱及禽流感的蔓延，到 2004 年底的东南亚发生的海啸，这些都给泰国旅游业带来了巨大的挑战，但泰国旅游业总能战胜困难，继续以较高速度增长。其中的原因，除了泰国政府应对得力，泰国原先形成的管理规范化和坚持以客为本的理念等外，还有泰国政府制定的整体旅游业发展战略，尤其是泰国可持续旅游发展战略起到了不可或缺的作用。

一、泰国旅游业发展中存在的问题

1. 生态环境和文物资源的破坏。以前由于泰国旅游业的高速发展，泰国政府和一些旅游开发商投入大量人、财、物力进行旅游开发，他们较多重视经济效益而较少考虑环境问题。于是"竭泽而渔"似的旅游开发结果是越来越多地占用山川、岛屿、河流、海滩和森林，风景区内城市化现象严重，景区的质量受到严重破坏，旅游业的发展跨越了生态保护和可持续发展的界限，泰国许多风景区由于过度开发，已使景区内环境走到恶化的边缘。泰国的文物保护也在一定程度上被忽视。文物古迹本身蕴涵着深刻的文化内涵和历史吸引力，旅游和文化的有机共生更能有效提升景区可观赏性。但泰国的一些地区为了所谓的旅游经济效益而将文物作为招徕游客的手段，草草将其修复，结果造成文物古迹修复性破坏。大批的建筑群也在文物古迹旁拔地而起，每天文物景区内超负荷接待，有些游客甚至有意无意地对文物古迹的破坏，使文物遗产保护困难重重。

2. 旅游业引发了诸多社会文化问题。文化传统被当作商品和经济资源，导致社会道德意识下降，引发吸毒、赌博、卖淫等犯罪，在经济不发达地区由于旅游开发，这些社会问题尤为加重。泰国旅游业的发展不仅没有促进当地社会的和谐发展，反而加剧了旅游业所带来的诸多社会问题。

二、泰国可持续旅游发展战略内容与措施

泰国旅游局制定《1997 - 2003 年促进旅游业发展的政策》，该政策充分考虑了旅游的可持续发展，包括以下几点内容：

第一，加强环境保护与管理：（1）将促进艺术、文化的复兴及环境旅游资源的保护放在可持续发展旅游业的首要位置，使之能在保持国家原有风貌的基础上符合长期增长的旅客需求；（2）增进公共与私人部门之间的合作，政府和当地团体一起承担、解决旅游业的相关问题，加强对旅游资源的管理，尽可能减少旅游资源的损失，促进旅游业的可持续发展；（3）利用先进的技术手段支持基础设施的发展，尤其是通过国内与国际计算机网络技术提供地区的相关资讯，推广泰国各地的景点；（4）采用经济手段对旅游景点加以控制，如热门景点采取限制旅游客人数，增收使用税，采取不同价格体系和建立商业准入许可证等方式，目的是使游客数量不超过景点的承受能力，将旅游对环境的负面影响减到最小；（5）在努力开发新市场的同时，以不同形式开发旅游产品满足不同层次旅客的需求。

第二，促进旅游人才培养的同时，提高旅游服务质量。

第三，提升旅游业在国民经济中的地位。

第四，加强区域旅游业的合作。为了保证政策的连续性，2001年泰国政府制定了《关于可持续旅游发展的国家议程》，议程中规划了2002年至2006年泰国旅游业发展战略。其主要战略措施包括：（1）议程的实施与重组；（2）地方政府的能力建设；（3）可持续旅游发展；（4）电子旅游；（5）会展和奖励旅游的促销；（6）社区旅游和中小型企业；（7）朝着成为世界级目的地的目标改进质量；（8）促进知识社会的旅游发展；（9）旅游市场的促销与扩大；（10）成为亚太地区旅游中心的泰国。以上内容全面地规划了泰国旅游发展的目标，结合了时代发展的需要，对泰国旅游产业进行全面升级。其中，可持续旅游发展战略是其核心战略之一。其主要内容分为如下几个方面：

1. 政府宏观调控及法律法规方面

（1）通过各种税收和经济手段，包括转让开发权等紧急措施来控制环境质量，减少污染，使地方政府有权对那些由于保护环境和土地使用控制措施而蒙受商业损失者进行补偿。这样，地方政府就能够把位于确定的旅游开发区内的私有土地变成公有，进而改善景观，增加绿化区。

（2）鼓励有关的政府机构贯彻实施全国生态旅游委员会制定的全国生态旅游行动计划，使该计划在全国得到和谐有效的实施。

（3）各省要提供更多的公用绿化区和露天活动场所。

（4）为保护生态系统制定法规和标准，对那些给环境带来不利影响的旅游行业进行治理。

（5）在根据《旅游法》确定旅游开发区之前的过渡阶段，政府应该根据1992年的《全国环境质量提高与保护法》，在那些缺乏充足基础设施的沿海度假区内确定"污染控制区"和"环境保护区"。

2. 对旅游景点和景区的要求

（1）通过确认旅游需求来扩大旅游景点的承载力，这些需求往往超过并大于当地居民本身的需求，尤其是固体垃圾和废水处理能力。

（2）准确宣布关于对国家公园以及野生动物保护区内提供服务的政策，并公开服务计划、法规、服务时间和费用等。

（3）制定并公布准确的关于保护区内服务和娱乐区的生态、旅游管理规划，详细说明允许开发的地理区域、允许开展的活动以及允许开展活动所需要达到的标准，必须确保规划得以严格实施，以便在试点项目中树立一个良好的样板。

3. 加强宣传方面

向旅游者、学生和公众传播关于在生态旅游中正确行为的知识，并鼓励他们参与各种自然景点、历史景点、文化景点的环境保护工作。另外，还创建一个全国性的环境监测网络。

4. 信息技术手段的运用

（1）建立一个生态旅游开发信息中心。该中心将收集有关政府机构和其他在生态旅游相关领域工作的研究人员所做的研究工作的信息和技术信息。信息放在一个电子数据库系统上，方便那些需要这些信息准备进行旅游开发和管理计划的人获取。这一措施将有助于确保泰国的旅游业能以一种高效率的方式，在一个坚实的技术基础上发展。

（2）编写《生态旅游景点名录》。该《名录》的内容包括有关生态旅游活动的信息，举行这些活动的旅游景点以及其他方面的详细情况，例如，现有设施、可进入性、特点以及特定旅游景点所面临的问题等。这些信息有助于建立一个关于全国各地旅游景点生态旅游开发与管理的数据库。

（3）完成泰国旅游局已经着手建立的旅游资源监测系统。在监测中发现的严重环境问题的信息，提供给全国旅游开发促进委员会办公室。此外，和地方环境团体一起创建一个网络，通过大众媒体传播这些信息，以造成社会压力，使那些相关人士在国家旅游资源的保护中承担起更多的责任。

资料来源：王育谦. 泰国可持续旅游发展战略及借鉴［J］. 东南亚纵横，2006（10）：41-44.

思考：1. 政府在可持续旅游发展中的作用是什么？

2. 从泰国的实践来看，你认为法律法规对可持续旅游发展的实现起到了什么作用？

3. 除了法律法规以外，你认为宣传教育的作用是什么？是否必要？

复习思考题

1. 旅游发展观的含义是什么？概括来说分别有几种旅游发展观？不同发展观的区别是什么？

2. 旅游发展观的演变受什么因素影响？

3. 随着旅游业发展进入新时代，出现了哪些新发展战略？其先进性体现在哪里？

4. 你认为实现可持续旅游发展观的难度在哪里？如何有效地践行这一理念？

5. 为什么要制定旅游经济发展战略？制定该战略的原则是什么？你如何认识我国的旅游经济发展战略？

6. 旅游经济发展模式的含义是什么？它是如何进行分类的？

7. 发展中国家旅游经济发展模式为何与发达国家不同？你是如何认识发展模式选择的历史性的？

8. 在生态文明视角下，旅游经济发展应该遵循怎样的模式？

第八章

国际旅游经济与可持续旅游发展

学习目的与要求

知识目的

通过本章的学习，要了解旅游活动的全球化进程以及旅游经济全球化发展的状况，认识旅游企业跨国经营的必要性，掌握旅游经济全球化发展中的竞争与合作的关系，认识旅游经济全球化发展中的法律法规和国际旅游贸易政策的主要内容，掌握全球旅游经济可持续发展的要求及从供给和需求两方面提出的实现可持续发展的责任。

思政目的

①从对旅游经济全球化发展的学习中理解事物相互联系的思维意义，以及在全球化发展过程中保持文化自信和爱国情怀的意义；②从对全球旅游经济发展格局分布与竞合态势的学习中理解尊重规律的必要性和创新发展的重要性；③从对全球旅游经济发展的风险效益学习中领会守法意识和诚信自律的重要性。

案例导学

国际旅游强势复苏，69% 消费者践行可持续旅行

世界旅游业理事会（WTTC）与携程集团及其主要消费品牌 Trip.com、携程与 Skyscanner，并连同全球咨询公司德勤，最新发布的一份报告显示，消费者对于可持续旅行热情高涨，69% 的旅行消费者主动探寻可持续的旅行方式。

《不断变化的世界：2022 年以来消费者旅行趋势的转变》显示，有四分之三的消费者表示未来会选择更可持续的旅行方式，并且有近 60% 的消费者过去几年中已经购买过可持续旅行的产品。可持续旅行已成为消费者的重要考虑因素，消费者希望减少旅行中的碳足迹，更愿意选择可持续旅行的产品。

此外，2022 年用户的旅行热情空前高涨，过夜国际游客数量相比 2021 年增加了 109%。用户的旅游预算增加迅猛，86% 的用户计划保持了 2019 年的国际旅游支出水平，甚至还有一定比例的增长，其中美国游客的旅游消费位居世界首位。2023 年的旅行消费前景更加明朗。虽然全球通胀和生存成本危机令人担忧，但仍有 31% 的消费者表示将增加国际旅游支出。

面对产品端的需求，旅游行业服务于用户的"可持续旅行"内容与举措也在不断推出。2022 年 7 月，携程集团发布"可持续旅行·LESS 计划"，这是携程集团针对全球消费者的绿色行动，计划中携程承诺将与生态合作伙伴联合陆续推出至少一万个低碳旅行产品，带动 1 亿人参与低碳可持续旅行实践。目前，该计划的合作伙伴已覆盖全球 130 个城市，其中携程商旅已经为 95% 的全球航班披露了碳排放数据。

WTTC 总裁兼首席执行官朱莉亚·辛普森（Julia Simpson）表示："当前旅行需求呈现出前所未有的强势复苏，2023 年旅游业将迎来强劲反弹，旅游业的表现将十分令人期待。同时，可持续性已成为消费者旅行的首要考虑因素，消费者高度重视保护自然环境和以负责任的方式旅行。"携程集团首席执行官孙洁表示："旅游业在推动全球经济、创造就业、刺激经济增长和助力脱贫方面起到举足轻重的作用。越来越多的消费者会选择绿色环保的旅行产品，目前是吸引环保消费者的全新机遇。"德勤全球运输、酒店和服务行业负责人斯科特·罗森伯格（Scott Rosenberger）表示："新冠疫情过后旅游业复苏待即，我们将通过创新的方式来满足更加现代的替代性旅行、可持续旅行和豪华旅行需求。"

资料来源：https：//www.traveldaily.cn/article/171180，有删改。

思考：可持续旅行产品与一般的旅游产品相比，具有哪些特点？作为旅游者，你是否会选择可持续旅行的产品？

第一节　旅游经济的全球化发展

一、旅游活动的全球化与旅游服务贸易的国际化

（一）旅游活动的全球化

旅游活动由来已久，其展开活动的范围随着人们消费实践的不断丰富和消费能力的不断提高而日益扩大，从最初的近距离国内旅游到邻国旅游直至在全球范围内的旅游活动成为当今世界的一种规模巨大的消费活动，无不体现着由近及远的发展演变规律，甚至现在的探月旅游也已成为现实，虽然限于各种条件的局限还不能普及，但是它所体现出来的趋势却是意义深重的。

由于各国主权的存在和国界的划定，使得旅游者跨越国界的旅游活动成为一种国际旅游活动，当国际旅游活动达到足够规模并遍布世界各地时，就表现为旅游活动的全球化。全球化下的旅游市场是融为一体的，因为作为任何一个国家都可能由于其独特的旅游资源和产品开发而成为其他国家旅游者选择的旅游目的地，同样，该国的居民也可能选择其他国家作为外出旅游的目的地，这样从旅游市场方面就体现为全球化旅游市场。旅游活动的全球化是旅游者的旅游空间范围打破了国界限制后，国与国之间的旅游联系以及由此而形成的经济联系。

【链接启示】

从普遍联系中把握事物的本质

唯物辩证法认为，世界上一切事物都不是孤立存在的，而是和周围其他事物相互联系的，整个世界就是一个普遍联系的有机整体。因此，唯物辩证法主张用联系的观点看问题，反对形而上学孤立的观点。旅游活动的全球化就是事物普遍联系这一原理的生动体现，在经济全球化的大背景下，各个国家的旅

游活动不是孤立发展的，而是与世界上其他国家的旅游活动存在各种各样的联系，各国旅游经济之间的相互联系、相互作用，促进了旅游服务贸易的国际化发展。

思考：如何理解国内旅游与国际旅游的关系与变化？

（二）旅游服务贸易的国际化

国际旅游服务贸易是指一国的旅游者为了消遣、商务和其他目的到另一国，接受该国的旅游服务提供者提供的旅游服务，并支付报酬的无形国际贸易。全球化旅游市场下的需求满足可以通过不同形式得以实现。例如，可以通过国际旅游服务贸易的方式满足旅游活动全球化的需要，即在旅游需求国与旅游目的地国之间，通过各自的旅游企业间的服务交易行为实现游客国际旅游需求；也可以通过旅游企业的跨国经营方式满足旅游活动全球化的需要。从国际贸易的角度讲，国际旅游是服务贸易的重要组成部分。与货物贸易相类似，出境旅游类似于客源国的服务进口，入境旅游类似于目的地国的服务出口。国际旅游活动的开展，入境旅游者和出境旅游者的消费相应地会引起某一国家外汇的流入和流出，导致财富在国际流动。

国际旅游贸易的发展是伴随着旅游活动的全球化而展开的。旅游活动的全球化是一个国家国内旅游发展到一定阶段，人民的旅游消费水平逐渐提高、旅游消费地域空间逐渐延伸的一种必然反映。具体到一个国家，是否在旅游活动全球化过程中大力发展国际旅游贸易则可以依据比较优势理论予以解释。该理论认为，国际贸易的基础是生产技术的相对差别（而非绝对差别），以及由此产生的相对成本的差别。如果一个国家比别的国家在生产旅游产品方面效率更高，具有"比较优势"，那么就可以通过发展国际旅游服务来获得贸易收益。

1. 全球旅游服务贸易的发展

第二次世界大战以后，随着大众旅游的迅速崛起和旅游活动地域空间的逐渐延伸，国际旅游贸易获得了前所未有的发展（见表 8-1），1980 年全球旅游服务贸易总收入只有 1010.16 亿美元，1990 年增加到 2660.50 亿美元，2000 年增加到 4758.2 亿美元，2010 年则超过 4 万亿美元。2010 年至 2019 年，全球旅游贸易服务实现高速发展，2019 年，全球旅游总人次为 13.71 亿人次，较上年增长 3.4%，全球旅游总收入达到 1.7 万亿美元，增速为 1.1%，达到历史峰值①。近年来，尽管国际旅游人数和收入的增速逐渐放缓，但其净值稳步增长，全球旅游服务贸易持续发展。

表 8-1　二战后国际旅游发展情况

年份	旅游人数（亿人次）	增长率（%）	旅游收入（亿美元）	增长率（%）
1950	0.25	—	21	—
1960	0.73	183	68	224
1970	1.59	121	179	163
1980	2.80	76	949	430
1990	4.15	48	2620	176
2000	6.98	68	4760	82
2010	9.48	36	9310	96
2019	13.71	45	14870	60

资料来源：世界旅游组织（UNWTO）。

2. 亚太地区国际旅游的发展

在整个国际旅游大发展格局中，亚太地区的国际旅游发展速度尤为突出（见表 8-2）。2019 年，亚太地区国际旅游收入为 4446 亿美元，同比增长 1.8%，占到全球国际旅游收入的 30%，国际游客接待量位居第二，仅次于欧洲。南亚地区国际旅游收入的增长幅度达到 7.77%，居亚太地区增长率之首。

表 8-2　1990－2018 年世界各地区国际旅游接待量　　（单位：人次百万）

地区	1990 年	1995 年	2000 年	2005 年	2010 年	2012 年	2018 年
欧洲	261.1	304.0	388.2	448.9	484.8	534.4	710
亚太	55.8	82.0	110.1	153.5	204.9	233.5	348
美洲	92.8	109.1	128.2	133.3	150.6	162.7	216
非洲	14.7	18.7	26.2	34.8	49.9	52.9	67
中东	9.6	13.7	24.1	36.3	58.2	51.7	60
总计	434	528	677	284.4	948	1035	1401

资料来源：世界旅游组织（UNWTO）。

3. 我国国际旅游贸易的发展

根据中国旅游研究院发布的报告，改革开放后，我国国际旅游服务贸易表

---

① 世界旅游城市联合会、中国社会科学院旅游研究中心，《世界旅游经济趋势报告（2020）》。

现出迅猛的发展趋势。国际旅游服务贸易的总体规模大幅上升，成为我国服务贸易的重要组成部分，是平衡我国服务贸易逆差的重要内容，旅游服务进口的增长明显高于出口增长。近年来，我国际旅游服务贸易始终保持顺差，但顺差额呈阶段性收窄趋势（见表8-3）。

表8-3　2014－2017年我国国际旅游服务贸易收支情况　（单位：亿美元）

年度	旅游服务贸易收入	旅游服务贸易支出	差额
2014	1053.8	896.4	157.4
2015	1136.5	1045	102
2016	1200	1098	91.5
2017	1234	1152.9	81.1

资料来源：中华人民共和国文化和旅游部。

从国际竞争力的角度分析，与世界上其他旅游服务贸易出口的主要国家相比，就数量而言，中国旅游服务贸易输出的数量较大，在国际市场上占据比较重要的位置；就竞争力而言，中国旅游服务贸易的国际竞争力在逐渐提高，同时在国际旅游市场上有一定的竞争力和影响力，但优势不稳定，与发达国家相比仍有一定的差距。我国虽是旅游服务贸易大国，却不是旅游服务贸易强国，在旅游服务贸易发展上仍有很长的路要走。

二、旅游企业的跨国经营与旅游经济的全球化

如果说旅游服务贸易的国际化是由于本国作为旅游目的地国的比较优势存在而产生的贸易现象的话，那么旅游企业的跨国经营则是由于本国作为旅游客源国在出境旅游规模和集中程度达到一定水平和旅游企业具备一定扩张实力下而产生的资本投资与扩张现象。当然，无论是国际旅游服务贸易还是旅游企业跨国经营，都必须以旅游活动的全球化为前提。

正如前面所说的，作为一个国家来讲，最终都可能既是客源国也是目的地国。但是由于各国经济发展水平不同，旅游资源禀赋不同，旅游者的需求能力各异，在实现既是旅游目的地国又是旅游客源国的道路上表现出不同的阶段性。有些国家由于资源禀赋丰富且有特色，对其他一些国家的需求者产生了强大的吸引力，于是成为了这些国家出境旅游需求的目的地国，从而使得国内市场成为世界旅游投资市场的重要组成部分。作为旅游目的地国的这些国家，可以通

过发展国际旅游服务贸易来满足世界旅游市场对其旅游产品的需求，从而取得服务贸易的外汇收入。但是，这种国际经济联系是建立在以旅游客源国为主体或主宰地位上的经济联系，旅游目的地国在这种关系下将成为旅游客源国输出旅游资源或旅游吸引物的一个基地，成为旅游客源国旅游企业扩张经营行为的一个空间飞地。一旦旅游客源国卡住输出的客源数量，那么旅游目的地国的旅游服务贸易量就会受到严重的削弱。所以，作为一种初级形式的旅游企业国际化形式，必须随着经济发展和国民出境旅游需求的增长而有所改变。

旅游企业国际化的进程是不断演进的，由单向的国际贸易形式转变为双向的贸易加跨国经营形式。也就是说，伴随着本国国民经济发展水平的提高和国内旅游需求的空间范围的日益扩大，本国公民出境旅游规模会不断增加，为更好地服务于本国居民并由此实现创收外汇的目的，本国有实力的旅游企业就会向本国旅游者出游选择的旅游目的地国进行直接投资经营，从而实现了一个双重属性（既是旅游目的地国又是旅游客源国）下的完整的旅游企业国际化进程。如果说旅游活动的国际化是旅游企业跨国经营的前提条件，那么一定的客源自然垄断、充足的资本、先进的技术和管理模式则是旅游企业跨国经营的必备条件。①

案例思考

文化自信　新时代需要旅游提供新动能

新时代将迎来中华民族"从站起来、富起来到强起来的伟大飞跃"，但"强起来"不仅在于经济、科技、国防，更在于文化，只有文化上强起来了，中华民族才能有更加强大的基础与磅礴力量。古人说，"灭人之国，必先去其史"。我们要说，"欲强其国，必先强其文"。文化拥有着不同于经济、科技、国防这些"硬实力"的"软实力"，可以化雷霆万钧于无形、化艰难险阻于无形。

民族复兴有赖于文化自信，文化自信源自文化理解，旅游则是促进文化理解最好的方式之一，发展旅游能够为文化自信提供充沛的新动能。文化是旅游的灵魂。目前我国已经是最大的国内旅游市场、最大的出境旅游市场和全球第四的入境旅游市场。巨量的旅游人群对于文化传播而言是一个最值得关注和利用的空间和路径。发展旅游的重要目的之一，就是要让厚重的文化变得可以轻

---

① 张辉，厉新建.旅游经济学原理［M］.北京：旅游教育出版社，2004.

松地阅读，就是要通过文化的故事化、文化的科技化、文化的可视化，让文化转变为新时代可以源源不断被消费和吸收的养分，让文化被更广泛的旅游者所领略和理解。在相互文化理解的基础上形成友善的国际环境，对我国"日益走近世界舞台中央"的新时代而言，显得至关重要。

"后之视今，亦犹今之视昔"。在文化繁荣和文化自信的新征程中，要挖掘优秀的传统文化，但一味地固守不会有出路，而是要秉承知常达变、革故鼎新的精神，用匠心精神创造时代的精品，为文化建设添砖加瓦，在传统文化的基础上有新时代的创新和丰富，给未来的历史留下新时代深深的文化印记。因此，在利用传统文化遗产大力发展休闲旅游的同时，也需要通过休闲旅游领域的创新，为未来创造属于我们这个时代的文化遗产。在旅游项目开发建设中创造未来文化遗产，会成为文化自信新时代的新动能。

资料来源：http://travel.people.com.cn/n1/2017/1213/c41570-29704497.html，有删改。

思考：在旅游经济全球化的背景下，我国成为最大的出境旅游市场和全球第四的入境旅游市场，出境旅游的人数迅速增长，人们的文化自信和爱国情怀却得到了加强，你认为这是为什么？

第二节　全球旅游经济发展格局与竞合态势

一、全球旅游经济发展格局及其变化

（一）全球旅游经济发展中的区域布局

区域性是旅游经济发展的必然现象。一方面，旅游需求具有明显的区域性，不同地区的旅游需求总量和特点存在差异；另一方面，旅游供给也具有明显的区域性，不同地区的旅游发展存在不平衡的现象。全球旅游经济在不断发展的过程中，由于需求和供给的发达程度不同，在市场上常常被划分为不同的区域。世界旅游组织根据世界各地旅游发展情况和客源集中程度，将世界划分为五大区域旅游市场，它们分别是欧洲、美洲、亚太地区、非洲、中东。从五大区域旅游经济发展的格局来看，几十年来，欧洲与美洲一直在全球旅游经济体系中占主导地位，无论是旅游供给量还是旅游需求量都是如此。虽然其所占的比重在逐年下降，而其他地区所占比重在逐年上升，尤其是亚太地区的增速很快，显示了强大的发展潜力，但是以欧美为主导的格局依然没有改变。如表8-4所示。

表 8-4   1950－2018 年世界各旅游区接待国际旅游者比重   单位：%

地区	1950 年	1960 年	1970 年	1980 年	1990 年	2000 年	2010 年	2018 年
欧洲	66.4	72.5	70.5	66.0	62.4	57.8	51.1	50.7
美洲	29.6	24.1	23.0	21.3	20.5	18.6	15.9	15.4
亚太	0.8	1.0	3.0	11.5	11.5	16.0	21.6	24.8
非洲	2.1	1.1	1.5	3.3	3.3	3.8	5.3	4.8
中东	0.9	1.0	1.4	1.6	1.6	2.9	6.1	4.3
全球	100.0	100.0	100.0	100.0	100.0	100.0	100.0	100.0

资料来源：世界旅游组织（UNWTO）。

（二）全球旅游经济发展格局的变化

随着世界各旅游区经济发展水平和旅游产业发展水平的变化，全球旅游经济发展的区域格局也发生演化，具体表现在以下方面：

1. 欧洲入境旅游领先优势逐渐缩小。在入境旅游收入方面，1995 年至 2011 年，欧洲入境旅游收入占全球入境旅游收入的比例保持在 50% 左右，但是 2012 年以后，欧洲入境旅游收入占全球入境旅游总收入比例与之前相比明显下降，至 2019 年，这一比例下降为 39%。

2. 亚太地区国际旅游增速明显。1950 年，亚太地区接待国际旅游者比重仅占全球入境旅游的 0.8%，2018 年则增长到 24.8%，是唯一实现稳定增长的旅游区，入境旅游的增速趋势排名第一，特别是进入 21 世纪以来，入境旅游发展迅速，成为国际旅游服务贸易不可忽视的新兴力量。

3. 美洲国际旅游发展日渐式微。从长远来看，美洲旅游经济的发展维持在平稳低速增长状态，入境旅游收入增速处于下降趋势，2019 年增速仅为 0.2%，接待国际旅游者的比重下降，由 1950 年接近 30%，下降至 2018 年的 15.4%。

4. 非洲和中东国际旅游的不稳定性突出。中东和非洲接待入境旅游人次之和不足全球入境旅游总人次的 1/10，且发展的波动性较强。2006 年至 2019 年，中东入境旅游人次增速的最高峰值（2008 年，19.4%）和最低峰值（2011 年，－17.6%）相差 37 个百分点，非洲则相差 12 个百分点。

案例思考

未来国际经济格局十大变化趋势

从现在起到 2035 年，是我国比较优势转换期，是中国作为新兴大国崛起的关键期，也是国际格局大调整期。在诸多因素的共同作用下，国际经济格局将产生重大变化。总体上，国际经济格局将呈现十大变化趋势。

趋势 1：全球经济将处于低速增长期

综合考虑技术、城镇化、人口、环境等重大基础因素变化，全球经济增长速度将呈现趋势性下降，在未来较长一段时间可能会保持较低的增速。2020 年至 2035 年，全球经济增长平均速度为 2.6%。

趋势 2：全球经济格局多极化将更明显

新兴经济体崛起，发展中国家在全球经济中地位更加重要，部分亚洲和非洲国家有可能成为全球经济增长的领跑者。美国将保持全球超级大国地位，短期内消费需求有望进一步释放，成为支撑经济增长的关键因素。欧洲、日本仍然是全球重要经济体，但地位将有所下降。

趋势 3：新技术革命将重塑产业格局

以信息技术和数字技术为代表的新一轮技术革命引发的产业革命，将呈现出生产方式智能化、产业组织平台化、技术创新开放化的特征，对全球分工也将带来全面而深刻的影响。

趋势 4：国际贸易将呈现数字化等特点

未来，经济全球化深入发展，国际分工不断深化，仍将是国际贸易持续发展的重要推动力。国际贸易的形式发生改变，数字产品贸易、服务贸易、产业内贸易占比将明显提高。贸易方式发生改变，跨境电子商务将快速发展，新的国际贸易方式将催生新的监管模式。

趋势 5：跨境投资规则制定出现新趋势

制定跨境投资规则将是未来 20 年全球经济治理体系完善的重要内容。跨境投资规则不断完善，自由化、便利化水平将继续提升，全球跨境投资金额将在波动中上升。跨国公司将继续是全球跨境投资和价值链布局的主要力量。

趋势 6：全球人口老龄化加速

全球人口发展正在经历深刻的调整。人口增长总体趋缓，全球的生育水平普遍下降，发展中国家的降幅更为明显，部分国家长期处于低生育率水平。

趋势 7：绿色发展成为重要取向

近年来，全球主要发达国家的碳生产率、能源生产率、原材料生产率等均有所提升，同时社会对实现绿色发展、应对气候变化也有比较广泛的基础。但广大发展中国家仍然面临如何在发展经济与保护环境中实现协调平衡的严峻挑战。

趋势 8：全球能源结构与格局将深刻变化

能源供需结构正在出现深刻变化，具体表现为清洁化、低碳化、电力化和数字化。从全球能源需求格局看，据国际机构预测，到 2035 年全球能源需求预期增长 30% 左右，发展中国家特别是"一带一路"区域成为全球未来能源需求增长的中心。

趋势 9：全球粮食安全总体有所改善

全球粮食安全总体状况会有所改善，在人口增长和经济增长的驱动下，未来全球粮食消费仍将持续增长。同时，粮食供需格局有所调整，粮食国际贸易持续增长，但部分地区粮食安全形势仍然严峻，区域间不平衡问题更加突出。

趋势 10：国际金融中心将多元化

到 2035 年，美国仍是对全球综合影响力最大的国家，美元仍将处于国际货币体系的核心地位。随着经济全球化的深化，越来越多的经济体进入国际货币体系当中，国际货币有逐渐多元化的趋势。以上海为代表的新兴市场国家的金融中心城市在全球金融体系中排名缓慢上升，但伦敦和纽约仍将是国际主要金融中心城市。

资料来源： http://theory.people.com.cn/n1/2019/0212/c40531-30623526.html，有删改。

思考： 国际经济格局的变化趋势与全球旅游经济发展格局的变化有哪些共同的特点？你从中得出了哪些关于国际经济发展变化的规律性认识？在新的国际经济格局下，我们应该如何尊重规律、认清形势、把握方向，不断提升国际竞争力？

二、全球旅游经济发展中的竞争合作问题

从争夺全球既定的旅游市场需求来看，各大洲之间存在着激烈的竞争关系，尤其是全球旅游业蓬勃发展时期，旅游发达国家想保持住原有的优势地位，避

免入境旅游人次和收入下降，维持旅游业增加值占 GDP 的比重，而旅游不发达国家欲在成长的市场中争取一定的份额以改变经济落后局面，提升国际知名度和影响力，都在竭尽全力地提高旅游吸引力和扩大旅游接待量，其竞争激烈程度可想而知。

从全球旅游市场来看，各区域之间又有着建立合作关系的必然需求。尤其是在旅游经济发达程度存在明显差异的情况下，只有通过合作开发出更多更好地满足游客需要的旅游产品，才能在转化潜在需求、激发现实需求的过程中实现共赢。区域旅游合作是旅游经济发展和资源要素优化配置的必然要求，是地域分工和相互依存的必然要求，是产业扩张和规模经济跨区域发展的必然要求，也是技术进步和信息化进程的必然要求。

区域合作按地理范围来看，可以分为区域之间的合作和区域内部的合作，即区际旅游合作和区内旅游合作。从世界旅游经济区域发展的现实来看，区内旅游合作可能是更为重要的选择，因为无论是从游程的相邻性、成本的低廉性、文化的亲缘性以及供给的匹配性上来看，区域内旅游接待量都是全球旅游经济中占有比重最大的一块。亚太区域内的旅游合作就具有良好的发展前景，因为随着亚太区域经济在全球经济发展中的地位日益提高，以中国、印度等发展中大国的经济腾飞所创造的巨大的旅游市场需求，在全球旅游区域市场中具有举足轻重的地位，"一带一路"旅游合作、亚洲旅游促进计划、东盟"10+1"旅游合作、澜沧江－湄公河次领域旅游合作等的出现，都在不同程度上反映着亚太区域旅游蓬勃发展的势头和巨大的发展潜力。

【链接启示】

从资源驱动到创新驱动

在全球旅游经济激烈竞争的当下，想要提升我国旅游业竞争力，推动旅游经济的高质量发展，就要实施创新驱动发展战略，运用新兴技术为旅游业赋能，改变旅游业的整体生态。5G、大数据、云计算等技术应用在流量监测监控、科学引导分流、建设大数据平台等方面，提升了服务水平；VR、AR、智能旅游装备等新技术应用在文物和文化资源数字化展示、创意产品开发等方面，增强了旅游产品的体验性和互动性。

思考：旅游业发展的驱动力为什么会发生转变？转变中的困难在哪里？

第八章

第三节　全球旅游经济发展风险效益分析

一、全球旅游经济发展中的服务贸易协定

（一）世界贸易组织的基本架构

世界贸易组织（World Trade Organization，WTO）是多边贸易体系的法律基础和组织基础。它规定了主要的协定义务，以决定各缔约方政府如何制定和执行国内法律制度和规章。同时，它还是各国通过集体辩论、谈判和裁判，发展其贸易关系的场所。世界贸易组织的机构共分为四个层次：[①]

1. 部长会议。这是世贸组织的最高权力机构，由所有成员方的代表组成，至少每两年召开一次会议。

2. 总理事会。这是世贸组织的常设机构，由所有成员方的代表组成，总理事会在部长会议休会期间代表部长会议处理日常事务。此外，还以两种特别的形式开会，即作为争端解决机构监督争端解决程序和作为贸易政策评审机构对世贸组织各成员的贸易政策进行定期评审。

3. 三个理事会和四个委员会，均由各成员方的代表组成。三个理事会接受总理事会的授权，在总理事会的指导下，分别负责监督各自有关方面协议的实施和运作情况。三个理事会分别是货物贸易理事会、服务贸易理事会和与贸易有关的知识产权理事会。四个委员会分别是贸易与环境委员会、贸易与发展委员会、国际收支限制委员会、预算财务与行政委员会，这些委员会要向总理事会报告工作。此外，世贸组织的四个诸边贸易协议都设立了自己的管理机构（民用航空器委员会、政府采购委员会、国际奶制品理事会、国际牛肉理事会）。

4. 三个理事会之下设立的委员会、工作组、监督机构等。

根据世贸组织协定的规定，成立世贸组织的目的是处理世贸组织成员国之间的贸易关系。其职能是：组织实施多边贸易协议和诸边贸易协议；提供多边贸易谈判的场所；管理综合性争端解决机制和贸易政策审议机制；与国际货币基金会和世界银行进行合作，共同协调国际经济政策。

---

① 周宝廉，徐虹. 国际贸易概论［M］. 天津：南开大学出版社，1998.

（二）世界服务贸易协定的一般内容

1. 服务贸易的含义

服务贸易是指不同服务产品生产者服务产品的交换，当这种交换发生于一个国家国境之内时就形成国内服务贸易，而当这种交换发生于不同国家或地区之间时就是国际服务贸易。

在《服务贸易总协定》（General Agreement on Trade in Services，GATS）中，服务贸易的范围被界定为四种类型：（1）跨境提供，从一成员方境内向任何其他成员方境内提供服务；（2）境外消费，一成员方的国民在任何其他成员方的境内服务消费；（3）商业存在，一成员方在任何其他成员方境内通过提供服务的实体加入而提供服务；（4）自然人存在，一成员方的自然人在任何其他成员方境内提供服务。

2. GATS 的一般原则和条款

GATS 是世界贸易组织乌拉圭回合多边贸易谈判的产物，其目的是消除国际服务贸易壁垒，推动国际服务业发展，促进服务贸易自由化。作为世界贸易组织制度框架的重要组成部分，GATS 明确规定了世界贸易组织成员在服务贸易上必须遵循的一般原则和应承担的义务。

（1）服务贸易的一般原则

①最惠国待遇原则。GATS 规定每一成员方给予另一成员方的服务或服务提供者的待遇，应立即无条件地以不低于前述待遇给予其他任何成员方相同的服务或服务提供者。这一条款的例外情况应符合有关免责条款所规定的条件。

②透明度原则。每一成员方必须公布与服务贸易有关的法律、法规或行政规定，以及所有与服务贸易有关的规则或通行惯例和签订的与服务贸易有关的国际协定，最迟在它们生效之前予以公布。

③发展中国家更多参与的原则。GATS 规定不同成员方通过对承担特定义务的协商，促使发展中国家成员方在世界贸易中更多地参与。为体现这一原则，GATS 列举了三种方式：发展中国家成员方努力通过各种措施特别是通过引进商业性技术、促进销售渠道和信息网络的改善等使国内服务业的力量加强及效率提高；发达国家对某一或某些与发展中国家成员方具有出口利益的部门给予自由准入的优先权；允许发展中国家成员在总体部门或单个部门中维持较高水平的保护，或者发展中国家在做出自由化承诺时可以设置条件，如要求外国投

资的服务提供者只能设立合资企业或要向当地企业提供技术、信息、销售渠道等。

④经济一体化原则。GATS不阻止任何成员方参加其他双边或多边服务贸易自由化协议，允许发展中国家成员按其发展水平达成某种协议，但此类协议不应对其他任何成员方提高在各个服务部门或分部门中原已适用的服务贸易的壁垒水平。

除以上这些一般原则以外，在GATS的第二部分中还有国内规定、承认、紧急保障措施、对保障收支平衡的限制和例外条款等原则。

（2）国际服务贸易的具体义务规范

①市场准入。所谓市场准入就是要开放成员方本国的服务市场。GATS要求成员就"市场准入"进行谈判，按不同的服务行业以及分部门分别做出具体承诺，并列入各国的承担特定义务的计划表中，作为协定中具有约束力的组成部分。

②国民待遇。所谓国民待遇就是要求各成员国在其承担特定义务的计划表所列的部门中，并在依照表内所述的各种条件和资格的前提条件下，就影响服务提高的所有规定来说，应给予其他成员国的服务或服务提供者以不低于其给予国内服务或服务提供者的待遇。服务业国民待遇的实施坚持"利益互惠"的原则。

③争端解决。总协议规定在服务贸易协议执行中若缔约方之间发生争端，双方应进行磋商；或在一缔约方请求下，"缔约方全体"可与一个或几个缔约方进行磋商；若一方认为另一方没有认真履行义务与许诺，另一方可在提出改进建议的同时，通知"缔约方全体"；如果此类争端在一段时间内未解决，也可提交给"缔约方全体"。"缔约方全体"认为问题严重时，可以批准某缔约方对另一方暂停本身所承担的责任与义务。

GATS的逐步自由化条款要求各成员方在本协定生效之日起的一定时间内，遵从平等互利、提高所有参加方的利益并在权利和义务方面谋求全面平衡的原则，就进一步扩大服务贸易自由化问题定期举行实质性谈判，以着眼于减少或消除对服务贸易有效的市场准入产生有害影响的措施。GATS还规定每一参加方应制定其各服务部门或分部门承担特定义务的计划表，表中应该详细说明以下内容：有关市场准入的条件和限制；有关国民待遇的条件和限制；承担有关的附加义务；有关实施这类义务的适当时间框架；承担上述义务的生效日期等。

【链接启示】

诚信是市场经济发展的基石

诚信是人类的普遍道德要求，是中华民族的传统美德，是培育和践行社会主义核心价值观的重要内容。从一定意义上说，市场经济是以信任为基础的信用交易活动。这种交易活动，蕴含着对市场主体诚实守信的道德和法律要求。诚信是实现信用交易的前提和保障，是市场经济健康发展的规则和生命线。市场主体诚实守信，不仅能够避免逆向选择和道德风险、降低交易成本，而且能够形成合理的市场秩序，增强经济社会活动的可预期性，提高经济效率。

思考：诚信的重要性在哪里？你如何树立自己的诚信形象？

3. GATS 与旅游相关服务

在 GATS 中，服务贸易内容极为广泛，在 GATS 谈判的框架内将服务部门分为十二个主要类别，"旅游相关服务"被列为其中的第九类。旅游业作为一个独立行业编入世界服务贸易的部门分类中，已成为与建筑业、金融业、邮电通信业和运输业等行业并列的 GATS 的重要组成部分。随着世界旅游业的不断发展，旅游业的朝阳形象日益突出，旅游行业的地位不断提高，旅游业已成为现代人类社会重要的生活方式和社会经济活动，重视和发展旅游业正成为整个世界的共识。

（1）GATS 与旅游相关服务市场的开放

按照 GATS 的规定，各成员国有权在根据自己的经济发展状况和考虑国内政策目标的基础上提出自主承担的自由化待遇，然后通过多轮谈判，最后确定成员国的各服务部门或分部门承担特定义务的计划表。但鉴于旅游业本身的特点以及各国对旅游业的重视，大部分成员国都已开放旅游相关服务市场。从某种意义上说，旅游业在 GATS 中所占的地位和作用可能更具影响力。

在 GATS 中，"旅游相关服务"的范围被划分在四个分部门，它们是：旅馆和餐馆服务（包括餐饮业）、旅行代理商和旅游经营商服务、旅游导游服务、其他。针对旅游相关服务的四个分部门，各成员国所做的承诺也不同。

（2）我国旅游业市场准入的承诺

我国旅游业市场准入和国民待遇方面的承诺主要包括：在跨境交付、境外消费的市场准入方面，我国对于旅行社和旅游经营者没有限制；加入时符合条件的外国服务提供者，可以在我国政府指定的旅游度假区和北京、上海、广州和西安开办中外合资旅行社，不迟于 2003 年 1 月 1 日允许外方控股；不迟于 2003 年 12 月 31 日允许设立外商独资旅行社（A.旅行社和旅游经营者主要从事旅游业务；B.年全球年收入超过 4000 万美元）；合资旅行社、旅游经营者的注册资本不得少于 400 万元人民币；中国加入后 3 年内，注册资本不得少于 250 万元人民币；加入后 3 年内，将允许外资拥有多数股权；加入 6 年内，将允许设立外资独资子公司，取消地域限制。到 2005 年底，我国共有外商投资旅行社 21 家，占国际社总数的 1.32%，其中外商独资旅行社 7 家，外商控股合资旅行社 5 家，中方控股合资旅行社 9 家。在国民待遇方面，除了"外方合资或独资旅行社和旅游经营者不允许从事中国公民出境旅游业务"这一条外，其他享受与我国国内企业相同的国民待遇。但是，随着我国对外开放政策的不断发展，这一条限制也将会取消。

二、国际旅游贸易政策

（一）国际旅游贸易政策的含义

国际旅游贸易政策是一个国家或地区在一定时期内，开展国际旅游服务贸易所遵循的国际规则、国际惯例和所实施的法律法规、制度和措施的总和，既是各国开展旅游服务贸易的政策依据和准则，又是各国开拓国际旅游市场和促进国际旅游发展的重要措施和手段。各国制定国际旅游政策的出发点是国际旅游对其政治、经济等诸多方面的影响，以及各国对待国际旅游的态度。由于各个国家所处的发展阶段不同，旅游业在国家经济发展中的地位不同，因此达成全球协议一致的国际旅游政策是不可能的，不同时期、不同国家的国际旅游政策往往是极不相同的。

国际旅游贸易政策从内容上说主要包括四方面：旅游服务贸易总政策、出入境旅游政策、旅游要素进出口政策、旅游服务贸易国别政策。[①]

（二）旅游服务贸易总政策

旅游服务贸易总政策是指一个国家或地区从整个国民经济出发，根据其经济社会发展状况和总体发展战略，结合其国际旅游发展水平和国际市场中的地位，在一定时期内所制定并实施的有关旅游服务贸易的基本政策。通常分为自

---

① 罗明义，毛剑梅.旅游服务贸易：理论·政策·实务 [M].昆明：云南大学出版社，2007.

由贸易政策和保护贸易政策。[①]

一般来说，发达国家普遍实施自由贸易政策，而发展中国家普遍实施保护贸易政策。这不仅与各国宏观经济发展战略和水平密切相关，也与微观旅游企业的竞争能力有关。不过，这种划分也不是绝对的，发达国家在自由贸易政策基础上也在采用一定的保护政策以维持自身的竞争优势，甚至通过保护政策以达到一定的政治目的；发展中国家在保护贸易政策的基础上也逐渐实施更加开放的贸易政策，以更多地融入国际旅游经济体系中，并通过竞争机制提高国内旅游企业的竞争力。

（三）国际出入境旅游政策

由于国际旅游活动中，随着游客人流的流动会产生不同国家间外汇的流动，因此，一个国家出入境旅游政策直接影响到其政治经济的安全问题，各国都针对国民经济发展的需要，制定和实施不同的出入境政策。

如果一个国家需要大力发展入境旅游以扩大外汇收入的话，则可以通过制定宽松的入境旅游政策，激励国外游客入境旅游，如放宽入境签证限制或实行免签证手续，就能够起到刺激入境旅游发展的目的；如果一个国家需要控制外汇流出量，就有可能通过限制出境旅游政策、提高出境旅游门槛、限制出境旅游外汇携带量等，以减少外汇流失。

（四）旅游要素进出口政策

旅游要素进出口政策是指一个国家或地区对于旅游生产中的要素市场如旅游管理技术、资金和人才等的进出口进行管理而制定的一系列政策。发展中国家旅游经济发展落后，一般来说，更多的是制定鼓励旅游要素进口的政策，以带动和提高本国旅游经济管理水平；发达国家拥有更为丰富的旅游要素及其市场机制，在国际旅游经济一体化发展进程中，更多的是采用鼓励要素出口的政策，以实现全球发展战略。但是随着一些发展中国家的旅游经济不断崛起，尤其是出境旅游人数的不断增加，发展中国家也面临着鼓励要素市场国际化流动的新形势，所以旅游要素进出口政策也在不断调整。

（五）旅游服务贸易国别政策

旅游服务贸易国别政策是指根据一个国家的旅游服务贸易总政策，在遵循

---

① 罗明义，毛剑梅.旅游服务贸易：理论·政策·实务［M］.昆明：云南大学出版社，2007.

国际贸易规则的前提下，按照该国对外经济贸易关系的需要，对不同国家或地区采取的有区别的贸易政策、策略和措施，包括开放旅游市场政策、旅游签证政策、差别关税税率政策、差别优惠待遇等。

由于各国在不同时期采用不同的旅游贸易政策，就会产生不同的贸易效果。因此，各国在国际旅游贸易交往中，都会根据各自不同的发展需要，动态调整旅游贸易政策，使之更好地服务于一国贸易发展的需要。

三、我国旅游贸易相关政策法规

1978 年以前，旅游更多的是国家外事接待工作的重要组成部分，扩大对外政治影响是其主要目标，因此，旅游企业基本不考虑成本与经济效益，收支差额由国家补贴，旅游尚不具有为国家创造自由外汇的功能。1978 年以后，随着中国对外开放政策的全面实施，具有产业属性的中国现代旅游业正式起步，国家提出了"积极发展，量力而行，稳步前进"的旅游发展政策。[①] 由于当时国家经济建设急需外汇资金，因此 1985 年以前，我国几乎将所有旅游资源和接待能力都集中于入境旅游，国内旅游十分有限且不鼓励发展，出境旅游就更无从谈起了。

1985 年以后尤其是进入 90 年代，相关政策法律随形势变化而有所调整。1986 年开始的"七五"计划明确提出"要大力发展旅游业，增加外汇收入，促进各国人民之间的友好往来"。到"八五"计划时期明确将旅游业作为第三产业发展的重点。"九五"计划时期将房地产业、信息业和旅游业确定为国民经济新的增长点。这一系列调整充分说明，旅游业的产业地位及产业目标的多元化正在形成，现行的"大力发展入境旅游、积极发展国内旅游、适度发展出境旅游"的旅游发展政策正是最好的证明。

随着我国对外开放的进一步发展和国民经济水平的不断提高，对国际旅游贸易地位作用的认识逐渐提高。2009 年 12 月 1 日，国务院以国发〔2009〕41 号印发《关于加快发展旅游业的意见》，提出"把旅游业培育成国民经济的战略性支柱产业和人民群众更加满意的现代服务业"的战略部署，并对我国旅游产业的规模、质量、效益提出了未来十年的具体发展目标。该《意见》强调以国内旅游为基础，充分发挥市场配置资源的基础性作用，转变发展方式，走内涵式发展、转型升级的主线。该《意见》的颁布对我国旅游业发展而言，是一个具有里程碑意义的重要文件，是我国改革开放以来发展旅游业 30 年实践总

---

① 何光玮.中国旅游业 50 年［M］.北京：中国旅游出版社，1999.

结和全行业智慧的结晶，也是推动未来 30 年发展新格局的标志性的新起点。

【链接启示】

不断增强法律意识

全面依法治国、建设社会主义法治国家需要不断完善法律体系，但写在纸面上的法律条文要真正发挥作用，还需要全体公民自觉尊法、学法、守法、用法，需要每一个行为主体牢固树立法治信仰和法律意识。

增强法律意识，需要在法律知识积累的基础上，形成遵守法律的愿望与习惯，进而使遵守法律成为一种内在素质与自觉行为。如果一个人的主观愿望与法律相吻合，他就不会感到法律是对自己的约束，而会在法治轨道上享有自由。有时候，违法行为会产生巨大收益，对行为主体构成很强诱惑。这时能在主观上起到约束作用的，就是对法治的信仰。法治信仰坚定，在不当利益诱惑面前就会有较强的定力。

思考： 法律与自律的关系如何？

旅游作为服务贸易的重要组成部分，在旅游进口和出口方面，必须遵循的法律法规基本上可以分为四类：

1. 《服务贸易总协定》和《对外贸易法》的相关规定

《服务贸易总协定》在本章第三节已经详细介绍过，这里不作赘述。《对外贸易法》是在《服务贸易总协定》签订之后产生的关于国际服务贸易基本原则的一部重要法律。该法在第四章中专门就国际服务贸易作了规定，确立了国际服务贸易的基本原则。该法在第 12 条中规定国家促进国际服务贸易的逐步发展，并确定了国际服务贸易逐渐自由化的方针。为促进国际服务贸易的逐步自由化，《对外贸易法》第 23 条规定国家承诺给予其他缔约国市场准入和国民待遇；第 24 条和第 25 条则规定了例外条款，在为保护国家安全或公共利益、保护生态平衡等条件下，国家可以限制或禁止国际服务贸易；第 26 条的规定则涉及国际服务贸易管理问题。该法是涉及我国国际服务贸易领域的基本法律，是国际服务贸易的基础和核心。

2. 外资法中的有关规定

《对外贸易法》第 10 条明确规定，国际服务贸易企业和组织的设立及经营活动，应当遵守本法及其他有关法律、行政法规的规定，因此我国的外资企业法关于国际服务贸易企业的规定也属于我国的国际服务贸易立法。外资企业法主要包括《中外合资经营企业法》《中外合作经营企业法》《外资企业法》及其有关实施细则，它们对国际服务贸易企业和组织的设立条件、方式、期限及经营活动都作了具体规定。另外，我国还制定了《外商投资产业指导目录》，详细规定了我国鼓励、允许、限制及禁止的外商投资项目。

3. 《中华人民共和国旅游法》

《中华人民共和国旅游法》自 2013 年 10 月 1 日起施行，以保障旅游者和旅游经营者的合法权益，规范旅游市场秩序，保护和合理利用旅游资源，促进旅游业持续健康发展。在《旅游法》第四章"旅游经营"部分和第五章"旅游服务合同"，以法律形式明确指出了旅游企业在进行旅游经营活动时应履行的各项义务。如第 35 条"旅行社不得以不合理的低价组织旅游活动，诱骗旅游者，并通过安排购物或者另行付费旅游项目获取回扣等不正当利益"、第 57 条"旅行社组织和安排旅游活动，应当与旅游者订立合同"等。同时也从法律层面确定了旅游者作为旅游活动的主体，在外出旅行时应遵守的规定。如第 13 条"旅游者在旅游活动中应当遵守社会公共秩序和社会公德，尊重当地的风俗习惯、文化传统和宗教信仰，爱护旅游资源，保护生态环境，遵守旅游文明行为规范"。旅游法还在第 28 条中明确提出了设立旅行社，招徕、组织、接待旅游者，为其提供旅游服务，应当具备的条件。

《旅游法》的颁布和实施是中国经济发展转型的大势所趋，为转方式、调结构、扩内需、促就业、富百姓，提升软实力具有重要意义。《旅游法》可促进旅游业全面协调可持续发展。旅游是传播文明、交流文化、增进友谊的重要途径，旅游也有利于修身养性、促进人的全面发展。旅游可以拉动经济和扩大内需，也是地方经济发展的综合引擎之一。《旅游法》的出台将进一步促进扩大内需和地方经济的发展。

4. 旅游业的相关政策法规

旅游服务业的专项法规主要包括 1996 年 10 月 15 日国务院发布的《旅行社管理条例》和同年 11 月 28 日文化和旅游部发布的《旅行社管理条例实施细则》，该条例涉及实施细则对旅行社的设立条件、申报审批程序、业务经营规则、旅行者的权益保护，以及对旅行社的监督检查等进行了明确规定。《旅行社管理条例》和实施细则适用于在中国境内设立的旅行社和外国旅行社在中国境内设立的常驻机构。申请中外合资、合作经营旅行社的，则应按照国务院有关规定报经批准，办理成立手续后方可在规定区域内营业。2001 年 12 月修订出台的《旅行社管理条例》，专设了"外商投资旅行社的特别规定"一章，依照中国"入世"承诺的内容，明确了中国旅行社进一步对外开放的政策。2003 年 6 月 12 日文化和旅游部、商务部发布的《设立外商控股、外商独资旅行社暂行规定》，标志着中国旅游业在加快兑现"入世承诺"方面向前迈出了一大步。根据文化和旅游部的规定，自 2003 年 7 月 1 日起，我国已取消对外商投资旅行社设立分支机构的限制，并对外资旅行社的注册资本实行国民待遇。这意味着外资在注册资本上与国内旅行社享受同等待遇，外资旅行社进入中国市场的准入门槛大幅降低。我国再次提前兑现世贸组织谈判中关于开放中国旅游市场的承诺。

此外，文化和旅游部颁布的《旅行社质量保证金暂行规定》《旅行社质量保证金暂行办法》《关于旅客意外保险的暂行规定》以及《关于外国旅行社在中国设立旅游常驻机构的审批管理办法》《出境旅游领队人员管理办法》等，对旅游服务管理中的不同方面的问题做出了规定，以进一步实施《旅行社管理条例》。另外，规范旅游业发展的地方法规政策也相继出台，进一步保证我国旅游对外开放的效率，充分发挥其在创汇方面的巨大潜力。同时，也说明在中国旅游市场扩大对外开放的同时，旅游法制化建设也得到了加强。

第四节　全球旅游经济发展的可持续性问题

一、全球旅游经济发展中的可持续目标

（一）可持续经济发展的基本内涵

从可持续经济发展的基本定义即"可持续经济发展是在保持自然资源与环境的质量和其提供的服务的前提下实现的经济发展"可以看出，可持续经济发展更加强调从环境和自然资源保护的角度出发来确立的一种经济发展战略。它蕴含着一系列辩证的关系，如经济发展与环境承载力间的关系、资源开发与环境保护间的关系、对当代人需要的满足与对后代人需要的满足间的关系等。可持续经济发展并不否定经济增长的重要性，但需要解决好经济增长的目的与手

段的关系，经济增长应以无损于生态环境为前提，以可持续性为特征，以改善人民的生活水平为目的。如果一味追求外延式的经济增长方式，则会出现以过度损耗资源为代价的不可持续发展的结果。

可持续经济发展的基本原则主要包括：

1. 循环性原则。由于资源和环境是人类生存和发展的基本条件，所以经济发展必须被限定在资源与环境的承载能力之内。运用循环利用的思想，通过减量化和再利用的循环系统开发实现可持续发展的目标。

2. 公平原则。公平原则强调的是经济发展不应以损害其他人或后代人的利益为代价，每个人都应具有平等的发展权利，并享受平等的发展利益。

3. 协调原则。实现可持续发展目标不仅需要多种资源或要素及手段共同发挥作用，而且最终要实现的目标也不仅仅是提高人们的物质生活水平，因此，无论是从手段的角度还是目标的角度都需要协调好彼此间的关系。

4. 变革原则。传统的资源范围及其利用方式必须在变革的原则下不断被创新，才能不断提高资源的利用效率，以拓展可持续经济发展投入要素的范围及内容，确保经济发展的可持续性。

（二）可持续旅游发展的提出

伴随着可持续经济发展概念的提出，旅游的可持续发展问题日益成为人们关注的焦点。为了倡导和推荐可持续旅游的发展，国际上曾就此议题召开过几次重要会议：1989 年 4 月由众多国家参与的各国议会大会在荷兰海牙召开并第一次明确提出可持续旅游发展的口号；1990 年在加拿大召开的国际大会上提出了可持续旅游发展的主要框架和目标，较全面地反映了可持续旅游发展的行动领域和基本内容；1995 年，联合国教科文组织环境规划署和世界旅游组织在西班牙联合召开了"可持续旅游发展世界会议"，通过了《可持续旅游发展宪章》及《可持续旅游发展行动计划》，为在全球推广可持续旅游发展提供了一套行动准则和具体的操作程序；同年，世界旅游组织环发大会在伦敦召开新闻发布会，公布了全球《旅游业 21 世纪议程》，将联合国制定的《21 世纪议程》具体转化为全球在发展旅游业方面的行动纲领。

尽管人们不断提出可持续旅游发展口号及准则，但是在概念界定方面却存在不同观点。综观这些定义可以发现，对可持续旅游发展的基本共识集中于旅游业的发展既要扩大接待规模和提高产品质量，同时又不对其赖以生存的自然环境产生消极作用。在诸多定义中，比较有影响的一个定义是在《可持续旅游发展行动计划》中的表述：即"可持续旅游发展被认为是在保持和增强未来发展机会的同时，满足外来游客和接待旅游地区当地居民的需要，在旅游发展中维护公平，它是对各种资源的指导，以使人们在保护文化的完整性、基本生态过程、生物多样性和生命维持系统的同时，完成经济、社会和美学需要"。可持续旅游发展的基本目标包括：

1. 增进人们对旅游所产生的环境影响与经济影响的理解，加强人们的生态意识；

2. 促进旅游的公平发展；

3. 改善旅游接待地区的生活质量；

4. 向旅游者提供高质量的旅游经历；

5. 保护未来旅游开发赖以存在的环境质量。

实现可持续旅游发展目标，需要旅游活动中各利益主体的积极参与和实践，从供需的角度来讲，尤其需要旅游消费者树立适度消费伦理观和旅游企业践行社会责任意识，实现旅游供需的可持续对接。

案例思考

巴拿马促进旅游业可持续发展

旅游业是巴拿马经济的重要支柱。以 2019 年为例，旅游业对巴拿马国内生产总值贡献率约为 16%。受新冠疫情影响，巴拿马运河经济活动减少，旅游业一度低迷。经济合作与发展组织的报告称，由于国际贸易和旅游业受到新冠疫情冲击，2020 年巴拿马国内生产总值一度下降近 18%。

为促进旅游业可持续发展，巴拿马政府推出多项创新计划。其中，2020 年至 2025 年可持续旅游总体规划引人关注。该计划预算约为 3 亿美元，主要用于保护和开发巴拿马特色文化和自然景观。"我们对旅游业的规划以可持续性为基础，专注于提升社区活力，通过科学规划促进生态系统保护，为传承传统文化作出贡献。"巴拿马国家旅游局局长伊万·艾斯基尔德森说："巴拿马将通过改善基础设施和提供沉浸式体验，将旅行者与社区、文化和自然环境融为一体。"

根据规划，政府将与社区保持密切合作，提升对多元文化的保护力度。该规划致力于通过开发原住民社区旅游线路，将旅游活动变成消除贫困的有效手段。该规划还与巴拿马政府的旗舰项目"蜂巢"相互关联促进，"蜂巢"项目

第八章

通过为旅行者提供丰富的生态及文化体验，改善国内社会经济最脆弱的 300 个城镇的发展状况，这些城镇的主要居民多为原住民和非洲裔。巴拿马有关部门预计，可持续旅游总体规划每年可为巴拿马吸引约 230 万游客。

沿着巴拿马加通湖，游客们可以参观居住在该国的七个原住民群体之一的埃姆贝拉社区，了解原住民祖先的文化和生活方式，包括其艺术和各种宗教仪式等；在巴拿马西北部的博卡斯德尔托罗群岛，巴拿马政府与当地的非洲—安的列斯沿海社区合作，吸引了不少游客来品尝特色美食，通过促进旅游来改善原住民社区的生活环境。

资料来源： http：//world.people.com.cn/n1/2022/1129/c1002-32576353.html，有删改。

思考： 巴拿马采取了哪些措施推动旅游业可持续发展？有哪些成效？可持续发展中游客如何发挥作用？你做到了吗？

二、消费伦理与可持续性旅游需求

（一）社会消费观的转变

消费主义是西方发达国家的生活方式和价值观念，是指以"多买多用多扔"的生活方式和"多多益善"的价值观念为特征的消费观。在这种消费观的指引下，消费数量成为人们衡量成功的标准，拥有不断增多的物品和服务，被认为是最现实的通向个人幸福、社会地位的道路。

消费本来是人们达到幸福的一种手段，但当手段与目的相颠倒的时候，就出现了一些与消费社会责任、道德责任相背离的现象，这种现象的出现提示我们必须思考消费中的道德问题。康德在他的《实践理性批判》一书中写道："有两种事物，我们愈是沉思，愈感到它们的崇高与神圣，愈是增加虔诚与信仰，这就是头上的星空和心中的道德律。"这种道德律表现在我们的旅游消费行为中，就是应该做什么与不应该做什么的区别。作为一种积极的道德责任，应该做什么体现了人类的理性、和谐和真善美的正面价值，消极的道德责任（不应该做什么）则反映了人类自私、利己和文明失范的负面价值。

由于需求是无限扩张的，消费再多也不能得到满足。由于消费主义的生活方式使人们在社会关系、心理和精神需求方面，减少的甚至比得到的多，所以，人们得到一种结论：物质的丰富与生活的幸福没有必然的联系。不仅如此，消费主义还带来了对人类赖以生存的自然生态环境的极大破坏，如消费社会对资源的掠夺性开发、消费后排放过多的污染物，不可补偿地耗尽资源和毒害环境。这种对人对己不利的过度消费观必须扭转，在可持续旅游发展目标的指引下，必须重新构建适度消费伦理观。

适度消费伦理观是以质量型、生态化、均衡性为基本特征的消费价值观。它主张人类需求与自然需求的和谐、人的物质需求与精神需求的均衡、代内需求和代际之间需求的公正公平，以最终建立物质文明、精神文明和生态文明共存的可持续发展社会为最终目标。它是人类在更高层次上对自身消费活动的理性约束与规范。

（二）可持续性旅游需求的内容及其实现

可持续性旅游需求应该是一种符合绿色消费理念的需求。所谓绿色消费是指在社会消费中，不仅要满足我们这一代人的消费要求和安全、健康，还要满足子孙万代的消费需求和安全、健康。它有三层含义：一是倡导消费者在消费时选择未被污染或有助于公众健康的绿色产品；二是在消费过程中注重对垃圾的处置，不造成环境污染；三是引导消费者转变消费观念，崇尚自然，追求健康，在追求生活舒适的同时，注重环保、节约资源和能源，实现可持续消费。[①]
适度消费伦理观下的可持续旅游需求的实现主要通过以下的消费实现：

1. 强调增减结合的质量型消费。它并不反对随着科技进步和经济发展提高消费，而是倡导健康理性的有节制的消费。它在量上应是充足而舒适的生活，表现为旅游服务品种、质量和数量的多样化，在质上应是能够满足旅游者个性化需求，提供更多消费选择的自由。

2. 强调以环境承载力为限度的生态型绿色消费。旅游消费活动应该以不突破生态平衡的质的限度为原则，包含两层含义：一是不能破坏地球的基本生态过程和生命维持系统，确保自然资源和生态系统的持续利用；二是消费的增长速度以不超过生态潜力的增长为限，以确保资源的循环使用。

3. 强调以代内及代际间消费公正的均衡型消费。在富裕国家和贫困国家之间及其不同利益群体之间，应该公平地分享资源的利用效益和承担生态成本。占世界人口 1/5 的发达国家消费着地球上 40% 到 86% 的各种自然资源，所以发达国家应该承担更多保护环境的责任和义务。

---

① 明庆忠，李庆雷.旅游循环经济学 [M].天津：南开大学出版社，2007.

三、企业责任与可持续性旅游供给

（一）企业社会责任的基本含义

关于企业社会责任的认识长期以来一直没有统一的结论，美国经济学家密尔顿·弗里德曼认为，企业的社会责任就是增加利润。斯蒂芬·罗宾斯则认为，"企业社会责任是指超过法律和经济要求的、企业为谋求对社会有利的长远目标所承担的责任"[①]。国内多数学者倾向于将企业责任划分为两个层次：一个层次是企业基本责任，另一个层次是企业社会责任，其中基本责任是指企业的经济责任和法律责任，社会责任是指企业在履行基本经济责任、实现生产经营目标的过程中，应对政府、社区、消费者、职工、投资者等履行的相关责任。总体来看，企业社会责任可以表述为："企业为所处社会的全面和长远利益而必须关心、全力履行的责任和义务，表现为企业对社会的适应和发展的参与。企业社会责任的内容极为丰富，既有强制的法律责任，也有自觉的道义责任。"[②]

从以上不同的观点来看，对企业社会责任的内涵认识上，基本分为纯经济观点和社会经济观点两类。纯经济观点失之偏颇，企业的社会责任是多方面的，包括盈利的经济责任，股东的权益责任、诚实的纳税责任、员工的权益责任、经营的诚信责任、环境的保护责任以及公益事业的慈善责任等。企业的社会责任不是社会强加的而是客观生成的。首先，企业是处于一定利益关系中的社会经济组织，企业在利益关系中的社会角色自然衍生了企业的社会责任；其次，企业经济活动具有正负外部性，企业要为负外部性承担责任；最后，企业利益实现是在与利益相关者的博弈中实现的，因此企业社会责任是企业自身发展的需要。所以，在和谐社会构建中，企业的作用和努力是至关重要的。目前，国家和社会越来越重视企业履行社会责任的程度，2007年12月国资委下发了《关于中央企业履行社会责任的指导意见》，就充分说明了这一点。

【链接启示】

企业家应勇担社会责任

企业既有经济责任、法律责任，也有社会责任、道德责任。企业质量和生

---

① Stephen P Robbins.Management[M]. Englewood Cliffs, NJ：Prentice-hall, 1991, P124.

② 中国企业年鉴编委会.中国企业管理年鉴（1990）[M].北京：企业管理出版社，1990.

命力是一个经济体竞争力的微观基础，企业家才能及企业家精神是影响企业成长的重要因素。在保护主义上升、世界经济低迷、全球市场萎缩的外部环境下，有必要营造有利于企业家施展才能的环境，进一步激活和发挥企业家精神，推动我国经济可持续发展。

思考：企业家的社会责任对企业和社会有何影响？你了解 ESG（Environmental, Social, Govermance）及其在我国的发展状况吗？

（二）可持续旅游供给的实现

旅游企业是实现可持续旅游供给的基本单位。可持续旅游供给的实现是一个系统工程，社会各界必须共同努力，各个层级必须积极参与，各种手段必须组合运用，才有可能达到预定的目标。

1. 从宏观层面，政府要积极推动和引导。体现在以下几方面：首先，从法律法规上不断完善设计，对不可持续的旅游供给行为形成法制约束。本着"污染者付费、利用者补偿、开发者保护、破坏者恢复"的原则，推行生态环境的有偿使用制度。对欺瞒游客损害游客合法权益的行为要坚决予以曝光和处罚，以引导旅游企业承担社会责任。其次，从信贷、税收政策上鼓励旅游企业勇担社会责任的行为，对慈善捐助予以一定免税奖励。最后，可大力推行有益于可持续旅游供给实现的绿色认证体系、监督评估体系及技术研发奖励体系等的建设。

2. 从中观层面，行业协会要积极规范行业纪律，完善行业约束体系。通过行业协会作用的加强，可以更好地实现政府难以实现的管理效果，这也是社会主义市场经济体系建设过程中亟待完善的部分。行业协会可以建立健全企业间的沟通机制、组织企业参与有关社会责任的国际交流活动、引导旅游企业接受先进经营理念、完善行业协会有关规章制度和规定，促使旅游企业参与到社会责任的实践中来，培育更多的可持续生存的旅游企业。

3. 从微观层面，旅游企业要转变发展观念和发展模式，提高企业综合竞争力。旅游企业必须转变发展观，确立明确的企业伦理观和道德观，顺应时代发展对企业的需要，以良好的社会责任形象实施旅游企业的品牌发展战略；旅游企业要加大技术创新投入，以更符合旅游者需要的新产品创造良好的综合效益，运用循环经济模式降低生产中对自然生态环境的破坏；旅游企业要加强诚信体系建设和完善操作流程与制度，确保与旅游者交易的公平公正性。

第八章

课后思考与练习

案例分析

日本国际旅游经济发展的经验

一、旅游为经济的润滑剂

日本汇率经历了三个阶段，第一阶段是 1949－1971 年，依靠 380 日元兑换 1 美元的固定汇率制，以出口导向型战略，实现了国家经济增长年均 10% 以上的经济奇迹。第二阶段是 1972－1985 年，从 315 日元兑 1 美元升至 200 日元兑 1 美元。第三阶段是 1985－1989 年，日本作为世界工厂，形成了巨额外贸顺差。为此，1985 年 9 月 22 日，在美国纽约广场酒店，美国财长及中央银行行长会同英国、法国、德国、日本四国财长和央行行长（当时竹下登为日本财长、澄田智为日本银行行长）达成协议，日本被迫签订了"广场协议"，之后，日元急剧升值，其他主要货币两年内贬值 30%，然后又是"卢浮宫协议"，从而迫使日元陷入不可克制的飙升阶段，1989 年，日本经济泡沫崩溃，进入十年停滞期。为此，日本提出转变国家战略，从出口导向型转向内需主导型。随着日元的急速升值，日本政府采取了公共投资、扩大内需政策以及采取低利率政策。同时，为扭转不景气情况，日本的出口企业采取了将国内生产转移到海外当地生产、零件在海外采购的做法。其结果，虽然日元升值，但出口企业并没有受到太大的损失，同时，又为进口企业更加繁荣提供了正面帮助。与此相对应，日本的观光局和企业分别采取了一系列的对策。

（一）对外生需求的应对

一是制定出国旅游倍增计划。当时世界旅游界为之轰动。1985 年日本出境旅游人数 495 万人次，此后在急剧的日元升值和泡沫经济的推动下，1990 年达到 1100 万人次。二是跟进黑字还流计划。把外贸形成的顺差，即黑字，通过旅游渠道释放一部分，在这个过程中旅游变成了有效的经贸工具，变成了缓解国家对外经济摩擦的润滑剂。三是企业跟进。由此又形成了利润回流的方式，由于日本出去的人多且比较集中，如去美国的日本游客有一半去了夏威夷，企业家跟进投资，夏威夷的饭店一半被日本投资商买断，澳大利亚黄金海岸

70% 的房地产为日本人所有。日本人出国，坐日本飞机，乘日本汽车，住日本饭店，吃日本饭菜，当地实际上就是挣点景点钱，挣点服务钱，主要的利润还是回到了日本。日本通过这三种方式，在日元升值对经济产生较大影响的环境下，充分把握机会，减少了损失。

（二）对内生需求的刺激

积极扩大国内旅游需求，日本也采取了几个措施：一是假日制度调整。从1985 年之后日本开始实行双休制，同时增加了一部分公共假日，构成了黄金周消费高峰。二是企业组织员工旅游。为此日本政府推出一个政策，企业组织员工旅游，其中一部分费用可以视为培训，进入成本，对当时拉动日本旅游内需起了很大的作用。三是旅游与教育相结合。这一政策一直到现在还在持续。日本学生出国旅游叫修学旅游，在国内旅游叫见学旅游，二十年时间培养了一代代未来的旅游者。

二、旅游为政治的先导

日本近现代产业政策的重点一直在制造业上，技术立国和贸易立国的道路使日本的经济实现腾飞。但在 21 世纪之初，作为世界第二大经济体，日本政府却提出了观光立国的发展战略，这是日本产业政策的一次重大转变。

（一）实施观光立国战略

对观光立国的意义给予很高的定位，将旅游业作为人与自然和谐发展的主要内容，提出在经济全球化的发展中，利用旅游业的发展加强日本与世界各国的交流，实现东道国与客源国文化、社会的相互了解。确立日本的魅力和地方的魅力，为日本旅游业的发展创造竞争力。向海外大力宣传日本旅游业的品牌，通过各种渠道提高宣传力度，利用一切机会扩大日本的知名度，包括各类文化交流使团的出访，建立宣传网页等。加强日本国内的环境整治，增强观光魅力，在视觉、触觉、味觉上打造设施与自然景观的和谐一致。为确保观光立国战略的实施，旅游主管部门——国土交通省制定明确的"战略"规划和推进方式。

（二）基本方针

一是扩大日本国民国内旅游和外国人访日旅游的同时，发展日本国民的海外旅游。二是为实现直到未来的丰富的国民生活，推动旅游的持续发展。三是实现本地居民更加热爱故土，创造充满活力的地方社会。四是为确立日本在国际社会中的名誉和地位、强化日本作为和平国家的软力量做贡献。

（三）计划目标

5 年吸引外国游客 1000 万人次，将来与日本出国者人数相当；国际会议次数增加 5 成，目标为亚洲最大的会议举办国；日本人国内旅游平均每人住宿增加一夜，目标为每人每年 4 夜；日本人海外旅行达到 2000 万人次，扩大国际相互交流。其他目标如"形成国际竞争力很高的旅游目的地""培养旅游产业国际竞争力及振兴旅游的人才""振兴国际旅游""促进旅游的环境治理"等 25 个具体目标。为实现以上目标，还有很多的具体实施方案，每年检查政策执行情况，之后再调整目标。

三、建立有效的协调机制

日本的旅游业是建立在官民协办的管理体制之下的，政府、企业和各种协会组织彼此协调又相互约束，共同促进旅游业的发展。

（一）合理的旅游管理体制

1. 行政机构的改革

出于推进观光立国战略的需要，2003 年，日本政府在原来的旅游行业主管部门——国土交通省管辖的综合政策局观光部内，新成立了国际观光推进课，以此推动日本的国际旅游业发展。在运作的过程中，发现由于级别低，很多事情难以协调运作，于是 2004 年在国土交通省下又设立大臣官房观光审议官（局长级别）的职位，而且还增设了课长级别的大臣官房参事官职位，专门协调各种对外联络调节的事宜。从实际运作情况来看，效果颇佳。

2. 行业协会的纽带作用

日本全面改革了国际观光振兴协会。2003 年 10 月，在原来国际观光振兴协会的基础上，成立了"独立特殊行政法人国际观光振兴机构"，颁布实施了《国际观光振兴机构法》。该法赋予国际观光振兴机构相当大的权力职能，具有浓厚的政府色彩，如接待外国旅客的涉外导游员考试审核等工作就由该机构负责办理。法规做出相应规定：所有进入振兴机构的主体都要加入统一的行业协会，无论企业是内资、外资，还是国有、私有，都由协会统一管理。协会对任何企业都一视同仁，不搞特殊化，配合市场进行整顿和治理，制定行业的自律文件，维护企业利益，营造良好的运营环境，围绕行业管理的需要进行专题调研，并适时组织管理经验交流等，提高协会的总体水平。如有旅行社违反相关规定经营业务，协会应给予及时的处理意见。协会还从旅行社行业的整体利益出发，同相关的行业进行交流和谈判。同时，法规在会员范围方面有所改革，从国际惯例角度出发，尽量把与旅游业紧密相关的若干行业诸如航空、火车、游船等代理机构纳入旅行服务商的范畴，进一步规范市场，创造公平、公正的市场环境。这种办法对单纯进行预订业务的代理公司也是一个良好的机遇，可以扩大公司的业务，提高整体经营状况。

3. 及时修改过时法律法规

为适应国际旅游的迅猛发展，在第 159 届国会召开期间（2004 年 1 月），通过了新的《旅行业法》，旧法当中那些不适合旅游新形势的条款或被删除，或被修改。新法律在 2005 年 4 月 1 日开始实施。新法律实行旅游业缓和限制策略，力图使整个行业得到扩张发展，从而振兴新形势下的日本旅游业。

（二）加强对内对外的旅游营销

日本政府依国家经济形势、政治目标的需要不断调整旅游业的发展方向。二战前以吸引外国人为目的的"避暑旅游""修学旅游"，同时培养了一批青少年学生。二战后到 70 年代，日本经济保持两位数的增长，推出"慰安旅游"，主要对大多数日本企业营销，增强劳动积极性和员工忠诚度。随着"泡沫经济"的来临，"体育旅游""娱乐旅游""购物旅游"等主题成为主体，以豪华旅游、奢侈旅游为导向，刺激消费，缓解经济过热带来的副作用。"泡沫经济"瓦解，日本经济进入低谷，旅游倍增计划和观光立国的方针使日本政府更加注重对海外的宣传。2004 年日本国际旅游营销预算总额为 35 亿日元，观光促销费用为 32 亿日元，达到预算总额的 90% 以上。仅在中国大陆的促销活动就有三次。同时，注重日本政府和民间团体紧密合作，实行官民一体旅游促销活动，政府首脑、国会议员和业界人士都会利用一切可以利用的外界宣传机会担当旅游的推介员。

资料来源：魏小安，吕宁. 日本旅游发展模式对我们的启示 [N]. 中国旅游报，2008-01-25.

第八章

思考：1. 日本是如何适应国际贸易形势变化的需要，调整国际旅游经济发展战略的？对制定我国旅游经济在全球化发展进程中的战略方针有何借鉴意义？

2. 制定国际旅游发展政策时需要考虑哪些因素？

3. 国际旅游经济发展中如何协调国际旅游与国内旅游之间的关系？

复习思考题

1. 全球旅游经济的发展格局是怎样的？有哪些变化趋势？

2. 世界服务贸易协定的基本内容包括哪些？

3. 如何认识和理解国际旅游贸易不断发展的现象？

4. 如何看待国际旅游贸易收支平衡问题？我国在国际旅游贸易收支平衡中的主要问题是什么？如何改进？

5. 怎样理解旅游企业跨国经营的条件？

6. 我国旅游企业跨国经营的必要性和可行性是什么？

7. 全球旅游经济发展的可持续目标是什么？

8. 旅游经营者应该如何履行企业责任，推动可持续旅游发展？

参考文献

1. 张文建. 市场变化格局下的旅游业态转型与创新［J］. 社会科学，2011（10）：30-38.

2. 上海市文旅局：《本市博物馆推出"云看展"丰富市民文化生活》，上海市文化和旅游局政府网，http：//whlyj.sh.gov.cn/wlyw/20200209/0022-34023.html，2020 年 2 月 9 日。

3. 国家统计局：《中国统计年鉴 2010》，国家统计局官网，http：//www.stats.gov.cn/tjsj/ndsj/2010/indexch.html。

4. 国家统计局：《中国统计年鉴 2020》，国家统计局官网，http：//www.stats.gov.cn/tjsj/ndsj/2020/indexch.html。

5. 李凤亮，杨辉. 文化科技融合背景下新型旅游业态的新发展［J］. 同济大学学报（社会科学版），2021（01）：16-23.

6. 张辉. 旅游经济论 [M]. 北京：旅游教育出版社，2002.

7. 罗明义 . 旅游经济学：分析方法·案例［M］. 天津：南开大学出版社，2005.

8. 林南枝，陶汉军 . 旅游经济学［M］. 天津：南开大学出版社，2000.

9. 陶汉军，伍柳，盛嗣清 . 旅游经济学简明教程［M］. 上海：上海财经大学出版社，2005.

10. 全国经济专业技术资格考试用书编写委员会 . 旅游经济专业知识与实务（中级）［M］. 北京：中国人事出版社，2008.

11. 吴恒安 . 实用水利经济学［M］. 北京：水利电力出版社，1988.

12. 严澍 . 重视旅游环境质量评价——浅析旅游环境质量评价的内容、方法和指标［N］. 中国旅游报，2005-03-02.

13. 《中国旅游统计年鉴》，1985 — 2007 年 .

14. 克里斯·库珀 . 旅游学：原理与实践［M］. 张俐俐，蔡利平，译 . 北京：高等教育出版社，2004.

南开大学"十四五"规划精品教材丛书

哲学系列

世界科技文化史教程（修订版）	李建珊 主编；贾向桐、张立静 副主编
实验逻辑学（第三版）	李娜 编著
模态逻辑（第二版）	李娜 编著

经济学系列

货币与金融经济学基础理论 12 讲	李俊青、李宝伟、张云 等编著
数理马克思主义政治经济学	乔晓楠 编著
旅游经济学（第五版）	徐虹 主编

法学系列

知识产权法案例教程（第二版）	张玲 主编；向波 副主编
新编房地产法学（第三版）	陈耀东 主编
法理学案例教材（第二版）	王彬 主编；李晟 副主编
环境法学（第二版）	史学瀛 主编； 申进忠、刘芳、刘安翠 副主编
环境法案例教材（第二版）	史学瀛 主编； 刘芳、申进忠、刘安翠、潘晓滨 副主编

文学系列

西方文明经典选读	李莉、李春江 编著

管理学系列

旅游饭店财务管理（第六版）	徐虹、刘宇青 主编